国家社科基金
GUOJIA SHEKE JIJIN HOUQI ZIZHU XIANGMU
后期资助项目

因果关系
与客观归责论

The Research On Causality
And Objective Imputation

孙运梁　著

社会科学文献出版社
SOCIAL SCIENCES ACADEMIC PRESS (CHINA)

国家社科基金后期资助项目
出版说明

后期资助项目是国家社科基金设立的一类重要项目，旨在鼓励广大社科研究者潜心治学，支持基础研究多出优秀成果。它是经过严格评审，从接近完成的科研成果中遴选立项的。为扩大后期资助项目的影响，更好地推动学术发展，促进成果转化，全国哲学社会科学工作办公室按照"统一设计、统一标识、统一版式、形成系列"的总体要求，组织出版国家社科基金后期资助项目成果。

全国哲学社会科学工作办公室

序

　　因果关系与客观归责是当前我国刑法学界的热点问题之一，对该主题研究的论文不计其数，论著亦所在多有。孙运梁教授曾经在一个时期持续关注因果关系与客观归责问题，并发表了相关重要论文，还承担了国家社科基金项目。本书是孙运梁教授关于因果关系与客观归责问题研究的集大成之作，也是我国刑法学界关于该主题的扛鼎之作。作为孙运梁教授本书的首位读者，对孙运梁教授取得的重大学术成果感到欣喜，为之祝贺。

　　从本书的书名来看，包含了两个关键词，这就是因果关系与客观归责。因果关系是我国刑法理论中的传统问题，而客观归责则是近些年来从德国刑法教义学中引入的理论命题。应该说，刑法中的因果关系是我国传统刑法学中最为混乱的一个问题。究其原委，就在于我国传统刑法因果关系理论掺杂着太多的哲学内容，甚至直接以必然因果关系与偶然因果关系这样一种哲学话语取代了刑法因果关系的法学论述。我国刑法因果关系理论在因果关系的必然性与偶然性的纠缠之中迷失了本我，因而难以胜任解决司法实践中疑难问题的理论使命，这是令人遗憾的。因此，我国刑法学界对因果关系首先要做的是拨乱反正的工作，对刑法因果关系还以规范与规则的本我，以便在处理司法疑难案件中发挥其作用。然而，因果关系还只是一个归因的问题，因此属于存在论的范畴。而刑法所要解决的是归责问题，即将某个法益侵害结果归属于某个行为，成为其作品。在这种情况下，归因是不够的，还需要归责。不可否认，必然因果关系与偶然因果关系的两分法，是对因果关系的一种分类，试图通过这种因果关系必然性与偶然性的区分，在一定程度上排除偶然因果关系。在这个意义上说，因果关系的必然性与偶然性的理论具有某种归责的性质。只不过它是借助于哲学上的必然性与偶然性这两个概念，将某些不具有必然性只具有偶然性的因果关系排除在刑法因果关系范畴之外。当然，这种刑法因果关系理论本身存在较大问题，主要是哲学上的必然性与偶然性的概念具有模糊性，难以成为司法认定的标准。而且，这种理论并不是完全排除偶然因果关系，而是认为在一定程度上偶然因果关系也可以作为刑法因果关系承担责任，这就造成一定的理论混乱。

在批判必然因果关系与偶然因果关系理论的基础上，我国刑法学界最初引入的是日本的相当因果关系理论。这种理论以条件说确立的因果关系为基础，进行相当性的判断与甄别，排除那些不具有相当性的因果关系，最终认定为法律因果关系，以此作为归责的基础。因而，日本的相当因果关系理论实际上是一种事实因果关系与法律因果关系相区分的理论，对于司法实践具有较大的指导意义。应该说，相对于因果关系的必然性与偶然性而言，事实因果关系与法律因果关系的逻辑关系更为清晰，因而具有可适用性。当然，在因果关系相当性的判断标准上存在客观说、主观说与折中说之争，有时也会令人难以把握。

随着德国教义学的引入，客观归责理论开始在我国介绍与传播，并产生了广泛的影响。在某种意义上说，客观归责是德国刑法教义学中在我国影响最大的理论之一。其中，我是最早介绍客观归责理论的学者之一。孙运梁教授在本书中提及我的两篇论文，这就是：《从归因到归责：客观归责理论研究》（《法学研究》2006 年第 2 期）、《客观归责的体系性地位》（《法学研究》2009 年第 6 期）。我在总结这个时期的理论研究时指出："在短短的 3 年中，在同一个刊物发表两篇主题相同的论文，这是较为罕见的。这个共同的主题就是客观归责，可见这个主题在当时是多么热门。"①

客观归责理论并不是对因果关系的简单代替，而是采用了一种完全不同的刑法思维方法，因而对整个构成要件体系带来深刻的影响。这是我们在理解客观归责的时候，应当特别注意的。客观归责是建立在归因与归责的二元区分的基础之上的，并且把归责放在一个十分重要的位置。在客观归责的理论框架中，归因是以条件说为基础的，只要具备"若无前者即无后者"的条件，就可以归因。这样，就把因果关系问题简化了，并且突出了归责的主题。显然，归责并不像归因那么简单，它甚至超越了因果关系的范畴，涉及对行为、结果以及两者之间因果关系的全面的

---

① 陈兴良：《刑法学的编年史：我的法学研究之路》，法律出版社，2019，第 306 页。

实质性考察。在客观归责中，引人瞩目的是所谓具体规则，例如制造法所不允许的风险、实现法所不允许的风险、构成要件的效力范围等，而在这些规则项下，又存在各种更为具体的判断规则。例如在制造法所不允许的风险项下，就有降低风险、没有制造风险、假定的因果过程等判断规则。这些判断规则为构成要件的认定提供了具有可操作性的准则，因而具有司法便利性。

从因果关系的必然性与偶然性理论到客观归责理论，我们可以明显地感觉到刑法理论从天上降落到地上，这是一个刑法理论的工具理性的实现过程。当然，客观归责理论的意义远远超出因果关系，因为客观归责的三个规则对构成要件的行为、结果以及两者关系都进行了实质判断。在这个意义上说，客观归责并不仅仅是因果关系理论，还是构成要件理论。也正因为如此，客观归责与因果关系具有并列关系。客观归责的方法论意义在于：在形式地判断行为、结果与两者之间因果关系的基础上，对上述构成要件的三个要素进行实质审查。其中，制造法所不允许的风险是对构成要件行为的实质判断，判断的目的是确定行为具有法益侵害性。实现法所不允许的风险是对构成要件结果的实质判断，判断的目的是确定结果具有法益侵害的性质。构成要件的效力范围是对行为与结果之间因果关系的实质判断，判断的目的是在归因的基础上，实现对结果的归责。这种对构成要件的形式与实质的二次判断方法，对传统的构成要件认定方法是一种创新，具有较大的启发性。

在德国，罗克辛教授创立的客观归责理论虽然具有学术标签性质，但并不是德国刑法学界的通说，在司法实践中也没有受到重视。但在我国却对客观归责理论进行了大规模的介绍，并且始终热度不减，甚至对司法实践也产生了一定的影响。例如，孙运梁教授在本书中以专章的篇幅研究了被他授称为"一份依照客观归责理论作出的刑事判决书"的北京市海淀法院刑事判决书（2018）京0108刑初1789号。在该判决书中，对一起过失致人死亡案的归责问题进行了分析，采用了制造法所不允许的风险，以及被害人的死亡结果与被告人的上述风险制造行为存在常态关联等客观归责的理论话语。可以说，客观归责理论在我国的刑法理论和司法实践中都具有一定的影响力。因此，孙运梁教授对因果关系与客观归责的深入研究不仅对于我国刑法教义学的发展具有重大的理论意义，而且对于司法实务中解决疑难复杂案件具有重要的现实意义。

　　孙运梁 2002 年考入北京大学刑法学科，先后跟随我攻读法学硕士与法学博士学位。孙运梁的博士论文题目是《福柯刑事法思想研究——监狱、刑罚、犯罪、刑法知识的权力分析》（中国人民公安大学出版社，2009），这是一部属于刑事法思想史的著作，是对刑法的超法规的研究。之所以选择这个题目，是因为当时孙运梁大量阅读了关于福柯的作品，因而对福柯的刑事法思想产生了浓厚的学术兴趣。在这种情况下，合乎时宜地选择以福柯的刑事法思想作为博士论文的题目。当然，刑法理论的主体内容是刑法教义学，这是一种规范研究。在博士毕业以后，孙运梁教授在北京航空航天大学法学院开始了教学与科研生涯。起初，我对孙运梁教授的知识结构还是存在某种疑问的，因为刑法教学与科研的主要内容毕竟是规范刑法知识。然而，孙运梁教授及时调整了自己的研究进路，以因果关系与客观归责作为主攻方向，矢志不移。其间，孙运梁教授还到德国马普外国与国际刑法研究所访学一年，深入了解和理解德国刑法理论的基本脉络，尤其是以因果关系与客观归责为中心。此后，孙运梁教授还申报了国家社科基金项目并获得批准。在经过多年努力的基础上，最终形成本书的规模，交出了一份令人满意的答卷。孙运梁从博士毕业以后，一直孜孜不倦地在刑法学术道路上持之以恒地努力，终于收获了学术成果，出类拔萃，成长为我国年轻一代刑法学者中的佼佼者，这是令人鼓舞的。

　　孙运梁教授的《因果关系与客观归责论》一书行将出版之际，应邀为本书作序。我作为我国因果关系理论的演变和客观归责理论的引入的见证人，以及孙运梁教授对因果关系与客观归责理论艰辛探索与艰难跋涉的旁观者，写就这些文字，既是一种回望，也是一种感慨，特向各位读者推荐孙运梁教授这部饱含作者理智与热情的用心之作。

　　是为序。

陈兴良

谨识于昆明滨江俊园寓所

2020 年 9 月 9 日

目　录

导　论

一　对因果关系与客观归责研究的必要性

我国刑法中的因果关系无论在理论研究还是在司法实务上都存在一定程度的混乱与迷惑，这在很大程度上与因果关系功能定位不清有关。我国现行的因果关系理论除了进行事实判断之外，还承担了规范归责的功能。因果关系应当解决的是构成要件行为与构成要件结果之间是否存在客观关联的问题，而判断结果能否归责于行为则是刑法归责理论的任务。

改革开放以来，随着德日刑法知识的大量引入，我国已有的刑法知识，从犯罪构成体系到具体刑法概念、理论，都受到强烈冲击。在这种刑法知识转型背景下，我国刑法理论研究者应当"积极追踪各国刑法理论发展的前沿成果，并加以借鉴与吸收，以充实我国的刑法理论",[①] 努力促进我国刑法知识的科学化、精确化，既能为司法者提供一套可操作的、切实可行的理论工具，又能保证对被告人的准确定罪量刑。就我国刑法中的因果关系理论而言，理论界对其承担的功能认识不一，判断标准存在哲学色彩浓厚、模糊抽象的特征，而发轫于德国的客观归责理论在思维方法上存在两个逻辑层次，在体系架构上内含明确具体的判断规则。可以说，客观归责理论体系在逻辑性与实用性上都优于我国的刑法因果关系理论,[②] 值得我们认真加以学习和借鉴。客观归责理论的贡献

---

① 参见陈兴良《从归因到归责：客观归责理论研究》，《法学研究》2006 年第 2 期，第 85 页。

② 张明楷教授指出，大体可以就因果关系与客观归责的关系得出如下结论：（1）如果使用狭义的因果关系概念与狭义的客观归责概念，那么，客观归责理论并不是因果关系理论，而是在因果关系确定后的规范评价理论；（2）如果使用广义的因果关系概念与广义的客观归责概念，那么，二者就不是对立的，而是都包括了事实的因果关系与规范评价；（3）如果使用狭义的因果关系概念与广义的客观归责概念，则客观归责理论包含了因果关系理论；（4）如果使用广义的因果关系概念与狭义的客观归责概念，则因果关系理论包含了客观归责理论。参见张明楷《也谈客观归责理论——（转下页注）

在于，在承认条件因果关系的前提下，跨越自然科学性的事实审查的阶段，进入价值性、规范性审查。客观归责理论除了提供判断规则之外，也许更重要的是提供了一种逻辑思维方法，促使我国刑法中的因果关系回归事实判断的功能定位，克服我国因果关系理论哲学色彩浓厚、判断标准不一的弊端。

客观归责理论的真正意图是要在检验犯罪构成要件的主观要素之前，在构成要件的客观层面把并不重要的因果联系排除出去。① 在客观归责成为客观构成要件要素之后，因果关系的判断不再具有规范评价的功能，而只是判断行为是不是引起具有一定刑法意义的状态的因素之一。② 因果关系的判断承担的是事实判断的功能，属于本体论性质的判断。结果原因（Erfolgsverursachung）的确定相对于结果归责（Erfolgszurechnung）而言，是一个前置性的程序，结果归因从事的是事实筛选过滤的工作，如果构成要件行为与构成要件结果之间没有因果关联，那么就无法继续进行规范归责的判断。在不明确区分结果原因与结果归责，也未加入其他的价值标准和规范标准来进行判断的情况下，要想解决归责问题是不可能的。客观归责理论主张，在事实上的、经验层面的因果关联与规范层面的刑法归责之间存在位阶顺序，应该先认定行为与结果之间的条件因果关联，再运用各种判断规则和排除法则进行价值的、规范的刑法评价。因果关系是作为一种事实的性质而存在的，用因果关系理论进行客观的事实判断，确定构成要件评价的范围，然后用客观归责理论进行价值判断，进一步确定行为的客观可归责性。按照这种前后、上下两阶段的思维方法，可以防止将自然科学领域、哲学领域的因果思维直接运用于规范刑法学中因果关系的认定上，也能够解答对相当因果关系理论关于"相当性"的判断违背了因果关系客观性的疑问。近几年来我国刑法学界关于因果关系的研究在事实因果关系、法律因果关系的辩证统一的思维模式以及执行具体判断的逻辑结构方面，与客观归责理论之间存

（接上页注②）兼与周光权、刘艳红教授商榷》，《中外法学》2013 年第 2 期。需要指出的是，本书是在第一种意义上使用"因果关系"与"客观归责"概念的。

① 参见周光权《客观归责理论的方法论意义——兼与刘艳红教授商榷》，《中外法学》2012 年第 2 期。

② 参见吴玉梅《德国刑法中的客观归责研究》，中国人民公安大学出版社，2007，第 134 页。

在异曲同工之处，也由此奠定了将客观归责理论引入我国刑法理论的基础。

二　客观归责理论的引入

（一）我国学者已经关注客观归责理论

客观归责理论产生于大陆法系的代表国家德国，经过几十年的发展，已经形成一套成熟的理论体系。我国一些刑法学者近年来对该理论产生了浓厚的兴趣，进行了较为深入的研究，产生了诸多研究成果。专著如许永安的《客观归责理论研究》、吴玉梅的《德国刑法中的客观归责研究》、张亚军的《刑法中的客观归属论》、王扬与丁芝华的《客观归责理论研究》、童德华的《刑法中客观归属论的合理性研究》。比较有分量的论文有：陈兴良的《从归因到归责：客观归责理论研究》（《法学研究》2006 年第 2 期）和《客观归责的体系性地位》（《法学研究》2009 年第 6 期）、张明楷的《也谈客观归责理论——兼与周光权、刘艳红教授商榷》（《中外法学》2013 年第 2 期）、周光权的《客观归责理论的方法论意义——兼与刘艳红教授商榷》（《中外法学》2012 年第 2 期）、刘艳红的《客观归责理论：质疑与反思》（《中外法学》2011 年第 6 期）、于改之与吴玉萍的《刑法中的客观归责理论》[《法律科学（西北政法学院学报）》2007 年第 3 期]、陈璇的《论客观归责中危险的判断方法——"以行为时全体客观事实为基础的一般人预测"之提倡》（《中国法学》2011 年第 3 期）、冯亚东与李侠的《从客观归因到主观归责》（《法学研究》2010 年第 4 期）、车浩的《假定因果关系、结果避免可能性与客观归责》（《法学研究》2009 年第 5 期）、何庆仁的《特别认知者的刑法归责》（《中外法学》2015 年第 4 期）、劳东燕的《事实因果与刑法中的结果归责》（《中国法学》2015 年第 2 期）、孙运梁的《客观归责理论的引入与因果关系的功能回归》（《现代法学》2013 年第 1 期）、吕英杰的《监督过失的客观归责》（《清华法学》2008 年第 4 期）等。我国学者虽然对该理论进行了研究，但对于是否引入该理论，以及如何与我国现行理论对接，学者们的意见并不一致。在德国的客观归责理论基础上为我国犯罪构成要件中客观可归责性创设一套切实可行的方案，找出二者之间的契合点，才是我国刑法学者应当做的。

（二）客观归责理论解决了我国因果关系理论的困惑

众所周知，我国的犯罪构成要件理论在逻辑性、实用性方面存在不少弊端，如果将作为客观构成要件要素的客观归责理论引入我国犯罪构成理论，则对于理论的完善与司法实践的指导都具有重要意义。受历史因素影响，我国刑法理论上的因果关系研究相对粗糙，习惯于以哲学因果律分析刑法现象，根本没有建立独立的、自我的规则标准，既不能有效完成事实因果关系的认定，也不能发挥归责评价的功能。客观归责理论则正好弥补了这一缺陷，使我们看清了因果关系的本来面貌。为了促使因果关系回归到事实判断的功能定位，克服我国因果关系理论模糊、虚幻的弊端，我们应该立足于我国的司法现状和理论体系，不断引介客观归责理论，吸纳该理论的具体判断规则，促进我国归责理论的发展。德国刑法中的客观归责理论抓住了现代社会风险日益增多的特征，以理论发展回应社会现实，以不被容许的风险解决归责问题，是法律离不开社会、生活促进法律发展的典型理论模式。它先以条件说（Bedingungs-theorie）确定行为与结果之间的事实关联，从而划定刑事责任的最低界限，之后再采用规范性、价值评价的标准逐步缩小刑事责任的范围，最终说明了结果归责于行为的合理性。

客观归责理论强调了客观构成要件要素在认定犯罪中的重要意义，相应地，也使主观构成要件的地位弱化。在某种意义上，这是刑法客观主义得到倡导的一种表现。我国刑法学者一般认为因果关系是两个事物之间的引起与被引起的一种事实性质的联系，它是客观的，是不以人们的主观意志为转移的。不管人们喜欢不喜欢它，认识不认识它，因果关系都是一种客观存在。我国传统刑法教科书也主张，应当立足于刑事案件的客观事实，全面考察案件的全部事实，来判断已经发生的行为与结果之间有没有因果关系存在。既不能以行为人对其行为及其引致的结果的认识为依据，也不能由司法人员根据部分事实进行主观推理。① 随着

---

① 参见高铭暄主编《中国刑法学》，中国人民大学出版社，1989，第103～104页。

客观归责理论研究的不断推进，刑法学者对因果关系性质的认识也更加深刻。首先，我们应该从事实与价值二元界分的视角来理解刑法学理论中的一些重要范畴。事实与价值是密切联系的，一方面，事实与价值存在区别，是二元界分的，价值判断不同于事实判断；另一方面，价值评价离不开事实，价值评价必须在事实的基础上进行。其次，我们应该严格区分因果关系的归因与行为的归责问题。

（三）我国现行的犯罪论体系并不排斥客观归责理论

应当指出，我国目前的刑法理论体系与客观归责理论并非水火不容，完全可以把客观归责理论引入我国刑法理论之中。客观归责理论是实质的客观构成要件理论，它的判断规则对于客观构成要件的判断也具有适用意义，对构成要件理论发挥机能也起到重要作用。客观归责理论的最大特色是提出了检验实行行为的标准，即从一种危险的实现和结果的造成中，推导出一个制造法所禁止的风险的行为、构成要件行为的概念。这样，行为概念不再是形式上的，而是从制造法所不允许的风险中得到实质的内涵，使客观归责理论成为实质的构成要件理论。① 如果我们把客观可归责性看作客观构成要件要素，对制造法所不被允许的风险、实现法所不被允许的风险、构成要件的效力范围以及这些原则下属的衍生规则进行整体的考察，就会更有利于犯罪构成体系发挥作用，更有利于刑法规范评判机制的运行。

我国一些学者在引介客观归责理论的同时，逐渐认识到该理论的优势，进而主张在我国犯罪论体系中为客观归责理论寻找安身之处。现在的多数观点似乎认为，客观归责理论有其理论优势应该学习借鉴，问题是如何使该理论与我国目前的相关理论衔接。客观归责理论是在大陆法系三阶层（构成要件符合性、违法性、有责性）犯罪论体系的理论背景下产生和运行的，而我国目前占"主流地位"的传统犯罪论体系仍然是平面式的四要件（犯罪客体、客观方面、犯罪主体、主观方面）体系，我国四要件构成理论和大陆法系的三阶层理论在体系和方法论上存在巨

---

① 参见周光权《客观归责理论的方法论意义——兼与刘艳红教授商榷》，《中外法学》2012 年第 2 期。

大差异，将客观归责理论引入我国理论，可能会带来水土不服的问题。这是学者们担心最多的问题。为了解决这个问题，学者们主张对我国传统的四要件体系进行改造。①

通过比较研究，我们发现客观归责理论与犯罪论体系并没有严格的对应关系，引入客观归责理论不以改造我国的犯罪论体系为前提。事实上，上述担忧是立足于一元化的犯罪论体系的思维方式来思考客观归责理论的移植问题，而没有看到多元化犯罪论体系在许多国家是普遍存在的。如在犯罪论体系研究相当发达的德国，并非只存在三阶层体系，也有行为、构成要件该当性、违法性、有责性的四阶层体系，以及不法与责任的二阶层体系，即使在三阶层体系内部，具体是哪三个阶层也存在分歧。在一个国家里多个犯罪论并存是正常的，不同体系拥有不同的研究学者，各个理论派别相互争论，不断修正观点，最终推动了理论研究的提升。不管人们有没有意识到，我们国家多元犯罪论体系已经到来，现在已经不只是四要件体系一种学术理论了，我们引入、运用客观归责理论并不需要去改造、"完善"传统的四要件犯罪论体系。

---

① 参见秦思著《客观归责理论借鉴之探究》，硕士学位论文，吉林大学，2011，第45页。

第一章　我国因果关系理论研究现状

我国刑法学权威教科书是这样看待因果关系的：（1）原因是引起某一现象的现象，结果是被某一现象引起的现象，在现象与现象之间的这种引起和被引起的联系，便是因果关系；① （2）犯罪实行行为与危害结果（对定罪量刑有价值的结果）二者之间存在的引起与被引起的、合乎规律的联系，就是刑法因果关系；② （3）行为与结果之间引起与被引起、决定与被决定的关系就是因果关系，因果关系具有事实性质，是行为与结果之间的一种客观性联系，当然，刑法中的因果关系不只是事实范畴的问题，更为重要的是一个法律范畴的问题；③ （4）因果关系是一种引起与被引起的关系，前面的引起者是原因，后面的被引起者是结果，但原因与结果不属于因果关系本身，因果关系是原因与结果之间引起与被引起的关系范畴，而且这种关系是客观存在的，并不以任何人的意志为转移。④

一　必然与偶然：因果关系落入哲学窠臼

（一）我国因果关系理论继承了苏联理论的必然说、偶然说

受历史因素影响，新中国的刑法理论很多是从苏联直接搬用的，直到今天，我国刑法知识仍然显现出苏联刑法知识的印记。在 20 世纪 30 年代，苏联刑法学者毕昂特科夫斯基在刑法理论中第一次运用马克思主义的基本原理研究因果关系，他区分了必然因果关系和偶然因果关系。

---

① 参见高铭暄、马克昌主编《刑法学》，北京大学出版社、高等教育出版社，2000，第82页。
② 参见马克昌主编《犯罪通论》，武汉大学出版社，1999，第214页。
③ 参见陈兴良《规范刑法学》上册，中国人民大学出版社，2008，第128页。
④ 参见张明楷《刑法学》，法律出版社，2011，第174页。

该学者认为，偶然因果关系是两个因果链条相互交叉形成的，必然因果关系则是由实施行为前已经具有的实际可能性在某种条件下发展过来的，并且他认为刑法中的因果关系是必然因果关系，也就是后来所称的必然说。苏联的另一位刑法学者库德里亚夫采夫则不认同毕昂特科夫斯基的观点，他认为必然的、偶然的因果关系都是刑法中的因果关系，二者都可以成为行为人承担刑事责任的依据，这就是必然偶然说。① 实践证明，无论是必然说、偶然说，还是必然偶然说，都不能有效确定各式各样的因果关系。众所周知，哲学领域的知识是对自然界、人类社会的一般规律的归纳与提炼，对包括刑法在内的人文社会学科的理论研究都有着普遍的指导意义，然而这种指导不能直接套用于具体问题的解决，它只限于宏观层面的基本原理上的指导。刑法学研究因果关系与哲学研究因果关系的目的是不同的，前者关注的是构成要件行为与构成要件结果之间的因果关联属性，后者研究的是从因果链中截取的两个相继发生的现象之间的引起与被引起的因果规律，二者不是重合的，也不能相互代替。② 我国传统刑法学关于因果关系的研究长期聚焦在必然因果关系与偶然因果关系上，试图将极其抽象的哲学上必然性、偶然性概念以及二者的关系直接运用到刑法理论研究和案件事实处理中，导致各种观点聚讼不已，人们日益困惑。

在我国刑法学发展的很长一段时间里，学界关于必然因果关系与偶然因果关系的知识生产不断进行，日益"繁荣"，司法实务界也在"理论联系实际"的指导思想下将必然偶然应用于刑事案件的处理。但这种没有刑法规范质量的理论与实际都注定是走不远、走不顺的。我们有必要看一下传统理论是如何界定必然因果关系与偶然因果关系的。必然说认为，在危害社会的行为中存在危害结果发生的内在根据，并且合乎规律地导致了危害结果发生时，危害社会的行为与危害结果之间的关系才是必然的因果关系，该说认为偶然因果关系不是刑法上的因果关系。偶然说则主张，当危害行为不包含发生危害结果的内在根据时，在该行为发生作用的过程中，其他因素偶然介入其中，该介入因素合乎规律地导

---

① 参见姜敏《"客观归责"在中国犯罪论体系中的地位研究——以因果关系为切入点》，《法学杂志》2010 年第 6 期。

② 参见张绍谦《刑法因果关系研究》，中国检察出版社，2004，第 100~101 页。

致了危害结果，那么介入因素与危害结果之间是必然因果关系，原危害行为与结果之间便是偶然因果关系。偶然说认为必然因果关系、偶然因果关系均为刑法中的因果关系。[1] 偶然说虽然认为引起结果的原因具有层次性、等级性差异，既有根本性、决定性的主要原因，也有非根本性、非决定性的次要原因，但认为无论是先前行为还是介入因素都是原因。如此看来，在逻辑思路上，偶然说与条件说具有相似性。当然由于条件说主张"全条件等价值"，[2] 故偶然说不承认其等同于条件说。我国有学者认为，偶然说虽然不认为引起最终结果的各个条件的原因力相同，从而区分了必然因果关系与偶然因果关系，在这一点上不同于条件说，但其实际上承担的仍然是条件说的功能，在结果归责上并没有超越条件说。[3]

（二）必然、偶然因果关系无法指导司法实践

我们考察各地、各级人民法院已经公布的一些刑事判决，会发现在因果关系的认定上观点并不统一，有的引用必然因果关系，有的使用偶然因果关系，这种必然偶然范畴的应用不能正确指导司法实践，只能带来不准确的定罪量刑活动。司法活动变成普及哲学知识的场所，抹杀了因果关系的司法证明性，案件事实的认定成了哲学研究的试验场。我们在一些刑事案件审判过程中会看到这样一幕：在法庭调查、法庭辩论阶段，公诉人认为被告人的行为合规律地、内在地、必然地导致了危害结果的发生，辩护人则以行为与结果之间是偶然的、违背规律的联系予以反驳。在控辩双方唇枪舌剑之后，必然偶然的哲学难题交给了审判者，审判者再将法律术语与哲学术语杂糅在一起，似乎上升到了法哲学的高度，但这种失去可证明性的因果关系根本不能为刑事责任的追究提供一种客观材料，无法做到"以事实为依据"。

刑法学界的必然因果关系说与偶然因果关系说，实际上是被因果关系与必然性偶然性的关系所围困。在必然因果关系论者看来，因果关系是本质的、内在的、一定的联系，只有这种必然因果关系，并无偶然因

---

[1]　参见周光权《刑法中的因果关系和客观归责论》，《江海学刊》2005年第3期。
[2]　参见李光灿等《刑法因果关系论》，北京大学出版社，1986，第105页。
[3]　参见陈兴良《从归因到归责：客观归责理论研究》，《法学研究》2006年第2期。

果关系，非本质的、非内在的、或然的联系不是因果关系。可是，仅仅根据如此抽象、耐人寻味的必然、偶然的因果关系，如何能够认定行为与结果之间的刑法上的因果关系呢?[①] 我们遇到的难题是：许多案件中，认为行为与结果之间存在必然的因果关系，却没有刑法上的因果关系；认为行为与结果之间存在偶然的因果关系，却具有刑法上的因果关系。必然偶然与因果关系并不是等同的、对应的，哲学上的必然偶然概念在刑法因果关系领域行不通。我国刑法学者过去对必然因果关系与偶然因果关系做了丰富多彩的论证、阐述，可谓绞尽脑汁、费尽心力，但由于脱离规范刑法学的语境去讨论因果关系，没有从刑法教义学的视角考察，结果导致理论研究偏离正轨，也使司法实务界收获的仅仅是哲学化的只言片语，却没有得到可操作的、符合逻辑的理论工具。

（三）刑法中的因果关系应区别于哲学上的因果关系

随着刑法学知识的精细化、科学化，我国传统的因果关系理论越来越受到质疑、批评，[②] 主要表现在以下几个方面。

首先，刑法因果关系与哲学因果关系的研究旨趣是不同的，哲学因果关系的研究成果不能直接搬用到刑法因果关系的研究中。哲学因果关系研究致力于发现事物、现象之间存在的一般的、普遍的因果规律，为人类认识世界以及在改造客观世界、主观世界的过程中提供因果规律的指引。哲学研究的因果规律是一种形而上的、抽象的思辨活动。刑法研究因果关系的目的在于考察刑事案件中的行为与结果之间是否存在因果关联，考察犯罪客观构成要件要素，为行为人最终承担刑事责任提供前提基础。刑法上的因果关系是特定的、具体的、经验性的。我国刑法中关于必然联系、偶然联系的区分，始终以个案为参照，以行为人的具体行为与危害结果的关系界定作为基本分析范式，纠结于二者的联系是必然的还是偶然的，力图在具体刑事案件中以哲学上因果观念的特征和判断标准代替本应由刑法规范方法予以确证的因果关系，从而遮蔽了因果关系的机能在于对司法实务中案件事实的因果关系加以界定，以便为下

---

① 参见丁芝华《试论客观归责理论》，硕士学位论文，中国政法大学，2004，第 34 页。

② 参见于改之、吴玉萍《刑法中的客观归责理论》，《法律科学（西北政法学院学报）》2007 年第 3 期。

一步进行的规范判断提供客观材料。不可否认，因果关系虽然是非成文的客观构成要件要素，却是刑法理论上一个备受关注的范畴。一般认为，因果关系范畴是对前后发生的事物或现象之间关联性的研究，必然性、偶然性范畴则是对事物、现象发展嬗变趋势的推断。如果两个现象之间存在引起与被引起的关系，我们就可以确定它们之间存在因果关系，这与必然性、偶然性范畴并无瓜葛。

其次，必然性、偶然性也是认识论中的概念，一般人容易认识的、经常发生的因果关系是必然的，异常介入的、难以认知的因果关系是偶然的，因果关系的属性在某种程度上取决于人们的主观认知，这可能是将犯罪主观构成要件要素纳入客观构成要件的论证过程，违背了先客观后主观的司法逻辑，否定了因果关系的客观属性。如果我们说某种因果关系是必然的，其实是指两个现象之间的因果关系符合事物发展的客观规律，反之就是偶然的。必然与偶然的区分取决于人们是否认识到客观规律，以及认识的具体程度。某种因果关系是必然的抑或是偶然的，判断的主要依据在于因果关系对于人类认识到的客观规律的符合性。

最后，按照马克思主义的辩证唯物主义原理，必然与偶然是对立统一的概念，二者在一定条件下是能够相互转化的，将这种不确定的、不稳定的分析范式引入刑法因果关系的判断，可能会导致出入人罪，从而违背罪刑法定原则的要求。

我国学界关于刑法因果关系的研究长期以来受到哲学思维、哲学语言的束缚，相关理论研究比较粗糙、抽象、空洞，大量学术资源花费在必然因果关系与偶然因果关系的研究上，这也表明我国刑法因果关系的研究处于停滞不前和自我封闭的相对孤立状态。尤其是我国刑法理论中虽然存在合规律的因果关系说这样的具体分析因果关系认定的逻辑步骤的方法，不过在如何界定行为的实在可能性、行为合规律的现实引起结果方面，还需要一定的法律标准进行充实，才能真正实现刑法因果关系奠定刑事责任客观基础的目标。

（四）刑法上因果关系摆脱哲学窠臼的路径

面对我国刑法上因果关系研究的困惑与困境，我国已有学者指出：

刑法因果关系研究不能再走必然偶然这条路，应当寻找新的研究视角，脱离哲学化的必然偶然的无谓争论。① 只有重回教义刑法学的轨道才能推进刑法因果关系研究。因为以前的拘泥于哲学视野的研究无助于解决刑法上因果关系的问题，它是一种以非常哲学化的语言进行的一种极为抽象的工作。② 客观归责理论的引介正好提供了一个全新的研究视角，客观归责理论的发展与因果关系理论有着千丝万缕的联系，客观归责理论正是为了限定因果关系理论中的条件理论无限扩大刑事责任的弊端而从相当理论演变而来的，最终定位于客观构成要件要素的不法理论。

为了弥补必然偶然因果关系理论的明显缺陷，我国刑法因果关系理论的发展呈现了至少三条道路。第一条道路是不断修正原有的必然偶然因果关系理论，以至建构全新的刑法因果关系理论；第二条道路是坚持一些学者所主张的德日刑法理论中的条件理论；第三条道路就是采用英美法系中的双层次因果关系理论，即事实因果关系与法律因果关系的分析框架。③ 通过上述论证，我们认为，第一条路是走不通的，因果关系理论要具有起码的法律规则属性，就必须摆脱必然偶然的梦魇，回到教义刑法学的轨道上来。关于第二条路，我们可以采用条件理论作为因果关系判断的基础规则，但我们不赞成采用条件理论来解决归责问题。目前条件理论虽然也有很多修正方案，但这些修正方案很多是为经验判断服务的，因而不能解决过度扩张的问题，也不能解决我们所面临的归责问题。关于第三条路，将因果关系区分为事实与法律两类，是改造我国传统因果关系理论的一个途径，但因果关系就是事实性的，硬要在因果关系前冠以"法律"，似乎不太妥当。事实上，我国因果关系理论的功能定位出现了偏差，"上帝的归上帝，恺撒的归恺撒"，因果关系理论应该与归责理论重新分配角色。

---

① 参见张绍谦《刑法因果关系研究》，中国检察出版社，1998，第97页。
② 参见陈兴良主编《刑法学》，复旦大学出版社，2003，第94页。
③ 参见王扬、丁芝华《客观归责理论研究》，中国人民公安大学出版社，2006，第177页。

二　事实判断与规范归责：因果关系理论的不能承受之重

（一）我国传统因果关系理论混淆了事实判断与规范归责

我国刑法因果关系的研究走上了一条越走越窄的路，迄今为止也没有形成一种可行的、各方面都可以接受的理论体系，这在很大程度上与理论界对因果关系的功能定位不清、不准有关，因果关系理论既承担了事实判断的功能，也承担了规范归责的功能，其承载得太多，以至于不堪重负。从根据条件说所确定的因果关系中梳理出需要归责的线索，进而将结果责任归属于特定行为人，这是归责理论的任务，而不是传统上所说的因果关系理论的使命。[①]

在我国传统刑法学中，虽然没有客观归责的观念，但实际上因果关系所承担的一直是解决责任归属问题的功能。因果关系理论不仅用来判断事实间的联系，而且为行为人负刑事责任提供客观依据。[②] 对因果关系理论所具有的机能的确定是与因果关系理论的研究目的相关的。我国许多刑法学者认为，研究因果关系的目的在于"由果溯因"，根据已经发生的危害结果追查该结果由何种危害行为引起，然后考察这种行为是否构成犯罪，以及构成何种犯罪，从而为追究行为人的刑事责任提供客观依据。确认某一危害行为与某一危害结果之间有无因果关系，主要是解决行为人对其行为所造成的危害结果承担刑事责任的问题。[③] 然而，如果我国刑法学界对于因果关系的机能的认识，仍停留在发生结果之后找出应该负责的行为人的观念层面，也就是认为刑法上因果关系的探索是以归责为目的，那么对因果关系的如此定位就是为因果关系加入了法律性的、规范性的思考。由于人类的有限理性，在对事实之间所具有因果关系进行确定性判断尚有困难的情况下，如果还要同时解决法律评价

---

① 参见周光权《客观归责理论的方法论意义——兼与刘艳红教授商榷》，《中外法学》2012 年第 2 期。

② 参见侯国云《刑法因果新论》，广西人民出版社，2000，第 27 页。

③ 参见马克昌主编《犯罪通论》，武汉大学出版社，1999，第 210、213 页。

的问题，那么无疑会导致问题的复杂化，增加思维判断的难度。我国学界对因果关系的定位，是使因果关系脱离于人们通常所感知的因果关系，而赋予其刑法价值评价上的功能。这种将事实联系的判断与规范评价的判断同时、一次性完成的思维方式很容易造成归责判断上的混乱，于是才出现了关于因果关系研究对象问题的争议。这种争议的产生实际上就是源于事实联系与规范评价的判断阶段混淆不清，也从侧面折射出在行为与结果的归属问题的思考上人们对逻辑层次的需要。①

（二）因果关系理论应承担事实判断的任务

因果关系与归责是处于两个位阶的理论命题，相对于归责，因果关系其实只是确定了结果归属问题的最外部的边界。因果关系可以说是归责中说明结果原因的阶段，也就是解决结果原因是否存在的问题，即对构成要件行为与构成要件结果之间是否具有因果关系的判断。而这种判断对于归责的论题而言，只是结果责任归属的起点，它为结果归责奠定了生活经验基础，但并不是责任归属本身。作为事实性的关联，因果关系是归责体系中价值判断的前提。同时，这表明可建立在经验认识基础之上的归责，只能在承认并接受这种人类理性的有限性基础上做出法律评价。我国刑法中因果关系的判断将本体论意义上的构成要件事实确定与规范意义上的违法性评价混合在一起，使得在责任的客观归属上，本体论范畴与规范性范畴之间界限混淆。由此也就在某种意义上决定了，我们只能得出一个因果关系个别化的理论，即所谓"刑法上的因果关系"。② 这种个别化的因果关系理论主张，除了事实性的、一般的、哲学的因果关系，还存在规范性的、特别的、法律的因果关系。可是，该规范主义的观点是不正确的，因为这违背了休谟所指出的科学研究的基本原则，即应然不能由实然推导出来，反之亦然。③

目前许多国家刑法因果关系理论所面临的问题是相同的，判断事实之间的因果关系必须依赖于人类所掌握的科学知识和生活经验，也只有依赖于此，才能判断危害行为与危害结果之间是否存在因果关系。在肯

① 参见吴玉梅《德国刑法中的客观归责研究》，中国人民公安大学出版社，2007，第258页。
② 参见吴玉梅《德国刑法中的客观归责研究》，中国人民公安大学出版社，2007，第259页。
③ Gabriel Pérez-Barberá, Kausalität und Determiniertheit, ZStW 114（2002），S. 625.

定行为与结果之间存在因果关系的基础上，就面临这个结果是否要归责
于这个行为的问题。针对这个问题，有的学者认为其属于刑法因果关系
的研究范畴，因果关系理论本身就可以解决结果归属问题，而有的学者
认为不属于刑法因果关系的研究范畴，应通过归责理论进行解决，因而
呈现不同的发展方向。根据归责理论的观点，因果关系理论的过度扩张
问题并不是该理论自身所能解决的问题，而要由归责理论来解决。客观
归责理论的产生为突破因果关系研究的瓶颈带来了希望，对照客观归责
理论的分析框架，因果关系从事实判断与规范归责的重负中解脱出来，
重回本来的理论位置，因果关系是一种事实意义上的关联性认定。①

---

① 　参见于改之、吴玉萍《刑法中的客观归责理论》，《法律科学（西北政法学院学报）》
2007 年第 3 期。

第二章　因果关系的判断标准：条件说

一　条件说的基本立场

只有当存在由实行行为（构成要件行为）引起构成要件结果这样一种事实关系的时候，才可以说实行行为与构成要件结果之间有着因果关系。接下来的问题在于，怎样来判断是否存在这样的事实关系。通常认为，只有当实行行为与结果之间具有条件关系的时候，才可以确定存在这样的事实关系。

刑法上所谓的条件说是指，如果能够认定存在没有前行为便没有后结果的关系，那么便存在刑法上的因果关系。① 一般认为，奥地利诉讼法学家尤利乌斯·格拉泽（Julius Glaser）首先提出了条件说，在德国，在冯·布里（Maximilian v. Buri）的倡导下，帝国法院的判例采纳了这一学说，并且在后续的许多判例中继续应用该学说。② 第二次世界大战之后，德国联邦法院也沿用了这一学说。③ 同时，在学术界，该学说也得到了众多学者的支持。在日本，其判例中关于因果关系的判断也采纳了条件说。当 A 行为与 B 结果在时间上先后发生的时候，要想确定二者之间的事实性结合关系，便要进行条件关系的判断。离开条件关系的考察，就无法讨论刑法中的因果关系。如果不能确定条件关系的存在，那么就不能成立刑法上的因果关系。在考察自然科学中事物之间的因果关系时，需要用到条件关系的公式，即 "conditio sine qua non Formel"，这一公式也是刑法中判断行为与结果之间因果关系的基础。这里所谓的条件关系，意指该举动是导致结果发生的原因的条件，亦即该举动对结果的

---

① 参见〔日〕牧野英一《刑法总论》（上），有斐阁，1958，第 280 页。
② 参见德国《帝国法院刑事判例集》（RGSt）1，373（374）至 77，17（18）。
③ 参见德国《联邦法院刑事判例集》（BGHSt）1，332；2，20（24）；7，112（114）；24，31（34）。

发生发挥了作用这样的一种关系。对于非因果的条件关系，例如，某种动物归类到哺乳类的条件，并不是因果关系中所说的条件。

大陆法系语境下，一个行为与一个事件或者状况间存在的因果联系在很大程度上通过以下方式确定，即将一个特定行为称为一个特定事件或者特定状态下的必要条件：倘若甲未对乙开枪射击，那么乙便不会中枪死亡；倘若甲未对乙家抛掷石块，那么乙家的玻璃便不会被击碎。对条件关系判断的通说观点采取必要条件说，也就是说，在结果发生之前存在的，并且对结果发生来说必不可少的条件均成为原因。该学说利用排除思维法，来验证某种先于结果发生既有的事实是否为结果发生的必要条件，即条件关系通过"若无 A 则无 B"这种假定的消去公式来判断。在英语中也存在与其大致相同的表述"But for A，B would not have happened"。假设没有这个行为，事态将会怎样发展，如果得出结论说"无此行为的话便不会发生该结果"，那么可以肯定的是，这个行为便是结果发生的原因之一。① 条件关系并不是指"有 A 则有 B"这一充分条件，相反是指"无 A 则无 B"这一关系，也就是，对于引发的结果而言，某个举止是无法排除掉的，在假定性地排除 A 之时，则也不会有 B 这一结果。在上述案例中，A 的开枪行为作为 B 死亡的必要条件，拉丁语表达为"conditio sine qua non"（即条件，没有它则不会发生结果）。现代刑法教义学也将其称为"条件公式"。通过这样的公式所判断的行为与结果之间的事实关系、关联称为"条件关系"，一般认为，在最低限度上应该有这个意义上的条件关系，才能确定成立刑法上的因果关系。若根据这样的理解，在即便不实施成为问题的行为大概也会发生构成要件结果的场合，就不能确定行为与构成要件结果之间的因果关系。比如说，在出于毒死别人的意图而让被害人喝了毒药，但在毒药的药效发作之前他人用手枪将被害人打死的场合，则下毒与被害人死亡之间的因果关系会被否定。

想要将自然科学意义下的因果关系概念原封不动地套用在社会科学的刑法学领域中，就非得采用条件说不可。在自然科学领域里，事实就是事实，没有价值高低的问题，将全部的因素都找出来，只考虑有无原因与结果的关系，如果某一个条件的不发生，将使得原本会发生的结果

---

① 参见〔日〕小林宪太郎《因果关系与客观的归属》，弘文堂，2003，第 23 页以下。

变成不发生，则此种条件会被视为原因。在 19 世纪到 20 世纪初期，人们很强调自然科学主义的方法论，刑法理论也受到影响。从自然科学的角度来说，条件可谓最忠实的因果法则，在一般人通常的认知上，会将下列的情况视为因果关系的问题，亦即"因为有此行为，所以生此结果，此行为与结果之间具有因果关系"。然而，基于条件说及自然科学主义的立场，会认为在"若该事实不存在，则该结果就不发生"的情形下，二者才具有因果关系，这是违反一般人常识的思考方式。然而，此种因果律的思考方式，为自然科学带来飞跃式发展，其结果也使人类享受到高度发展的现代科学的恩惠，而在理解近代科学基础的因果律的思考方法后，将条件说套用在刑法学上，其在思想史上具有重大意义。① 在德国，条件说之所以成为判例及学界通说，可谓深受近代思想史的影响。

这种学说认为，如果在某一结果产生的过程中，存在多个条件一起发挥作用，那么从一般意义上来说，这些条件在结果的发生上存在同等的价值。也就是说，数个行为作为结果发生的条件，它们属于共同的原因。可以说，在刑法中因果概念这个层面上，划分重要的因果关系与不重要的因果关系是无法做到的。可以肯定的是，想通过一个清晰以及直观的标准来确定重要条件与非重要条件的界限是不太可能的。因此，今日的通说就视所有的必要条件在法律上等值，拉丁语表达为"äquivalent"。学界也将其称为等值理论（Äquivalenztheorie）。条件公式与等值理论原本并不是同义概念。依据大部分人的理解，所有被条件公式包含的条件都是等值的，以至于这两个概念在今日实际上是对等使用的。

川端博教授认为，条件说的判断本身属于事实的判断，但是将条件关系中的所有事实做等价值的评价，则是规范的判断，因此也可将条件说归属于客观归责理论。这样一来，将条件说看作客观归责理论，便能够认为，倘若存在条件关系，则不必进一步检讨归责的妥当与否，直接地承认客观归责。② 笔者对川端博的观点存在疑问，因为客观归责理论考察的是结果能否归责于行为的问题，它并不关注引起结果的各个条件

---

① 参见〔日〕川端博《刑法总论》，甘添贵监译，余振华译著，元照出版有限公司，2008，第 9 页。

② 参见〔日〕川端博《刑法总论二十五讲》，甘添贵监译，余振华译著，中国政法大学出版社，2003，第 34 页。

是否等价的问题，易言之，根据对各个条件等价值的评价推导出结果可以归责于各个条件行为，这并不是客观归责理论的观点。在条件说中，完成条件关系的判断，便能肯定刑法上的因果关系，这种判断是事实的、客观的判断，由于没有进行规范上的评价，因此其结论明确清晰。在这个意义上，条件说存在标准明确、统一的优点。

在实务中，条件关系认定本身存在困难的情形并不少见。例如，在煤气泄漏事故的现场，汽车发动机引发了煤气燃烧，而后不久在附近发生了煤气爆炸，乍看起来，前者似乎是后者的条件，但是，经由流体力学专家鉴定，对之予以否定的情形是存在的；① 又如，看起来被害人似乎是被殴打致死，实际上死因系内因性的颅内出血的事案也是有的。② 在这些场合，必须对包括法官在内的"外行人"的轻率的判断保持谨慎。

大谷实教授认为，刑法上所从事的因果关系判断，就是在实行行为引起的结果中，类型性地确定刑法进行处罚的范围。例如，A 对 B 进行伤害并造成其轻伤，B 前往医院的途中遭遇了交通事故，不幸受创死亡。在条件说看来，倘若没有 A 的伤害行为，那么就不会发生 B 死亡的结果，因此 A 的行为该当了伤害致死罪的客观要件。然而得出上述结论是不正确的。因为从一般经验来看，上述死亡结果属于偶然情况，如果将其纳入因果关系的认定范围，就与因果关系理论的本来宗旨相违背。③ 值得注意的是，大谷实使用了必然和偶然的概念，认为如果存在条件关系的话，就存在必然关系；但是如果这种条件关系突破了一般经验，就属于偶然情况。这其实是在条件关系的基础上，进行了规范判断。大谷实这里所说的因果关系实际上是客观归责性，在上述案例中，司法实务不会仅仅根据存在条件关系便认定行为符合伤害致死罪的客观构成要件。

非 A 则非 B 的条件关系，在通常情况下，是一个容易认定的判断方式。因果关系论的第一层次，是事实层面的问题。所谓因果关系论是事实层面的问题，其具有非从规范观点加以判断，而是在存在论的层次上，以事实为基础的含义。对此，也有学说认为，因为因果关系是刑法上的

---

① 参见日本大阪地判昭和 60 年 4 月 17 日刑月 17 - 3，4 - 314。
② 参见日本最决平成 2 年 11 月 20 日刑集 44 卷 8 号 837 页。
③ 参见〔日〕大谷实《刑法讲义总论》，黎宏译，中国人民大学出版社，2008，第 194 页。

问题，所以应该将其视为一个纯粹规范的问题来加以理解。从规范保护目的的论理（刑法是为保护特定法益而存在）的观点来看，即呈现从规范立场来认定因果关系的倾向。在此立场上，应该没有必要受到因果关系基本原则的拘束，就因果关系而言，可谓一种新观点。然而，针对此见解，具压倒性的多数学者认为，所谓因果关系，仍然是与客观上存在的事实有关的问题，且主张仍然坚持因果法则具有重要意义的基本立场。换言之，其并非"基于规范的立场，仅提出刑法所应处理问题，视为客观归属的问题来处理即足"的规范主义，而是不应忽视"现实上，始终是先有行为，而后产生结果"的事实面向。① 就因果关系的基本原则而言，即为如此。因为刑法并非无视人类行为的事实面向而单纯只就规范观点来论即可，所以仍然必须坚持应重视事实面向的论题。因此，在此意义上，于因果关系论中，条件关系的存在与否，无论如何都具有必要性。

因果关系问题在刑法学中逐步得到重视，条件说在同时代自然科学方法论和价值观的影响下，采用"若无该行为则无该结果发生"的判断公式，在德日学界成为有影响力的学说，司法判例中也采用了这一学说。其原因在于，近现代以来自然科学的发展对刑法学有着基本的制约，同时刑法学自身也应当具有科学的属性，这就要求刑法中的因果关系应当以物理学意义上即存在论意义上的因果关系为判断基础，而且应以可以检验的科学法则作为判断标准。条件说作为一种判断因果关系的学说，具备可以检验的科学法则属性。条件说的判断公式带有形式逻辑特征，符合科学要求，而且规范内涵、价值内涵不能进入该判断标准，这使得条件关系的判断带有了客观属性。这也决定了，自条件说产生之后，大陆法系刑法理论就一直将其作为因果关系的判断标准。

二   条件说的问题点

本体论因果关系是要确定行为与结果之间是否存在实证意义上的联系，这种联系只是表现为客观事实有无或者是否存在的结论，不会进行主要次

---

① 参见〔日〕川端博《刑法总论》，甘添贵监译，余振华译著，元照出版有限公司，2008，第15页。

要或者重要非重要这种价值性分析。[1] 因此，德国和奥地利刑法学界的通说[2]认为，对于客观归责来说，因果关系只是提供了一个初始的基础框架。本体论因果关系具有价值无涉性，它将处于实证意义上联系中的全部条件都同等地看作结果发生的原因，这种认定因果关系的学说便是起源于德国的条件说。在我国刑法学理论中，传统的因果关系学说也是承认偶然因果关系的，就此而言其是与条件说非常接近的。[3] 在案情简单的案件中，并没有太大的麻烦，例如，甲向乙开枪射击，将乙杀死，一方面从本体论上而言，甲的开枪行为是乙死亡结果的原因，另一方面乙的死亡结果也能客观上归责于甲的行为。但是在案情复杂的案件中，这种因果关系理论便会捉襟见肘，因为需要在多个条件中选择出具有结果归责性的条件，条件说没有能力做到这一点。自恩吉施（Engisch）发表《作为刑事构成要件要素的因果关系》[4] 这一奠基性著作之后，理论上广泛承认条件公式并不能定义因果关系，而只是一个帮助检验因果关系是否存在的工具。[5]

　　运用条件说判断因果关系时存在一个根本问题，即怎样确定原因联系。过去在理论、司法实务以及判例中通常使用的是排除法，也就是先假设没有这一行为看这一结果是否还会发生，由此来考察这个行为是不是这个结果发生的原因。根据这一原理，受身体或精神上的特殊因素影响而出现的正常情况下不会出现的结果、被害人自己的原因导致的结果、不同的人各自的行为共同引起的结果等都会导致因果关系存在的肯定结论。第三人故意或过失的中间行为也无法导致因果关系的中断。根据排除法，只有在后面的行为产生的结果排除了第一行为导致结果的作用并产生了新的结果的情况下，才能否定第一行为与后一结果之间的因果关系。因此，根据排除法认定的因果关系的范围是非常宽广的。

　　对于排除法的质疑在于以下两点。第一，条件说所应用的"假定的

---

① 参见吴玉梅《德国刑法中的客观归责研究》，中国人民大学出版社，2007，第 132 ~ 133 页。

② Vgl. Jescheck, Grundfragen der Dogmatik und Kriminalpolitik, ZStW 93 (1981), 18ff.

③ 参见童德华《规范刑法原理》，中国人民公安大学出版社，2005，第 128 页；周光权《刑法中的因果关系和客观归责论》，《江海学刊》2005 年第 3 期。

④ Vgl. Engisch, Vom Weltbild des Juristen, 2. Aufl., 1965, S. 110 – 140.

⑤ Vgl. Schönke /Schröder /Lenckner, Strafgesetzbuch, Kommentar, 26. Aufl., 2001, Vor § 13 Rn. 74；Rudolphi, Systematischer Kommentar zum Strafgesetzbuch, 6. Aufl., 1995, Vor § 1 Rn. 40.

剔除程序"存在巨大的漏洞。① 条件理论的真正缺陷不在于它扩大了原因的范围，而是深藏于其运作机制的本身：运用"思维排除法"的前提，是人们必须事先就已经知道究竟条件具备何等的原因力，即知道这些条件如何作为原因（之一）而发挥作用；否则，条件理论就根本无法运作。② 针对这一"若无前者即无后者"的公式，反对的意见认为，借助于该公式不过只能指出已经被说明了的因果联系，换言之，人们是在答案不证自明的前提下运用这个公式的。③ 因此，在 A 往 B 所喝的咖啡中加入一些粉末，B 喝完咖啡后死亡的案件中，仅当粉末的因果意义上的作用已经是清楚的情况下，将粉末视为引发结果的条件才是有意义的。相反，如果人们并不知晓粉末的化学成分或者并不了解它对人体会产生的作用，那么，人们就不能通过抽掉摄入粉末的方式来确定粉末便是死亡的原因。人们可以很容易发现这种可能，即粉末和损害之间根本没有任何关系，死亡结果是通过其他方式引起的。因此，只有当"如果相关举止（将粉末倒入咖啡）不存在，结果（B 的死亡）就不会发生"这种虚拟的条件语句，能够被人们客观地、经得起检验地加以证实，从而可以肯定其真实性之后，人们才可以凭借这一"若无前者即无后者"的公式相应地证明因果关系的成立。第二，当缺乏这一行为由于一个其他原因在其后导致了同一结果或者这一结果同时由几个各自独立的行为引起时，排除法会导致认识上的偏差。如一个谋杀案中多人分别对睡眠中的被害人刺一刀导致其死亡，这里每个人的行为与结果发生之间存在因果关系是明显的，但排除法的采用可能导致这里因果关系的否定。

　　有学者批评条件说所认定的因果关系范围太广，采用条件说的学者也开始尝试限缩范围过广的因果历程，其中有一见解是着眼于行为人的主观面向，主张即使某事实被认为具有因果关系，也可从故意论的观点上加以限缩。④

---

① 参见〔德〕汉斯·海因里希·耶赛克、托马斯·魏根特《德国刑法教科书（总论）》，徐久生译，中国法制出版社，2001，第 341～342 页。

② 参见〔意〕杜里奥·帕多瓦尼《意大利刑法学原理》（注评版），陈忠林译评，中国人民大学出版社，2004，第 118 页。

③ 参见〔德〕乌尔斯·金德霍伊泽尔《刑法总论教科书》，蔡桂生译，北京大学出版社，2015，第 80 页。

④ 参见〔日〕川端博《刑法总论》，甘添贵监译，余振华译著，元照出版有限公司，2008，第 10 页。

这一点可以通过"打雷事例"来说明。A 一直想"如果能得到叔父的遗产该有多好"，于是鼓动其叔父 B 到树林里去散步。A 之所以劝其叔父 B 到树林中散步，就是想到 B 在树林中散步时，如果恰好打雷，B 也许会被雷击而死，那么自己也许就会获得遗产。我们假定结果正如 A 之所愿，当 B 走入树林时，恰好打雷，而 B 也正好被雷击而死。在这么罕见的案件中，也存在如果没有 A 的行为则不会发生 B 死亡结果这一关系，也就是说这里存在条件关系。既有条件关系，A 又存在故意，似乎理应认定 A 构成杀人罪既遂，但显然这一结论并不合适。

上述案例所反映的问题是，条件公式所包含的所有导致结果发生的原因都是等值的。仅在极端匪夷所思的情况下引发一个特定结果的条件也要作为导致这个结果产生的必要条件。对此，有观点试图通过否定存在故意而谋求结论的合理性，也就是，即便对那种罕见的因果过程有所认识，那也只是一种愿望，而非故意。问题的实质在于，如"打雷事例"那样，在某种因果过程并不具有经验法则上的相当性之时，即便对这种并不具有相当性的因果过程会致人死亡这一点有所认识，也不能称之为故意。原因在于，作为故意认识对象的因果过程应当在经验法则上存在相当性。但是，这在理论上并不能成立，[1] 因为一方面在客观上仅要求有条件关系，另一方面在主观上又要求认识到具有相当性的因果过程。如果客观上只要存在条件关系即可，那么，故意的内容若非只需对该客观方面有所认识即可的话，在理论上便不具有一贯性。就那种异常的因果过程的事例即罕见的事例，否定其存在故意，这无疑等同于在客观方面也要求存在相当的因果过程。因此，一方面采取条件说，另一方面却否定存在故意而认定为未遂，有时甚至认定为不具有可罚性，这种做法无外乎就是我们经常所说的"前门拒客后门纳客"（毛拉赫）。[2]

再次，举一个非常极端的例子，如果没有杀人犯的双亲，则杀人犯不会出现在这个世界上，所以父母对于其子的杀人行为被认为具有条件关系。然而，此种推论显然过于宽泛，且有违一般常识，但在此情况下，由于行为人的双亲并没有故意，所以可免除刑法上的罪责。此种见解对

---

① 参见〔日〕西田典之《日本刑法总论》，刘明祥、王昭武译，中国人民大学出版社，2007，第 74 页。

② 参见〔日〕大塚仁《刑法概说（总论）》，有斐阁，2005，第 97～98 页。

该行为人也有适用的余地，如果在刑法所要求的因果关系范围内，限缩故意的认识范围，则能借此限缩因果关系的不当扩大，此可谓合理的思考方式。然而，只着眼于行为人的主观面向，当真就能适当地限缩因果关系的范围吗？亦即，依据此种想法，从因果关系的角度而言，会产生无视构成要件功能的困难点。对于客观的构成要件，因果关系的不当扩大有其限缩的必要性，所以为了满足此需求，有学者主张依据实行行为来限缩因果关系的范围。① 亦即，从实行行为的观点出发，将重点置于实行行为与结果之间有无因果关系的判断上，但如此是否会与被视为等价说的条件说的基本思考相违背？之所以这么说，是因为加入是不是实行行为的价值判断来进行条件的选择。换言之，应重视特定条件是什么，究竟是实行行为还是实行行为的前阶段？因此，在条件阶段下所使用的等价说，其特征完全地被否定。

因为条件说不承认诸条件之间存在质的区别，所以其难点在于把无任何直接关系的条件也看作结果的原因。也就是说，向杀人者贩卖凶器的行为也被视为杀人的原因，在逻辑上没有任何困难。② 仅凭借条件公式确定因果关系将导致每一个事件都具有一个难以估量的必要条件链。这个条件链会无限制地向过去追溯。不仅谋杀犯 A 的犯罪行为与被害人的死亡具有因果关系，而且 A 的父母也是造成被害人死亡的原因：试想如果其父母没有生出 A，那么 A 就不可能谋杀被害人，A 的出世也是被害人死亡的条件。

尽管条件说在判断结果发生的原因时有扩大原因范围的弊端，但是在判断因果关系时，条件说仍然派得上用场，条件关系公式仍然是适用的。在进行客观归责时，其前提或者基础是条件关系，离开条件关系进行的客观归责就失去了事实根据，这种脱离事实根据的纯粹规范判断会带来不利后果，使得构成要件符合性的判断丧失安定性。条件说的缺陷也说明了真正的条件关系正是依托于客观事实的，也能够说明，忽视条

---

① 参见〔日〕川端博《刑法总论》，甘添贵监译，余振华译著，元照出版有限公司，2008，第 10 页。
② 以上关于条件说的批判参见 Jescheck/Weigend, Lehrbuch des Strafrecht, 5. Aufl., 1995, S. 281; Schönke /Schröder /Lenckner, Strafgesetzbuch, Kommentar, 26. Aufl., 2001, Vor § 13 Rn. 74。

件的原因力、滥用条件关系是错误的。例如，有观点认为，按照条件说来判断的话，杀人凶手的父母也是被害人死亡的原因，父母生育凶手的行为也符合杀人罪的客观构成要件。但是，这是对条件说的滥用、误用。换言之，倘若重视条件的原因力，也就是考察行为是否存在导致他人死亡的原因力，则即便运用条件关系的公式，也不会得出结论说，凶手的父母也属于被害人死亡的原因。①

　　实际上，之所以有观点认为条件说存在缺陷，其缘由可能在于杀人、伤害等实行行为欠缺定型性，而不是条件关系公式本身存在瑕疵。换言之，早期的刑法理论并未对实行行为进行适当的限定，所以学界认为条件说存在无限溯及原因或者说过于扩展因果关系范围的弊端。当然这也是由于杀人、伤害等实行行为的定型化有着相当的难度，具体描述起来非常困难。因此，在古典犯罪论体系看来，尽管凶手的父母该当杀人罪的构成要件，但是父母不具备作为责任要素的故意、过失，据此否定他们成立杀人罪。但是，这种观点认为凶手父母的行为是违法的，这种结论无法被人们接受。目的主义犯罪论体系认为故意是构成要件要素，这样一来，凶手的父母由于欠缺杀人的故意便没有故意的不法，但是凶手的父母是否成立过失犯还有待考察。② 之所以出现上述问题，还是由于杀人行为很难具有定型性。如果刑法分则条文已然对构成要件行为进行了具体、详细的归纳、描述，那么所谓条件说放宽原因范围的问题便不复存在。也正是基于这个原因，客观归责理论所分析的案例主要局限于杀人、伤害、毁坏财物这些类型。不管怎么说，不能将实行行为无定型性引起的难题看作条件说的弊病。申言之，恰恰因为杀人行为、伤害行为没有定型性，所以并不是首先限定杀人行为、伤害行为是怎样的，再经由条件说来考察行为与结果之间是否存在因果关系，而是根据条件关系来判断某种行为是否杀人行为、伤害行为（早期的条件说）。③

　　理论上针对条件说因果关系无限回溯问题所提出的解决方案主要有

① 参见张明楷《也谈客观归责理论——兼与周光权、刘艳红教授商榷》，《中外法学》
　　2013 年第 2 期。
② 参见〔德〕克劳斯·罗克辛《德国犯罪原理的发展与现代趋势》，王世洲译，《法学家》2007 年第 1 期。
③ 参见张明楷《也谈客观归责理论——兼与周光权、刘艳红教授商榷》，《中外法学》
　　2013 年第 2 期。

三种。① 第一种方案是坚持条件说因果关系的学者所尝试的主观理论路径，即通过否定主观罪过的途径来限定结果责任的范围。② 以上已经分析得出结论，以罪过来限制条件说认定的因果关系范围是行不通的。第二种方案则是对条件说进行修正或者区分条件和原因的客观理论路径，即通过寻求判断有重要意义的因果关系的客观标准来限定结果归责的范围。为解决条件说的无限回溯问题而提出的个别化修正方案（包括因果关系中断说、假设的因果关系说、择一的因果关系说、累积的因果关系说等）属于此种路径。这些个别化的解决方案只能是具体问题具体分析的权宜之计，没有统一的判断标准。同属于这一问题解决路径但不同于上述个别化的补救方案，人们还尝试在区分条件和原因的前提下提出取代条件说的因果关系理论，主要包括原因说（非等价说）、相当因果关系说和重要理论。这些理论已经超出了因果关系的范畴，成为归责理论，但是又不能有效承担结果归责的任务。第三种方案是客观归责理论所代表的、因果关系视野之外的规范化理论路径，即通过对客观构成要件行为进行规范性解释的方式来限定结果责任的范围。③ 其具体的解决问题思路，或者借助"制造法不允许的风险"来否定构成要件行为的符合性，以排除结果归责；或者借助"不允许性风险的实现"来否定结果与行为之间的规范联系；或者借助"构成要件的作用范围"来否定归责的效力。在条件关系当中，所有的条件都具有等价性。然而，因果性等价性并不意味着法律等价性。具有等价性的因果要素应该重新在规范性法律方面探讨归属的标准。④ 这种理论路径是在与目的行为论的主观论对立的意义上提出的，这在目前德国刑法理论界已经获得了相当程度的认

---

① 参见王志远《实质违法观的绩造：客观归责理论的真正贡献》，《吉林大学社会科学学报》2011 年第 3 期。

② 参见〔德〕克劳斯·罗克辛《德国刑法学总论》第 1 卷，王世洲译，法律出版社，2005，第 245 页。

③ Vgl. Jescheck/Weigend, Lehrbuch des Strafrechts, 5. Aufl., 1996, S. 280; Rudolphi/Horn/Samson, Systematischer Kommentar zum Strafgesetzbuch, 6. Aufl., 1995, Vor § 1 Rn. 53.

④ Vgl. Jakobs, Strafrecht Allgemeiner Teil, 2. Aufl., 1991, 7/29; Jescheck/Weigend, Lehrbuch des Strafrechts, 5. Aufl., 1996, S. 287; Wessels/Beulke, Strafrecht Allgemeiner Teil, 31. Aufl., 2001, Rn. 175.

同,① 而且已经在我国大陆刑法学界产生了巨大的影响，可以说是一种可行的解决方案。

三　合法则的条件说

文献上的有力观点认为，因果关系以两个事件、行为与状态之间存在合法则性关系为前提。② 这种观点认为，倘若 A 行为与 B 结果之间在发生时间上存在前后的连续性关系，同时，从 A 引发出 B 符合某种自然法则，或者根据某种盖然性法则、经验法则，能够得到解释，则可以确定 A 行为与 B 结果之间具有条件关系，即一种事实上的结合关系。恩吉施将因果关系定位为："当一个行为与在时间上紧随其后发生的外部世界的变化之间是按照（自然）法则联系在一起，且后者是某个在刑法上被规定为构成要件结果的具体事实的组成部分的时候，则该行为是特定构成要件结果的原因。"③ 恩吉施使用这一合法则性条件公式以替代当时也是现在普遍适用的条件公式。在合法则条件说（Lehre von der gesetzmäßigen Bedingung）看来，行为对结果的发生是否具备条件质量只能由这个行为的性质本身所决定，也就是说从人们所认识到的自然法则出发，在某种具体情况下，这一行为是否会引起这一结果的发生。相反地，不必去观察，如果没有这一行为存在这一结果是否会发生。该说研究的不是假定性排除法的所谓"是不是无 A 则无 B"这一关系，而是研究"是不是因有 A 才有 B"这一关系。所谓合法则性可以表述为"只要存在 A，B 便发生"。是否存在此种合法则性，则是经验科学的研究范围。④ 因果性阐释终究只是演绎推理的一种形式。⑤ 这适合于不作为犯。其理由在于，

---

① 参见〔德〕约翰内斯·韦塞尔斯《德国刑法总论》，李昌珂译，法律出版社，2008，第 116 页。
② 该理论奠基于 Engisch, Die Kausalität als Merkmal der Strafrechtlichen Tatbestände, 1931, S. 20ff；还有许多主张者，如 Jescheck, Arthur Kaufmann, Lenckner, Puppe, Rudolphi, Samson, Schünemann。
③ Vgl. Engisch, Die Kausalität als Merkmal der Strafrechtlichen Tatbestände, 1931, S. 21.
④ Vgl. Hilgendorf, Strafrechtliche Produzentenhaftung in der "Risikogesellschaft", 1993, S. 115 - 121.
⑤ Vgl. Herberger/Simon, Wissenschaftstheorie für Juristen, 1980, S. 354ff.

既然只要实施一定的作为便能切实地防止结果的发生，那么就可以说，该不作为与实际发生的结果合乎法则地结合在一起。例如，在母亲杀害婴儿的场合，无论是勒死婴儿还是通过不喂奶而饿死婴儿，二者在因果性上并无差异，这是因为该作为、该不作为均与结果合乎法则地结合在一起。这样，如果认为条件关系是确认行为与结果之间的事实上的结合关系，采取"合法则条件说"是很好的解决之道。

合法则条件说认为，"如果没有行为则没有结果"的判断公式，只是考察行为与结果之间是否存在事实因果关系的辅助性公式，并不是说这个公式本身起决定性作用、存在什么绝对的意义，它只是作为一个简单的辅助工具用于确定这样一种合乎规律的关系的存在。如果从上述角度来理解条件说，那么在能够确定行为和结果之间存在事实关联、行为成为后续结果的原因、正是基于行为的作用而引发了结果的时候，即使不存在"如果没有行为则没有结果"的关系，也可以得出结论说行为与结果之间存在事实因果关系。合法则条件说认为，按照条件说"conditio sine qua non"的公式无法确定因果关系，应该根据作为日常经验法则的合法则性改正条件说的缺陷。合法则条件说把因果关系看作行为与结果之间合法则性联系的范畴，该说所主张的合法则性指的是为当代社会知识水平所认可的法则性关系，而不是指条件说所倡导的逻辑性条件以及相当因果关系说所主张的生活经验。因为这里所说的法则关系是为当代最高科学知识水平所认可的，所以在根据这种科学知识也难以理解行为与结果之间关联的情况下，不能承认因果关系的存在。

通常认为，合法则性条件公式较之条件公式是更为优越的，这尤其体现在涉及超越的因果关系、假定的因果关系及择一的因果关系的案件中，[①] 但这种合法则性关系的具体内容始终没有得到全面的阐明。有时，这种合法则性关系只被当作一个空洞的公式加以使用，以主张一种人们直觉推断的、不加详细证明的因果关系。而在另一些场合，对合法则性关系的假定导致了以下结论，即条件公式以经验性知识的存在为前提。这个观点虽然正确但不准确，因此，并不能满足法学的明确性要求。[②] 对合

---

① Vgl. Jescheck, Lehrbuch des Strafrechts Allgemeiner Teil, 1996, S. 254f.
② 参见〔德〕希尔根多夫《德国刑法学：从传统到现代》，江溯等译，北京大学出版社，2015，第 274 页。

法则性关系的宣示意味着对经验的合法则性的援引。经验的合法则性意味着，原因与结果之间的关联并不是个别的、偶然的，而是一般的、普遍的。在这个意义上，人们将经验的合法则性称为一般因果关系。但与过去一样，人们究竟将这种经验的合法则性理解为什么，依然是不明确的。大部分的学者认为，应当限定在自然法则的范围内，这种自然法则构成了一般因果关系的基础，却没有进一步详尽地论述这种法则类型。①

　　因果关系的检验是科学阐述的一种下位形式。在我们打算从因果性角度对一个事件进行说明时，我们一般要用到两种类型的陈述，一种是陈述一般的法则性，一种是具体描述有待说明的事件。② 在合法则性关系学说看来，这种逻辑结构同样是在法学理论上对因果关系进行检验的基础。首先需要查明的是，究竟是否存在能够适用于重要情况的因果法则，即应当是在科学上得到确认的也就是在权威专业领域内得到普遍认可的自然法则（这是所谓的一般因果关系）；其次则需要确定，所涉及的具体事实情况能否归属于这一自然法则（即所谓的具体因果关系）。

　　这样，因果关系便得以在一个位阶性的检验过程中得到确定。③ 申言之，如果依据合法则条件说来确定因果关系，则需要两个阶段。④ 第一阶段，是所谓的"一般因果关系"的确定。在这里，作为能够适用于各个事例的上位命题，探讨是否存在自然科学上的因果法则。在一般的因果关系的确定中，自然科学上的因果法则可以根据法官的主观确信来进行判断。当与专家们的专门知识的判断相比较，其能够被一般性地承认时，法官才可以使用因果法则。第二阶段，是要认定"具体因果关系"，也就是说，在具体的事案中行为与结果之间的关系是否符合上述所确定的自然科学上的因果法则。这里具体事案能否包摄于一般因果法则

---

① Vgl. Schönke /Schröder /Lenckner, Strafgesetzbuch, Kommentar, 26. Aufl. , 2001, Vorbem. §§ 13 Rn. 75; Stratenwerth, Lehrbuch des Strafrechts Allgemeiner Teil, Bd. 1, 4. Aufl. , 2000, Rn. 216.

② Vgl. Hempel, Aspekte Wissenschaftlicher Erklärung, 1977, S. 5.

③ Vgl. Armin Kaufmann, Tatbestandsmäßigkeit und Verursachung im Contergan-Verfahren, JZ (1971), S. 569 – 576; Hilgendorf, Strafrechtliche Produzentenhaftung in der "Risikogesellschaft", 1993, S. 121 – 125.

④ 参见〔韩〕金日秀、徐辅鹤《韩国刑法总论》，郑军男译，武汉大学出版社，2008，第 154 页。

中，也就是具体因果关系的认定只能依靠法官的主观确信来进行。依据合法则条件说，尤其在条件说中难以确定的不作为或救助的因果过程之断绝的事例中，有利于确定因果关系。

倘若遵循人们公认的自然法则，可以断定在某个行为与某个结果之间有着不可避免的关联，那么就可以说，这个行为是这个结果发生的原因。根据这种理论，在上述投放粉末案件中，若在像受害人的身体构造和机制这类条件限制已经给定的前提下，摄入粉末是依照相应的自然科学法则足以解释结果发生的一种情况，那么，粉末与B的死亡之间有因果关系。当人们只要不考虑粉末，便不再能够从自然科学法则上解释结果的发生时，便是如此。论述至此，与很可能是凭借已知晓、确定的经验性法则"若无前者即无后者"公式来确证相比，该种理论肯定是有说服力的。然而，就是我们面对的这一案例，却给我们提供了从根本上寻找一个普遍的因果法则的契机。举例来说：某种特定的皮革防护剂的许多使用者都患有肺水肿。[①] 若人们迄今为止无法从自然科学法则上证明吸入这种物质和生病之间存在的联系，那么，人们也无法通过求助于确切的医学知识来确证"若无前者即无后者"这一公式的成立。在这种案例中，判例中的观点是通过排除替代性原因的方法来论证因果联系的。根据这种方法，对于这种病的出现，如果人们没有办法再找到其他可信的解释的话，那么，人们就将这种皮革防护剂认定为患肺水肿的原因。[②]还要说明的是，这种极合理的方法可以用于像精神和社会这类领域中基本没有普遍决定性法则可供使用的地方。[③] 这样，对于一些情况——如果C没有教唆A侵入B的住宅的话，那么A就原本不会侵入B的住宅——人们就不必再找任何普遍的经验法则来加以论证了。当然，在这种场合下，人们也不可以用法官纯粹的确信来替代对因果关系的证明。更准确地说，应当依据生活经验和人们公认的相应专业领域知识，来寻求论证因果关系的正确方法，从而使得"若无前者即无后者"条件公式的适用经得起理论和实务的检验，并且合理的怀疑能够被排除。

---

① Vgl. BGHSt 37, S. 106 ff.
② 参见〔德〕乌尔斯·金德霍伊泽尔《刑法总论教科书》，蔡桂生译，北京大学出版社，2015，第81页。
③ Vgl. BGHSt 13, S. 13 ff.

松宫孝明教授认为，依据合法则的条件公式，将举动与结果之间的联系这种法则本身视作条件关系是错误的。例如，猛烈殴打他人的头部行为与死亡之间可以说是存在合法则的联系，虽说是这样，但并不能径直断定被害人的死亡具体是殴打所致。理由在于，被害人的死亡有时是内因性颅内出血所致。亦即，法则终究只不过是发现个别条件关系的公式，对于这一点必须加以注意。而且，有必要考虑作为妥当的条件之法则是不是现实的存在。例如，河豚之毒有毒死人的可能，此乃法则，但纵使如此，在人所摄入的量未达致死量以及身体状态等条件不好时，未必就可以推定其死亡是中河豚之毒所致。[①]

四 合义务的替代行为

合义务的替代行为（pflichtmäßiges Alternativverhalten）是指虽然行为人实施了违法行为、产生了某犯罪结果，但是，即使遵守了法，也不能避免相同的结果。德国有下面这样一个案例：A 驾驶货车超越前面的自行车，根据《道路交通法》的规定，超越前方车辆时必须保持 1.5 米的间距，但 A 在实际超车时仅保持了 75 厘米的间距，骑车人 B 由于喝得酩酊大醉突然倒地，被货车轧死。在本案中，即便 A 采取了合乎义务的态度，即间隔 1.5 米超越自行车，突然倒地的 B 也会被轧死。对此，德国联邦最高法院判定其间并不存在因果关系。[②] 日本也有相似判例，后视镜事件[③]等就做出了类似的判决。该案的案情大概是这样的：在禁止掉头的地方被告人驾车掉头，当时也没有认真查看后视镜，正在此时，被害人突然驾驶着两轮摩托车疾速驶来，据测算时速达 100 公里以上，结果被害人冲入被告人车下死亡。对此，裁判所认为，"即便被告人在掉头时通过后视镜确认了安全情况，也并不能观察到以 100 公里以上的时速猛冲过来的被害人，因此，被告人并未观察后视镜这一过失与被害人被卷入车下轧死这一结果之间并无相当因果关系"，进而判定被告人无罪。

山口厚教授认为只有在具有结果回避可能性之时才能肯定存在条件

---

① 参见陈兴良主编《刑事法判解》第 11 卷，人民法院出版社，2012，第 54 页。

② Vgl. BGHSt 11, S. 1.

③ 参见日本福冈高那霸支判昭和 61 年 2 月 6 日判时 1184 - 158。

关系,"在此意义上,条件关系并不仅仅是单纯的行为与结果之间的事实性结合关系,还具有事关处罚正当化的规范性意义(结果回避可能性)。如此,条件关系本身便已经具有复合型的内容(事实上的结合关系以及结果回避可能性)"。① 上述观点便是理论性结合说,在这种学说看来,刑法通过规定和适用刑罚而让行为人承担一种义务,即去回避结果或者说避免结果的发生。这样一来,如果不存在回避结果的可能性,那么也就不存在条件关系。在没有条件关系的情况下,过失犯不具有可罚性,故意犯也仅止于未遂。在合义务的替代行为(欠缺结果回避可能性)的场合,如果引起结果的行为合乎义务,可评价为合法行为,合法行为也会引起结果,那么,违规行为与结果间的条件关系便归于消灭,相应地,过失行为也不具有可罚性。但是,笔者认为,所谓条件关系首先应该是明确行为与结果之间的事实上的结合关系,上述观点却考虑有无结果回避可能性,试图在因果关系判断阶段对条件关系做规范性的限定,对此我们持有疑问。

　　假定的原因,是参照行为人的有关行为所做的一种假设,是由所预测到的事态衍生出来的,其与假定法中的结论语是相关的。这里值得研究的问题是,对于属于刑法评价对象的行为人行为,究竟应进行怎样的假定。应该说,如何设定假定法中的条件语与这个问题也是相关的。在通说看来,根据没有 A 则没有 B 的条件说公式,在作为犯的场合,应该假定的是什么也没有做,即应假定单纯的不作为;在不作为犯的场合,应该假定的是作为,即构成作为义务内容的作为。与之不同,也有少数观点主张,即使是在作为犯的场合,假定的对象也不能是单纯的不作为,而应是遵守义务的行为,或者说应是处于被允许风险范围之内的行为。② 例如,在上述货车超车案中,如果按照通说观点,可以得出结论说,没有 A 的超车行为,便没有 B 死亡结果的发生,所以应承认二者之间的条件关系。行为人的超车行为明显合乎法则地导致了 B 的死亡这一结果的发生,因而合法则条件说也无法否定条件关系的存在。

　　相反,按照少数说的观点,"作出刑法的评价以前的具体的行为是指

---

① 参见〔日〕山口厚《刑法总论》,有斐阁,2005,第 50 页以下。
② 参见〔日〕林干人《刑法总论》,东京大学出版会,2008,第 119 页以下。

甲（即 A，笔者注）的超车行为。但是，在过失犯的场合，作为其客观方面的行为应考虑为不作为。因此，在此场合中，在超越自行车的时候，在社会的一般观念上认为有必要隔开一定的距离，以防止接触。所以，没有隔开一定距离的超车行为是应当取缔的行为。在此意义上，此例与不作为的因果关系的场合相同，将被期待的作为纳入假定判断之中应当是被允许的。其结果是，社会一般观念上期待的行为（作为），也就是说，在本案中，作为社会一般观念的内容的，符合作为义务态度的 1.5 米的间隔距离达到的情况下，实行了超车行为，然而仍然不幸地发生了伤亡结果。那么在这种场合应当否定条件关系"。① 即使 A 驾驶货车超车时与骑车人保持 1.5 米的距离，骑车人 B 也会被轧身亡，所以不应肯定存在条件关系。然而，对于 A 来说，B 的死亡是有实际回避可能性的结果，也就是说，只要 A 不去超车，B 就不会因超车而死亡，所以 B 的死亡正是 A 超车这个行为的产物，这样说来，还是要承认二者之间的条件关系。从这个意义上来说，在作为犯的场合，假定的内容还应是单纯的不作为。当然，在即使属于被允许风险范围内的行为也会造成这种结果的时候，应当注意该行为与这种被允许行为之间的均衡，也就是说，更具合理性的做法是，认定行为人的行为不具有可罚性。② 这里涉及事实上的结果回避可能性与规范上的结果回避可能性，前者属于条件关系的范畴，后者是在考察客观归责或者过失犯的时候必须具备的要件。

五　择一的因果关系（双重的因果关系）

所谓择一的因果关系又称为择一竞合的因果关系、双重的因果关系（alternative Konkurrenz；Doppelkausalität），在这种场合，有数个行为同时发生作用而造成某种结果，然而不管从中选择哪一行为，均能单独造成同样的结果。这样一来，即便不存在 A 条件，也会有 B 条件导致结果发生，因而各个条件与结果发生之间便不存在"没有前者就没有后者"这种条件关系，可以说，在择一的因果关系场合，倘若只是纯粹从逻辑上

① 参见〔日〕野村稔《刑法总论》，全理其、何力译，法律出版社，2001，第140页。
② 参见〔日〕松原芳博《刑法总论重要问题》，王昭武译，中国政法大学出版社，2014，第56页。

运用绝对的条件制约公式来判断因果关系，那么各个条件行为与结果之间便不存在因果关系。正是在这个问题上，理论界对条件说的批评是决定性的。

例如，A 向 C 的饮料里投入达到致死量的毒药，其后，B 也投入了达到致死量的毒药，C 喝过饮料之后被毒死。在此情况下，如果与 A 或 B 单独投毒相比，C 早一个小时死亡，那么，由于是 A 与 B 二人的行为导致了"C 早一个小时死亡"这一具体结果，因而无论是 A 的行为还是 B 的行为均与"C 早一个小时死亡"之间存在条件关系。反之，在 A 与 B 无意思联络的情况下均投入了达到致死量的毒药之后，C 并没有提早死亡，其死亡时间与 A 或 B 单独投毒引发死亡的时间相同，也就是，尽管 A、B 二人分别投了毒，但在导致 C 死亡这一结果上并无不同，那么，其中的关系就是"无 A 也有 C 死亡""无 B 也有 C 死亡"，因此 A、B 的行为与 C 死亡并不存在条件关系。

这样就提出了否定在择一竞合场合存在条件关系的观点，也就是说如果运用假定的消去公式，则难以认为择一竞合的情形具备条件关系。按照逻辑的结合说，[①] 在不实施某行为就可以避免结果发生的时候，能够断定说行为影响、左右着结果的发生，在这个意义上，行为支配着结果，条件关系表现为一种支配关系。在不存在这种支配关系的时候，对于防止结果发生来说，即便禁止实施该行为也是无用的。刑罚的目的之一在于防止法益侵害，单纯根据结果的发生来处罚某个行为是不具备正当性的。在 A、B 二人单方的投毒行为均能造成 C 死亡的案件中，即使 A 或者 B 有一方决定放弃投毒，C 死亡这一结果也还是要发生，实际上单独考虑 A 的行为或者 B 的行为，在与 C 死亡结果的关系上，并没有产生实际的作用。据此，A、B 二人都只能成立故意杀人未遂。

对此，通说认为，单独的行为也可以导致死亡结果的发生，二者合并在一起倒并不存在条件关系这一结论并不合适，有悖法感情，也与我们所具有的社会常识不一致。以此为实质根据，在此场合将 A 和 B 的行为重叠，从而承认其条件关系的见解被提了出来，在本案中，如果将二

---

① 参见〔日〕町野朔《犯罪论的展开》Ⅰ，有斐阁，1989，第 95 页以下；〔日〕山口厚《刑法总论》，有斐阁，2007，第 54 页以下。

者的投毒行为一并排除，显然不会发生 C 死亡的结果，因而 A 或 B 的行为均是结果发生之原因，C 实际上已经死亡，除了 A 与 B 之外，不可能再有其他原因，若不将其中至少一剂毒药考虑进来的话，就不足以解释这个死亡结果了。若无论是 A 还是 B 都与此结果不具有条件关系，这不可思议。所以应该对必要条件公式加以修正，即"在若干条件中，选择性地除去其中之一，结果仍然发生，但是，累积性地把全部条件都除去，结果就不会发生，此时，各个条件都引起了其结果"。①

　　大谷实教授认为，在择一的因果关系的场合，存在条件关系，其理由如下：（1）行为人即使单独实施行为也能够将他人杀死，而且他人死亡结果亦发生了，如果认为行为人（二者分别）只成立故意杀人未遂，那么该结论是不符合常理的；（2）不管是 A 的行为还是 B 的行为，对于结果的发生而言，都至少发挥了一半的作用；（3）实行行为人所预想的结果已然实际发生了，却不去追究该行为人的罪责，这恐怕是不合理的；（4）与重叠的因果关系情形做比较的话，择一的因果关系情形中行为人实施的行为更加危险，但是在罪责上只被追究未遂的责任，这就造成了处罚上的失衡。所以，在实际处理择一的因果关系的案件时，应当承认行为与结果之间存在条件关系，否则便是不妥当的。在此基础上，大谷实教授进一步阐述道："即便从理论上考察，由于 A 的行为与 B 的行为实际上已经相互竞合，因而不应分别评价 A、B 的行为，而应将二者一并排除。在本案中，如果一并排除二者便不会发生结果，并且，相互竞合的行为与结果之间存在事实上的关联，因而可以肯定作为'存在论之基础'的条件关系。"② 对于上述毒药案例，批判意见提出，A、B 双方分别投入一半达到致死量的毒药的场合，可肯定具有条件关系，与此相比，在实施了投入达到致死量的毒药这种性质更加恶劣的行为的场合，却要否定存在条件关系，这并不合适。然而，在后一情形下，之所以否定条件关系，不是因为增加了毒药量，而是因为另外一方投入了达到致死量的毒药，因而此批判并不妥当。即便自己没有增加毒药量，如果另

---

① Vgl. Tarnowski, Die Systematische Bedeutung der Adäquaten Kausalitätstheorie für den Aufbau des Verbrechensbegriffs, 1927, S. 47；BGHSt 39, S. 195.
② 参见〔日〕大谷实《刑法讲义总论》，成文堂，2009，第 223 页。

外一方增加了毒药量，也否定存在条件关系。①

原本，条件关系是个别行为与结果间的因果关系，然而，在择一竞合的情形中，则将其修正为"若各自独立的二个行为同时不存在"。如果不充分理解为什么应维持条件公式，则对此种修正的必要性，就没有极具说服力的论述。因为仅以不符合法感情为由，其理论根据并不充足。有学者即批评认为，如果依此种解释，通说难道不是从正面直接违反其前提要件（条件公式）?②

A 和 B 并非共犯，因而将二者的行为重叠来肯定其条件关系可能并不恰当。将 A、B 二人相互独立的行为一起去除，是依据什么理由呢？《日本刑法典》第 60 条规定，二人以上共同实行犯罪的，均属于正犯，这就是共同正犯的规定，这个法条表现出共犯领域内的一个原则，即部分行为全部责任原则，也就是说数人之间具备意思联络，互相之间产生因果影响，在这个限度之内，数人的行为一起作为因果关系的起点。这样说来，数人的行为被一起去除，就意味着行为的相互交融，也就是说在相互发生因果作用的范围之内，单个行为人的行为之中也纳入了他人行为的因素，在自己承担责任的对象范围之内，也包括他人行为的作用。但是，在择一竞合的因果关系案件中，数人的行为相互之间并没有因果作用，所以对他人的行为及其后果担负责任的根据是欠缺的。③ 同时，按照一起去除数人行为的一揽子消去说，有一个问题也是不明确的，即能够将何种范围内的事实合并、统括在一起呢？即使是在因果关系切断的案例中，例如，A 在 C 的饮料中投放了达到致死量的毒药，C 喝下后在毒药发作之前，B 持枪射击 C，C 失血死亡。可以说，倘若不考虑 A 的投毒行为以及 B 的枪击行为，那么就不会有 C 死亡结果的发生，据此说来，不仅 B 的枪击行为与 C 的死亡之间存在条件关系，A 的投毒行为也与 C 的死亡之间存在条件关系。为了纠正这种不合常理的结论，也许可以找出这样的理由，这里的 A 并未实际造成 C 的死亡，所以不能被作

---

① 参见〔日〕山口厚《问题探求刑法总论》，有斐阁，1998，第 9～10 页。

② 参见〔日〕川端博《刑法总论》，甘添贵监译，余振华译著，元照出版有限公司，2008，第 17 页。

③ 参见〔日〕松原芳博《刑法总论重要问题》，王昭武译，中国政法大学出版社，2014，第 51 页。

为一揽子消去的对象。可是，这种做法是先果后因，即先有结论再去找原因。① 西田典之教授认为，如果 A、B 之间存在共犯关系，当然无法否定 A、B 与 C 的死亡之间均存在条件关系；但如果 A、B 之间并不存在共犯关系，又为什么可以同时排除 A、B 的行为呢？其理由无非在于"因为结论不合适"，因此，这种修正只是一种权宜之策而已。②

鉴于一揽子消去说存在的疑问，合法则条件说试图予以解答，其认为如果能根据科学法则或者经验法则解释、说明从行为发展到结果发生这个事实经过的话，则可以认定行为与结果之间存在条件关系。针对上述 A、B 各自投毒的事案，A、B 各自的行为与 C 死亡结果之间的关系能为经验法则所说明，能被因果法则包摄，所以肯定条件关系不成问题。由于 A、B 各自投放的毒药均发生了药效，均对 C 的死亡产生了作用，所以这种行为与结果之间的具体联系存在合法则性，由此便能肯定条件关系。在这里，所谓产生了作用，是指对 C 的死亡产生了作用，并不是指仅对 C 的身体产生了影响，这里需要强调的是造成死亡结果的意思。本书认为，在判断择一竞合情形的条件关系时，合法则条件说是妥当的观点。当然，即使抽象的法则能够包摄行为与结果的关系，也不能直接表明，该行为与该结果是事实上联系在一起的。在不能查明到底是 A 投放的毒药还是 B 投放的毒药实际发挥作用的时候，不能只根据达到致死量的毒药与死亡之间存在法则符合性便去承认条件关系，否则的话就与疑罪从无原则相违背。③

松原芳博教授认为，在存在择一竞合的因果关系的案件中，不应肯定具有条件关系。实施某种行为意味着对外界具有支配性，只有在行为人能左右、支配外界变化的意义上，才能将该外界的变化评价为行为的产物，进而归属于该行为。在择一竞合的因果关系的案件中，单个行为人不能避免结果发生，结果发生与否不能由行为人决定，所以将结果归

---

① 参见〔日〕山中敬一《刑法总论》，成文堂，2008，第 258 页。
② 参见〔日〕西田典之《日本刑法总论》，刘明祥、王昭武译，中国人民大学出版社，2007，第 71 页。
③ 参见〔日〕松原芳博《刑法总论重要问题》，王昭武译，中国政法大学出版社，2014，第 52 页。

属于行为人是没有根据的。① 笔者认为，这里松原芳博教授没有将条件关系的事实判断与结果归责的规范判断区分开来，而是合二为一，在择一竞合的情形下，各个行为与结果之间是否存在因果关系（条件关系）与结果能否归责于行为，是两个不同的问题，不能因为否定结果的归责就否定存在条件关系。在同时正犯的场合，发生择一的因果关系时，应当注意如下的归责原则。行为人不得通过援引（不管是自己的，还是第三者的）不受容许的替代性举止，而为自己不受容许的举止开脱责任。否则，当被害人不只是受一个行为人，而是受若干个行为人攻击时，刑法就偏在这种场合无法提供保护了。显然，这不符合法益保护的结论。② 在上述案例中，两行为人都向 C 的饮料中下了毒，并因此产生了结果。当多人的替代性损害行为造成了一个结果时，对于每个行为人的归责问题，都应当依照规范化的标准进行。也就是说，在与案例有关的情状上，要依照合乎法律的规范期待的标准来归责。因此，对于上述案例，应当以如下的方式来回答归责问题：在考察 A 的归责问题时，应当假定 B 是合法行事和没有在 C 的饮料中下毒的；在考察 B 的归责问题时，则应当假定 A 是合法行事和没有在 C 的饮料中下毒的。

在上述投毒案件中，各人投放的毒物都能致人死亡，但是，到底是谁投放的毒物起作用而致人于死，在无法证明的场合，是否应当认可条件关系？对于这一情况，学说上有两种对立的观点：二者都不应具有条件关系，A、B 同时构成故意杀人未遂罪；③ 承认具有条件关系，A、B 同时构成故意杀人既遂罪。④ 本书认为，根据疑罪从无的原则，应该否定 A 的行为、B 的行为与结果之间的条件关系。在具体认定时，如果能够表明是 A、B 中哪一个人投放的毒药实际导致 C 的死亡，那么认定该人的行为与 C 死亡结果之间有着因果关系便不成问题。例如，A 投放的毒药具有即效性，B 投放的毒药具有迟效性，在 B 所投之毒药发挥效力

① 参见〔日〕松原芳博《刑法总论重要问题》，王昭武译，中国政法大学出版社，2014，第 54 页。

② 参见〔德〕乌尔斯·金德霍伊泽尔《刑法总论教科书》，蔡桂生译，北京大学出版社，2015，第 87 页。

③ 主张该观点的学者有：中野次雄、内藤谦、内田文昭、町野朔、曾根威彦、西田典之、大越义久、山口厚等。

④ 主张该观点的学者有：平野龙一、福田平、大塚仁、西原春夫、前田雅英、山中敬一等。

前 A 的毒药已生效力，C 因此死亡，这时，可以认定 A 成立故意杀人罪
既遂，B 成立故意杀人罪未遂。

六　假定的因果关系

根据"若无行为则无结果"的公式来判断实行行为（构成要件的行
为）与构成要件结果之间的事实关系，在通常情况下是没有问题的，但
在除现实中的实行行为之外，存在同样可能引起构成要件结果的代替的
原因的事例中，有这样一个问题：即便是排除实行行为，由于依据代替
的原因同样会发生构成要件结果，若是根据上述公式，岂不是不能肯定
实行行为与构成要件结果之间的"条件关系"了吗？在这种场合，实际
上有两种情形，一种是代替原因的现实化，即择一竞合的情形，一种是
代替原因的潜在化，即假设的因果流程（hypothetische Kausalverläufe）的
情形。① 在择一竞合的案件中，代替原因是实际发生的，与之不同，也
有可能代替原因只是假定的，或者说是潜在的。假设的因果流程是指在
因果流程中，虽然一种行为导致了一种结果的发生，但是即使不存在该
种行为，也会有其他的行为或事物造成同一结果。例如，A、B 都打算将
C 毒死，正在 B 要向 C 的水杯中投放达到致死量毒药的时候，发现 A 向
C 的水杯中投入了达到致死量的毒药，于是 B 放弃投毒。在这个案件中，
根据假定的消去公式，倘若 A 没有投毒，B 也会投放毒药，也就是说 C
都会在同一时间以同样症状死去，如此，就不应断定 A 的行为与 C 的死
亡之间具有条件关系。

然而，条件关系应当是具体的实行行为与危害结果之间的关系，而
并非行为与结果之间的一般性的、抽象性的关系。例如，A 把一些粉末
倒入 C 的饮料里，C 在饮用后，于 9：30 死在自家厨房里。按照等值理
论，因果关系总是要涉及具体结果。因此，要问的是，是哪些情况促成
了结果的具体化（亦即具体结果的发生）？在上述案例中，具体的结果
也就是：在特定的时间点，对行为客体做了构成要件性的改变，即 C 于

① 参见〔日〕山口厚《刑法总论》（第 2 版），付立庆译，中国人民大学出版社，2011，
第 52 页。

9∶30死亡。

这里应该具体地把握构成要件的结果，之所以要具体把握结果，是因为在实行行为与构成要件结果之间的关系中成为问题的，无论如何都是相应的具体的结果，例如，行为人开枪射击被害人，被害人被打死，虽然即使行为人不开枪射击，被害人作为人也终归会死亡，但若因此否定枪击行为与被害人死亡之间的因果关系，便明显是违背常识的。又例如，A 在 C 的水杯中投入了达到致死量的毒药，在 C 喝下毒药药效尚未发作时，B 开枪击中 C，C 流血过多死亡。依据假定的消去公式，即使 B 放弃开枪射击，A 也会投毒杀死 C，这样就要否定 B 的枪击行为与 C 的死亡结果之间存在条件关系。然而，条件关系的判断必须坚持具体的结果观，即立足于具体时间、样态来考察条件关系，具体到上述案件，倘若不存在 B 的枪杀行为，C 便不会在该时点流血而死，所以结论只能是，B 的枪杀行为与 C 的死亡结果之间存在条件关系。

在"没有该实行行为，就不会发生该结果"的行为和结果的条件关系上，必须注意：必须将已经发生的结果作为行为当时所发生的具体结果。例如，A 是死刑执行官，在其将要按下电钮对死刑犯 C 执行死刑时，被害人的父亲 B 冲上来按下电钮，结果 C 在预定执行时点死亡，B 即便不按按钮，C 也会在同样的时间死亡，所以，抽象地讲，即便没有 B 的行为，也会发生 C 死亡的结果，所以，B 的行为与 C 的死亡结果之间并无条件关系，B 仅构成故意杀人罪未遂。有见解主张，应将这里所说的结果，包括死亡时间、场所、死亡时的情况完全具体化，来追问何时在何处电死和该举动间的条件关系。理由在于，如果一开始就通过人的死亡将结果予以一般化，由于不存在活人，因而统统构成杀人未遂。然而，即便是通过这种方法来考虑，在上述案例中，在执行官应按电钮的时点，被害人的父亲推开执行官而按下电钮，死刑犯的死亡在方法上也不会出现具体的不同。

因此，就有了两种相互对立的观点。其一，放弃条件关系公式，在后行事实即结果按照自然法则从先行事实即行为中发生的场合，就具有因果关系的合法则条件说。① 在该说看来，不应考虑假定性因果过程。

---

① 参见〔日〕山中敬一《刑法上的因果关系和归属》，成文堂，1984，第 103 页。

由于条件关系考虑的是与实际发生的现象之间的结合关系，因而理所当然地不应考虑所谓"假定发生的因果过程"。从这样的立场出发，就死刑执行案例来说能够肯定事实的因果关系（条件关系）。如松宫孝明教授认为，在死刑执行案例中，由于被害人父亲的举动对死刑犯的死亡发挥了现实的作用这一点是不容怀疑的，所以对于这种情形就不能适用绝对的条件公式。① 其二，在不存在该行为相同结果也会发生的场合，由于对结果的发生行为欠缺支配力，因而便不存在条件关系，这就是理论性关系说。② 然而，条件关系所要检验的没有前行为便没有后结果的关系，只限于行为与结果之间的具体的事实关联，因此，只有现实所发生的具体结果与个别的实行行为之间的因果关系判断才能适用条件关系公式。③

其实，假设的因果流程根本上不会起到任何作用。④ 因果关系中的原因，只能是事实上发生的，而且对于解释结果的发生必不可少的事情。与之相反，根本尚未实现的那些情况，在因果的解释中也是不需要考虑的。在上述毒饮料案例中，对于 C 的死亡，有毒的饮料是原因，但将之认定为原因并不与 C 作为一个（假定的）反正终究要死的人相抵触。同样，将服用有毒饮料认定为原因，也和若毒剂在 C 身体中失效，然后 C 出门时可能会遭到埋伏在其家门口的 B 的伏击、射杀没有关系。因为 B 准备射杀 C，对于从因果上解释 C 死于 9：30 毫无帮助。

即使是在具体的结果观看来，与法益侵害并无关联的情状也不能被视为结果的范畴。例如，只是改变了垂死者的姿势，而没有提前结束其生命，虽然可以说该行为与尸体的姿势之间具有条件关系，但绝不能说改变垂死者姿势的行为与死亡结果之间有着条件关系。而且，在结果的发生时间上，做出一定程度的抽象化理解也是被允许的。日本最高裁判所的判决曾经指出，"不当地提早收受了本来有权收受的承包款，要成立诈骗罪，提早的支付期必须达到，与不使用欺骗手段所获得的承包款的支付，在社会一般观念上可称之为另外的支付的程度"，⑤ 这便是将支付

① 参见陈兴良主编《刑事法判解》第 11 卷，人民法院出版社，2012，第 53 页。
② 参见〔日〕町野朔《犯罪论的展开》Ⅰ，有斐阁，1989，第 111 页。
③ 参见〔日〕大谷实《新版刑法讲义总论》，成文堂，2004，第 235 页。
④ Vgl. BGHSt 2，S. 20；10，S. 369；13，S. 13；45，S. 270（294）f.
⑤ 日本最判平成 13 年 7 月 19 日刑集 55 卷 5 号 371 页。

时间进行了抽象化，当然是基于社会一般观念限于同一支付的范畴内。即便被告人没有实施欺骗行为，在社会一般观念上他人也会做出同一支付，这样一来，就要否定欺骗行为与支付之间的条件关系。在法益的需保护性这个意义上，特别是在针对财产与自由的犯罪中，有些结果发生时间上的差异并不重要，完全可以被忽略，也就是说可以予以抽象化考虑。①

通说见解主张，在假定的因果关系的场合否定因果关系的存在是不妥当的，从这样的结论出发，对于"若无行为则无结果"的公式予以修正，否定了代替的原因的考虑。禁止附加说由此产生，该说认为在存在所谓假定因果流程的案件中，在判断因果关系时，不能附加考虑事实上并未发生的行为。详言之，不能去除作为因果关系判断对象的行为，而将实际没有发生的假定性事件附加进来，即使有些案件中存在假定的原因，也能够认可条件关系的存在。②

"没有 A 就没有 B"的场合，是指除了 A 的行为之外，不会发生结果的情况，所以，在该条件之外，不得附加其他行为或事实进行判断。因此，在当由于某一行为而发生了结果的时候，即便假设没有该行为，也会由于其他情况而导致同样的结果发生的场合，能够肯定条件关系。例如，在 A 深夜驾车行驶中，轧死了因喝醉而躺在道路上的 C 的案件中，在 A 不驾车轧死 C，B 也会驾车轧死 C 的场合，不得附加"B 驾车轧人"这一行为，不能得出即便 A 不轧，B 也会轧，所以，A 的行为和 C 的死亡之间没有因果关系的结论。

西田典之教授认为，通说的这种做法只是一种权宜之策。③ 松原芳博教授认为，在适用假定的消去公式的时候，本来就是以假想世界作为

---

① 参见〔日〕松原芳博《刑法总论重要问题》，王昭武译，中国政法大学出版社，2014，第 50 页。

② 松原芳博教授认为，择一的竞合中的一揽子消去说与假定的原因中的禁止附加说，实质上是相同的。在择一的竞合中，由于替代原因是现实的存在（已经现实化），因而采取一揽子地去掉这种做法；对于假定的原因，由于那还不是现实的存在（尚未现实化），因而不过是采取不附加这种做法。例如，在上述投毒案例中，不附加 B 的行为，与把 B 将来的行为与 A 的行为一起去掉，实际上就是一个意思。参见〔日〕松原芳博《刑法总论重要问题》，王昭武译，中国政法大学出版社，2014，第 55 页。

③ 参见〔日〕西田典之《日本刑法总论》，刘明祥、王昭武译，中国人民大学出版社，2007，第 71 页。

背景，所以应允许设想如果没有行为人的行为的话，事态将会如何发展。也有观点主张，虽然可以附加假定事态，但应当从规范的角度予以限制，能够附加的替代原因只能是法所期待的行为，或者说是合法的行为。那根据该观点，上述案例中 B 的投毒行为属于第三人的违法行为，是法所不期待的行为、所禁止的行为，这样在进行条件关系的判断时，也应被假定为没有实施的行为。当然，行为人 A 的行为是刑法所禁止的，与此同时，第三人 B 的行为也是刑法所禁止的，禁止的效力一直持续到 B 将违法行为实施结束为止。然而，刑法的禁止对象只能是行为人意志所能支配的事物，而且只能指向行为人本人。第三人 B 的行为对于行为人 A 来说，是不能由其意志所能支配的，B 的行为与自然现象一样都是外部的。所以，在判断条件关系的时候，不管是违法行为还是合法行为，均可以附加考虑。① 由上可见，松原芳博教授是不赞成禁止附加说的，他不但主张存在假定的原因，而且认为可以附加合法或者违法的行为。

　　山口厚教授认为，禁止附加说的修正，除了是因为不做这样的修正在以上场合就无从肯定条件关系之外，很难再找出其他的理由来。他认为，在将条件公式理解为仅仅是为了确认行为对结果的作用的场合，对于条件关系就只会通过"拿掉行为"加以判断，关于假定的因果关系的场合原本就会导致禁止附加说。若是根据这一理解，就会得出与合法则条件说同样的理解和结论。②

　　某个预备的原因本来是能够按照其既定时间和地点而导致具体结果的，而此时，在该场合，我们仍然不能采用假设的情况。例如，A 将一块石头砸向 B 家花园中的郁金香。正当石头砸到郁金香时，石头遇到天上下降的冰雹，该冰雹若没有因被撞击而改变方向的话，那么本也会和石头一样损坏郁金香。在该案中，人们不考虑 A 砸石头的行为，结果也仍然会存在，那么这时，如果我们纯粹就是应用"若无前者即无后者"公式的话，就会得出结论：因果关系不成立。可是，这个结论显然是错误的，因为冰雹实际上并没有砸到郁金香上，因此，就不可以将之用来

---

①　参见〔日〕松原芳博《刑法总论重要问题》，王昭武译，中国政法大学出版社，2014，第 55 页。

②　参见〔日〕山口厚《刑法总论》（第 2 版），付立庆译，中国人民大学出版社，2011，第 53 页。

解释这一具体的损害性变化。① 故而，冰雹就不是真正的原因，由此而导致的结果是，若砸石头也不是原因的话，岂不是郁金香无缘无故就被损坏了？

若以合法则条件说来判断的话，那么问题就可以得到解决了：哪些给定的情况可以因果地解释郁金香受损这个事情？砸石头。如果人们对砸石头的事情不予考虑，那么，在给定的情况下这个损坏结果就不再是可解释的了，这样，人们便应将砸石头认定为原因。冰雹本来也会砸到郁金香上，这并没成为真实的情况，而仅仅是个想象中的情况，所以，它对于解释因果关系并不是重要的。

七　因果关系的断绝与因果关系的中断

（一）因果关系的断绝

为了避免条件说扩大因果关系范围的不当之处，有人提倡因果关系的断绝（Abbruch der Kausalität；Abbrecheneiner Kausalreihe），在德国又称为因果关系的超越（Überholende Kausalverläufe），是指在实施中的第一原因行为中由于"独立的"第三人行为或自然现象的介入，构成要件结果在第一原因行为的效力产生之前发生的情况。这种见解认为，在因果关系进行过程中，有被害人或第三人的行为（如责任能力人的故意行为）或自然力（如打雷导致人死亡、台风导致房屋倒塌）介入时，在此之前先行的行为与结果之间的因果关系就结束，该行为和结果之间就没有刑法上的因果关系。如，在 A 意图杀害 C 而将子弹推上枪膛准备射击时，B 夺过枪将 C 开枪打死的场合，A 的行为和 C 的死亡之间就没有刑法上的因果关系。由弗兰克（Frank）提出并由迈耶（H. Mayer）与瑙克（Nauke）支持的溯及禁止理论（Regressverbot）也在内容上与此相同。

A 在 C 的饮料中投放了达到致死量的毒药，C 喝下后，毒药尚未起作用之前，B 开枪射中 C，C 流血过多死亡。在这个案件中，存在如下判断：即使没有 A 投毒，B 也会将 C 杀死，B 的行为超前发挥了因果影响

---

① 参见〔德〕乌尔斯·金德霍伊泽尔《刑法总论教科书》，蔡桂生译，北京大学出版社，2015，第 83 页。

力，导致 A 的行为未能产生影响力。这就否定了 A 的行为与 C 死亡之间具备条件关系。在这种类型的案件中，B 引发的因果流程隔断了 A 引发的因果流程，所以被称为因果关系的断绝，抑或条件关系的断绝。质言之，如果某个举止被另外一个事实发生流程所超越，那么，这个举止对于解释结果发生就根本没有任何意义了，故而，该举止便不能再被视为促成结果的原因。① 在上述案例中，由 A 所引发的投放毒药的因果流程就被 B 的射杀行为所隔断了，B 的射杀行为也就是超越性的因果流程。在这里，只有超越性因果流程（射杀）才是原因。

对于因果关系断绝说，有观点进行了批评：（1）在刑法中讨论因果关系的时候，只能得出其存在或者不存在的结论，如果一个因果关系已经存在，然后在发展进程中又出现了断绝，这在理论上是难以成立的，存在的因果关系不可能被隔断，不存在的因果关系更无被隔断的可能；（2）在条件说的语境中，一方面肯定条件关系，另一方面又否定因果关系的存在，这等于是自我否定了条件说的立场，这就造成了自相矛盾的状况；（3）要想根据断绝说推导出刑法上妥当的因果关系是十分困难的。因而，在学界支持因果关系断绝说的学者并不多。不但在学理上支持者甚少，而且在实务判例上也未能受到支持。② 除此之外，何种事由能够导致断绝也是不明确的，如果认为断绝事由只能是他人的故意行为，则又有欠妥当。笔者认为，对因果关系断绝说的批评，以上几点理由是很有说服力的。倘若认为在因果关系断绝的案件中承认因果关系并不妥当，那么判断的标准便超出了条件说的层次，是在依据其他层次的标准做出认定。

（二）因果关系的中断

因果关系的中断是指，作为第一原因的行为发生之后，又介入了与之相关联的第三人行为或者被害人行为，由该介入行为直接造成结果发生。例如，由于受到行为人的攻击而入院治疗的重伤者，因医生的重大

---

① 　Vgl. RGSt 69，S. 44（47）；BGHSt 4，S. 360ff.
② 　参见〔日〕大谷实《刑法讲义总论》，黎宏译，中国人民大学出版社，2008，第 194、195 页。笔者注意到，大谷实教授没有区分因果关系的断绝与因果关系的中断，他所说的因果关系的中断主要是指因果关系的断绝。

过失而死亡的情况；又如因行为人的攻击受重伤的被害人在治疗中拒绝
输血或对于造成残疾感到悲观而自杀死亡的情况。通常，关于因果关系
中断的事例能够被包含于非类型的因果关系的事例中进行说明。①

　　倘若人们无法排除原来的条件对于具体结果的发生仍然具有的因果
上的解释力，那么，该因果流程就没有中断。例如，A 给 C 打了一剂致
命的毒药，在药效刚刚开始发作时，B 开枪将 C 打死了。B 之所以会成
功，仅仅是因为 C 由于中毒已经非常虚弱，从而无法逃避 B 的射击了。
在该案中，A 所首先引发的因果流程并没有中断，而是继续发挥作用。②
原因在于，在这一给定的情况下，如果人们不考虑 C 的中毒，就不足以
解释 C 的死亡。在第三人或被害人自己有意识地和企图共同促进结果的
发生时，由原行为所促成的、对结果具有说明力的因果流程，不会由于
第三人或被害人的举动而中断。③ 反驳这种观点的人会援引因果的回溯
禁止（regressverbot）来暂时地争辩道：由于人的意志决定是自由的，那
么，因果流程就会不断地被重新启动，故而在分析因果关系时，不可以
追溯到先前的举止中去。④ 然而，这种反驳的观点是站不住脚的，原因
在于，即便是自由的意志行为，也仍然是通过作用到给定的情况中才取
得因果相关性的，而我们在因果地解释结果发生时，是无法对这种给定
的情况不加考虑的。⑤ 这样，在上述毒药已起效的案例中，A 的举止也是
C 死亡的原因。因为 A 的举止造成了一种条件——C 的身体变得虚弱，
而这种条件是足以解释结果为什么会发生的一种前提情况。如果人们对
这一举止不予考虑，那么，也许就不再能够解释具体结果为何会发生了，
若完全去掉这个举止，结果也不是这样的。

　　所谓等值理论，顾名思义，就是说结果的所有条件都是同等价值的，
这也适用于"若无前者即无后者"这一公式。因此，不管结果的发生是

---

① 参见〔韩〕金日秀、徐辅鹤《韩国刑法总论》，郑军男译，武汉大学出版社，2008，
　第 150 页。
② Vgl. BGHSt 39, S. 195（197）f.
③ Vgl. RGSt 61, S. 318ff; 64, S. 317ff.
④ Vgl. Jescheck, Leipziger Kommentar zum Strafgesetzbuch, 11. Aufl., 1992, Vor § 13,
　Rn. 58.
⑤ 参见〔德〕乌尔斯·金德霍伊泽尔《刑法总论教科书》，蔡桂生译，北京大学出版社，
　2015，第 85 页。

由某个无法预见的情况所触发，还是通过其他方式由某种非典型的流程而引发，对于因果关系都没有影响。[1] 按照这种理论，因果关系的确定并没有受到任何影响，极不可信的偶然也没有被排除出去。这就是非类型的或非典型的因果关系（atypischer Kausalverlauf），是指虽然某一行为对构成要件结果构成原因，但结果的发生是因其他原因的介入或者结合了被害人的错误或被害人特异体质与状态的情况。[2] 例如，A 以杀害 C 为目的故意开枪射击，但 C 只受到轻伤，然而，因为 C 是血友病患者而死亡的情况，或者在把被害人送往医院的途中急救车发生交通事故或医院医生的错误治疗致使其死亡的情况。在非典型的因果过程中，对于最终结果的发生来说，最初的行为作为条件也发挥了连锁的因果影响力，因此也要认定最初行为与结果之间有着因果关系。因此，在被害人患有血友病或急救车交通事故之外，行为人最初的持枪杀害行为对于被害人的死亡来说也构成原因。

　　笔者认为，在非典型的或者说非类型的因果关系事例中也存在条件关系，在有些案例中发生了所谓因果关系中断的情形，实际上是不能进行结果的客观归责的情形，而不是条件关系的中断。只有在坚持归因与归责二元论的基础上，[3] 才能正确处理所谓因果关系断绝与因果关系中断的案件。

八　累积的因果关系（重叠的因果关系）

　　所谓累积的因果关系（重叠的因果关系）（kumulative Kausalität），是指两个以上的、单独不能导致结果发生的行为重叠合并在一起而导致结果发生场合的因果关系。在给定的情况下，要因果地解释结果的发生的话，有必要将两个或两个以上的举止方式都考虑进去。在累积的因果关系的场合，任何一个对于因果地解释结果所必要的条件都应当被认定

---

[1]　Vgl. RGSt 54, S. 349ff; BGH, GA, 1960, S. 111ff.

[2]　参见〔韩〕金日秀、徐辅鹤《韩国刑法总论》，郑军男译，武汉大学出版社，2008，第 150 页。

[3]　参见孙运梁《事实判断与规范归责：因果关系与客观归责的功能界分》，《法学论坛》2013 年第 1 期。

为原因。

例如，A 向 C 的水杯里投放了达到致死量 50% 的毒药，之后，B 也投放了同等剂量的毒药。倘若 A、B 一方个别投毒，不会导致 C 死亡，但是二人投毒剂量叠加，造成 C 死亡。这里存在没有 A 投毒则没有 C 死亡、没有 B 投毒则没有 C 死亡这种关系，符合条件公式，所以 A、B 二人的行为都与 C 的死亡结果之间具有条件关系。

当然，在行为偶然重叠的场合，就应否定死亡结果的客观归责，A、B 两人都只构成杀人罪未遂。另外，如果 A、B 之间具有意思联络的话，就能既肯定条件关系，也能肯定死亡结果的客观归责，两人成立杀人罪的共同正犯，[①] 构成杀人罪既遂。

九　小结

在因果关系理论的研究上，日本的学说与判例观点值得我们借鉴。按照日本的理论通说与判例做法，在判断因果关系时一般有两个步骤，第一步是考察是否具有条件关系，第二步是在此基础上再考察是否具备相当因果关系。第一步中的条件关系，是指行为与结果之间的结合关系，是一种事实上的关联；第二步中的相当因果关系判断则是建立在条件关系的基础上，从规范性角度进一步限定客观性的归责范围。

按照刑法教义学的观点，为了在刑法视野中对行为人的行为做出准确评价，结果归责的判断是不可或缺的。例如，A 殴打 C，导致 C 受到擦破性皮肤伤，C 打算去医院对伤口进行处理消毒，结果 B 驾驶卡车快速驶来，撞击 C 并致其死亡；A 踢伤 C 的脚，导致其骨折，C 在住院治疗期间遭遇火灾，病房楼垮塌，C 不幸身亡。在上述案件中，倘若 A 没有对 C 进行伤害，也就不会发生后续的死亡结果，所以二者存在条件关系，然而，死亡结果不能归责于 A，如果认为 A 成立故意伤害致人死亡，就是不正确的。

为了按照公认的因果法则有效地解释具体结果的发生，在给定的情

---

① 参见〔日〕大塚仁《刑法概说（总论）》，冯军译，中国人民大学出版社，2003，第167页。

况下，人们不得不考虑的任何一种因素，都应当被认定为原因。因此，就需要对"若无前者即无后者"这一公式做出如下的修正，即在有些类型的案件中采用合法则条件说作为判断标准：在某种情况下，根据公认的因果法则，人们必须考虑某个行为，也就是说，如果没有这个行为，那么具体结果便不必加以考虑了，这时可以得出结论说，该行为是造成结果的原因。① 所谓结果不必加以考虑，意味着：在这个公式中，基于已给定的情况，结果的发生在因果上也许不再是可解释的。在向饮料中投放粉末的案例中，如果倒入饮料的粉末是一种有毒物质，而在当时，该有毒物质在人们对死亡结果进行医学上的解释时是必须加以考虑的，那么，倒入粉末就应被视为死亡的原因。反之，被害人从某个瓷杯中喝饮料，就不是原因。理由在于，从瓷杯中喝饮料根本无助于从因果上解释导致死亡的事实发生。

这就涉及条件公式与合法则条件公式的并用。如果理解了这些公式只是为了发现条件关系的手段，那么，传统的条件公式就未必是不合理的。为了研究特定的物质是否具有特定的作用，在完全相同的条件下就对添加该种物质和不添加该种物质进行比较，从而观察变化的过程，这在实验室里是常有的事。② 在这种场合，假若没有该物质也会发生同样的结果，通常就可以考虑该物质并不是结果发生的条件。但是，由于该物质与具有同样作用的其他物质双方存在的可能性，所以，在各种各样的不同条件下进行比较性实验是必要的。现实的条件关系的认定，大体上是将这种比较判断同由此而得出的应用于个别事例的法则知识并用。

---

① 参见〔德〕乌尔斯·金德霍伊泽尔《刑法总论教科书》，蔡桂生译，北京大学出版社，2015，第82页。
② 参见陈兴良主编《刑事法判解》第11卷，人民法院出版社，2012，第54页。

第三章　客观归责理论的基本内涵与规则体系

一　客观归责理论的基本内涵

中文的归责是从德文 Zurechnung 直译而来，而德文该词又是拉丁语 imputation 的翻译，说得直接些，就是处理某一笔账（行为结果）能不能算到行为人身上来的问题。归责这个概念，可以追溯到自然法哲学家萨缪尔·普芬道夫（Samuel Pufendorf）的归责理论（Imputationslehre），因为德文的 Zurechnung 这一个词原本只是拉丁语 imputation 的翻译。[①] 但是人们一般都把黑格尔（Hegel）唯心论的法哲学当作客观归责理论的源头。追溯到 Hegel 和在 19 世纪 Hegel 学说发展出的行为概念，其目的在于从各式各样的因果流程中，将经由行为主体所造成的外界变动，视为他的"杰作"，并归责给这个行为主体。[②] 以刑事法学者和黑格尔主义者波纳（Berner）的古典用语为例，归责被定义为将某些客观事物算在行为主体的账上。[③] 尽管归责一语可能具有主观与客观两种面向，但客观归责正如其字义所显示的，重心在于客观层面。而且，结果能不能算到行为人的账上，并不是存在本体而是规范评价的问题。

早期欧洲刑法学界的犯罪理论是以归责概念作为中心的，普通法的归责理论（Die Gemeinrechtliche Zurechnungslehre）便区分了事实的归责（imputatiofacti）与法律的归责（imputatioiuris），即现在学界所说的客观

[①] 不过 Pufendorf 认为，imputation 是指犯罪行为本身的（主观与客观）归责，不仅仅是犯罪结果的归责，参见 Pufendorf, De Jure Naturae et Gentium, Ausgabe 1694, Bd. Ị Kap. Vor §3。

[②] 参见〔德〕许迺曼《关于客观归责》，陈志辉译，许玉秀、陈志辉合编《不移不惑献身法与正义——许迺曼教授刑事法论文选辑》，新学林出版股份有限公司，2006，第 544 页。

[③] Vgl. Berner, Grundlinien der Kriminalistichen Imputationslehre, 1843, S. 39.

归责（objektiver Zurechnung）与主观归责（subjektiver Zurechnung），并对应提出不法（Unrecht）与罪责（Schuld）的区分。[1] 现在的犯罪论体系，虽然已经打破了客观面属于不法、主观面属于罪责的传统思考模式，但是上面所说的客观归责、主观归责概念可以说是现在刑法理论体系的根基，[2] 德国学者耶赛克（Jescheck）教授称之为犯罪论的枢轴（Angelpunkt der Verbrechenslehre）。[3]

研究客观归责理论，有必要界定一个概念，即客观归责性。客观归责性，[4] 是指行为与结果之间规范上的关联。具体而言，就是已经发生的结果在客观上通过评价（即规范性的判断、价值判断）认为应该让某个行为负责。而客观归责的意义，其实是通过法益的风险与实现的观点来认知、判定。因而，其内涵包括两部分：行为制造出一个法所不允许的（法益）风险；此项行为的风险性与结果（指风险的实现）间，存在有风险的关联。换言之，就是行为的风险就在结果之中以典型构成要件方式实现。客观归责性所探讨的法所不允许的（法益）风险涉及社会相当性，牵涉规范上的评价。而所谓的风险关联，即在探讨对于结果而言，何项行为风险与结果风险实现之间存在有最紧密的关联，若有此种最紧密的关联的，即对结果具有客观归责性。[5] 在此，这也涉及价值判断问题。因此客观归责性是一个涉及行为与结果间价值判定即规范评价的关联。

刑法中的客观归责理论正式诞生于德国刑法学家罗克辛（Roxin）教授在霍尼希（Honig）纪念论文集中所发表的论文。[6] 霍尼希对可归责性

---

① Vgl. Haft, Strafrecht Allgemeiner Teil. , 5. Aufl. , 1992, S. 18f. 也有学者称之为行为归责（Zurechnung zur Tat）与责任归责（Zurechnung zur Schuld），参见许玉秀《检验客观归责的理论基础——客观归责理论是什么？（上）》，《刑事法杂志》1994 年第 1 期。然而，这种看法并非自始即被学界接受，19 世纪中期的部分学者（如 Adolf Merkel）在其对不法理解的前提下，不法与罪责就是不可分的。

② 参见蔡圣伟《客观归责性与故意——不能未遂之再研究》，《刑事法杂志》1995 年第 3 期。

③ Vgl. Jescheck, Lehrbuch des Strafrechts Allgemeiner Teil, 1988, S. 382.

④ 也有观点认为，客观可归责性是指行为与结果之间具有构成要件相当因果关系（tatbestandsadäquate Kausalität），可借以非难行为人的情形。参见苏俊雄《刑法总论 II——犯罪总论》，台湾大学法学院图书部，1998，第 90 页。

⑤ 参见陈志龙《客观归责性》，《万国法律》1999 年第 104 期。

⑥ Vgl. Roxin, Gedanken zur Problematik der Zurechnung im Strafrecht, in: Festschrift für Richard M. Honig, 1970, S. 133ff.

的定义是通过人的意志来加以支配，罗克辛则超越了这个定义，将人的意志的支配可能性和对于构成要件法益的侵害制造了法律上重要的风险这个标准相结合。罗克辛将霍尼希、恩吉施、韦尔策尔（Welzel）三人写于 20 世纪 30 年代的三篇文章概括、总结成一个完整的构想，罗克辛认为，故意和过失结果犯的本质同样是制造和实现不被允许的风险。在这样的上位概念之下，罗克辛不仅搜集以前被讨论的许多著名案例，例如劝人到树林散步遭雷击案和伤害人送医院失火案，也搜集其他情况，例如风险降低（Risikoverringerung）、升高原本不被允许的风险（Steigerung eines an sicherlaubten Risikos）、结果不在所侵害的注意规范保护目的范围之内（Erfolgsverursachung außerhalb des Schutzbereichs der verletzten Sorgfaltsnorm）等。① 由于霍尼希的客观归责理论兼具主观归责思想，因此我们现在讨论客观归责理论，都以罗克辛为代表。罗克辛在 20 世纪 70 年代完成关于客观归责理论的第一篇论文之后，一直到 1992 年在刑法教科书中对客观归责理论系统整理之前，直接就客观归责理论所发表的论文中，只有一篇为反驳阿明·考夫曼（Armin Kaufmann）代表目的行为论观点所发表的论文。这三篇文献是客观归责理论的代表作。从最新的刑法教科书中可以发现，过去几十年来，罗克辛主要累积的关于许多实际案例的研究，对客观归责基础理论也稍作分类梳理，但基本的理论架构并没有太大变化。②

　　客观归责理论近几十年来存在两个发展趋势：一个是所谓的全面客观化趋势，即以雅科布斯（Jakobs）、弗里施（Frisch）为代表的客观思想；另一个则是罗克辛、许逎曼（Schünemann）所代表的主客观兼具的观点。而目前倡导客观归责理论是以罗克辛为最主要的代表人物。罗克辛坚持先客观上能确定什么是构成要件行为，亦即构成要件行为是由客观决定的，而后才加入主观的构成要件，而且只有通过客观客体的确定，

---

① 参见〔德〕许逎曼《关于客观归责》，陈志辉译，许玉秀、陈志辉合编《不移不惑献身法与正义——许逎曼教授刑事法论文选辑》，新学林出版股份有限公司，2006，第548 页。降低风险的概念是罗克辛于 1970 年最先创立的。参见 Roxin, Gedanken zur Problematik der Zurechnung im Strafrecht, in: Festschrift für Richard M. Honig, 1970, S. 136。

② 参见许玉秀《主观与客观之间——主观理论与客观归责》，法律出版社，2008，第 191 页。

才能确定故意的内涵是什么。[①] 在德国教科书及法条评释书（kommentar）中，客观归责理论几乎在体系架构及基本规则上普遍获得认同，仅在细节部分有不同的意见。到目前为止，德国实务界虽然尚未明确赞同客观归责理论，但已有部分人接受此观点，至少没有明显的反对意见。[②] 现在公开反对客观归责理论的，只剩下以目的行为论为中心，注重主观构成要件的学者，如阿明·考夫曼、斯楚恩希（Struensee）、赫希（Hirsch）、屈佩尔（Küpper）等。

早期客观归责着重讨论如何排除偶然事件的归责性，[③] 如今则是把注意力限缩在结果归责上，即法益侵害或危险（风险）的可归责性。一般认为，一个由人的行为所招致的不法结果（Unrechtserfolg），只有当该行为所制造的结果发生的危险是法所非难，并且此危险事实上也在具体的结果招致过程中实现时，才能算是客观可归责的。[④] 即只有当行为人以法律上受非难的方式制造了一个危险，而这一危险也已实现时，这个通过特定行为所引致的结果才可以被归责于行为人，才有可能算是充足了犯罪的客观构成要件。因此客观归责理论的基本含义是：在行为与结果之间具有因果关系（以条件说判断）的前提下，只有行为人的行为对行为客体制造（或是升高）了一个法律所不允许的风险，并且该风险在具体事件历程中实现，导致结果的发生；只有在这个结果存在于构成要件的效力范围内时，由这个行为所引起的结果，才能算是行为人的恶果，也才可归责于行为人。[⑤]

在分析研究客观归责理论的规则体系之前，我们应当有以下几点认识。（1）结果归责是刑法的基本任务所在，将侵害法益的结果归责于行为，取决于行为的实施者是否违反了规范要求。（2）客观目的性（die objective Zweckhaftigkeit）作为客观归责要素，从表面上来看与行为人的

---

① 参见许玉秀《中德西刑法学研讨会特刊序言》，《政大法学评论》1994 年第 50 期。
② 参见陈膺方《刑法上客观归责理论之目的与适用疑义》，《刑事科学》1997 年第 43 期。
③ 参见蔡圣伟《客观归责性与故意——不能未遂之再研究》，《刑事法杂志》1995 年第 3 期。
④ Vgl. Rudolphi in：SK-StGB, Vor §1 Rn. 57；Schönke/ Schröder/ Lenckner, StGB, Vorbem. §§13ff. Rn. 92.
⑤ Vgl. Roxin, Strafrecht Allgemeiner Teil, Bd. I, 1992, §11, Rn. 36ff.；Jakobs, Strafrecht AT, 2. Aufl., 1993, S. 220ff.

主观能力相关，实际上预见可能性在客观归责中不占支配地位，人类意志的支配可能性（die Beherrschbarkeit dutch den menschlichen Willen）不能决定客观归责，决定客观归责的核心要素是行为是否制造了在法律上具有重要意义的风险（das rechtlichrelevante Risiko），即行为导致侵害法益结果发生的风险。① （3）在霍尼希、拉伦茨（Larenz）主张的客观归责理论中，起决定性作用的归责要素是客观目的性，而客观目的性由规范目的与行为的创设客观风险能力所决定，这两个要素又互相影响、互相决定。以规范目的、行为的创设客观风险能力为依据，客观归责理论发展出具体的判断规则，即制造法所不允许的风险、实现该不被允许的风险、构成要件的效力范围。② 而且这三个判断规则中还包括反面的排除规则。③ 本书认为，客观归责理论是一种实质的构成要件理论，概言之，客观归责的判断过程，即客观构成要件符合性的判断过程。

客观归责理论的基本检验基准有以下三点。（1）行为是否对客体制造了法所不允许的风险。在此强调行为的危险性，需要事前判断。如果一个行为降低了法益受损的风险，那就意味着它没有制造风险，所以就否定了结果归责于该行为的可能。另外，行为制造的风险是法所允许的，也等于没有制造风险，也就排除了结果归责。（2）是否实现法所不允许的风险，即不被允许的风险是否引致特定的结果发生。这一点需要事后判断。判断危险行为是否导致结果发生，应检验三个方面：一是行为导致结果发生是否属于常态，即行为与结果间的因果关系是否存在重大偏

---

① 参见许玉秀《主观与客观之间——主观理论与客观归责》，法律出版社，2008，第 191 页。

② 林山田教授认为客观归责理论的归责要件有如下两个。一、制造法律所不允许的风险。有三种情形可排除结果的归责：（一）降低风险，（二）未制造法律上具有重要性的风险，（三）制造法所允许的风险。二、风险实现。必须具备三要件行为才具有客观可归责性：（一）结果与行为之间具有常态关联性，（二）结果发生在规范保护目的范围内，（三）合法的代替行为与结果的可避免性。参见林山田《刑法通论》上册，元照出版有限公司，2008，第 224 页以下。

③ 雅科布斯的客观归责判断规则，基本上也是阻却构成要件事由，但是各种事由之间的归类，表面上不像罗克辛的归类那么体系化。在制造风险和实现风险之间，也没有清楚的界限。在五大基本判断规则之间，被允许的风险、被允许的信赖（信赖原则）和禁止回溯原则，这三大规则大致应列入制造风险的判断规则之下。实现风险时的风险竞合则属于风险实现的规则。而同意、阻却构成要件的承诺、自赴风险（Handeln auf eigene Gefahr），这同一类的规则，则类似于非构成要件效力范围的标准。参见许玉秀《主观与客观之间——主观理论与客观归责》，法律出版社，2008，第 16 页。

异的情形；二是如果行为升高了结果发生的风险，那么结果是否应该归责于该行为；三是行为导致的结果，是否落入规范保护目的范围内。(3) 构成要件的效力范围是否涵括行为与结果之间的因果历程，且行为人对该因果历程自我负责。亦即，如果行为制造了不被允许的风险，而这一风险也导致某一结果的发生，还要进一步观察，构成要件的效力能否及于该风险行为与结果之间的关联。如果得出肯定的结论，则事件中发生的结果便可归责于风险行为。而其中最主要的概念是自我负责原则，即行为人只对自己实施的行为承担责任，如果事件中介入第三人或者被害人行为，由此导致结果发生，那么就排除先前的行为人对此负责。

二 判断规则之一：制造法所不允许的风险

（一）制造法所不允许风险的含义

客观归责的第一个判断规则是制造法所不允许的风险，符合构成要件类型所描述的行为必须对法益制造了一个不被允许的风险。罗克辛指出类型化的行为侵害法益的可能性便是不被允许的风险，或者是法律上重要的风险。如果行为人虽然制造了法益受侵害的风险，但该风险是法律上所允许的，则此时排除归责。如果行为与结果虽有因果关系，但该行为仍在法所允许的界限内，即行为人未制造出法律上具有重要性的风险，则即便结果发生也不能归责于行为人。

我们可以看一个案例，A 想要 B 死，建议 B 到 C 地旅行。因为 A 通过媒体得知，最近很多旅客在 C 地被谋杀。A 的计划就是希望 B 在那里也被谋杀。B 根本没有听说 C 地的谋杀事件而开始他的度假旅程，也真的成了杀人行为的被害人。A 是否因故意杀人而被处罚？该案涉及制造不被容许的风险。表面上看，行为人的建议行为在客观上引起了死亡结果，主观上行为人也希望被害人死亡，但按照客观归责理论的基本规则，先客观判断后主观判断，在客观构成要件上有杀人的行为吗？客观归责理论认为，行为人的建议行为属于一般人类生活中的风险，并没有制造法律上有意义的、不被允许的风险，因此故意杀人的客观构成要件并不具备，旅行者的死亡结果不能归责于行为人。

目的行为论对于行为理论的热衷以及不断的深入研究，使刑法学界在 20 世纪 70 年代以前对于行为理论的研究成为一股潮流，行为概念逐渐成为构建犯罪论体系的核心与基石。罗克辛教授将构成要件类型予以实质化，把行为作为归责的基础，实施构成要件行为并使构成要件实现的构成要件合致（或译为该当）（Tatbestandsmä βigkeit），其实质意义便是制造并实现法所不允许的风险。[1] 构成要件将侵害法益的行为类型化，这种类型化的行为成为归责的基础。如果将已经发生的结果归责于行为人，必须考察行为人实施的行为是否充足构成要件。行为充足构成要件，就意味着它对法益产生具有重要意义的侵害或者威胁，这才是对行为人归责的关键。罗克辛将引起法益受侵害的可能性，看作法律上重要的风险（rechtlichrelevantes Risiko），抑或是"不被允许的风险"。[2]

为能契合对于构成要件成立与否的判断，对于一定的行为事实是否该当构成要件的客观要件，在判断的标准上，必须做不同于以往的调整。客观归责理论的前提，建构在对于一定刑法所否定行为可非难性的基础上，而制造出行为必须在客观上先具备造成结果侵害的风险的条件，只有具备对一定结果足以造成侵害的前提条件，才得以在结果发生后，做刑法规范上的检讨。如果行为根本不具有结果侵害的风险，则即使结果发生，也无法做任何规范的评断。[3]

（二）制造法所不允许风险的判断规则

风险的制造是由行为所致，所以所谓制造风险是就行为人所为的行为而言。客观归责理论的判断基准，是以构成要件为判断中心，其检视制造风险的关系，并不是以正面分析风险关系来说明，而是对风险制造的情况采用排除法则，将其从风险制造行为中排除，未被排除的，即属于风险制造行为。[4] 除去应排除在制造风险范围外的情况，在行为人的行为危害到保护客体时，原则上都可视为制造风险。通过反面排除的方

① 参见许玉秀《主观与客观之间——主观理论与客观归责》，法律出版社，2008，第 12、22 页。
② Vgl. Roxin, Gedanken zur Problematik der Zurechnung im Strafrecht, in: Festschrift für Richard M. Honig, 1970, S. 126, 127, 129.
③ 参见柯耀程《客观归责》，《月旦法学教室》2004 年第 24 期。
④ 参见柯耀程《通识刑法——基础入门十六讲》，元照出版有限公司，2007，第 131 页。

式，客观归责理论否认了那些不属于制造风险的情形。在客观归责论者看来，下面这些情形不是制造风险，否认了对行为的结果归责。

1. 降低风险的行为

增加风险、升高风险是与制造风险一致的概念，降低风险与制造风险是相反的侧面。如果一个行为是降低风险的行为，那么就意味着它没有制造风险。降低风险与未制造风险具有同等的价值意蕴，因此不具有客观的可归责性。降低风险的情形是指行为人修正了事实上已经存在的因果关系，对于已经发生的风险使其在量上变得更小，或者推迟了危险行为发生原因力的时间，或者以另一种方式引起结果的发生。① 虽然降低风险的行为与最终发生的结果之间存在因果关系，行为人对这种因果关系在主观上也有认识，但该行为并不该当客观构成要件。因为降低风险对刑法所保护的法益并没有制造风险，反而只是降低一个已经存在的风险而已。行为客体所处的状况，因为行为人的介入而获得改善，使其风险因之降低，则行为人的行为即可排除结果的归责。降低风险的情形，在根本上否定了行为的客观构成要件的该当性。降低风险这个概念并非抹杀了刑法中构成要件的"警示意义"（Appellfunktion）。② 刑法中的构成要件将不法行为予以类型化，如果一个行为属于降低风险的情形，那么这个行为并不符合这种类型化。降低风险的概念否认了行为在客观构成要件上的该当性，降低风险的行为不但不应该予以责难，而且应该予以褒扬。如果认为降低风险的行为已经符合构成要件，那就等同于这个行为类似于侵害法益的类型化行为，然后经由违法性阶段再否定犯罪的成立，这实际上是多此一举，完全没有必要。

降低风险的情形是指行为对于已有的因果关系做出了某种修正，有以下三种：降低既存风险的侵害程度、延迟危险行为发生作用的时间、以其他形态导致结果的发生。使已经存在的风险在程度上变得更轻微，意味着这个行为并未制造法所不允许的风险，并不符合客观构成要件。比如，甲在路上行走，看见一辆汽车马上要撞上一个玩耍的孩子乙，于

---

① 参见林东茂《刑法综览》，一品文化出版社，2004，第85页。
② 刑法的构成要件对于从事社会生活的人发出一些警告的讯息。它告诉人们有禁止规范存在，逾越构成要件所划定的界限，就会受到刑罚的制裁。刑罚的一般预防功能，就是这样产生的。

是用力将乙推到一边，乙手臂受伤。甲推乙的行为实际上是将乙死亡的风险降低为较轻的伤害，因此乙手臂受伤的结果不能归责于甲的推人行为。

对于已经发生的风险延迟其起作用的时间，也不能归责。例如，医生在车祸现场急救，伤者送到医院后死亡。假设没有医生的急救，伤者提前死于现场，医生在时间上延后伤者的死亡，此伤者的死亡不可归责于医生。

对于已经存在的风险以另外一种方式引起结果的发生，这种情形是指行为人的行为改变了因果关系的具体历程，使因果关系以另一种形态导致结果的发生。比如，一个火车司机在驾驶过程中发现前方轨道上发生了泥石流，于是其将火车开到另一轨道继续行驶，但是这一轨道也发生了泥石流，最终导致乘客伤亡的后果。火车司机改变了既存危险发生作用的具体历程，让结果以另一种方式发生。尽管火车司机改变轨道的行为与乘客伤亡的后果之间存在因果关系，但这个行为延后了一个既存的风险发生构成要件结果的时间。这种类型的行为没有制造足以引致构成要件结果发生的风险，虽然存在因果关系，但经过规范评价判断，排除了该行为的客观可归责性。①

降低风险必须没有对行为客体制造新的、独立的风险，不同于替代性风险行为。如甲要求乙将致死的毒药置入丙的饮料中，乙不忍心放置毒药，只好以其他不会致死的药粉代替，但造成丙身体健康受到伤害。乙的行为虽然对丙的法益而言是降低风险，却制造了一个新的、独立的风险，伤害结果要归责于乙的行为，当然，还要考虑是否有阻却违法事由或阻却罪责事由。② 又如，发生火灾时，A 为了避免大火中的孩子 B 被火烧死，在紧急情况下将 B 从窗户扔出，导致 B 重伤。A 为了避免较严重的伤亡后果而实施较轻微损害行为的选择，仍然制造了一个风险，充足了客观构成要件，但因为是推定承诺的情形或者紧急避险的情形，阻却违法性，故不成立犯罪。

2. 没有制造风险的行为 （die fehlende Gefahrschaffung）

行为人虽然以其行为制造了某种风险，并且所制造的风险与所发生的结果之间也具备了条件关系、相当关系和风险实现关系，但是行为人

---

① 参见李圣杰《风险变更之结果客观归责》，《中原财经法学》2001 年第 7 期。
② 参见黄惠婷《职业风险的客观归责》，《台湾本土法学杂志》2006 年第 82 期。

所制造的风险本身并不是法律所排斥的，那么结果的发生不可归责，客观构成要件不具备，法律也基于衡平性的考量而容许这种风险的存在。对行为人而言，制造这样的风险，即使在某一种动机状态下是一种不道德行为，在客观上也还是一种权利，所以即使因此造成不良的结果，法律还是不能加以非难。[①] 这种行为尽管在某种程度上创设了或者升高了一个风险，但这种风险被认为是社会相当的，即社会上一般人都认为是正常的，那么这种行为就没有满足构成要件该当性，只是导致了一般的社会生活风险，否定了构成要件的成立。

行为虽然与结果的发生具有因果关系，但如果该行为不值得刑法予以评价，而属日常生活中的正常行为，则行为人并未制造出法律上具有重要性的风险，即使发生结果，也不能够归责于行为人。这种风险并非法定侵害保护客体的通常形式，例如在雷雨天劝人外出散步，被劝人却不幸被雷击身亡，其让人外出散步的行为，自然不能称为风险创设行为。

制造或升高风险的原则和拉伦茨及霍尼希根据相当理论所提出来的客观目的性的判断标准相符。行为人如果没有以"社会相当"的方式侵害或者威胁到法益，那它就会被认为是意外事件，不具有客观可归责性。判断行为有没有升高风险，应该依据相当理论进行，即以一个社会一般的正常人的智识水平根据全部客观情状予以判断（objektiv-nachträgliche Prognose），判断其在行为前会不会意识到行为会升高风险。[②]

3. 可允许的风险[③]

制造可允许的风险，结论上与完全未制造风险的行为相同。二者都属于没有制造法律所不允许的风险，因此应当否定归责。如果行为人的行为虽然创设了一定的风险，但是这个风险是法所允许的，那么该行为不具有可归责性。允许的风险是基于社会生活中利害权衡的考量而应该被接受的侵害或者威胁法益的情形。基于法益保护的相对性，允许风险的概念诞生。社会生活中充满着各种法益，彼此之间难免发生冲突，这

---

① 参见黄荣坚《刑法问题与利益思考》，元照出版有限公司，1999，第153页。

② 参见许玉秀《主观与客观之间——主观理论与客观归责》，法律出版社，2008，第193页。

③ 允许的风险在犯罪阶层结构中，属于构成要件的问题，还是违法性的问题，或是罪责的问题，学说上有争议。例如雅科布斯认为是客观归责下的概念，耶赛克则认为是违法性下的正当化事由。参见 Jescheck/Weigend, Strafrecht AT, 5. Aufl., 1996, §36 I 1。

时就需要做平衡、取舍，这也是法律解决纠纷的一般模式。如果一个行为创设了或者升高了侵害法益的风险，却是为了保全另一个更重要的法益，则这个风险是法律所允许的。当然这些可以允许风险的行为，在适用上仍然有其界限存在。① 广泛运用于交通事故领域的信赖原则是其中的典型，驾车上路当然是制造风险的行为，但参与道路交通的人，可信赖其他人会遵守交通法规来参与道路交通，所以，如果遵守交通规则而仍然发生交通意外事故的话，即使造成侵害法益的损害结果，法律上也不将其评价为做了杀人、伤害或毁损行为，因为这是由法律所允许的，而非法所不允许的风险所致。② 否则，我们将为了避免上路风险而禁止所有交通工具的使用。人类社会生活分工日益细密，社会的各个领域都有其规范，如交通规则、医事规则、体育规则、工业流程等。这些领域的行为都存在一定程度的危险，但只要这些危险没有违反规则，就是现代法律所容忍的。③

逾越允许风险的界限的情形就是不被允许的风险。只有经过评价，才能判断行为是否制造了不被允许的风险。评价的标准有具体标准和抽象标准两种类型。具体标准的类型，如违反体育竞技运动的规则、④ 违反交通运输规章及其他违反专业领域规范的情形。抽象标准的类型，如过度承担、法益的衡量取舍、违反查询义务等。⑤ 过度承担的情形，是指超出能力所及，就不要再从事某种行为，如果坚持实施，便是创设了不被允许的风险，行为人存在过失。像连续几日夜驾驶便是过度承担。法益的衡量取舍是指根据社会生活的一般意义来判断危险的程度高低、

---

① 评断允许风险的界限，应考虑被害法益的重要性、迫切危险的重大性、行为目的的正当性等要素。易言之，行为人的行为对于社会生活具有价值及有益性的，允许的风险就相对升高；允许的风险升高，行为人所负的注意义务也随之相对增加，所以行为人为此危险行为时，应采取一切必要的注意、管制、监视、查询等措施，排除可能发生的危险或将危险控制在一定范围之内。参见甘添贵《刑法总论讲义》，瑞兴图书股份有限公司，1991，第99、100页。

② 参见〔德〕克劳斯·罗克辛《客观归责理论》，许玉秀译，《政大法学评论》1994年第50期。

③ 参见林东茂《客观归责理论》，《警察法学》2009年第8期。

④ 激烈运动以外的行业，也常有危险性。以买卖业为例，像加油站卖汽油、药房卖药、五金行卖刀具、液化气站卖液化气等，都无法仔细甄别顾客的动机，顾客以购得的物品行凶，与店家无关。这种行业通常的贩卖活动，带有一定的危险，这是社会所容许的。

⑤ 参见林东茂《从客观归责理论判断交通事故的刑法责任》，《刑事法杂志》1995年第3期。

是否被允许。社会一般人认为是值得非难、没有价值的行为，可以说是风险很大的行为。例如，在道路上追逐竞驶。反之，有社会利益的行为，行为的危险性要从宽认定，如救护车超速、闯红灯，都被社会许可，即使发生交通事故通常不可以归责于救护车。违反查询义务的情形是指，从事某种行为有不明确的地方或者内心有所疑问，就应当向有关人员、机构询问确证，然后再做决定。如果没有经过查询确证就实施了行为，引起了后果，便是制造风险的行为，就要被归责。比如，患者在接受手术之前告知医生其心脏有毛病，医生没有认真检查就开始实施麻醉并进行外科手术，结果患者死亡，医生此时便制造了一个不被允许的风险。总而言之，行为人创设的或者升高的风险在被允许的范围内，就不会被归责，但是超越了一定的界限，行为人就会有过失甚至故意的责任。

允许风险在客观层次上限制了人们对于无法捉摸的外在世界的责任负担。其实所谓允许风险也就是理性冒险的意思。① 允许风险学说认为，属于理性冒险的行为，即使制造了利益侵害，行为并非不法。这是因为，人们总是根据利害的比较衡量做出功利的决断，如果实施某一行为会带来较大的利益且对社会有利，尽管对于未来的事项没有确知，人们还是会去实施该行为，特别是在现代社会风险日益增多的情况下，这种合理的冒险对于社会发展是有裨益的，否则人们就会失去探索创新精神。现实社会充满风险，风险社会已经到来。在人们对于某种事物的发展没有明确认识与可靠控制的境遇下，现代法律允许人们在法益平衡的基础上做出选择，只有这样社会才会继续发展，否则社会发展就会停滞不前，可能带来更大的危害。

对于被允许风险的确切含义是什么、判断标准是什么，学界至今尚未达成共识。② 有些学者认为允许风险类似于社会相当性（die soziale Adäquanz）；有些学者认为允许风险与社会相当性并无关系，其更类似于被害人承诺。③ 另外，被允许的风险到底属于阻却构成要件事由还是阻却违

---

① 参见黄荣坚《刑罚的极限》，元照出版有限公司，1999，第154页。
② 参见许玉秀《主观与客观之间——主观理论与客观归责》，法律出版社，2008，第195页。
③ Vgl. Jescheck/Weigend, Lehrbuch des Strafrechts Allgemeiner Teil, 5. Aufl., 1996, § 36 II；Maiwald, Zur Leistungsfähigkeit des Begriffs "erlaubtes Risiko" für die Strafrechtsdogmatik, FS-Jescheck, 1985, S. 405 ff.

法事由，刑法学理上观点不一。更有观点认为，被允许的风险原则只能适用于过失犯，其对于故意犯并无适用的余地。[①]

　　至于怂恿他人实施法律所允许风险的行为，如怂恿他人搭乘飞机，希望飞机失事，而后飞机果真失事，他人坠机死亡，则怂恿行为虽然与死亡结果之间具有因果关系，但是属于被允许的风险而不可归责。但是在行为人对于事件的发展过程具有特殊认知（Sonderwissen）时，因为制造了不被允许的风险，所以具有客观可归责性。[②] 例如，甲为了早日继承其父乙的遗产，明知恐怖分子丙于特定航班安装定时炸弹的事实，仍力劝乙搭乘该特定航班，致使乙丧生于飞机爆炸的空难中。在该案例中，甲因事先知情，对于乙的丧命过程具有特殊的认知，所以对于乙的死亡结果具有客观可归责性。

4. 被害人的同意或者承诺

　　如果一个行为得到被害人的同意或者承诺，它就不是制造不被允许的风险。例如，医疗过程中的手术行为，在对患者实施手术前，要求患者签下同意书。医生向患者告知与手术有关的医疗信息，患者同意接受手术，就意味着患者自愿接受手术的可能后果，包括康复的后果与恶化的后果。患者们都知道，接受手术医疗是为了早日康复或者阻止疾病恶化趋势，降低生命健康的风险。[③] 又如，为了防止某种疾病的恶化，摘取身体的器官，医生也不该当伤害罪的构成要件。

（三）回溯禁止原则

　　在德国刑法学者雅科布斯构建的客观归责规则体系中，存在一个不

---

① 允许风险的概念最早被溯及宾丁（Binding）。宾丁几乎完全用被允许的风险说明过失犯的阻却违法。参见 Binding, Die Normen und ihre Übertretung, Band. Ⅳ 1919, S. 433ff. ; Schönke/Schröder-Lenckner, Strafgesetzbuch, Kommentar, 28. Aufl. , 2010, Vor § 32, Rn. 107b。

② 参见林山田《刑法通论》上册，元照出版有限公司，2008，第 227 页。

③ 一般认为，经病人同意的侵入性医疗该当伤害罪的构成要件，但阻却违法，理由是业务上的正当行为。至于告知后同意，表示医生已经尽了医疗伦理上的责任，足以支撑业务上正当行为的合理性。告知后同意，不是独立的阻却违法事由，而是业务上正当行为的重要内容。参见林东茂《客观归责理论》，《警察法学》2009 年第 8 期。

同于其他体系的规则，即回溯禁止原则。[1] 该学者并不将回溯禁止原则
适用于过去传统意义上被归类为"因果关系中断"的情形，易言之，回
溯禁止原则不是实现风险阶段的规则，而是属于制造风险阶段的规则。[2]
例如，债权人要求债务人偿还欠款，以便用来购买枪支杀人，债务人明
知这一事实仍然清偿的。又如，面包房的老板知道前来购买面包的人要
在面包中投毒杀死妻子，仍然将面包卖给他。[3] 这种类型的案件涉及保
证人地位理论，但是大都否定了行为人具有保证人地位（Garantenstel-
lung，la posizione di garanzia），也就是说，否定了行为人制造风险。雅科
布斯试图以回溯禁止原则处理这种类型的案件，当然在不能否定时，则
认为行为人具有作为义务，由此认为行为人创设了一个不被允许的风险。

（四）不能以假设的因果流程否定行为人制造风险而排除归责

假设的因果流程是指，即使没有行为人的行为，其他人的行为也会
产生法益侵害的后果。但是行为人不能主张：即使没有他的行为，后果
也会发生，所以他不被归责。亦即，尽管存在代位行为人（Ersatztäter），
行为人仍然要被归责。即使根据实际情况有其他候补的行为人，也不能
排除原行为的构成要件该当性。例如，被害人的父亲趁行刑者不注意，
亲手杀死了即将被执行死刑的死刑犯，这个行为仍然是充足故意杀人罪
构成要件的行为，死亡结果要归责于被害人的父亲，这被称为"继受原
则"（Übernahmeprinzip）。但是，在存在介入行为增加风险或者促使风险
提前发生的时候，还有一个"加强原则"（Intensivierungsprinzip）。一般
情况下，假设的因果流程并不能否定真实发生的因果流程，从而不能否
定归责，但有些情形下存在例外。如果在真实发生的因果流程中介入其
他人的行为，这个介入行为修正了原有的因果关联，其施加的作用对被
害人不利，那么可以认为介入行为取代了原有行为而对结果的发生产生
了实质的原因力，原行为的风险被排除，不属于制造风险的行为，原行

---

①　Vgl. Jakobs, Strafrecht Allgemeiner Teil, 2. Aufl., 1993, §7, Rn. 56ff.

②　参见许玉秀《主观与客观之间——主观理论与客观归责》，法律出版社，2008，第193页。

③　Vgl. Jakobs, Strafrecht Allgemeiner Teil, 2. Aufl., 1993, §7, Rn. 59, §24, Rn. 17;
Kindhäuser, Neumann, Paeffgen（Hrsg.）-Puppe, Nomos-Kommentar zum Strafgesetzbuch,
4. Aufl., 2013, Vor §13, Rn. 158.

为人不会被归责。①

三　判断规则之二：实现法所不允许的风险

（一）实现法所不允许风险的含义

构成要件要规范的对象，是造成侵害结果的不法行为，从另一个角度说，只有实现构成要件不法侵害的行为，才属于构成要件所规范的行为。倘若现实发生的危害结果并非行为所引起，也无法将该行为算作构成要件完全该当的行为。因此，行为人的行为必须实现由该行为所制造的风险，而非其他风险，才能被归责。如果行为虽然制造风险，却未实现风险，或所实现的风险不是所制造的风险，则仍然不能将该结果归责于行为人的行为。

在行为人的某一行为创设了法律所不允许的风险，且借由行为的实施实现这一风险，造成法益受到侵害的结果时，对于行为所生的事实，就可以做出构成要件该当的判断。即使行为与结果之间存在因果关系，行为人也制造了法律所不允许的风险，还要求该风险实现，此时才可以将结果归责于行为。相反地，虽然发生了危害结果，但这个结果不是先前风险的实现，那么就不可以将此结果归责给行为人，不能认为风险已经实现。② 这一被通称为实现法所不允许风险（die Verwirklichung des unerlaubten Risikos）的主规则，是由未实现风险（因果重大偏异）、未实现不被允许风险（结果的可避免性）、注意规范保护目的、合法的替代行为与风险升高等诸多辅助原则所组成的。德国学者恩吉施认为实现风险与因果关系一样，都是未明文规定的构成要件要素，而且实现风险独立于因果关系这个要素之外，对此，罗克辛表示赞同。③

（二）实现法所不允许风险的判断规则

对于风险的实现，现在学说以排除法则，并以因果关系辅助判断来

---

① 参见许玉秀《主观与客观之间——主观理论与客观归责》，法律出版社，2008，第 193 页。
② 参见林钰雄《刑法与刑诉之交错适用》，元照出版有限公司，1998，第 41 页。
③ 参见许玉秀《主观与客观之间——主观理论与客观归责》，法律出版社，2008，第 196 页。

认定。通常如果由行为人的行为导致规范保护对象有受危害的危险，且此危害也由该行为促成发生，则可视为风险实现。然而，有一些情形，法规范所保护客体虽然受到危害，但并非行为人的行为所导致，这种情形，不能称为风险实现。

1. 偏离常轨的风险实现（异常的因果历程）

行为与结果之间需要具有常态的关联，才可认为风险已经实现。也许从反面的角度更好理解，如果行为与结果之间的因果历程不存在重大的偏差，就可以认定行为与结果之间存在常态的关联。这种因果关系偏离常轨的情形，[①] 也称为因果历程错误。从因果关系的类型来看，称为偏离常轨的因果关系；从构成要件错误的角度来说，称为因果历程错误。实际上二者均是对同一犯罪现象的考察。例如，A 用木棍将 B 打伤，B 昏厥倒地，A 认为 B 死亡了，将其扔到河流中，企图"毁尸灭迹"，事后法医鉴定证明 B 是溺水而死。从因果历程错误的角度来看，A 的行为分为前后两个阶段，A 认为前行为已经达到了目的，引起了结果，实际上是后行为造成了结果的发生。由于行为人将前后行为视为一个整体的行为，死亡结果的发生也在其预见之中，A 仍然成立故意杀人的既遂犯。称之为因果历程偏离常轨，意思是先前的行为结合其他要素共同引起危害结果的发生，但是行为人主观想象的因果历程与实际发生的因果历程偏异的程度并不高，属于同一犯罪构成之内，A 仍然要承担故意杀人既遂的刑事责任。在偏离常轨的因果历程中，行为与其他原因之间有紧密的关联，因果关系并非中断，而是有其他原因的介入，这种因果在经验上是环环相扣的，条件与条件之间并没有断裂。这种情形是中途出现的，其他原因无法排除原有的因果关系，先前的行为对于最终结果的发生仍然存在原因力，前一行为与结果之间的因果关系不能被否定。[②]

行为人制造的法所不允许的风险导致了结果的发生，制造风险的行为与结果之间属于常态关联，那么行为人的行为便具有了客观可归责性。当结果是通过反常的因果历程而发生，即以超乎人们生活经验、被人无

---

① 参见蔡圣伟《谋事在人，成事在天——论因果历程偏离于现代犯罪论体系中的定位》，《台湾本土法学杂志》2006 年第 87 期。

② 参见张丽卿《新刑法探索》，元照出版有限公司，2008，第 167 页。

法预见的方式而发生，那么即使行为和结果之间具有条件关系，其结果的发生也不是行为人所制造的风险的实现，犯罪的客观构成要件也因此而不具备。例如，行为人打伤他人，伤者被送往医院治疗，医院发生火灾，伤者被烧死。虽然行为人创造了伤者死亡的风险，但这个风险并未实现，行为人不对死亡结果负责。在罗克辛看来，这种情形不是传统理论所认为的属于故意范畴的问题，它是客观构成要件是否实现的问题。①

行为与结果间的因果历程反常，则行为欠缺客观可归责性，这是因为法律不能强人所难，行为人所无法支配的因果关系中发生的结果，行为人对其不能负责。即使行为人当时实施什么行为都不能阻止结果发生，法律也就不能非难行为人当时所选择的作为方式。

如果在造成危险的行为与结果之间存在很强的关联性，那么结果的发生可以归咎于该行为。在因果历程错误的案件中，那些属于不重要的因果偏离（die unbeachtliche Kausalabweichung）的情形，可以依据上述原则来检讨。在不重要的因果偏离的案件中，行为人制造了不被允许的风险，并且风险与结果发生之间的关联度符合事件发展的正常范畴，就可以断定实现了该不被允许的风险。例如，A 意图杀 B，在大桥上将 B 推落，B 没有落水溺死，而是撞击桥墩而死。B 的死亡仍然要归责于 A，这是由于将人从桥上推落，被害人撞击桥墩而死的可能性是很大的。行为不但制造了风险，而且这个风险在事件流程中相当地（adäquat）兑现了，因此可以进行结果归责。又如，甲向乙开枪射击，没有击中乙，但乙因受惊吓坠崖身亡。甲的开枪射击行为，已经制造出法律所不允许的风险，该射击行为导致乙受惊吓及坠崖，并不令人感到意外，属于正常现象。因此，虽然甲并未击中乙的身体，但乙因受惊吓而自己坠落悬崖致死的结果，仍是实现甲所制造的风险，所以乙的死亡结果可归责于甲。

在重大偏异的界定标准方面，对于常态关联、重大偏异、因果关联的反常（Ungewöhnlichkeit）等，学说上已经反复讨论并且举了很多案例，但是这种综合一般人生活经验与规范评价判断的问题，到现在为止标准还是不够清楚。重点不在于有无模糊地带，而在于其范围大小，因此，一个相对于其他理论更能有效限缩模糊范围的理论，便是优质的理

---

① 参见许玉秀《主观与客观之间——主观理论与客观归责》，法律出版社，2008，第 196 页。

论。除去除法之外，借由调整客观归责检验顺序的方式，可以有效限缩重大偏异的适用范围。① 客观归责学说的三段主规则，第一段与第二段之间有逻辑上的先后顺序关系，因为如同因果关系先于客观归责而检验一样，如果没有制造不允许风险，当然不必检验是否实现该不允许风险。反之，第三段规则与前两段之间，则无必然的逻辑顺序关系。比如他人负责或自我负责原则，可能与风险实现的下位规则产生适用顺序上的竞合关系。而在竞合情形下，可以优先适用较为明确的他人或自我负责原则，并进而避免重大偏异标准的模糊问题。

2. 未实现不被允许的风险：结果的可避免性

在行为人逾越法律界限所制造出来的不允许风险已经导致实害结果发生时，除了考虑结果的发生是否具有常态关联性，以及是不是在规范保护目的范围内等要件之外，还应考虑行为人所制造的风险如果没有逾越法律尺度，是否仍旧会发生结果的问题。易言之，只有构成要件结果是可以避免发生的，行为才具有客观可归责性。相反地，即使行为人履行了注意义务，构成要件结果还是会发生，则法所不允许的风险并未实现。因为如果在个案中确定（或几近确定）即使行为人履行注意义务而结果仍然会发生，这表示法所课予的义务是无效的义务，所以应判定为风险并未实现。②

例如，经常说到的例子——山羊毛案。③ 甲是毛笔工厂老板，他将山羊胡须交给女工四人加工处理。按照加工程序规定，这些山羊毛在加工之前需要消毒灭菌，但是甲未经消毒程序直接拿给女工加工，结果女工四人感染了病菌相继死亡。事后相关机构检验鉴定表明，当时采用法定的消毒技术并不能灭掉该种病菌，即使老板甲对该批山羊毛进行杀毒灭菌，女工四人还是会感染该种病菌而死亡。上述案例，如果甲没有将感染病菌的山羊毛交给女工，女工根本不会因感染病菌而死亡，所以属

---

① 参见林钰雄《刑法与刑诉之交错适用》，元照出版有限公司，1998，第61、62页。

② 参见林钰雄《新刑法总则》，中国人民大学出版社，2009，第129页。

③ 参见德国《帝国法院刑事判例集》（RGSt），第63卷，第211页；Joecks/Miebach（Hrsg.）-Freund, Münchener Kommentar zum Strafgesetzbuch, 2. Aufl., ab 2011, §13, Rn. 11, 278f。

于不可想象其不存在的条件，两者之间有条件关系。① 然而，就归责层次而言，即使行为人履行义务也无实效，损害结果仍然会发生，所以尽管行为人违反义务创设了风险，但该风险并没有实现。上述案件中，倘若老板是故意让女工感染病菌而死亡，应该以故意杀人既遂来评价；倘若老板仅是疏忽，则死亡结果不能归责于他。

如其他客观归责理论的诸多辅助规则一样，结果的可避免性并不是客观归责论者首先提出来的概念，客观归责论者只不过将这个既成概念纳入自己的体系中，成为判断风险实现的辅助规则而已。事实上，结果的可避免性在理论的定位上争论已久而且数度变迁。②

3. 规范目的不相干（结果超出注意规范保护目的范围）

（1）基本含义

检讨风险实现，应当注意的另外一个重要因素是保护目的关系（Schutzzweckzusammenhang），即为了避免风险而规定的规范的保护目的能够涵盖该结果。这种保护目的关系，也叫作规范目的关系（Normzweck-zusammenhang），基本含义是指正是行为人所创设的法所反对的风险的实现，导致了结果的发生。该保护目的关系或规范目的关系，主要有两个侧面：其一是损害结果的产生正是行为人所制造的风险的现实化；其二是行为人所创设的风险本身，正是法律规范所否定、责难的对象。③ 尽管行为人违反注意规范创设了风险，危害结果也实际发生了，还不能认定先前的风险已经实现。只有注意规范保护目的能够包括该结果，亦即避免风险的规范保护目的正是排斥该结果，行为才受到归责。④ 即使结果的发生与造成风险的行为有关联，但该结果不是该规范所要力图避免的，不是规范保护目的涵摄的，也仍然不可以将结果归责于该行为。

规范保护目的原来是客观归责理论中实现风险阶段下属的检验规则，近年来该规则在刑法理论上被强调，在客观归责理论中的地位被突出。德国学者许迺曼教授将规范保护目的作为维护客观归责理论的有力工具。

---

① 参见林钰雄《刑法与刑诉之交错适用》，元照出版有限公司，2008，第115页。

② Vgl. Wessels/Beulke, Strafrecht AT, 31. Aufl, 2001, Rn. 677.

③ 参见黄荣坚《刑法问题与利益思考》，元照出版有限公司，1999，第154页。

④ Vgl. Roxin, Gedanken zur Problematik der Zurechnung im Strafrecht, in: FS-Honig, 1970, S. 140ff.; Roxin, Strafrecht AT, Band I, 3. Aufl., 1997, § 11 Rn. 72ff.

他通过一般预防目的的概念，将规范保护目的作为统一诠释实现风险规则的理论范畴，使规范保护目的的位阶得以提升。①

（2）典型案例

德国刑法教科书中经常提到的案件是脚踏车骑者相撞案，案情简述如下。夜晚甲乙两个人骑着脚踏车前后而行，二人都没有开车灯，由于夜晚视线不好，前面行驶的甲与对面驶来的骑脚踏车的丙相撞。如果骑行在后的乙开车灯，这个事故就不会发生，那么交通肇事的后果可否归责于乙呢？交通规章要求骑脚踏车夜行须开车灯，法律规范保护目的是规避骑行者本人与其他行人或车辆相撞，规范并不要求骑行者为别人开车灯，避免别人与他人发生相撞事故。② 因此，尽管骑行在后的乙没有开车灯，创设了法所不允许的风险，但是由于结果的发生超出了规范保护目的范围，乙不开车灯的行为不受归责。应当说，任何规范保护目的都是有限的，超出其范围造成的结果不能归责于行为人。

又例如，在遵守交通信号灯规则的前提下，即使醉酒驾车的人也享有先行权，如果其他人违反先行权，与醉酒驾车的人发生相撞事故，事故结果也不能归责于酒后驾驶者。交通法规并未剥夺酒后驾驶者的先行权，禁止酒后驾驶的目的是防止酒后驾驶者造成事故，而不是防止别人违反规则造成事故。不遵守交通规则（如闯红灯）而与酒醉开车者碰撞，不在禁止酒醉开车的规范保护目的的范围内。③

再如，甲与乙两个摩托车驾驶者都停在红灯前，等候绿灯过交叉路口。甲脾气急躁，在信号灯变绿前就闯红灯过交叉路口，引发旁边另一位驾驶者乙误认为绿灯亮了，也随其后穿越交叉路口，却不幸被丙所驾驶的卡车撞死。④ 在本案中，如果可以证明甲不闯红灯，乙就不至于误信红灯变成绿灯而穿越马路那么甲闯红灯所制造出的风险与其后乙的死亡结果之间具有因果关系。但是禁止闯红灯的注意规范保护目的，是为了维护交叉路口的通行秩序，防止不同方向车辆、行人碰撞的危险，

---

① Gössel 的一篇判决评释也可以佐证这一点，参见许玉秀、陈志龙《客观归责与因果关系》，《罪与刑——林山田教授六十岁生日祝贺论文集》，五南图书出版股份公司，1998，第1~21页。

② Vgl. Roxin, Strafrecht AT, Band I, 2006, §11 Rn. 85.

③ 参见林东茂《客观归责理论》，《警察法学》2009年第8期。

④ 参见林山田《刑法通论》上册，元照出版有限公司，2008，第229页。

并不包括防止他人误认信号灯的情形。所以，在本案中，甲闯红灯的行为，即使导致乙误信为绿灯而带来死亡的风险，而且这种因果历程在现今社会也不少见，乙的死亡结果也不可归责于甲。原因正在于禁止闯红灯的交通规范保护目的不能包含这种死亡结果。

在实践中，注意规范保护目的能够决定结果归责的情形也不少见。例如，某人违反交通规则超越他人的汽车，并且使被超车的驾驶人因惊吓而引发心肌梗死，因此造成被超车的驾驶人死亡。或由不可预见的零件故障，导致在超车时超车者的车轮爆胎，因此造成相撞致被超车者死亡。① 在此，违法的超车就是一种不被允许的风险，而且它和结果之间也具有因果关系。禁止违规超车的规范保护目的在于防止违规超车本身造成的碰撞事故，至于避免被超车的驾驶人发生疾病以及超车时爆胎的情形，超车规范保护目的不能涵括。所以，在上述两个案例中，超车者不成立过失致人死亡罪。

有一个在过失犯的因果关系问题上经常被讨论的案例：甲驾车超速行驶一段时间之后，减速至合法速限，这时路边停放的汽车后面突然有一个小孩跑向马路对面，甲车撞击小孩，致其死亡。罗克辛教授认为，驾驶人甲先前超速行车的行为创设了法律不允许的风险，但其后甲保持合法速限，先前的风险并没有实现，死亡结果不能归责于甲。② 也许有人会主张，正是由于甲之前超速行驶，所以在小孩突然跑进马路时甲车才会到达该地点，设若甲之前正常行驶，就不会在小孩出现时到达该地点，事故也不会发生。或者与之相反，甲一直在超速行驶，当小孩出现的时候，甲车已离开事故地点，也不会发生撞击。事实上这种假设并无意义，有法律意义的是，之前超速行驶，并没有升高其后恢复正常速度时引起车祸的风险。交通法规禁止超速的目的不是禁止车辆在某个时间到达某个地点，上述事故的发生属于意外事件。处理这些类似案件的时候，要确定注意规范保护目的是什么，要考察行为人创设的风险是不是法律规范所反对、责难的。③ 再比如，甲驾车在路口闯红灯，离开路口

---

① 参见〔德〕克劳斯·罗克辛《客观归责理论》，许玉秀译，《政大法学评论》1994 年第 50 期。

② 参见许玉秀《主观与客观之间——主观理论与客观归责》，法律出版社，2008，第 197 页。

③ 参见张丽卿《客观归责理论对实务判断因果关系的影响——兼评台湾地区"最高法院" 2007 年度台上字第 5992 号判决》，《法学新论》2009 年第 13 期。

300 米的时候，一个小孩跑到马路上，虽然甲以符合规定的速度行驶，但由于事发突然，根本来不及反应，无法有效刹车，车子撞上小孩，致其受伤。路口设置信号灯的目的在于避免路口发生交通事故，禁止闯红灯的注意规范不维护远离路口的道路上的安全秩序。因此，虽然甲在路口闯了红灯，但是在肇事的时候符合交通规则，也履行了相应的注意义务，小孩被撞伤的后果不能归责于他。

对于后遗症，即伤处在好几年以后才造成更严重的结果的情形，雅科布斯依规范保护目的处理，罗克辛原则上则认为不能排除归责，只有在病情或伤情维持，但因复原能力逐渐失去而致死的情况下，才依照规范保护目的处理。普珀（Puppe）则认为这是基于事实上不能而无法归责。[1] 许迺曼在一般情形下依照规范保护目的排除归责，但在艾滋病的情况下，对多年后才发作的艾滋病，则认为是事实上不可能归责。[2]

（3）注意规范保护目的与构成要件保护目的

规范保护目的不相干是一个重要的排除结果归责的规则。罗克辛教授特别指出，实现法所不允许的风险，与犯罪构成要件保护目的无关，而是与注意规范保护目的密切相关。有些行为方式与危害后果因为超出犯罪构成要件保护目的范围而否定归责，它们均是不该当构成要件的情形，它们应在客观归责理论体系的构成要件的效力范围内予以检讨。[3] 值得关注的是，尽管已经制造了风险，也实现了不被允许的风险，行为与结果间的因果历程也符合相当的判断，只要结果不属于规范保护目的直接保护的范畴，都排除归责。在本书上述分析的案例中，所涉及的规范的保护效用，不是规范保护目的涵摄的直接保护，而是属于对注意义务的反射性保护。

（4）行为规范与制裁规范之间的目的关联性

检验规范保护目的，就是在检验被实现的构成要件和防止构成要件被实现的安全规则之间是否有一致的目的关联。为了防止特定构成要件

[1] Vgl. Kindhäuser, Neumann, Paeffgen (Hrsg.)-Puppe, Nomos-Kommentar zum Strafgesetzbuch, 2. Aufl., 1998, Vor 13 Rn. 236.
[2] Vgl. Schünemann, Die Rechtsprobleme der AIDS-Emdämmung-Eine Zwischenbilanz, in: Schünemann /Pfeiffer (Hrsg.), Die Rechtsprobleme von AIDS, 1988, S. 373, 483ff.
[3] 参见许玉秀《主观与客观之间——主观理论与客观归责》，法律出版社，2008，第 198 页。

被实现，任何足以导致构成要件实现的危险就包含在被实现的构成要件的禁止范围内，而促成这种危险行为的模式也在禁止范围内。因此不能说只有被实现的构成要件的目的是重要的，而行为规范（注意规范）的目的和被实现的规范没有关系。[①] 如上述案例：二人一前一后骑脚踏车，都没有亮车灯，前行脚踏车因而肇事，这不是行为人能否预见伤害后果的问题，行为人未亮车灯，理应能预见夜间行车的危险，后行为人不是无法预见前行为人的肇事可能性，而是对肇事可能性没有预见义务。也就是每一个亮灯义务所及的安全范围有所限制，前行为人违反亮灯义务造成自己肇事的风险，后行为人的亮灯义务所要避免的是自己的肇事风险，而不是别人的肇事风险。因此这个案例是后行为人制造的风险未在前行为人所实现的构成要件结果中实现的情形。而未实现风险的理由，正是制造风险所违反的行为规范和实现风险所违反的制裁规范彼此欠缺目的关联性。

（5）特定法益的安全目的是规范保护目的的内涵

虽然一般预防目的能够解释规范目的关系，理由是一般预防是所有禁止和命令规范的共通目的，必定能包含具体的规范目的，但是用较上位的原理解答具体归责问题，有些粗疏和模糊。上位的指导原理是所有下位规则的法理基础，下位规则之所以能解决问题，虽然是因为有上位的法理依据，但是演绎出下位规则是为了对评价对象做更精致的分类，将判断方法具体化，以提高判断的效率。因此，除非下位规则已无法应用，才有必要回归上位原理，也就是应将上位原理作为补充性的实质判断依据。[②] 在生活领域中的各种安全规则，有它们所直接针对的法益保护要求。如果只关心制裁某个制造风险行为即能达到防止某种结果发生的一般预防效果，则制裁不开灯的饭店老板，也可以让饭店边人行道上的行人安全有所保障。然而饭店外行人的安全，和违反安全规则的行为人无关。因为行为规范和制裁规范的目的关联性，不是取决于制裁规范

---

① 参见许玉秀《客观归责理论的回顾与前瞻——记一段台湾地区刑法理论的继受里程》，《刑事思潮之奔腾——韩忠谟教授纪念论文集》，财团法人韩忠谟教授法学基金会，2000，第111页。

② 参见许玉秀《客观归责理论的回顾与前瞻——记一段台湾地区刑法理论的继受里程》，《刑事思潮之奔腾——韩忠谟教授纪念论文集》，财团法人韩忠谟教授法学基金会，2000，第114页。

的一般预防目的，而是取决于特定法益的安全目的。

四 判断规则之三：构成要件的效力范围[①]

客观归责理论重要的归责标准，在于结果与法律所不允许的风险行为之间，除已经具有因果关系之外，结果还必须在避免风险的规范保护目的范围之内，或者必须是构成要件的保护效力所要掌握的对象，则该结果才可归责于该行为。[②] 在有些刑事案件中，尽管行为人创设了法所不允许的风险，这个风险也在事件发展过程中导致了结果发生，但是如果构成要件的效力范围不能涵括该危险行为与危害结果间的因果关系，则不能将危害结果归责于该行为人。易言之，即使可以判断行为人创设的风险与结果发生之间存在因果关系，也不能得出客观构成要件已经充足的结论，只有规避风险的构成要件的效力范围及于反对该结果的发生，才能将其归责于行为。

（一）参与他人故意的危险行为（自我负责原则）

1. 概述

刑法上有一基本原则，即自我负责原则。[③] 一个人原则上只对自己的行为负责，对于有第三人或被害人自己的行为介入所发生的结果，先前的行为人无须负责。也就是说一个人只要负责自己不要去危害法益，而不必负责他人不去危害法益。典型的例子是参与他人故意的危险行为。

依照德灵（Dölling）的看法，参与他人（主要指被害人）故意的的危险行为，大致上有两类。一类是参与他人故意的的自我危险行为（Die

---

① 关于构成要件的效力范围这段规则，客观归责论者未必都将其列为制造风险、实现风险以外的另外一个单独阶层。但是重点在于此阶层两项下位判断原则，即第三人负责领域及被害人负责领域，实质上都被当成客观归责的辅助基准来运用。参见 Wessels/ Beulke, Strafrecht Allgemeiner Teil. Die Straftat und ihr Aufbau, 42. Aufl. , 2012, Rn. 185ff. , 192ff. 因此，还不如直接采纳罗克辛的检验基准，将其列为制造、实现不法风险以外的第三段规则，在逻辑体系上较为清楚。

② Vgl. Roxin, Strafrecht AT, Band Ⅰ, 1. Aufl. , 1992, §11 Rn. 84, 106.

③ 关于自我负责的标准，学界存在争议，其在德国学说中的讨论参见 Wessels/ Beulke, Strafrecht Allgemeiner Teil. Die Straftat und ihr Aufbau, 42. Aufl. , 2012, Rn. 189。

Mitwirkung bei vorsätzlicher Selbstgefährdung）；一类是同意他人对自己实施危险行为（Die einverständliche Fremdgefährdung）。前一类，被害人对于危险行为及其后果都有认识，被害人自愿实施危险行为导致危害结果的发生，因此尽管行为人的行为与危害结果之间存在因果关系，但是每个人应当对自己的行为负责，而且刑法规范保护目的范围是有限的，被害人对于危害结果的发生应当自我负责，对行为人而言，对此结果欠缺可罚性。① 比如，自杀、帮助自杀行为按照《德国刑法典》均不构成犯罪，所以某人对他人的自杀起到促进作用的，不能将结果归责于他。又如，甲贩卖毒品，将毒品卖给吸毒者乙，乙自己吸食后死亡，由于乙自由负责地决定吸毒，其死亡后果不能归责于甲。当然，如果参与危险行为的人明知他人对于危险行为的性质及其后果并不了解，则结果仍然归责于他，例如贩毒者甲将毒品卖给一个未成年人乙，乙只是出于好奇根本不知道毒品的危害而吸食，乙吸食后中毒致死，甲对此要负责。后一种的参与，被害人处于从属地位，行为人主导着危险行为的进程，行为人掌控着被害人的法益，比如，毒贩甲为吸毒者乙注射毒品，乙死亡。德国学界的通说与司法实务界一般以被害人承诺（die Einwilligung）的理论处理上述类型的案件。但是罗克辛教授认为被害人对损害后果予以承诺的情形并不多，那些不重视法益安全的人一般是存在侥幸心理的人，以被害人承诺解决这种类型的案件并不妥当。② 上述两种类型的区别主要在于：第一种情形的行为支配（Tatherrschaft）在于被害人本身（所以从其观点出发而称为自我危害），第二种则在于行为人（所以称其为他人危害）。对于这两类不同的参与，刑法处于两难的思考境地，那就是生命保护与个人的自我决定应当如何取舍。

目前德国的学说和实务界，大致上认为两种行为人都无罪。③ 在这些案件中，被害人清楚危险行为的性质，自愿实施或者参与危险行为，被害人对法益的轻视态度不值得刑法规范予以保护。构成要件的效力范围不能掌控结果的发生，在客观归责层次上应明确区别不同的负责领域

---

① Vgl. Wessels/Beulke, Strafrecht Allgemeiner Teil. Die Straftat und ihr Aufbau, 42. Aufl. , 2012, Rn. 179.

② 参见许玉秀《主观与客观之间——主观理论与客观归责》，法律出版社，2008，第202页。

③ Vgl. Dölling, Fahrlässige Tötung bei Selbstgefährdung des Opfers, GA1984, S. 71ff.

并限缩归责的范围。当然，主观要素对于构成要件的效力范围，经常也扮演关键性的角色。我们可以看看买卖毒品的案例。贩卖毒品案件中，被害人应当对其自我决定的行为负责，但是如果出卖毒品的人更加清楚毒品的危害性，则他必须对其出卖行为负责，因此行为人的主观上的认知对于客观构成要件的归责，也具有重要性。

2. 案例

（1）甲乙二人均属某飙车团体的成员，某日，甲乙相约一同去飙车，二人在公路上超速狂奔，乙突然在一个急转弯处失控，撞上电线杆死亡，甲成立过失致人死亡罪吗？针对相约飙车，早先德国联邦最高法院认为，参与者要对别人的死亡负过失致死的责任。理由是，死亡的结果可以预见、可以避免。现在一般认为：相约飙车对别人造成事故，参与者没有刑事责任。① 更精确地说，参与者并没有实现过失致死的构成要件。参与飙车者都知道飙车的高度危险性，出于爱好、寻求刺激等原因，飙车手自我决定参加飙车。参加不参加、在何路段以何速度飙车，飙车手都可以自己决定。对于损害结果的发生，飙车手能够自我掌控。

（2）乘客甲搭上出租车，因为有急事便催促司机乙快速开车，乙不小心将道路上的行人丙撞伤，司机乙主张开快车是甲催促的，如果甲不催促他快点开车，就不会撞伤丙。那么乘客甲对撞伤丙的后果负责吗？回答是甲对此不负责任。作为司机，乙明知高速行驶的危险性，他完全可以决定正常行驶，不理会乘客的要求，因此对于行驶造成的危险及其实现司机乙都是可以把握的。乙的行为充足了过失伤害的构成要件，甲的行为不在该构成要件的效力范围内。虽然甲的催促行为创设了法所不允许的风险，之后该风险也实现为撞伤路人的后果，但是过失伤害构成要件的结果只能归责于掌控法益的乙，不能归责于乘客甲。②

（3）甲意欲杀乙，便给乙的食物中投放毒药，乙中毒，甲见状后悔便送乙到医院抢救，医生要求乙服用解药，乙却出于某种原因拒绝服用而死亡。那么乙死亡的结果能否归责于甲呢？回答是不能归责，甲成立故意杀人的中止犯。乙知道不服用解药的后果，但仍自我决定不服用。

---

① 参见林东茂《从客观归责理论判断交通事故的刑法责任》，《刑事法杂志》1995 年第 3 期。
② Vgl. Roxin, Strafrecht AT, Band I, 1. Aufl., 1992, §11 Rn. 105f.

这时，故意杀人的构成要件效力不能涵括死亡结果，甲的行为不该当故意杀人既遂的构成要件，而是成立中止犯。①

（4）在暴风雨天气里，甲要求船夫乙渡河，乙说天气恶劣渡河太危险，但甲坚持渡河，结果暴风雨致使船只倾覆，甲溺亡。船夫乙要被归责吗？回答是甲的死亡结果不能归责于乙。

（5）甲明知乙好胜心极强，还唆使乙参加对手丙非常猛烈的拳击比赛，导致乙惨遭丙打伤，住院多日。乙的伤害结果是在其认识拳击危险性下自我造成的，不可归责给甲。

（6）甲出于杀害钢琴家乙的故意，将乙砍倒在血泊中。乙虽然意外获救，右手却留下残疾，乙无法忍受不能弹琴的折磨，服药自杀。这时，甲的伤害行为与乙的死亡结果之间不具客观可归责性。

（二）属于第三人（专业人员）的负责范畴（Der fremde Verantwortungsbereich）

1. 概述

当有第三人自我负责地介入因果历程时，可排除结果对先前行为人行为的客观归责。只要第三人是完全负责地制造出一个独立产生结果的风险，先前行为人就不必对结果负责。② 构成要件的效力范围不包括第三人专门负责的领域，第三人对于其领域内危险行为及其后果独自负责。实践中比较常见的典型事例是对处理危险的紧急事件负有专门职责的人士，这些人士具有专业职务或者职责。例如，居民在住房中使用煤气不当造成火灾，消防员接警后前来灭火；监护人带领小孩在公园游玩，由于疏于看管小孩掉入湖水中，管理员闻讯施救；盗贼盗窃财物后逃跑，正在巡逻的警察发现后追赶。先前行为人的行为造成了危险，如果负责处理这些危险事态的人员在处置过程中发生伤亡，该伤亡后果能否归责于先前行为人？例如，消防员在救火中被掉落的门窗砸中头部而死亡；管理员跳水后被水草缠绕而溺水死亡；警察在追捕盗贼过程中被汽车撞

---

① 参见张丽卿《客观归责理论对实务判断因果关系的影响——兼评台湾地区"最高法院"2007年度台上字第5992号判决》，《法学新论》2009年第13期。

② Vgl. Wessels/Beulke, Strafrecht Allgemeiner Teil. Die Straftat und ihr Aufbau, 42. Aufl., 2012, Rn. 192.

上而死亡。他们的死亡后果不能归责于先前的行为人。[1] 在罗克辛教授看来，引起危险状态的行为人不能监督专门人士的行为，专门人士的行为及其后果不能归责于先前的人。[2]

为什么第三人（专业人员）的负责领域可以排除对先前行为人的归责呢？我们认为有以下几点理由：（1）专门的职务或者职责要求专业人士处置危险事态，排除危险；（2）从事危险的职业是专业人士自由决定的，非被强迫的；（3）从事特殊的危险行业获得了额外的特别酬劳，如特别职业津贴等；（4）如果将处置危险事件的专业人士的伤亡归责于先前造成危险状态的人，那么为了避免被归责，先前行为人可能以己之力排除危险，这并不符合法秩序的期待。[3]

2. 案例

（1）甲在黑夜中驾驶货车上路，由于后车灯坏掉并未打开，所以被交通警察拦截到路边。为了安全起见，其中一个警察乙把闪红色灯的手电筒放到车道上以警示来车注意。警察乙命甲将车子开到下一个加油站，并告知警车将尾随在甲未照明的货车后面，以保其安全。在甲已上车未开动之前，警察乙便将手电筒从车道上取走，此时另一辆由丙驾驶的货车因照明不足而撞上甲货车尾部，丙车前座的丁因而伤重不治死亡。问甲或乙是否成立过失致死罪？

解析：这个案例中，可以讨论的行为人包含甲、乙（实际案例中乙是一组而非一个警察）、丙三者。如果从丁死亡结果可否归责给第一个行为人甲的角度出发，乙、丙都是介入的第三人，而与我们这里所讨论的客观归责排除问题有关的，是甲的行为。本案中，德国联邦最高法院不但肯定甲的行为与丁死亡结果有因果关系，且认为甲应负过失致死的刑

---

[1] 鲁道菲（Rudolphi）认为引起第一个结果的行为人，如造成第三人死伤的结果，其行为仍然实现风险。例如甲对乙宅纵火，消防队员丙冲入乙宅救火，却不幸丧生火海，甲须对丙的死亡负责。理由在于：拯救者依法律负有义务排除危险，履行义务是出于强迫，拯救者为避免陷入行为人所制造危险中的法益被侵害，是出于不自由的决定。参见 Rudolphi, Systematischer Kommentar zum Strafgesetzbuch, 8. Aufl., Stand Februar 2013, Vor §1, Rn. 80f.

[2] Vgl. Roxin, Strafrecht AT, Band I, 1. Aufl., 1992, §11 Rn. 116.

[3] 参见林东茂《刑法综览》，一品文化出版社，2004，第89页。

事责任。①

这个判决受到学界不少批评。② 根据交通常识，在夜晚驾驶车辆，车后灯不亮容易引发追尾事故，这是一个危险状态。在上述案件中，危险状态实现了，导致了两车相撞的追尾事故，后车上的乘客被撞身亡，但是死亡结果不能归责于货车司机甲。交通警察发现了车灯不亮的危险事态，并介入处理，他就被赋予了监督控制危险事态的义务。特别是事故发生的时候，交通警察正在事故现场，对于危险事态招致的危害结果应当归责于交通警察。他们是维护交通秩序与安全的专业人员，具有处置交通事件的专业知识与技能，明白如何控制交通危险，避免发生交通事故。本案中，交通警察介入处理交通事件，要求甲车停在路边，就具有了确保甲车与后车安全的义务，应密切注视后方来车，采取适当措施，避免追尾事故，但还是由于疏忽发生了事故。

罗克辛教授认为，本案的条件关系虽然无可置疑，但归责问题值得探讨。③ 即使我们接受根据生活经验警察也会犯错的看法，民众也不能因此去负担监控警察如何执法的义务。一旦警察接管了交通事件，接下来的事件便是警察的专属责任领域。既然警察接手了，而甲也无权指挥监督警察应该如何执法，只是遵照警察处罚的相关措施执行，那么，甲就不可能对后来的事件负责。用客观归责理论的三段主规则来分析，即使认为甲制造并且实现了不被允许的风险，后来发生的事件也已进入第三人专属责任领域，已经超出构成要件的射程范围，甲不受归责。在本案中，第三人（交通警察）明显处于某种特殊的专业领域，而且具有公权力行使的上下关系，因此应当课予交通警察较重的责任，不能让一般民众负担不应有的责任。

（2）甲将乙打伤，乙被送往医院治疗，由于医生疏忽，发生医疗事故，乙死亡。甲是否对乙的死亡负责？

解析：在这种案件中，法院一般会习惯性地判定引起第一个结果的行为人成立过失致死罪。判决理由一般为行为人在伤害他人的时候，应

---

① Vgl. BGHSt 4, S. 360.

② 例如 Maurach/Zipf, Strafrecht AT, Band. I, 7. Aufl., 1987, S. 253; Schroeder, Leipziger Kommentar zum Strafgesetzbuch, 11. Aufl., 1992, §16, Rn. 24。

③ Vgl. Roxin, Strafrecht AT, 3. Aufl., 1997, §11, Rn. 111ff.

当预见到在随后的医疗中可能会发生轻微的或者程度高一些的过失，所以伤者被送医后死亡不属于意外事件。但是判决忽略了一个问题，这必须被特别提出来，也就是这种过失是否应该单独由医生负责。这个问题的答案是肯定的。[①] 我们能够肯定，受伤者送医后进入医疗程序，医生就接管了对伤者病患的处理。倘若采取妥当的医疗措施后，医生无法治愈病患，伤者死亡，那么伤害伤者的行为人就会充足过失致人死亡的构成要件。这是因为医生已经履行了职责，他并未制造伤者死亡的风险，他只是无法防止死亡的风险实现。在本案中，却不是这种情形。受伤者在被送到医院之后，已经进入医生的专属负责领域，原行为人并无监督医生如何执行医疗行为的权利与义务，也无法对被害人因医疗疏忽而死亡负责。对原行为人而言，这已超出故意伤害构成要件的效力范围。在此，作为排除归责的依据的，是第三人专属责任领域这个下位规则，而不是故意、过失或回溯禁止原则。[②] 本案原行为人是出于杀人故意、轻重伤害故意或过失伤害，对于医疗过失有无预见或预见可能性，都不会影响不受结果归责的结论。

（3）甲出于杀害乙的意图将乙打伤，乙受伤住院，遭到另一仇人丙趁机杀害。

解析：乙的死亡结果，可以说是完全出自一个与甲先前所制造的风险脱钩的新风险，且丙对此新风险具有完全的责任，因此不能归责于甲。[③] 在某些情形中，客观归责判断的许多标准会产生同时适用的竞合情形，如伤害他人后致使其在医院被第三人杀害的案例，就涉及第三人负责与异常关联性等判断规则。

（三）构成要件的效力范围与回溯禁止

回溯禁止原则，也就是效力不溯及既往原则，是指行为人实施行为之后，因为其他人故意行为的介入而导致结果的发生，那么先前的行为

---

① 参见〔德〕克劳斯·罗克辛《客观归责理论》，许玉秀译，《政大法学评论》1994年第50期。

② 参见林钰雄《刑法与刑诉之交错适用》，元照出版有限公司，1998，第59页。

③ 参见许泽天《刑总要论》，元照出版有限公司，2009，第100页。

人不必对后来的结果负责任。① 例如，医生因为疏忽而把有危险性的药品随意放置，助理趁机取走药品对其他人下毒，由于结果的发生是助理的故意行为的介入导致的，因此医生不必对受害人的受害结果负责。这一原则也有例外情形，即当第一行为人对于后来故意行为的介入有其预见可能性时，则第一行为人不得援引回溯禁止原则来阻却归责。② 关于回溯禁止原则的理论基础，有学者援引信赖原则，认为任何人原则上有权相信别人不会故意实施犯罪行为。③

　　客观归责领域的回溯禁止原则，原本处理的是因果关系领域中被称为超越因果的因果关系中断情形，在客观归责领域使用回溯禁止原则排除客观可归责性，所排除的是一些介于行为人先前行为和构成要件结果之间的其他风险行为。例如，汽车司机肇事致人受伤，车祸受害人被送医救治却因医师误诊而死亡。从回溯禁止的字面含义来看，只表示最后的构成要件结果不能回溯归责于最初的行为人，但没有说明为什么不能回溯归责。就这一点而言，回溯禁止概念作为一个下位判断规则显然是不够具体的。或许因为这个缘由，罗克辛并没有使用回溯禁止原则作为客观归责的下位判断规则，对于传统因果关系理论中的因果关系中断情形，罗克辛都以未实现风险来排除归责。④

　　上述医生疏于管理药品的案例，在第一个制造风险的行为（医生随意放置药物）造成了某种风险（可能被人不法使用）之后，第二个构成要件结果（他人被毒死）并不是第一个制造风险的行为人所能掌控的。从行为人的角度来看，对第二个构成要件结果行为人无法影响，从规范的角度来看，第二个结果和第一个制造风险行为完全没有关系，和第一个制造风险行为所实现的构成要件也没有关系。因此就客观归责理论的核心概念，即规范的客观目的而言，比起回溯禁止原则，罗克辛用构成要件效力范围更能直接说明为什么第二个结果不能归责给前面已实现的构成要件。⑤

---

① 参见黄荣坚《刑罚的极限》，元照出版有限公司，1999，第 145 页。

② Vgl. Roxin, Fs-Tröndle, 1989, S. 190ff.

③ Vgl. Roxin, Fs-Tröndle, 1989, S. 186f.

④ 参见许玉秀《主观与客观之间》，春风煦日论坛——刑事法丛书系列 0，1997，第 259 页。

⑤ 参见许玉秀《客观归责理论的回顾与前瞻——记一段台湾地区刑法理论的继受里程》，《刑事思潮之奔腾——韩忠谟教授纪念论文集》，财团法人韩忠谟教授法学基金会，2000，第 117 页。

（四）构成要件的效力范围即构成要件的规范目的

通过实际案例的观察分析，比较与检讨回溯禁止和构成要件的效力范围，我们可以发现是否归责，从行为人的角度考察，取决于行为人对于其后结果的支配程度；从规范的角度考察，取决于规范发挥效力的界限，即刑法禁止规范的效力范围。构成要件的目的能够决定禁止规范的作用范围，从某种意义上可以说，构成要件的效力范围也就是构成要件的规范目的。行为人对于结果的正常情形的支配可能性，是由构成要件所描述的行为方式与结果类型决定的，而这些行为方式与结果类型是由构成要件的规范目的决定的。[①] 回溯禁止原则本身是一个形式化了的下位判断规则，并不能直接表明判断依据。因此，这个规则是可以被放弃不用的，或者可以被归纳在规范目的的检验之下。规范目的这个检验规则因此包含对行为规范目的的检验、制裁规范目的的检验以及二者之间目的关联性的检验。

我们看一个案例：为了赶时间，甲怂恿乙穿越马路，乙听从甲的建议，却不小心在穿越马路时，被汽车撞上致死。在本案例中，乙的死亡结果是由甲的唆使行为所导致，所以行为与结果之间具有因果关系。甲唆使他人穿越马路的行为，也是制造了法律所不允许的风险，该风险行为与随后乙的死亡结果，在因果历程上也存在常态关联。但普通故意杀人罪及过失致人死亡罪的构成要件的保护目的，在于禁止杀害他人的故意杀害行为与禁止过失致死行为，而不是在于禁止自杀行为。因此，基于被害人本身对于风险的认知，以及自我决定去实施冒险行为，由此所引发的死亡结果，应由被害人自负其责。只是怂恿被害人从事危险活动之人，并非故意杀人罪或过失致死罪的构成要件的保护效力所要掌握的对象，[②] 所以甲的行为与乙的死亡结果之间，不具备客观可归责性。

---

① 参见许玉秀《客观归责理论的回顾与前瞻——记一段台湾地区刑法理论的继受里程》，《刑事思潮之奔腾——韩忠谟教授纪念论文集》，财团法人韩忠谟教授法学基金会，2000，第119页。
② 参见林山田《刑法通论》上册，元照出版有限公司，2008，第229页。

第四章　因果关系与客观归责的关系

作为客观的构成要件要素，客观归责与因果关系二者之间有何关系，在客观构成要件中扮演什么样的角色，值得探讨。对于客观归责在犯罪论体系中具有何种功能定位，或者说客观归责与因果关系是何种关系，理论界主要有两种观点。一种观点是，客观归责隶属于因果关系范畴，是因果关系理论的组成部分，认为客观归责以客观可归责性限制条件说，也吸纳了相当因果关系说的规则，但它检讨的始终是因果性。[①] 另一种观点则认为，客观归责属于客观构成要件的范畴，与因果关系一样，它也是一种没有明文规定的客观构成要件要素，而且是限制可罚性的构成要件要素。[②] 本书认为，客观归责理论发展到今天，已经脱离了因果关系的事实视野，不再属于因果关系的范畴，因此第一种观点有待修正。第二种观点指出客观归责是独立于因果关系的另一种客观构成要件要素，这是值得肯定的，但是这种观点并没有明确客观归责与因果关系二者之间的逻辑关系。

本书认为，客观归责理论基于事实判断与规范评价的二元界分，明确区分了因果性与归责性，通过归因与归责的分步骤、按层次审查，不但确定了行为与结果间的因果关系，而且在实质上考察了行为与结果对于构成要件的该当性。客观归责的核心概念是客观归责性，它是判断行为不法的一个重要因素。即使行为人存在主观故意，但如果不具备客观上的归责性，则其行为也不能成立故意的既遂犯。由于审查因果关系是否存在并不能直接判断犯罪构成要件的该当性，所以理论界试图整合因果关系与构成要件该当的判断，将二者进行关联性的连接，这也是客观归责理论提出的一个缘由。

---

① 参见黄仲夫《刑法精义》，元照出版有限公司，2010，第 71 页。
② 参见陈培峰编著《刑法体系精义——犯罪论》，康德文化出版社，1998，第 259 页。

一 归因与归责：因果关系与客观归责的功能界分

（一）归因与归责的区分体现了刑法评价的逻辑需要

原因问题涉及归因过程，它是一个事实问题，属于存在论范畴。而责任问题涉及归责过程，它是一个评价问题，因而属于价值论的范畴。[①]事实层面的判断具有形式性的特征，是以归因为中心的。对于已经发生的行为与结果之间是否存在因果关系，我们可以从以下两个方面来认识。首先，因果关系是对已经发生的前行为与后结果之间客观关联性的一种事实性质的考察，这就如同诉讼法中证据的关联性问题一样，是一个根据自然法则、逻辑经验来分析的问题，是一个在司法活动中被调查的案件事实，它不是一个规范评价的问题。[②] 其次，只有行为与结果之间的因果关系确定之后，才能对行为进行规范评价。这也符合犯罪论体系判断的一般规律，即先事实判断后价值判断，先类型化判断后非类型化判断，先一般判断后具体判断，先客观判断后主观判断。

之所以将归因与归责区分开来、分两阶段来判断，有以下几点理由。首先，人文社会科学的研究要以方法论为指导，其中事实与价值的区分就是一个重要的方法论，将归因与归责区分开来，分不同阶段判断，可以避免传统因果关系理论把事实判断与价值判断混淆的缺陷。其次，归因与归责的具体内容和判断标准是不同的，因果理论相对单一、平面化，归责理论相对复杂、立体化，归责理论所包含的内容与承载的功能都超过了因果理论。最后，社会分工的快速发展与工业化所带来的机械力量的广泛运用，使得现代社会中法益遭受风险侵害、威胁的可能性大大增加，风险社会已经到来。风险的数量与质量的变化都要求刑法的反应更加谨慎、精确，这些都对规范归责提出了更高的要求，因果理论的单纯逻辑判断无法承载筛选风险、分流评价的任务。[③]

客观归责与因果关系属于两个相互独立的范畴，不能认为二者是等

---

① 参见陈兴良《客观归责的体系性地位》，《法学研究》2009 年第 6 期。

② 参见倪培兴《解读客观归责理论》，《中国刑事法杂志》2007 年第 1 期。

③ 参见王重阳《浅论客观归责理论》，硕士学位论文，中国政法大学，2011，第 28 页。

同的或者是重合的。即使不进行客观归责的判断，也能对行为与结果之间是否存在因果关系进行判断。这种观点也得到了很多学者的支持。我国台湾学者许玉秀教授、日本学者山中敬一教授和町野朔教授、德国学者奥托（Otto）教授都有着类似的主张。许玉秀教授认为，在客观归责理论发展过程中，学者们提出了许多因果关系理论，但是其出发点都是将因果关系等同于结果归责，如重要性理论，认为筛选出重要的条件作为原因、解决了因果关系理论问题就可以处理好结果归责，这些理论努力是值得赞许的，却忽视了客观归责与因果关系的区别。① 又如日本刑法学者町野朔教授认为客观归责理论是"因果关系不要论"，也就是认为客观归责理论排斥因果关系理论。② 周光权教授也认为，没有客观归责理论，我们仍然可以对刑法上因果关系是否存在进行实质判断。③

如果强行赋予因果关系以事实性与规范性，那就是将归因与归责混为一谈，将两小步合并为一大步，是走不好的。我国学者在不明确区分结果原因与结果归责的情况下，将各种规则标准纳入传统因果关系中进行价值评价，导致在原有因果关系理论尚未夯实地基的情况下，又进行了归责作业，带来了理论与实践的一系列困局。我国已有学者指出，若在一次思维过程中无法完成行为可罚性的判断，则应当区分为两个位阶的思维过程，即事实判断与价值判断。刑法上的因果关系是一种事实性的归因判断，它是在因果关系范畴下所进行的一种形式判断，它所做的是为刑法上的归责判断提供客观材料。客观归责理论是在行为与结果具备条件因果关系的基础上，对结果能否归责于行为进行一种实质的、规范的评价，它明确地将结果原因与结果归责加以区别。④ 因果关系判断与客观归责判断二者所属的范畴界限清晰，逻辑先后顺序明显。因果关系是客观归责的逻辑前提，属于"前置程序"，不能误认为二者同属一个体系、一个范畴。在某行为中发生某结果是一般的、相当的还是异常的，属于只有在确定了行为与危害事实之间有因果关系的前提下才会产生的归责问题或者构成要件该当性问题。

---

① 参见许玉秀《当代刑法思潮》，中国民主法制出版社，2005，第482页。
② 参见〔日〕中山研一《现代刑法讲座》（2），成文堂，1977，第324页。
③ 参见周光权《刑法中的因果关系和客观归责论》，《江海学刊》2005年第3期。
④ 参见陈兴良《从归因到归责：客观归责理论研究》，《法学研究》2006年第2期。

（二）事实判断与规范归责：因果关系与客观归责的角色定位

在条件理论发展史上曾经有一段模糊混沌的时期，其同时担负结果原因与结果归责判断的双重任务，因而消解了其本来比较简明的运用公式。也就是说，早期的条件理论依照其消去公式过滤后的条件，必须再进行一次规范评价，以免造成牵连过广的现象，但这让条件理论承担了事实判断与价值判断的双重任务。因果关系中断学说可以被理解为这种时代的产物。此外，有些条件说论者也并用欠缺预见或预见可能性作为限制归责的理由，但这也让条件理论作为客观构成要件判断的功能变得混杂。① 20 世纪 70 年代以后蓬勃发展的客观归责理论以及区别因果（结果原因）与归责（结果归责）的主流想法，却让条件理论在结果原因的领域重现价值，只不过不再受到关注，因为学者们的注意力已经转移到结果归责的规范评价上。客观归责理论的提出，反而延续了条件理论的生命。现在，德国大多数学者已采纳区别因果与归责的基本观点，且包含批评者在内的越来越多的学者赞同客观归责理论，只不过采纳的程度有些区别而已。

德国学者冯·克里斯（v. Kries）已经能区分造成结果与归责是两个不同的问题，但是理论界在当时仅有一般的归责观念，并未明确划分因果关系与归责。② 将条件与原因相区分的观点，最初并未被看作因果关系与归责的区分。长期以来，从 19 世纪下半叶到 20 世纪初期，条件理论与相当因果理论的争论，都没有突破因果关系的框架，都在因果关系的层面探讨条件、原因的问题。到了 20 世纪 20 年代，学界仍然将因果关系与归责相等同。例如，德国学者弗兰克便主张只要存在因果关系就可以进行事实归责（Imputatio facti），行为人的过错（Verschuldung）则是用以确定法律归责（Imputatio iris）的。事实归责即客观归责，法律归责即主观归责，这种归责观点早在普通法时期（开始于 14、15 世纪）即已形成。③

---

① 参见于改之、吴玉萍《刑法中的客观归责理论》，《法律科学（西北政法学院学报）》2007 年第 3 期。
② Vgl. Hardwig, Die Zurechnung-Ein Zentralproblem des Strafrechts, 1957, S. 55, 60；Larenz, Hegels Zurechnungslehre und der Begriff der Objektiven Zurechnung, 1927, S. 70.
③ Vgl. Jescheck, Lehrbuch des Strafrechts AT, 4. Aufl., 1988, § 22 I, Rn. 179f.

因果关系和归责问题被清楚地区分开来，大约自 20 世纪 30 年代才开始。①

　　客观归责明确区分了归因与归责，归因问题属于事实范畴，根据因果关系理论判断；归责问题属于评价范畴，依据客观归责理论处理。②在因果关系层次，本质上是判断两个已经存在的、时间上先后发生的事件之间的自然因果链，这是本体论（Ontologie，也译为"存在论"）的判断而非规范论的评价问题。不同的是，在客观归责层次，则是在两个已经存在自然因果链的事件之间，用规范的角度去评价到底后事件结果可否非难给前事件的行为人，也就是规范评价上可被归责的关联性。③大多数的结果犯，包括实害犯与具体危险犯，会面临因果关系判断的问题。对于复杂、有疑问的因果，在处理时应先把经验上的因果及其归责区分开来。经验上的因果是把前因与后果当作一种自然界的现象来观察。这是事实认识的问题，是价值中立的认识。至于结果可不可以归责于先前的行为，那是归责的问题。这需要价值判断，既然是价值判断，有时会有不一致的看法。客观归责理论将因果关系问题与归责问题加以分离，根据条件说来判断因果关系，在归责的问题上，则注重于结果在客观上可否归责于行为，如果行为制造了法所不允许的风险而且实现了构成要件该当的结果，那么行为就具有了归责可能性。

　　传统的刑法学说，在因果关系的判断上，并不严格区分结果原因与结果归责，而客观归责理论认为在结果犯的场合，对于结果原因与结果归责应加以区分，先考察行为人所为的行为与该当结果的发生有无因果关系，如果有，即肯定行为人所为是该当结果发生的原因，再进一步从刑法评价观点，判断行为对于该当结果的发生是否具备客观的归责性。④结果原因的判断，以经验的观点，采用条件说的标准，判断有无经验上的因果关系。结果归责的判断，则以规范保护目的或范围论的观点，采客观归责理论的规则，判断可否将结果的发生归责于行为人的行为。在德国文献中，大部分的学者将客观归责的判断与因果关系的检验并列，并且以因果关系的成立作为客观归责判断的前提。在确定了某一行为是

---

①　参见吴玉梅《德国刑法中的客观归责研究》，中国人民公安大学出版社，2007，第 177 页。

②　参见陈兴良《从归因到归责：客观归责理论研究》，《法学研究》2006 年第 2 期。

③　参见林钰雄《刑法与刑诉之交错适用》，元照出版有限公司，2008，第 13 页。

④　参见黄仲夫《刑法精义》，元照出版有限公司，2010，第 70 页。

造成某一结果的原因后，还要再以规范的观点来检验，是否如此的结果要归责于这一行为。如果答案是否定的，那么即使行为人的行为引起了该当构成要件的结果，行为人也不会对此结果负责。易言之，通说认为因果关系是以经验（或是自然科学）的观点来判断结果原因，客观归责则是以规范的观点来判断结果归责。

在结果归因与结果归责界分的基础上，应当以更为直观的含义来理解因果关系，也就是说应当将因果关系回归到其本来所具有的事实性关联的含义，因果关系所要证明的是事实关系的存在。对于两个不同的事实，如果人们认为有存在因果关系的可能，也就是默认存在这样一个前提：这两个事实是前后发生的，也就是所谓的先行事实和后行事实。因果关系的探索即探讨两个已经实际发生的事实间是否有所联结，也就是先行事实是否就是后行事实的原因，在两个事实被确定为存在的情形下，要认定二者间有因果关系，就必然要借助于某种经验法则。申言之，判断因果关系是否存在，不是就事论事，就具体个案中发生的事实判断前后关系的存在，而是就类型化的先行事实与后行事实之间，根据人类社会生活的经验，能否得出某种叫作"因果关系"的现象的存在。因此，因果关系的判断不是事实真假的判断，而是一种经验法则上的判断。

关于个人行为的结果责任，必须按照其特殊的规范标准来决定，这就是客观归责中的核心内容——结果归责。结果归责是以结果原因的存在为先决条件，进一步检验这一与行为具有因果关系的具体结果，是否要归责于行为的评价。通过结果原因与结果归责的区别，不法的原因也因为价值的介入而从不幸（Unglück）的原因中被分离出来，这个不法的原因才真正是刑法所需要的对于行为的归责判断。随着客观归责理论的发展，关于因果关系的定位已经很明确，即在客观归责体系中结果原因与结果归责之间存在明确的界限。[①] 因果关系理论的功能在于描述可能进入刑法评价视野的行为引起某种结果的因果历程，它所阐述的是一种客观事实的发生过程，在这种描述、阐述的过程中不应加进规范评价的分析论证。对于因果关系的判断只有有或无、是或否的回答。然而在结果归责中，则是对由因果法则所得出的结果原因进行评价判断，这是一

---

① 参见吴玉梅《德国刑法中的客观归责研究》，中国人民公安大学出版社，2007，第134页。

种价值判断的表达。结果原因与结果归责概念的分离，是客观归责理论形成发展的逻辑前提，也是该理论所坚持的一项基本原则。

随着理论的发展，客观归责理论对结果原因与结果归责的界定与界分更加清晰、完备。结果原因这一概念描述的是行为与结果间的因果历程，检讨的是行为与结果间本体论意义上的因果关联，这是一个不需要价值评断的客观事实。关于因果关系存在与否的判断，我们得出的是有或无的结论。根据因果法则得出结果原因的初步判断后，在结果归责中进一步做规范评价判断，这是一种价值论意义上的检验过程。应当指出，结果归责已经超越了因果关系的范畴，它根据刑法的目的期待对结果原因进行价值筛选，决定结果归责于行为的可能性。[①] 结果原因与结果归责的概念区分，是客观归责理论据以发展的重要基本原则，如今客观归责理论逐渐被学界接受，这样的概念区分也成为客观归责理论不同于其他归责学说的特色。

因果关系与客观归责的关系如下所示：

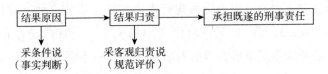

（三）客观归责理论是具有实用性的归责理论

刑法学科带有很强的应用性，如果不是单纯追求思辨的快乐，提出一项理论应当是在符合逻辑性的前提下具备实用性。在客观归责理论的思考方式中，事实与价值是二元界分的，由此结果原因与结果归责是完全不能模糊的两个层次。在客观归责理论的适用过程中，先在事实层面上判断行为与结果之间是否存在因果联系，再结合相关规范规则进行价值层面的判断，这种内在结构是符合法律逻辑的。客观归责理论也因为建立了精致的规则体系而具备了实用性，改善了司法实践中因为缺乏具体规则指导而很难讲理的局面。在区分结果原因与结果归责的基础上，该理论采用合法则的条件理论界定导致结果发生的原因，然后通过检验

---

① 参见李圣杰《风险变更之结果客观归责》，《中原财经法学》2001 年第 7 期。

行为是否制造不被允许的风险、是否实现不被允许的风险、结果是否属于构成要件的效力范围，并利用下属的各种规则和排除法则对结果原因做出限定，最终确定该结果能否算作行为的"杰作"，归责到行为主体上，从而该行为也就具有了客观可归责性。

客观归责理论是符合刑法需求的具有可操作性的归责理论。传统刑法因果关系理论把事实判断与价值判断相混淆，忽视了归因与归责的区别，甚至以归因代替归责，以为完成经验上的因果关系判断就实现了刑法上的规范归责，这是将因果性与归责性相等同，难免越俎代庖，造成理论定位的错误。例如，相当因果关系理论作为一种实质上的归责理论，却陷于因果关系的视野中难以突破，是一种自陷囹圄式的悲剧。① 归责判断是不同于归因判断的，我们要对某一事物做出评价，首先必须有评价的对象及其范围，在评价犯罪行为过程中，我们必须从纷繁复杂的现实世界具有法律意义的各种联系中抽出可以进行不法构成要件评价的对象及其范围，再对这些对象进行价值判断，排除那些虽然具有法律意义但不需要进行归责的情形，最终确定需要归责的情形。

二　从条件理论到客观归责理论的嬗变

虽然客观归责论者不承认客观归责理论旨在解决因果关系的问题，不愿意将客观归责理论置于因果关系理论中，但是考察客观归责理论的发展，一方面该理论的提出来源于因果关系理论，另一方面也随着补充条件理论的各种因果关系理论的发展而不断成熟、完善，它们都在刑法教义学的轨道上"同向且同步发展"。② 可以说，客观归责理论脱胎于因果关系理论，二者都是犯罪论体系中的客观构成要件要素，而且二者相互独立。因果关系以条件说为确定因果关联的规则，客观归责则以相当因果关系说为基础规则，相当因果概念不再是因果关系中的概念，而是客观归责中的概念，客观归责逐渐吸纳原有的因果补充规则，取代原有因果补充规则的功能。客观归责的因果判断是先确

---

① 参见曾滨《客观归责理论探究》，硕士学位论文，中国政法大学，2007，第39页。
② 参见许玉秀《主观与客观之间——主观理论与客观归责》，法律出版社，2008，第240页。

定行为的法所不允许的风险性，这一点必须检验行为的构成要件性，行为符合各个构成要件具体描述的行为态样，即具备法所不容许的风险性。当行为的法所不允许的风险性和构成要件结果之间的因果历程不偏离常轨时，即可以将该构成要件结果归责于行为。根据条件理论确定的因果关系范围，其既包括纳入犯罪构成要件评价视野的因果关系，也包括没有构成要件评价意义的因果关系。只有法所不允许的因果关系才值得进行构成要件该当性检讨，对于法所允许的因果关系，则其没有必要进入构成要件的规范考察范围。因此，即便肯定某种行为与某种结果之间的因果关系，也仍有必要重新审视该行为与该结果是法所允许的还是不允许的。①

（一）条件理论的提出

奥地利学者尤利乌斯·格拉泽在 1858 年提出了条件理论，之后德国刑法学者（亦为帝国法院法官）马克西米里安·冯·布里继续发展了该理论。在格拉泽看来，只要在导致结果发生的因果历程中人的行为扮演重要角色，人的行为作用于中间环节，最终也发生危害结果，就可以判断存在因果关系。格拉泽认为导致结果发生的因素并不必须是人的身体活动，人也不一定是单独引发结果的首要动力。格拉泽提出了他的判断因果关系的公式：如果没有该"始作俑者"，结果不一定不发生，事件流程中中间环节的顺序也不一定发生变化，那么行为与结果都不能追溯到该行为人。反之，倘若没有该"始作俑者"，就不会发生结果，或者结果以其他方式发生，那么可以说正是该行为人的行为招致结果发生，结果归责于该行为。② 为了更清晰地掌握该判断公式，我们可以如此表述：如果没有 a 条件，仍然会发生 b 结果，那么 a 条件并不是 b 结果发生的原因；反之，如果没有 a 条件，就不会发生 b 结果，或者 b 结果会以其他方式发生，那么 a 条件是 b 结果发生的原因。

可见，条件理论最早的模式是：对于一定结果的发生，如果能想象其不存在的，就不是刑法的原因（condicio sine qua non），即造成刑法法

① 参见柯耀程《刑法构成要件解析》，三民书局股份有限公司，2010，第 180 页。
② Vgl. Glaser, Abhandlungen aus dem Österreichischen Strafrecht, Band I, 1858, S. 298.

益侵害结果的原因，是不能想象其不存在的条件。同时因为不能想象对于结果发生不存在的，都是造成侵害结果的原因，因此所有条件都是原因，其在效力上是等价的，据此最初的条件理论也可称为等价理论（Äquivaleztheorie）。① 事实上、经验上因果关系有无的判断，主要是依照条件说的理论来解决，即如果没有这一条件，具体结果就不会发生。这遵循的是一种"没有前者就没有后者"的逻辑思维方式。换言之，已知的行为或者事实，如果都是引起结果的条件，那么在判断的思维方式上，应该认为这些行为或事实与结果之间存在因果关系。然而，根据这种经验判断，对引起结果的各种条件一视同仁的做法，可能会产生在因果关系的认定上过于宽泛的弊端。② 对各种条件等值考察的方式会出现明显不当的现象，例如，在故意杀人案件中，父母生育行凶者，五金店老板卖刀具给凶手，都成了引起刑法上危害结果的条件。条件说把导致结果发生的各个环节中的因素都当成了独立的原因，这种经验实证的思考方式扩大了因果关系的认定范围，以这种学说来判断因果关系是不可行的。③ 目前许多国家刑法因果关系理论所面临的问题是相同的，判断事实之间的因果关系必须依赖于人类所掌握的科学知识，也只有依赖于此，才能为行为的可罚性提供客观依据。在认定行为与结果之间存在因果关系之后，就面临这个结果是否要归责于这个行为的问题。对于这个问题，有的认为仍然属于刑法因果关系的范围，通过刑法因果关系理论本身就可解决，而有的认为不属于刑法因果关系的范围，应通过归责进行解决，因而呈现不同的发展方向。在客观归责论者看来，因果关系理论本身无法解决行为与结果间因果关联的无节制扩张问题，这需要归责理论来解决。在限缩经验因果关系的理论发展历程中，产生了原因说、相当因果关系说、客观归责理论等各种学说，它们都是在条件说的基础上提供限制的标准。

应当指出，因果关系的判定是否有效往往取决于人们实际上对自然

---

① Vgl. Jescheck/Weigend, Strafrecht AT, 5. Aufl., 1996, S. 279, 280；Jakobs, Strafrecht AT, 2. Aufl., 1993, S. 186, 187；Roxin, Strafrecht AT, Band I, 3. Aufl., 1997, S. 294.

② 参见张丽卿《新刑法探索》，元照出版有限公司，2008，第144页。

③ 要克服这种缺陷并不困难。依照德国实务界的见解，根据行为人的有无故意或过失就可认定是否应该负责，因为构成要件的实现，除了论理上的因果外，还要考虑其他归责上的标准。Vgl. Roxin, Strafrecht AT. Band I, 1. Aufl., 1992, S. 221.

因果的经验判断的能力高低，在人类的经验知识不足以清楚判别到底某种因素是否造成或影响结果发生时，如当科学鉴定无法确定孕妇服用某种药物是否导致后来婴儿畸形时，存在与否已经存疑，我们当然也无从有效判断两个事件之间的自然因果律。也许，以无法解决自然因果认定不清的理由来批评条件理论并不公平，因为本来就没有任何一种因果或归责理论可以直接用来解决科学经验的极限问题。①

（二）客观归责理论从因果关系理论中脱胎并发展

对于发生于现实社会中一定的行为事实，如何以刑法规范加以评价，是刑法理论与实务所密切关注的问题。通常刑法规范发挥效用，必须先有行为造成法律所保护的价值利益受到侵害，但客观存在的法益侵害，如何确定为特定行为所造成，进而对于该行为做非价的判断，是刑法评价最基础的认定问题。为解决此种认定问题，在刑法学理上提出因果关系的认定模式，而因果关系认定的实质依据是条件理论，以条件理论来解决刑法上行为与结果间因果关系的问题。条件理论是德国实务的主流见解，德国实务自帝国法院时期即已采用条件理论，但历年来逐渐将各式各样的修正模式并入判断。在客观归责理论提出之前，为了避免无穷无尽的归责，有些学者阐释的条件理论已经结合主观倾向的看法（并以主观预见或预见可能性加以限制），或者融入一些相当的归责判断。刑法整体评价问题，并非仅在于做行为与结果间的判断而已，即便得以确认因果关系的存在，似乎还无法实现规范要做不法判断的目标。② 加上刑法评价模式几经变革，构成要件被做规范性的确认之后，成为不法评价的核心，因此，因果关系的认定仅是构成要件中所存在的一个要素而已，还无法完全判断出行为的法规范非价，于是在 20 世纪 70 年代之后，学界渐渐以客观归责的概念，试图取代传统上对于行为造成法益侵害结果的刑法非难的可罚性判断。

德国刑法学界以及审判实务中主流的观点都是主张以条件说来认定因果关系。条件说将招致结果的条件都看作原因，从而使因果关系的认

---

① 参见林钰雄《刑法与刑诉之交错适用》，元照出版有限公司，2008，第 13 页。
② 参见柯耀程《客观归责》，《月旦法学教室》2004 年第 24 期。

定失于宽泛，无法为刑事责任的追究提供准确的客观依据。其后各种替代或者补充条件理论的学说出现，尝试以各种方式规避条件说的弊端。事实证明，在归因的范畴内条件说的弊端是不能克服的，必须引入规范评价的规则来解决。在学说提出之初，客观归责理论根据条件说确定事实因果关联，试图加入规范评价的规则来限缩这种因果关系，然而随着理论的发展，学者们发现客观归责理论不能涵括于因果关系范畴中，它是因果关系之外的一种理论。关于行为与结果之间的关联，因果关系只是其中一种，刑法视野中更关注的是在规范评价上具有重要意义的风险关联，即结果能否归责于行为。学界关于因果关系理论的研究已经数不胜数，各种学说令人眼花缭乱，但是兼顾逻辑性与实用性的因果关系学说尚未出现，这可能是因为人们赋予因果关系理论太多的功能，既让它进行事实判断，又让它从事价值判断，从而导致了因果关系理论的"不能承受之重"。随着客观归责理论的提出与发展，因果关系上的层层迷雾逐渐散去，因果关系恢复了其真正面目，它承担的是事实判断的任务而不是价值评断，它以自然科学意义上的事实审查的方式确定事物之间的因果关联。[①] 客观归责理论并非泛泛而论，并非停止于思维开拓，它吸纳了各种学说的可取之处，概括归纳出明确、具体的规则体系，从而为结果归责、客观构成要件该当的判断提供了具体的标准。

客观归责理论构造的基础仍然在于条件说，任何条件对结果来说都有因果关系，但不一定可归责。一般认为行为与结果的条件关系是结果归责的必要条件，当然非充分条件。如果两事件之间不存在自然因果链关系，当然就同时否定了结果归责（因属必要条件）。反之，存有自然因果链并不当然就构成结果归责的关系（因非属充分条件）。必须进一步依照规范评价标准来进行结果归责的判断，而标准如何正是所有归责理论要处理的核心问题。

德国学者拉伦茨教授在 1927 年阐述有关客观归责的观点时，认为不能仅关注于行为人是否引起了结果，也要检讨有无意外发生，或者说发生的结果能否客观上归责于行为人的行为，概言之，依据条件理论认定

---

① 参见于改之、吴玉萍《刑法中的客观归责理论》，《法律科学（西北政法学院学报）》2007 年第 3 期。

因果关系只是一个方面，还必须进行客观归责的判断。[①] 拉伦茨的主张被霍尼希引进刑法领域，而后罗克辛继续发扬光大。罗克辛自 20 世纪 70 年代以来即被视为客观归责理论主要的代表人物之一。其主张我们通过案例可以看得很清楚，如甲意欲乙死，便在雷雨天劝说乙到森林散步，乙果真被雷击中而死。对于这个案件，罗克辛认为虽然甲的行为与乙的死亡根据条件说来判断存在因果关系，但这不属于刑法意义上的"致人死亡"，死亡结果不能归责于甲。这是因为，根据统计学以及社会生活经验来考察，劝人雨天散步被雷击死的概率非常低，这种行为并未产生有法律意义的致人死亡风险，即行为人没有创设法律所不允许的风险，故意杀人的客观构成要件并不具备。

在因果关系理论发展进程中，重要性理论占有一席之地，它的主要代表人物麦兹格（Mezger）属于早期的客观归责论者之一。该理论的一个非常重要的观点是：不但考察因果关系，而且考察因果历程中的行为，只有构成要件合致的行为，才可能是发生结果的原因。将构成要件引入因果历程的判断成为该理论的一个亮点。在如今的客观归责理论具体规则中，一些重要的范畴如法所不允许的风险、保护目的关系等，都受到重要性理论强调构成要件意义的影响。[②] 重要性理论与相当理论（Adäquanztheorie）均判断结果原因在法律上是否具有可归责的性质，即结果归责。所以相当理论与重要性理论，虽然名义上属于因果关系理论，但实际上应属于归责理论。然而，由于相当理论及重要性理论的判断标准不够细致，无法有效解决结果归责的问题，所以德国学说吸收相当理论与重要性理论的观点，并注入由刑法规范本质所导出的客观可归责性概念，而形成客观归责理论，借以精确地解决结果的归责问题。

承继重要性理论区别结果原因与结果归责的思想，客观归责理论是以条件理论对因果关系的判断为前提，并在吸收了相当理论的判断标准后，发展出许多判断结果归责的标准。客观归责理论认为是否可以归责，必须从规范上来考虑，其是从条件说发展出来对因果关系加以限制的学说。德国现今的通说将相当理论与重要性理论归类于归责理论，且认为

---

① Vgl. Larenz, Hegels Zurechnungslehre und der Begriff der Objektiven Zurechnung, 1927, S. 62.

② 参见许玉秀《主观与客观之间——主观理论与客观归责》，法律出版社，2008，第 240 页。

因果关系是以经验的观点来判断结果原因，客观可归责则是以规范的观点来判断结果归责。① 刑法教科书所列出的判断客观归责的种种具体规则，如降低风险、升高风险、假设的因果流程、法所不允许的风险等，它们所解决的问题也都能包括过去因果关系理论的补充规则所能解决与不能解决的问题。因果关系理论的补充规则并没有真正解决归责问题，它们只是基于一些案件将其中的因果特征予以描述，客观归责理论则重新整合了以往的学说方法，形成判断的细致规则，完成了条件说及其他学说无法承担的功能与使命。

在理论发展的早期，很多学者认为客观归责理论是对因果关系理论的补充，并没有将其定位为因果关系理论之外的另一种客观构成要件要素。学界还是立足于限制因果关系的立场来理解客观归责。甚至有学者在犯罪论体系中认为，行为人的行为是否具有客观可归责性，这样的判断应该被架构在因果关系的概念之下，从而赋予因果关系价值判断的功能，并视其为包括结果归责的上位概念，称之为功能性的因果关联。然而随着客观归责理论的发展，其成为独立的客观构成要件要素，如今客观归责理论已经在德国刑法的通说中，成为评价结果犯的客观构成要件之必要要素，就此而引起了关于因果关系判断与客观归责架构的反思。②

因果与归责的综合判断，虽然也承袭条件理论的全部条件等价的观念，然而因为结果归因与结果归责的区分，所以对于条件理论原来所持有的等价观念，在因果与归责的综合判断中，也应做相应的修正，即因果等价性并非表示法的等价性。造成结果的各个条件在因果关系的链条上是等价的或者是同值的，各个条件对于造成结果的作用力（或原因力）是相等的，可是这种结果原因的等价观并不及于结果归责。因此，一个条件在结果原因领域中，虽然与另一个条件等价，但可能具有不同的客观归责。

三 相当因果关系理论是一种不称职的归责理论

客观归责理论与因果关系理论有着"天然的血缘关系"，与相当因

---

① 参见张丽卿《刑法总则理论与运用》，五南图书出版股份有限公司，2007，第134页。
② 参见李圣杰《因果关系的判断在刑法中的思考》，《中原财经法学》2002年第8期。

果关系理论类似，客观归责理论也是为了弥补条件理论判断因果关系范围可能过宽的缺陷，作为一种限制性的理论体系而提出来的。考察从归因到归责的学说史，可以说客观归责理论是在相当因果关系理论基础上逐步形成的。因此客观归责理论与相当因果关系理论有着密切的关系。

（一）相当因果关系理论中"相当性"难以判断

相当因果关系论者主张，刑法学理上的因果关系虽然是合乎逻辑的因果关系，但并不是符合逻辑的因果关系均是刑法上的因果关系，只有基于社会经验法则判断存在"相当性"的因果关系才是刑法上的因果关系。依据一般社会生活经验，在通常情况下，只有在某种行为导致某种结果被认为是相当的场合，才认为行为与结果之间具有刑法上的因果关系。所谓"相当"是指该行为产生该结果在日常生活中是正常的、一般的，而不是异常的、特殊的。张明楷教授认为，相当因果关系说具有两个特点。一是排除条件说中不相当的情况，从而限定刑法上因果关系的范围，因为相当因果关系的认定，是在行为与结果之间具有条件关联的前提下，以相当性来加以限制。二是以行为时一般人的认知水平为标准来判断行为与结果之间是否具有相当性。[①] 面对我国刑法因果关系理论研究的滞后局面，我国有学者主张学习借鉴大陆法系或者英美法系国家的因果关系理论。根据我国犯罪构成理论的特征与司法实际，许多学者认为我们可以采纳英美法系通行的双层次因果关系理论，即事实上的因果关系与法律上的因果关系，其中法律上的因果关系类似于大陆法系的相当因果关系理论。德日刑法中有很大影响力的相当因果关系理论所要解决的是引起构成要件结果的条件中哪一个或哪几个是值得以刑法规范予以评价的问题，这在刑法上是有重要意义的，而且可以将该结果归属于行为。如此看来，相当因果关系理论已经超越了传统的因果关系理论，实际上成为一种归责理论。[②]

相当因果关系理论的相当性是以"人类的社会经验智识"作为判断依据的，这种社会经验法则的标准存在模糊性、抽象性，不利于有

---

① 参见张明楷《刑法学》，法律出版社，2011，第 176 页。
② 参见于改之、吴玉萍《刑法中的客观归责理论》，《法律科学（西北政法学院学报）》2007 年第 3 期。

效掌握和运用。相当因果说以"相当性"来限缩因果关系的认定范围，根据"相当性"判断标准的不同，存在三种学说，即主观说、客观说、折中说。主观说以行为人行为当时认识的情况以及可能认识的情况为基础。客观说主张所谓客观的事后预测（objektive nachträgliche Prognose），该说站在审判者的立场上，认为对行为当时存在的一切情况以及行为后产生的情况都必须加以考虑，只要它们对一般人来说是可能预见的。折中说以行为时一般人能够认识的情况以及行为人特别认识的情况作为判断的基础。[1] 但上述三种学说都受到一般人或者行为人主观认识的影响，判断标准并不统一，存在抽象模糊之处，对司法实践的影响有限。

（二）相当因果关系理论仅是对条件理论的补充

我国传统刑法理论所研究的因果关系解决的是危害行为与危害结果的关联性问题，这是一种事实因果关系。传统理论将哲学因果律套用到刑法上的因果关系中，造成了因果关系认定的困难。为了摆脱理论与实践的混乱局面，我国因果关系理论应明确因果关系的事实属性，正式借鉴大陆法系的条件理论，尽快使因果关系回归到本体论的意义上。本体论上的因果关系是经验实证意义上的，是把前因与后果当作一种自然界的关联现象来观察，这是认识论的问题，是价值中立的认识。正如德国学者所主张的，在自然科学领域所存在的因果关系概念可以应用到刑法中来，条件的总和是引起结果的原因，所有条件都具备时结果才会发生，因此所有条件都是同等重要的，都是导致结果发生的必不可少的因素。[2] 条件理论也告诉我们，因果关系所承担的功能是有限的，因果关系解决的是结果由哪种行为所引起的问题，至于该结果是否可以归责于行为却是归责理论所承担的工作。

相当因果关系说根据条件说认定导致结果发生的各种条件，然后基于社会一般人的智识水平，筛选出对于结果发生具有相当性的条件，其便是原因，从而排除了仅仅存在逻辑关系但没有评价意义的条件。主张因果关系的判断应采用相当性的学者基本上认为，行为与结果之间是否

---

[1] 参见〔日〕大塚仁《刑法概说（总论）》，冯军译，中国人民大学出版社，2003，第163页。

[2] 参见吴玉梅《德国刑法中的客观归责研究》，中国人民公安大学出版社，2007，第132页。

存在因果关系，必须依社会的经验认知进行具体判断，如果能认定行为
在通常情况下均足以造成该结果，那么就可以肯定行为与结果之间存在
有相当因果关系。仔细观察对于相当因果关系的运用可以发现，在判断
因果关系时，所谓相当因果关系理论严格来说不过是因果关系理论中条
件理论的补充，是以条件理论为先决判断而加入的价值分析，如果没有
条件理论作为判断的依据，则无论是哪一种相当因果关系学说都将面临
没有判断客体的窘境。① 相当性判断中涉及对主体选择性的价值判断，
而既然将因果关系的判断定位为价值中立的经验判断，那么应该以条件
理论作为因果关系的判断标准。

　　早期的客观归责论者，就曾经指出相当因果关系理论不是因果关系
理论，而是一种归责理论。既然承认因果关系的客观性，就应该承认因
果关系的事实判断性质。判断在刑法上具有重要意义的因果关系，实际
上是要确定行为是否要对结果负责，因而是归责的问题。由此而言，关
于刑法因果关系理论的最佳发展途径就是区分因果关系与规范归责，把
刑法因果关系理论的发展重点放在不断完善基于科学知识的判断规则上，
目前条件理论的许多修正补充规则，把在刑法上具有重要意义的因果关
系放在归责的范围内解决。可以认为，相当因果关系理论虽然是对条件
说的一种修正、补充，但它并不是一种具有可操作性、实用的归责解决
方案。

（三）客观归责理论比相当因果关系理论更能胜任归责的任务

　　早在 20 世纪初，德国的崔格（Traeger）就主张不能将导致结果发生
的各种条件同等看待，选择条件时应当以在认识论上具有重要性为标准，
易言之，只有和结果之间存在重要关系的条件才是结果发生的原因。崔
格区分了引起结果的各种条件的重要程度，予以差异化的审视，② 这里
面已经出现"相当性"的影子。在讨论不作为的因果关系时，他也运用
了这一思想。到了 20 世纪 20 年代初，德国学者萨奥（Sauer）主张相当
理论所解决的问题，涉及规范论、目的论，不再是因果关系范畴所能涵

---

① 参见李圣杰《因果关系的判断在刑法中的思考》，《中原财经法学》2002 年第 8 期。
② Vgl. Traeger, Der Kausalbegriff im Straf-und Zivilrecht，1904，S. 38f.，72f.，116，159；
　　Traeger, Das Problem der Unterlassungsdelikte im Straf-und Zivilrecht，1913，S. 20f.

盖的。① 德国霍尼希教授认为，上述二位学者的观点打破了以往将因果关系与归责混为一谈的局面，他们将因果关系与归责区分开来，促进了刑法理论的发展。在霍尼希看来，相当因果关系说在认定相当性时以经验法则为根据，这是一种解释论的观点，是将规范评价的因素引入因果关系的认定，从而不同于存在论意义上的因果关系。崔格的观点可以认为是对相当因果关系理论的一种补充说明，萨奥的观点可以归结为一种规范的因果概念，这两种主张与霍尼希所谓的归责判断这种独立的问题范畴，其实还没有绝对的、明显的关系。②

在理论形成的早期，客观归责论者均赞成相当因果关系理论，引入了构成要件不法的概念，认为具有相当性的原因才是引起结果的原因，才是具有构成要件不法的原因。客观归责论者为了防止陷入因果关系的范畴不能自拔，以行为的客观法规范违反性（Merkmale der objektiven Rechtsnormwidrigkeit）诠释相当理论中作为确定因果关系标准的相当性。有学者赞成上述观点，以法所不允许的风险来解读相当理论的相当性，行为人制造了法所不允许的风险就成了禁止规范的规制对象，实现了该风险而造成了结果，那么结果就会归责于行为。③ 于是，客观归责理论吸收相当因果关系理论的相当性标准作为一种客观归责的要素。

既然因果关系是在客观层面探讨，且它是一个不成文的客观构成要件要素，则和其他构成要件要素的判定一样，只是在于判定因果关系的有或无。如此一来，相当因果关系说虽然认为某行为与结果有因果关系，却因为不相当，而反过来否定已具有因果关系的那个行为不再对结果具有因果关系，这在逻辑思维上是自相矛盾的。易言之，判定因果关系只能采取单一的标准，而不能在采取该标准后，又另外添加一个相当的额外标准。为了解决因果关系认定过于宽泛的问题，同时不否定因果关系纯属事实上关联的性质，就另外设立一个新的构成要件要素，这就是归责性的要素。由于它在客观层面，所以将这些新增的负责性的要素称为客观归责性。④ 简言之，为了限缩因果关系，并不是重新再认定因果关

---

① Vgl. Sauer, Grundlagen des Strafrechts, 1921, S. 443.
② 参见许玉秀《主观与客观之间——主观理论与客观归责》，法律出版社，2008，第178页。
③ Vgl. Jescheck, Lehrbuch des Strafrechts AT, 4. Aufl., 1988, §28 Ⅲ 2.
④ 参见陈志龙《客观归责性》，《万国法律》1999年第104期。

系诸条件中何者为相当因果关系，而是新增加另外一个归责性的要素。那么在客观构成要件中关于行为与结果的关系则有两个要素，即因果性与归责性。

尽管德国学界在部分细节上还存在一些争议，但刑法教科书或是注释书已经相当普遍地采纳了客观归责的概念。就连处于反对立场的学者赫希对此也无异议。① 目前国内大部分的教科书未接受客观归责的概念，这一现象或许和国内多数学者在判断因果关系时选择站在条件理论或者相当理论的立场有关。德国学界通说与实务至今在判断因果关系时，仍采取条件理论，而认为因果关系应被理解为自然法则上的关联（naturge-setzlicher Zusammenhanghang）。至于相当理论，德国学者大多已将其理解为归责理论（Zurechnungslehre）而非因果理论，所以其被放在归责判断部分讨论。② 易言之，他们认为相当理论并不是在判断某一情状是不是结果的原因，而是在判断什么样的原因在法律上具有意义，并且可以归责于行为，所以相当理论不是因果理论而是一种归责理论。

在日本刑法学界，相当因果关系说在第二次世界大战前就属于通说。不过，随着 20 世纪 80 年代后期实务案例的增多，日本学术界认识到理论发展的危机。虽然日本许多学者认为不需要采用德国客观归责理论，但是山中敬一教授认为：实务判例在实质上已经采取类似客观归责理论的观点，而学说上不仅出现在相当因果关系理论中加入客观归责理论的"旧瓶装新酒式"的见解，而且实质上已经在向客观归责理论求援。③ 日本学者曾根威彦指出：相当因果关系理论，虽然具有预见可能性、相当性的评价性质，却依然维持着事实的、存在论的性质。相反地，客观归责理论考察是否违反行为规范而创设了不被允许的风险，而且以规范保护目的等规则判断风险是否实现，这与相当因果关系理论关注于行为与结果间的因果关系是根本不同的，它已超越事实存在的范畴而具备价值评价的规范性质。在某种意义上，客观归责理论的具体判断规则已不限

① Vgl. Hirsch, Die Entwicklung der Strafrechtsdogmatik nach Welzel. Festschrift der Rechtswissen schaftlichen Fakultät zur 600 - Jahr-Feier der Universität zu Köln, 1988, S. 399ff. , 404.

② 参见蔡圣伟《客观归责性与故意——不能未遂之再研究》，《刑事法杂志》1995 年第 3 期。

③ 参见〔日〕山中敬一《日本刑法学之相当因果关系危机与客观归责理论的抬头》，《罪与刑——林山田教授六十岁生日祝贺论文集》，五南图书出版股份有限公司，1998，第 57 页。

于实行行为、相当因果关系等构成要件合致的判断，也涉及过失犯论、违法性论等领域。①

20 世纪 90 年代后，针对日本最高法院无法用相当因果关系理论合理说明的判例，学界开始将客观归责理论的规则纳入相当因果关系理论。山中敬一教授认为，这是相当因果关系理论走向衰落的表现。山中敬一教授重新审视日本实务界的观点，发现相当因果关系理论在战前只有下级审法院采用，虽然战后下级审法院不仅有许多采用相当因果关系理论措辞的判决，也有不少明确采用相当因果关系理论的判决，但是最高法院的判例仍然是以条件说为主。山中敬一教授认为，在日本判例的理解上，如果尝试将判例所使用的因果关系或法律上因果关系的概念转换为客观归责的概念，就会解决 20 世纪 80 年代后期所出现的难题。所以，在即使不能认为判例是自觉地采客观归责理论，至少可以认为是与客观归责理论非常近似的思考方法的结论下，山中敬一教授整理客观归责理论在德国的发展与日本学说继受的情形，由因果关系的条件理论与风险制造、风险实现三部分组成客观归责理论的内容，开始建构一个预期使判例的合理控制成为可能的理论架构。②

相当因果关系理论认为行为与结果之间必须有相当程度的可能性，只有这样，才能认为有因果关系，这个相当程度的可能性也就是行为和结果之间的"适当关系"，这个"适当关系"就是依经验上的通常性足以导致结果发生的意思。对于这种经验上的通常性的判断，具体而言，在什么样的场合是通常的以及在具体事例中如何进行具体判断是非常必要的。如果忽视了规范对因果关系的影响，势必会重蹈条件说或机械的因果关系的覆辙，仍然不能弥补条件说的弊端，也难以解决刑法理论上的难题。③ 表面上看，相当因果关系理论只是在事实性评价上限制条件说，但是它依据社会经验法则来判断，这不再是一种纯粹形式上的、客观性的判断标准，而是将事实关联以及社会的、心理的、规范的因素都

---

① 参见陈子平《刑法总论》，元照出版有限公司，2008，第 172 页。

② 参见〔日〕山中敬一《日本刑法学之相当因果关系危机与客观归责理论的抬头》，《罪与刑——林山田教授六十岁生日祝贺论文集》，五南图书出版股份有限公司，1998，第 58 页。

③ 参见张亚军《刑法中的客观归属论》，中国人民公安大学出版社，2008，第 162 页。

引入了因果关系范畴。① 与之不同的是，客观归责理论明确主张法律规则的规范评价，更加重要的是明确区分事实判断与价值评价，将归责评价作为一个单独的逻辑层次进行分析，并且以规范保护目的进行整体衡量，以风险的法定允许程度作为具体尺度，较之相当因果关系说，其把握问题的方法更加具体、明确。

　　为了使理论分工更加明确，我们认为，应当将刑法上的因果关系限于事实因果关系的范畴。我国传统因果关系理论研究注重的是行为与结果之间的客观联系，这便是一种事实因果关系。但是遗憾的是，传统理论将带有强烈哲学色彩的偶然、必然概念以及因果律直接搬入刑法研究，导致理论研究上毫无意义的纷争，也给司法实务带来诸多混乱。为此，我们有必要借鉴德日等大陆法系国家的条件说，以条件说作为因果关系判断的基本标准。对于因果关系的如此定位使得一直在因果关系的判断标准上争执不休的条件说与相当因果关系说相分离，因为条件性关联与相当性关联在客观归责体系中各自有着不同的功能。相当因果关系说不能很好地承担归责的功能，对于异常的、特殊的因果流程它还可以容易地排除归责，但是在风险降低等情形下，它的判断标准就失灵了，难以准确进行判断。比较而言，客观归责理论不仅有着详细的判断规则，而且在逻辑方法上明确划分事实审查与规范审查，可以很好地承担起归责的任务。

　　客观归责理论通过实际发生的案件或者假设的教学案例提炼出判断的具体规则，而且主要是反面的排除规则。客观归责理论以递进式的逻辑层次来构造判断体系，归责的判断过程是动态的，不同于相当因果关系说相对静态、一次性完成的判断模式。客观归责理论的基础概念是禁止的危险，围绕禁止的危险建立了归责的实体规则，这比相当因果关系说以抽象的社会经验法则为标准要明确得多，更具可操作性。比如降低风险、可允许的风险、升高风险、规范保护目的、第三人负责范围等规则，都为处理不同案件中的归责问题提供了具体标准，这就在很大程度上克服了相当因果关系说判断标准不一、笼统模糊的弊端。理论界关于相当因果关系说的批评观点众多，其中最重要的莫过于作为判断标准的

---

① 参见〔日〕山中敬一《我国的客观归属论的展望》，《现代刑事法》1999 年第 4 期。

核心概念"相当性"可能会突破罪刑法定原则导致出入人罪。客观归责理论规避了这一危险，它以条件说确定的因果关联为前提，通过详细规则的规范评价来检验结果可否归责于行为，这不仅符合罪刑法定原则，而且在犯罪论体系中明确了因果关系判断、归责判断的功能定位。

　　相当因果关系理论作为归责理论是不充分的，因为它的作用范围主要局限在排除不寻常的因果过程中的归责。换言之，相当因果关系理论虽然可以剔除不相当的因果流程，但是无法剔除相当的因果流程，相当理论更无法解决那些处于行为人影响范围之外的完全相当的、遥远的因果关系的案例。因为在描述禁止规范时，不可能将次要的风险考虑进去，所以这种本身完全相当的因果流程对于刑法上的归责而言是不重要的。①也就是说，虽然相当理论的出发点是好的，但在一些案件中它根本无法发挥作用。如果禁止规范对于阻止结果的发生而言不是有用的工具，那么基于侵害禁止规范而启动刑法对结果加以处罚也就没有什么意义。因此，对刑法的结果归责而言，相当因果关系理论只是一个必要条件，而不是充分条件，客观归责理论具有存在价值，不是如一些学者所认为的"是多余的"。正如日本刑法学者山中敬一教授所说，新的客观归责理论对于只是不完全的、某种程度萌芽的前形态的旧的相当说而言，是彻底的进步。并且这个新的客观归责理论，不只是局限于处理异常的因果经过，它提供多数的阻却归责或归责的基准。这些基准是全部传统理论工具无法达成的，这些基准是对客观构成要件的适当的限定。②

　　相对于相当因果关系理论以相当性为判断标准，客观归责理论以不被允许的风险作为判断归责的基础，形成了制造不被允许的风险、实现不被允许的风险、构成要件的效力范围三大基本规则，为结果归属于行为的归责过程提供了实体规则体系，这具有明确性、可操作性。客观归责理论不仅明确法律的规范评价，而且将其作为一个逻辑层次进行分析，并且以规范保护目的进行整体衡量，以风险的法定允许程度作为具体尺度，较之相当因果关系说，其解决问题的方法更加具体、明确。客观归责理论的判断规则之间是存在先后逻辑顺序的，先判断是否制造风险，

---

① 参见〔德〕许迺曼《关于客观归责》，陈志辉译，《刑事法杂志》1998 年第 6 期。
② 参见〔日〕山中敬一《刑法中的客观归属理论》，成文堂，1997，第 200 页。

再看是否实现风险，最后考察构成要件的效力范围。客观归责理论使得相当因果关系理论最为人所诟病而且违背罪刑法定主义精神的"相当性"标准的空洞性弊端，不再出现于对因果关系的探讨中。客观归责学说从事实联系上的因果关系出发，归结于刑法规范上的评价，因此客观归责学说的体系，不仅符合罪刑法定的思想，也使得因果关系的判断有恰如其分的定位。

虽然学界关于客观归责理论与条件理论、相当因果关系理论之间的关系有着不同的主张，但基本可以承认的是，客观归责理论是以条件理论所确定的引起结果的各种条件为判断的基础，然后结合三大风险规则及其下属的各种具体衍生规则进行规范的价值评价，来考察能否将现实发生的结果归责到行为上。学者们大多承认，条件理论所确定的事实基础是客观归责理论发挥作用的前提。客观归责理论在发展过程中也逐渐发现，相当因果关系理论已经超脱了因果关系理论的单纯事实属性，也在承担证明客观可归责性的任务。[1] 由此我们可以断定，条件理论是真正的因果关系理论，而相当因果关系理论、客观归责理论都是实质上、价值评价意义上的归责理论。[2]

---

[1] 参见郑永平《论客观归责理论的体系定位》，硕士学位论文，河北经贸大学，2011，第19页。

[2] 参见周光权《客观归责理论的方法论意义——兼与刘艳红教授商榷》，《中外法学》2012年第2期。

第五章 客观归责在犯罪论体系中的定位与功能

一 客观归责与犯罪论体系

（一）客观归责在犯罪论体系中的定位

对于客观归责在犯罪论体系中如何定位，学界有不同看法。第一种看法是，客观归责是因果关系判断的下位规则。客观归责理论的见解是在吸收相当因果关系理论的同时以客观可归责的标准限制条件理论的过度扩张所继续发展形成的，所以是因果关系理论的一环。第二种看法是，客观归责是构成要件，而且是客观构成要件的问题，它是没有明文规定的客观构成要件要素，是因果关系之外的另一个没有明文规定的构成要件要素，并且是限制可罚性的构成要件要素。① 客观归责是与因果关系并列的客观构成要件要素。简言之，客观归责性是成立犯罪行为的不法要素，如果欠缺客观归责性，则即使行为人主观上有故意，也不可能有故意犯既遂的成立。

客观归责的探讨，是以结果犯为对象，并在犯罪论体系的客观构成要件的检验中，对于犯罪行为给予价值评价，考察其对于构成要件结果发生是否具有客观归责要素。自罗克辛在 1970 年创立客观归责理论以后，经过几十年来不断的讨论，客观归责已经在德国刑法通说中成为评价结果犯的客观构成要件的必要要素。② 在这样的犯罪论体系下，客观归责概念被理解为一个以因果关系存在为前提，而又独立于因果关系判断，评价行为人所造成的结果是否可以被当成行为人的行为杰作（Werk

---

① 参见陈培峰编著《刑法体系精义——犯罪论》，康德文化出版社，1998，第 259 页。
② Vgl. Jescheck, in: LK, 11. Aufl., Vor. §13, Rn. 53; Lenckner, in: Schönke/Schröder, 25. Aufl., Vor. §§13ff.; Wessels/Beulke, Strafrecht, Allgemeiner Teil, 30. Aufl., Rn. 154.

der Handlung)，① 并加以归责的客观构成要件要素。我们认为，从客观
归责的角度，就条件论所确定的条件关系检验出具有可归责性的条件，
从而客观归责就变成有独立内涵的独立构成要件判断标准，而不是确定
行为与结果间的因果关系的标准。这就是客观归责在犯罪论体系中的定位。

理论的发展是延绵不断的，作为 20 世纪后半叶以来，特别是过去几
十年来，刑法理论上研究热点的客观归责理论，还在快步发展中。客观
归责理论在局部的发展中，已跳脱出因果关系理论的范围，如德国学者弗
里施所说的，成为超级领域（Superkategorie）。根据雅科布斯的看法，客观
归责理论要检验的，不只是因果关系，还有违法要素、行为主体等。②

（二）客观归责理论增强了客观构成要件的重要性

德国自 19 世纪末以来，古典学派与新古典学派争论不休，有学者称
之为客观主义与主观主义的论战。客观主义重视犯罪行为客观上造成的
实害结果，而主观主义注重行为人内心的目的动机。实际上两派的基本
理论并非水火不容，一般都能接受，判断犯罪除了要考量侵害法益的客
观性，也要顾及行为人的内心认识。罗克辛被归类为客观主义学派，因
为其着眼于犯罪的行为类型，认为在构成要件上，评价出客观的犯罪行
为才是重心所在。韦尔策尔与阿明·考夫曼等目的行为论的支持者，则
着重于目的论的方法，强调实质的解释，也就是坚持行为的目的性，所
以构成要件的该当与否，应在归责于主观构成要件后才能确认。③ 古典
犯罪论认为，只要出现构成要件结果，构成要件即该当。直到新古典犯
罪论才将构成要件区分为主观构成要件要素与客观构成要件要素，这时
期仍沿用因果概念的客观构成要件，但把目的性当成主要的体系形成原
则。因此，新古典犯罪论认为有意识地操纵因果流程趋向死亡结果就是
杀人行为。直到现在，在构成要件中，犯罪评价的重心在于主观的构成
要件。但客观归责理论首先关注客观构成要件是否已经该当，即客观的
实害或危险结果如果能归责，接着再检验主观构成要件是否实现。一般
先检验客观构成要件，再检验主观构成要件，只有面对未遂犯才例外地

① 参见李圣杰《风险变更之结果客观归责》，《中原财经法学》2001 年第 7 期。
② 参见许玉秀《主观与客观之间——主观理论与客观归责》，法律出版社，2008，第 242 页。
③ 参见陈膺方《刑法上客观归责理论之目的与适用疑义》，《刑事科学》1997 年第 43 期。

先检验行为人的故意是什么。[①]

客观归责理论结合了因果关系与构成要件该当的认定。因果关系与构成要件的整合方式是，客观归责理论借由风险概念来说明行为与结果间的因果关系，同时检视客观构成要件是否该当。可以以广义的风险关联（Risikozusammenhang im weitesten Sinne）对客观归责做一个概括性的概念表达，因为整个客观归责理论的基础，就是在评价行为人的行为及其所造成构成要件结果的风险的质与量对法益的破坏。其理论内部的结构关系是二段式的论述方式。[②] 首先，先做行为的判断，考察行为是否具有不法构成要件的意义。构成要件所要规范的是不法行为，行为及其所生侵害事实，要能落入构成要件之中，必须先创设一个风险。其次，要检视的是，该行为是否引发出一定的结果，而造成法律所保护的法益受到侵害，即行为制造一个风险，而该行为的实行是风险存在的根源，行为的实现造成一定法所不允许的侵害关系，也就是行为实现所创设的风险。当上述两个条件都成立时，客观构成要件即可判断为该当。

总之，客观归责理论对构成要件论的最大影响在于，将判断重心由主观构成要件转移到客观构成要件，赋予客观构成要件前所未有的重要性。相对于主观倾向浓厚的目的行为论或目的构成要件论而言，客观归责理论削弱了主观构成要件在犯罪构成该当性判断中的重要性。

（三）客观归责：从三阶评价到二阶评价

刑法对于行为事实的评价，自20世纪初由贝林（Beling）确认三阶评价模式之后，从古典犯罪论到新古典犯罪论的修正，再到目的犯罪论的提出，都是维持既有三阶评价模式的架构。但因其具体评价标准的内涵已经发生质变，渐渐出现二阶评价模式的观点。即评价阶层关系由三阶评价模式——构成要件该当性、违法性、罪责，演进到二阶评价模式——构成要件不法、罪责。[③] 二阶评价模式的发展应是必然的趋势，犯罪构成要件是刑法评价犯罪的规范，一方面必须具备规范的属性，另

---

① 参见〔德〕克劳斯·罗克辛《客观归责理论》，许玉秀译，《政大法学评论》1994年第50期。
② 参见柯耀程《通识刑法——基础入门十六讲》，元照出版有限公司，2007，第130页。
③ 参见柯耀程《刑法概论》，元照出版有限公司，2007，第99页。

一方面构成要件的内容本就应含有行为的全面性要件，包括主观与客观要件、积极与消极要件。同时构成要件也必须在其该当的判断上发挥完整的不法判断的作用，这样一来，所谓违法性的内容就会是空洞的，三阶也就会成为二阶的判断模式。

也有学者有不同观点，认为：研究犯罪阶层理论，设计合理而有效的犯罪阶层构造，为的是运用这套结构体系有效地处理犯罪的各种要素，如果这些要素依其体系定位能有效发挥作用，便能有效地处理定罪、除罪、制裁和矫治的工作。二阶层论不过是不能容忍区分构成要件阶层与违法性阶层的繁杂与困扰，以二合一的方式，避开不能妥适分类所造成的适用难题，也是只求技术上的一时便利，正如罗克辛所说的"实在不值得喝彩"（Das verdientkeinen Befall）。①

因为构成要件在评价体系中的地位经过具体属性与内容的补充而显得日益重要，为了能够对构成要件该当的判断予以详细阐释，渐渐将评价重心从犯罪判断的整体性关系转到判断构成要件何时得以被视为该当的问题上，以归责理论作为解读事实行为该当构成要件判断的方法。在二阶评价模式下，构成要件的判断具有不法判断的本质内涵，而如何认定构成要件所规范的要素是否完全成立、客观要素是否完全被实现，传统三阶的判断方式已经无法做到，于是提出客观归责理论并着手尝试。在客观归责理论的判断方式中，虽然其只将构成要件的客观面要件的实现作为检视的对象，然而客观构成要件实现的判断，并非完全客观、无评价色彩的，而是必须做全面性的观察，才得以确认客观构成要件是否该当。② 所以在客观归责理论的运用上，应借由风险概念来说明客观构成要件是否该当。

客观归责理论并不能称为刑法的基本原则，其只是一种判断构成要件该当与否的方法而已。之所以称为归责，是因为以构成要件作为诠释的依据，也就是归责于构成要件。构成要件既然成为不法判断的依据，那么所有行为归责，都需要以构成要件作为判断的中心。在二阶评价模式下，对于行为不法的判断落入构成要件之中，行为如果具有不法构成

---

① 参见许玉秀《主观与客观之间——主观理论与客观归责》，法律出版社，2008，第208页。
② 参见柯耀程《刑法构成要件解析》，三民书局股份有限公司，2010，第89页。

要件的合致，即可判断为不法行为。在客观归责理论中，是以构成要件作为评价的基准，将行为的判断分成两部分：判断行为是否制造法规范所不允许的风险；判断行为是否进而实现其所制造的风险。

（四）客观归责理论是实质的构成要件理论

客观归责理论试图以法秩序的目的确定构成要件行为的范围，寻找构成要件行为的实质的判断依据。罗克辛所提出来的规范保护目的、被允许的风险、构成要件的效力范围等原则，都是尝试将法秩序的要求具体化。而它们本身都是实质的标准，所以客观归责理论和实质违法性理论同属于 20 世纪以来刑法学思潮乃至法学思潮实质化运动的组成部分。[①]实质违法性理论在 20 世纪 50 年代以前即已崛起，客观归责理论是"后起之秀"，到了 20 世纪下半叶成为刑法学研究的热点。而犯罪论体系中构成要件阶层与违法性阶层目前的混乱状态，即两阶层要素互相跨越、学说见解迥异的情形，与违法性及构成要件实质化的发展有相当的关系。实质化是一种还原、放大的程序，原来法定化所造成的差异，因为还原到共同的法秩序中而消失。

二　客观归责理论的功能

（一）概述

客观归责理论在犯罪论体系中的功能，除了提供刑法规范的价值判断之外，还是阻却不法或阻却构成要件该当的要素。[②] 客观归责理论是在刑法因果理论之外提供一个评价标准，来认定行为与所造成的构成要件结果间的结果归责。如果行为人所造成的构成要件结果，欠缺客观归责的要素，则虽然行为与结果间具有刑法上的因果关联，该行为却因阻却构成要件事由的存在，而不具有构成要件该当性。

（二）客观归责理论限定客观构成要件的成立

罗克辛所创立的客观归责理论，有一个远大的目标，即行为对法益受

---

① 参见许玉秀《主观与客观之间——主观理论与客观归责》，法律出版社，2008，第 208 页。
② 参见李圣杰《风险变更之结果客观归责》，《中原财经法学》2001 年第 7 期。

害结果具有法律上重要的风险解释人的意志支配可能性（Beherrschbarkeit durch den menschlichen Willen）。自目的行为论改变了构成要件的阶层构造之后，学界普遍认为，人的意志支配可能性决定行为的取向，同时决定行为不法的取向，易言之，只有人的意志所能支配的才可能是不法。罗克辛则有不同观点，其将人的意志支配可能性，以客观上是否可能侵害法益加以解释，客观上对法益受害有法律上重要性的，才可能是人的意志能支配的，从而赋予客观不法相对于主观不法更重要的地位。①

认定犯罪的过程，是先看到有人被杀、伤害或损失财物的结果，再进一步去判断何人要对这些结果负责。客观归责理论描述出各个犯罪的客观不法类型，即以一普遍有效的判断准则，判断何种引起死亡结果、伤害结果或毁损结果的行为是杀人行为、伤害行为或毁损行为，据此合理地限制刑罚的范围。也就是说，在客观构成要件中是要确认，要将行为人的何种行为归责为杀人、伤害或毁损结果。一定的行为事实，必须先经过法律规范做否定评价之后，才得以进一步检讨行为人责任的问题，而决定规范否定评价基础的，在于不法阶段，反映不法内涵的基础，则在于构成要件。因此归责问题主要在于行为事实不法判断的问题，也就是属于构成要件成立与否的判断问题。而构成要件的内容，是对于特定行为事实做主客观要件的规范，一定事实究竟应归属于何种构成要件，有主观与客观归责的问题，因而客观归责是在检讨一定事实是否符合构成要件的客观要件。客观归责所要检讨的问题，属于行为事实的客观构成要件该当的问题，其范围包括因果关系（客观归责同样包括检讨因果关系）及其他客观构成要件要素的判断。② 相对于传统理论，客观归责理论能涵盖所有可想象的案例类型，其所涵盖的范围远比不完整的、似乎可以说是其胚胎形式的相当理论要广得多，又能在体系最早的位置——客观构成要件上解决问题，这正是所有传统理论体系无法做到的。

客观归责概念的产生限制了构成要件的适用范围，客观归责理论形成的动机在于，将导致构成要件结果的诸多行为因素当中意外的、不可预估的行为因素予以排除，以避免不合理的、违背责任原则的刑事处罚。

---

① 参见许玉秀《主观与客观之间——主观理论与客观归责》，法律出版社，2008，第 11 页。
② 参见柯耀程《客观归责》，《月旦法学教室》2004 年第 24 期。

客观归责理论的主要功能在于排除不具有客观归责性的条件，限制客观构成要件该当性成立。德国实务上因果思想的犯罪论，虽然基于责任原则，可以故意与过失的有无来限制责任，但有时仍无法解决过度扩张的过失责任问题。而客观归责理论可以限制不合理的责任，并且提供许多可以排除归责或成立归责的标准。客观归责理论弥补了以因果行为为基础而建构的条件理论的缺陷。根据条件理论，母亲生育杀人犯也是后来被害人死亡不可想象其不存在的条件，死亡结果归责于母亲，这显然是荒谬的。当然，认定范围较广泛的因果关系理论，不仅仅条件理论一种，自然的因果关系理论（也就是从自然科学的观点确定因果关系的理论，而不是规范的因果关系理论）也包括在内,[1] 因此可以说客观归责理论限制了过于广泛的因果关系理论的适用。借由条件理论与客观归责理论的并用结果，避免了诸如此类无限制回溯责任的缺失。

提出客观归责的概念，并不是为了解决因果关系的问题。首先，只有配合构成要件的检验，才可能确定原因是不是导致构成要件结果的原因，换句话说，因果关系的问题，要从构成要件行为和构成要件结果的立场来看才有意义。其次，因为构成要件是对不法类型的描述，既然是意外的、不能预见的、属于一般生活风险性的行为因素，即不是不法，就应该排除在构成要件所描述的不法类型之外，在构成要件的判断上就予以排除，无须等到判断罪责时再予以排除。[2] 总之，限制因果关系的认定范围，自然也就限制了构成要件的适用范围，限制了构成要件的适用范围，自然也就控制了处罚的范围，可以说客观归责的目的在于促成刑罚的合理化，这与法益对构成要件的限制和对刑罚范围的限制的作用是相同的。

（三）客观归责理论赋予构成要件行为新的内涵

客观归责理论定义了构成要件行为，在此之前，认定构成要件行为，必须回到每个犯罪类型做具体的描述，构成要件行为只是一个形式上的统称，客观归责理论则以制造法所不允许的风险提供给构成要件行为一个实质而共通的内涵，用风险描述对法益的危害特质，用不被允许限制

---

[1] Vgl. Puppe, Der Erfolg und Seine Kausale Erklärung im Strafrecht, ZStW 92, 1980, S. 863ff.

[2] Vgl. Frisch, Tatbestandsmäβiges Verhalten und Zurechnung des Erfolgs, 1988, S. 11ff.

刑罚的适用范围。客观归责理论以制造风险形容构成要件行为，表达行为不法的实质内涵，比起社会相当性，不被允许的风险因为具体指向法益，所以比较具体，用不被允许的风险限制构成要件的效力范围，是构成要件理论上的一大进步。

刑法理论上有三个比较有影响的行为理论：因果行为论、目的行为论与社会行为论。将任何一种看成唯一的行为理论，其实没有重大意义，因为三个行为论都各自架构出其适用的行为类型。如因果行为论对于过失犯，目的行为论对于故意犯，社会行为论对于不作为犯。这也是因为这三种行为类型各自有其无法整合的困难点与独特的内涵。而客观归责理论要建立故意犯、过失犯与不作为犯都能适用的一般归责理论体系，所以由客观的构成要件切入，置重心于故意犯、过失犯与不作为犯在犯罪论体系中会出现交集的犯罪行为类型，如杀人、伤害或毁损等，并显现出行为与结果间必须要有什么关联才是该当客观构成要件的杀人、伤害或毁损行为。①

客观归责理论最根本的意义在于，它是一种实质的构成要件理论，用制造风险和实现风险定义正犯，用制造法所不允许的风险为各种构成要件行为提出一个实质的判断标准，用相当理论界定一个行为何时制造了法所不允许的风险，也就是行为人何时实施了构成要件行为。从客观归责理论借由制造风险诠释行为不法可以看出，客观归责的第一个规则的重心在行为归责而不在结果归责，罗克辛所谓的客观归责是对构成要件的归责，应该如此理解。② 从行为归责角度理解客观归责理论，则客观归责理论还有一项重要的意义，就是对近年来日渐增加的危险犯构成要件类型，预先提供了不法归责基础。

（四）客观归责理论弥补成文不法构成要件或阻却不法要件的不足

客观归责理论的内容就是一般的（而不是针对某一特定犯罪的）不

---

① 参见陈赓方《刑法上客观归责理论之目的与适用疑义》，《刑事科学》1997年第43期。
② 参见许玉秀《客观归责理论的回顾与前瞻——记一段台湾地区刑法理论的继受里程》，《刑事思潮之奔腾——韩忠谟教授纪念论文集》，财团法人韩忠谟教授法学基金会，2000，第107页。

成文的构成不法或阻却不法的要件。客观归责理论的功能就是弥补刑法所规定的成文不法构成要件或阻却不法要件的不足。因果关系的概念是如此，其他客观归责的下位概念也是如此。此外，以客观归责理论弥补刑法所规定的成文不法构成要件的不足，所提出的规则包括了正面要件（构成不法要件）以及负面要件（阻却不法要件）。其中正面要件如因果关系的存在，负面要件如允许风险。① 不过，所谓正面要件与负面要件，或所谓构成不法要件与阻却不法要件的区别，都只是文字形式上的区别而已，并不是法律上的性质有所不同。

（五）小结

客观归责理论是一种客观不法理论，它的主要贡献是定义行为不法，建立行为的归责基础。客观归责理论重新诠释构成要件合致性，从客观面定义行为不法是其重要贡献，相对于目的行为论用行为的目的支配、人的意志支配定义行为不法，客观归责理论用行为的客观目的性诠释行为不法，为不法理论创造了丰富的内涵。② 不法理论是 20 世纪一项实现重要发展的刑法理论，目的行为论所代表的主观不法理论和客观归责理论所代表的客观不法理论充实了不法理论的内涵。

客观归责属于不成文的构成不法或阻却不法的要件，因此决定客观归责的标准和其他任何成文的构成不法或阻却不法要件没有什么不同，都是在法益保护的基本需求下去思考如何限缩非必要的自由。具体而言，就是比例原则的问题。③ 客观归责理论的产生，也就是成文要件的本身还不足以合理反映比例原则的缘故，因此才必须用不成文的构成不法或阻却不法要件来加以补充。客观归责理论基于保护基本权利而对刑罚予以限制，因为刑法的制定、适用与刑罚的执行都属于公法行为，无论是立法、司法还是行政，在法治国家，都要受保护基本权利原则限制。法律条文的宪法思考并不是专属于司法者、立法者或决策者的义务，对于

---

① 参见黄荣坚《刑罚的极限》，元照出版有限公司，1999，第 149 页。

② 参见许玉秀《客观归责理论的回顾与前瞻——记一段台湾地区刑法理论的继受里程》，《刑事思潮之奔腾——韩忠谟教授纪念论文集》，财团法人韩忠谟教授法学基金会，2000，第 107 页。

③ 参见黄荣坚《刑罚的极限》，元照出版有限公司，1999，第 150 页。

任何一个适用法律的人而言，脱离这一基本原则，刑法问题的思考就变成单纯的文字游戏。把侵害公众利益的问题诉诸文字游戏，本身就是对基本人权的侵害。

客观归责理论在犯罪论体系中，一方面提供价值评价的实体规则，另一方面也是构成要件阻却事由或者是不法阻却事由。① 客观归责理论是独立于因果关系理论的一个评价体系，它为判断构成要件行为与构成要件结果间的归责提供规则标准。即使行为与结果之间存在条件因果关联，如果结果不能客观归责于行为，那么该行为也不该当构成要件，不成立犯罪。可以说，客观归责理论整合了因果关系与构成要件该当性。客观归责理论迎接风险时代的到来，以风险（危险）概念检讨行为与结果之间的因果关系，同时检验行为是否该当客观构成要件。客观归责与因果关系是并列的客观构成要件要素，它以客观归责性作为判断构成要件合致的事由，以此限制行为的可罚性。如果行为客观上欠缺归责性，那么即使行为人主观上有侵害法益的故意，也否定成立故意既遂犯。通过结果归因与结果归责，犯罪客观构成要件的判断更有逻辑性、实用性，促进了刑法理论的科学化、精确化。

基于风险概念，客观归责理论一方面检验行为与结果之间的因果关系，另一方面，更重要的是，审视行为是否该当客观构成要件。客观上由行为所造成的侵害结果，即使因果关系成立，也未必就能够将这样的因果关系直接推论为构成要件该当。造成结果的行为，包括合法的行为与不合法的行为，如果是合法的行为而导致结果发生，虽然有因果关系检讨的问题，但欠缺构成要件适用的关系。在构成要件中所评价的因果关系，是由不法行为导致不法侵害结果的关系，只有这样的因果关系存在，才会有构成要件该当判断的问题。因此，构成要件所评价的因果关系，虽然在单纯的概念形式的要求上，似乎只是行为与侵害结果间的关联性，但"非不法行为不会落入构成要件中"② 这样的命题，已经限制了构成要件检讨因果关系的范围，构成要件所要评价的，是指会落入构成要件该当判断的行为与侵害结果间的因果关系，而不是全部行为发生

---

① 参见李圣杰《风险变更之结果客观归责》，《中原财经法学》2001 年第 7 期。
② 参见柯耀程《通识刑法——基础入门十六讲》，元照出版有限公司，2007，第 129 页。

结果的因果关系。

三　客观归责理论的方法论意义大于实体意义？

客观归责理论除了带给我们判断归责的实体规则，也许更为重要的是，该理论为我国学者研究刑法提供了方法与思维方式的参照。我国有学者指出，尽管我国学界对于是否移植客观归责理论还存在分歧，但是客观归责理论适应现代社会进入风险时代的要求，呈现了思维方式逐渐系统化、类型化的趋势，对于刑法理论特别是犯罪论的逐步规范化、体系化、实质化将产生重要影响。[①]

客观归责理论明确地区分归因与归责，分两步来限定刑法处罚范围，这与一些因果关系论者的观点有相似之处。有些因果关系论者为了限制因果关系的认定范围，在条件关系判断之后，再以相当性（重要性等）限制理论进行判断。这与客观归责论者在因果关系判断的基础上，进行客观可归责性的考察并不矛盾。[②] 客观归责理论的这种逻辑思路与英美刑法上的双层次因果关系理论存在一定程度的同构性。这种区分阶段、先外围后内核、先事实后评断的逻辑方法，有利于因果关系这一要素在构成要件中得到正确应用，而且对于司法实践也有积极的指导意义，对于审判者正确发挥自由裁量权具有规范引导意义。

在某种意义上，客观归责理论并不是一个制度的创新，而是一种思维方式的精细化、精确化，作为一种刑法教义学上的论证体系，客观归责理论所具有的方法论价值也许对我国的刑法学研究更有启迪性、开拓性。客观归责理论除了其犯罪成立方面的意义之外，在理论建构方面也显示出方法论方面的意义。客观归责理论以目的理性为基本原则，其从经验论的实证主义到价值论的理性主义的逻辑径路既映现了刑法的规范属性，也展现了刑法的人文关怀；既保护了值得尊重的法益，也最大限度地规范了司法权，保障了人权不被刑罚所伤。客观归责理论以规范保护目的为指针建立的规范体系，既可满足维持社会生活秩序的需要，也

---

① 参见吕英杰《监督过失的客观归责》，《清华法学》2008 年第 4 期。
② 参见邓晶《刑法因果关系与客观归属新论》，《宁夏党校学报》2008 年第 3 期。

在规范适用解释上照应生活现实。① 这在一定程度上可协调合法与合理的矛盾,尽量在刑事案件的处理上满足刑罚适用的正当程序要求,符合人们正常法感情的合理期待。因此,客观归责理论的精细化、科学化论证是富有启示性的。

客观归责理论与因果关系理论关系的争论,本质上涉及了事实判断与价值判断、方法一元论与方法二元论等研究角度和深度的差异。由于研究方法不同,结论自然也就不同。从方法一元论的立场出发就会认为现实中包含着价值关系,法秩序能够从现实生活秩序中直接导出,那么在对事实做因果关系的判断过程中就会得出规范的评价,事实判断与价值判断就会重合在一起,所以会得出客观归责判断与因果关系判断相互包含或等同的结论;从方法二元论的角度出发就会主张规范是独立于现实之外、和现实毫不相干的体系,现实是无法直接理解的,必须经过概念体系加以转换,那么对应于现实世界的因果关系判断与对应于价值世界的客观归责判断就是相互独立的。② 前者针对的是事实判断,而后者针对的是价值判断,二者不能相互替代,这就是客观归责判断与因果关系判断相互独立说的根据。然而,正如许玉秀教授所言,从表面上看方法一元论与方法二元论是截然不同的,但是,二者是可以调和的,方法二元论中所谓价值不能从存在中引申出来,只能从价值中引申出来,是目的层面的方法论,而存在决定价值是手段层面的方法论,方法一元论与方法二元论能够互为辩证地存在。③

客观归责理论的宗旨,是在结果归责问题上摆脱自然科学、抽象哲学的桎梏,创造刑法学科独特的规范性判断的概念分析工具,在知识论上廓清刑法学科与自然学科、其他人文社会学科的界限。客观归责理论的发展清除了人们对条件理论、相当因果关系理论的不正确认识。条件理论只用来解决事实关联问题,不负责解决归责性问题。相当因果关系理论没有明确地将归因与归责问题相区分,它只是在条件因果关系的基础上,试图以笼统的相当性标准筛选归责的前提材料,在借助一般人认识或者行为人认识的过程中将事实判断与规范判断混淆,并不能有效地

---

① 参见吴玉梅《德国刑法中的客观归责研究》,中国人民公安大学出版社,2007,第260页。
② 参见曾滨《客观归责理论探究》,硕士学位论文,中国政法大学,2007,第38页。
③ 参见许玉秀《当代刑法思潮》,中国民主法制出版社,2005,第123～152页。

解决因果问题。客观归责理论则明确区分事实性关联与规范性关联，在承认事实因果关系的基础上，跨越事实审查的方式，进入规范审查的阶段。正如我国有学者形象地评论道：客观归责理论在承认自然科学意义上的条件因果关系的基础上，就此结束事实性判断，独立地迈入规范性思考阶段，这种从事实到价值的清晰转轨，维护了刑法学专业性思考的特质与尊严。①

---

① 参见车浩《假定因果关系、结果避免可能性与客观归责》，《法学研究》2009 年第 5 期。

第六章　客观归责理论的不足

任何学术理论都不是完美的，这是毋庸置疑的，客观归责理论也是如此，其也有不能解决的问题，也存在技术性缺陷。客观归责理论虽然具有精细的体系、丰富的规则，但其中所存在的未解决的问题，仍旧是该理论潜在的风险。客观归责理论虽有意将客观行为和侵害结果的因果关系，与构成要件该当的判断做整合，这种学术努力本身应是值得肯定的，但在理论的具体构建上，仍有一些有待解决的问题。

客观归责理论对客观构成要件合致性的解释虽然可以被接受，对注意规范存在形式的质疑也可以被认同，但是各个具体的反面判断规则，即阻却客观归责事由的定位和功能仍然有待明确。目前学说上存在解释以及适用混乱的问题，相同的案例有不同的阻却归责方法，这种现象表明概念内涵的不明确性，仍然有待进一步的梳理、澄清。①

一　有些下属判断规则标准不够明确、具体

从概念角度做整体性观察，客观归责理论试图将行为时的客观面做整体性的客观不法评价，从而建构刑法评价的新模式，这在理念上可以理解，但因其所使用的诠释方式，是以一个相当抽象的危险（风险）概念为引导，容易使人产生对其与危险犯的危险概念差异性的质疑。

客观归责理论以规范保护目的、规范保护范围作为判断规则，然而所谓规范保护目的或范围，非常抽象，并不明确，以之作为构成要件的类型的、形式的判断基准是否合适，容易产生争议，所以目前司法实务上采用客观归责理论作为判决根据的还很少。

---

① 参见许玉秀《主观与客观之间》，春风煦日论坛——刑事法丛书系列 0，1997，第 18、21～36 页。

二　下属判断规则在犯罪阶层体系定位上存在困难

客观归责理论自 20 世纪 70 年代面世以来，从主要规则到细部规则，再到实例的归纳，还不算尽善尽美。罗克辛认为客观归责理论是构成要件理论，其在设计客观归责体系时，使用降低风险、不被允许的风险、规范保护目的、被害人自我负责、第三人责任等范畴，并将它们与阻却违法事由中的相当事由加以区隔。批评者认为同一个概念，有时是构成要件要素，有时候是违法性要素，或者说，客观归责事由有时是阻却构成要件事由，有时是阻却违法事由，在犯罪阶层构造上十分混乱。[1] 也有论者指出，风险制造、风险升高的概念，应属于实质违法性的判断，而非构成要件该当性的问题。[2]

虽然客观归责理论如今已限缩在客观构成要件阶层，而且只是客观构成要件的判断规则之一，但是一般认为它和因果关系之间的关系比较清楚，而它从传统三阶层体系的违法性阶层、罪责阶层所整理出来的判断规则，使得整个归责结构有些叠床架屋。这也是为什么罗克辛在演证各种归责原则的适用时，往往发现同一个案例可以放在不同的原则中检验，原则之间竞合的情形不少，其中规范保护目的与被允许的风险界限尤其不清楚，各个原则之间彼此重叠。因此，整个归责判断体系，还需要学者们继续深入研究，不光是违法性阶层，罪责阶层也必须做互动式的厘清，才可能使客观归责判断发挥应有的功能。客观归责理论所显示的缺点，根本问题在于犯罪阶层结构要素难以分界，也就是二阶层或三阶层的困扰。客观归责理论对犯罪阶层理论的澄清似乎无能为力，反而必须依赖犯罪阶层理论先自行廓清。[3]

三　客观归责判断体系中也有主观的因素

有人指责客观归责理论名为客观，其实主观，似乎名实不副。如阿

①　参见许玉秀《主观与客观之间——主观理论与客观归责》，法律出版社，2008，第 206 页。
②　参见黄仲夫《刑法精义》，元照出版有限公司，2010，第 72 页。
③　参见许玉秀《主观与客观之间——主观理论与客观归责》，法律出版社，2008，第 207 页。

明·考夫曼认为，在处理偏离因果历程的案件时，在客观归责前需要先
了解行为人主观上想要干什么，即知道其行为计划后再做客观归责判断，
客观归责的基础因而动摇。① 也就是说，在偏离因果历程的案例中，无
法明确区分客观归责与主观归责的界限，在客观归责时还是会涉及主观
的要素。客观归责理论将构成要件尽量客观化的努力是有限度的，因为
客观归责终究还会遇到主观面的问题，此即行为人的特殊认知，其对客
观构成要件的归责也具有重要性。② 例如，甲劝乙乘坐飞机旅行，期望
乙因乘坐的航班发生事故而摔死，则死亡结果不会归责于甲。但是如果
甲知道恐怖分子在飞机上装了炸弹，还力劝乙乘坐该航班，结果航班失
事乙死亡，这个死亡结果就要归责于甲。甲主观上明知危险情况还劝乙，
就是制造并实现了不被允许的风险。人的行为始终是由主观与客观交织
而成，而客观归责也含有主观要素。显然，客观归责理论并不是纯粹的
客观。依照罗克辛的说法，在犯罪论体系中，客观归责理论属于目的理
性体系的一部分。目的理性体系是新康德学派思想的充分表现，③ 要把
价值判断充分运用在客观事物的评价上。所以，客观事物的主观化，也
有其理论根据。

　　以条件说确认因果关系后，在进一步评价犯罪行为的刑法意义时，
应严格区分主观与客观要素。表面上虽然可以区分成客观构成要件要素
与主观构成要件要素，但在其行为实施的过程中难以区别。主观与客观
的概念并非一成不变的，关键是我们从什么角度评价，以及它们在什么
位置被评价，这涉及本体论与规范论的关系。如果不坚持要先区分主客
观因素，以及不一定要先检验客观要素然后才是主观要素的话，那么如
罗克辛所说："客观构成要件不是因为仅以客观因素为基础去归责于行为
人，而是因为归责的结果，确立了杀人、伤害、毁损等客观的现象，以
及区分了故意的杀人、伤害、毁损等行为，所以才称为'客观'。"④ 这
是因为对客观不同的定义所出现的疑义，罗克辛的客观归责理论有可能

---

① 参见陈膺方《刑法上客观归责理论之目的与适用疑义》，《刑事科学》1997 年第 43 期。
② 参见林钰雄《新刑法总则》，中国人民大学出版社，2009，第 136 页。
③ Vgl. Roxin, Strafrecht Allgemeiner Teil, Band I, 2006, §7, Rn. 27ff.
④ 参见陈膺方《刑法上客观归责理论之目的与适用疑义》，《刑事科学》1997 年第 43 期，
　　第 88 页。

还包括了主观要素，与耶赛克及雅科布斯所说的纯客观归责不同。

四　客观归责理论对既遂犯与未遂犯在适用上无法论理一贯

关于未遂的判断问题，由于客观归责的运用在方法论上属于结果发生的事后判断问题，如果结果没有发生，并无风险实现的问题，犯罪未遂以客观归责来处理时，可能发生难以归责的问题。所以客观归责理论增加了评价未遂犯的复杂度。客观归责理论在判断是否要归责于客观构成要件行为后，即造成结果的行为经归责标准判断后，尚未进入主观归责前，仅能排除是杀人、伤害或毁损行为，但仍然无法明确判断是否成立杀人、伤害或毁损的行为。阿明·考夫曼认为，此时会牵涉到犯罪领域的扩张。客观归责理论要限制客观构成要件的功能，未能论理一贯地及于未遂犯。① 罗克辛的观点是："在既遂犯，始终应于检验主观的构成要件之前，先检验客观的构成要件。……在未遂犯，则是从主观的构成要件开始，就是始终先检验行为人的故意是什么。"② 按照这个说法，对未遂犯先检验主观的构成要件，即先考察行为人主观上想要做什么，但这又回到以主观构成要件为重心的解决方式，因此客观归责理论似乎对未遂犯不具有特殊意义。③ 实际上要确认某行为是未遂或既遂，便涉及主观构成要件的问题，就此而言，整个客观归责理论还是要先以主观构成要件的判断为基础，但这与客观归责理论的内涵有很大出入。由此出现客观归责理论对既遂犯与未遂犯在适用上无法论理一贯的困境。

五　客观归责可能导致将结果犯当作危险犯

罗克辛以客观归责重新界定了构成要件行为，即构成要件行为是制

---

① Vgl. Armin Kaufmann, "Objektive Zurechnung" beim Vorsatzdelikt? Festschrift für Jescheck, 1985, S. 262.

② 参见〔德〕克劳斯·罗克辛《客观归责理论》，许玉秀译，《政大法学评论》1994 年第 50 期，第 34 页。

③ 参见陈膺方《刑法上客观归责理论之目的与适用疑义》，《刑事科学》1997 年第 43 期。

造并实现不被允许的风险。尤其是风险升高理论，是以行为是否升高风险决定风险是否实现，进而决定客观归责，因此被批评为违背法律规定将结果犯当作危险犯，① 违背罪疑有利被告的原则。罗克辛辩称实害犯要求实害结果，在实害犯，不被允许的风险必须转变成构成要件的实害结果；在危险犯，则必须实现特定的风险结果。② 但是这种以侵害法益的风险为构成要件行为的主张，并不只是要借着客观归责理论使结果犯摆脱因果律的限制，而是以危险犯为归责的典型。

六　区隔正当防卫与紧急避险上的困难

关于正当防卫与紧急避险上的问题，就本质而言，不论是正当防卫还是紧急避险，在风险概念下，都属于降低风险的行为，根据客观归责的下属规则检验，二者都是非制造风险的行为，但正当防卫与紧急避险在权利侵害的本质上仍有不同，如何区隔这种本质意义的差异也是客观归责的难题。③ 例如，对于正当防卫，被防卫人不能对之再防卫，有对正当防卫行为的再防卫的，仍旧是不法行为。对于紧急避险，却允许被避险人可以进行防卫，其所为的防卫行为是合法的权利保护行为。

七　理论意义大于实际意义？

客观归责理论想要建立类似刑法总则的一般归责理论，在评价是否成立犯罪方面坚持明确性原则，这有体系完整、条理清楚的优点，甚至能使一般民众清楚了解不法的构成要件要素，从而也有一般预防的功能。相对地，司法者比较不容易接受客观归责理论，因为他们的任务是在判断事实基础上适用法律，在众多事先制定好的规范法条中，找出适用于案件事实的个别构成要件，依具体个案评断即可，不必抽离出各个案例的共通原理原则置入事先架构好的归责标准中。④ 因此客观归责理论可能在

---

① 　Vgl. Roxin, Strafrecht Allgemeiner Teil, Band I , 2006, §11 B I Rn. 76.
② 　参见许玉秀《主观与客观之间——主观理论与客观归责》，法律出版社，2008，第 210 页。
③ 　参见柯耀程《客观归责》，《月旦法学教室》2004 年第 24 期。
④ 　参见陈膺方《刑法上客观归责理论之目的与适用疑义》，《刑事科学》1997 年第 43 期。

理论探讨上较有意义，对实务运作的影响则还需要经过一段时间的检验。

八 小结

尽管客观归责理论存在若干尚未完善之处，但是它仍然是一个生命力旺盛的刑法理论，它为刑法犯罪论体系的构建、因果关系理论的发展、司法实践处理疑难案件都提供了有力的理论工具。客观归责理论的意义大致体现在以下两个方面。首先，在实体规则方面，它为结果归责于行为人的行为创建了精细的规则体系，在行为与结果具备条件关联的前提下，它为结果能否归属于该行为提供了一套判断的实体规则，它具有很强的可操作性、实用性。其次，在逻辑方法方面，客观归责理论明确地将结果归因与结果归责相区分，将事实判断与价值判断相隔断，按照客观归责的思维方法，应该先对行为与结果之间的事实性关联进行条件因果关系的判断，然后再以各种规则进行规范评价，它建立在自然科学意义的事实审查基础上，但是一旦完成这种事实关联的审查，就跨入规范性审查的阶段，解决了传统因果关系理论将事实与规范混淆、归因与归责不分所带来的一系列混乱问题。总之，客观归责理论在实用性、逻辑性上都是出色的刑法理论体系，对于现代刑法学向精细、精确、精致发展做出了巨大的理论贡献。

客观归责理论和目的行为论的论争，根本上是客观不法论和主观不法论的论争，其中还夹杂着价值二元论与一元论的论争，以及规范论和存在论的论争。[①] 客观归责理论认为法秩序在客观上设定了一定的不法领域，属于这个一定不法领域内的实害或风险才是法所不允许的，而只有一定的行为才可能制造这种法所不允许的风险并实现之。这属于客观归责这个价值体系所既有的规则。行为人的行为只有能够符合规则，才有受归责的可能。这是价值体系独立的观点，也就是二元论的观点。目的行为论则认为行为之所以不法，是因为行为人依不法的意思设定行为、操纵因果历程而实现不法，不法存在于人依其目的设定行为的过程之中，不法是人制造的，不是客观存在的，因此行为人对于客观事实没有认识和意欲，没有不法可言。

---

① 参见许玉秀《主观与客观之间——主观理论与客观归责》，法律出版社，2008，第171页。

第七章　故意犯的客观归责

一　有必要以客观归责限制故意犯的构成要件

为了在不应处罚的案件中否定行为人的故意，在故意犯的认定上客观归责理论有用武之地。以制造法所不允许的风险解释行为人实施构成要件行为，不仅能适用于过失犯，也被认为可以适用于故意犯。在新古典目的论犯罪阶层体系中，过失犯和故意犯的根本区别在于过失犯是违反义务的义务犯，也就是说，违反注意义务是过失犯的特有认定标准。但是在学者对注意义务的法源不断提出质疑之后，违反注意义务逐渐不再被认为是过失犯的独特内容，因为义务来源被认为是刑法禁止与命令规范，而刑法禁止与命令规范给予故意犯和过失犯的义务是一样的。在作为的形态，是不对法益造成侵害的义务；在不作为的形态，是谨慎保护法益的义务。① 这样一来，违反注意义务就成为故意犯与过失犯的一般归责要素，而风险是否被允许，就和行为人是否有意地实现风险，或者有没有想到风险没有关系了。

有没有必要以客观归责标准去限制故意犯的构成要件，是个比较难以回答的问题，要以行为故意来做检验。德国学者阿明·考夫曼认为，犯罪行为是使用有认识的手段去实现结果，所以这个行为是具有危险性的；此外，构成要件结果的出现，正是由行为人计划实施的足以实现的危险方法所造成的。整个构成要件该当性所谓的不被允许，原本就是指实现客观构成要件的故意。行为故意原本就涵盖了构成要件该当结果的造成，以及在客观归责的意义下，任何应该予以考量的事实要素，所以提出客观归责理论没有多大实际用处。② 罗克辛提出不同于因果行为论

① 参见许玉秀《主观与客观之间——主观理论与客观归责》，法律出版社，2008，第14页。
② Vgl. Armin Kaufmann, "Objektive Zurechnung" beim Vorsatzdelikt? in: Festschrift für Jescheck, 1985, S. 260.

与目的行为论的看法。① 首先，犯罪的客观构成要件成立的前提是，在规范保护目的范围内的不被允许的风险，实现了由行为人所引发的结果。所以，不需要先有目的的行为存在，才可归责于客观的构成要件。因而，结果归责给行为人的行为与构成要件行为是不是过失或故意的问题无关。其次，故意并不需要涵盖所有的因果历程，既不需要涵括其细节局部也不需要涵盖其整体结构，故意只要指向被涵盖在行为计划内的构成要件该当的结果就足够了。

二 客观归责理论限缩了故意犯的适用范围

罗克辛不同意目的行为论者的主观论，认为韦尔策尔所谓的故意以行为人有可能促成一个实际现象发生为前提，以及阿明·考夫曼所谓的故意是在心理上做成一个客观上相当的判断，都正好表示必须客观有实现的可能或具有客观相当性，才有成立故意的可能。② 行为人是否具备故意，正是取决于客观构成要件在客观上有无实现可能，这正好证明客观归责理论是正确的。同样地，因果流程的认识错误，并不是行为人的认知和因果流程不一致，而是行为人所制造的风险没有经由相当的流程实现。③

行为人主观故意的认定，向来是刑事司法实务的难题。客观归责理论的运用结果，实际上限缩了故意犯的适用范围。④ 理由在于，故意被认为是对实现构成要件的知与欲，行为人必须认识到客观上有实现构成要件可能的事实，即有可能侵害法益的风险。如果行为人所认识的事实不是客观上可能实现构成要件的事实，故意就不成立。否定客观构成要件，即否定了故意。⑤ 客观归责理论使得故意犯认定的重心移转到客观构成要件上。自 20 世纪 70 年代以来备受学界瞩目的客观故意理论，就

---

① 参见陈朴方《刑法上客观归责理论之目的与适用疑义》，《刑事科学》1997 年第 43 期。

② 参见许玉秀《主观与客观之间——主观理论与客观归责》，法律出版社，2008，第 170 页。

③ Vgl. Wolter, Der Irrturm über einen Kausalverlauf als Problem Objektiver Erfolgszurechnung, ZStW 89，1977，S. 649ff.

④ 参见林钰雄《新刑法总则》，中国人民大学出版社，2009，第 136 页。

⑤ 参见〔德〕克劳斯·罗克辛《客观归责理论》，许玉秀译，《政大法学评论》1994 年第 50 期。

是这样形成的，故意被认为是客观构成要件的问题。劝人到外地旅行希望其被杀死的案例、伤人后救护车送医过程中伤者因交通肇事死亡案例，都是死亡结果的发生是行为人所意欲或至少是行为人所容忍的。在这些致人死亡案件当中，由于先检验的客观构成要件已经得出不合致的结论，虽然有条件关系但是没有客观归责，所以认定不成立故意杀人罪。否定故意的理由就在于否定客观构成要件，因此，死亡结果是否行为人所意欲或容忍的主观面问题，已经不具有刑法判断的决定意义。由此可见，客观归责理论借由排除某些客观构成要件的合致性，也就间接地限缩了故意的范围。相反地，如果认为客观构成要件已经实现，则在这些案例中故意也必须被肯定，这将会得出行为具有可罚性的错误结论。

我们通过一个案例考察一下客观构成要件对于故意的限定功能。卡车司机甲正要以符合规定的方式超越一辆汽车及行驶于汽车后面的摩托车，与此同时他也意识到，摩托车驾驶人乙可能会没有查看清楚，就突然越过中线超车，则可能会造成撞车事故致使乙死亡。假设甲放任其发生，而事前所预见的事实也发生了，则只要在一开始超车时乙的过失行为是无法辨识的，尽管甲引起死亡的结果，也不能论以故意杀人罪。因为这一事件流程在被允许的风险范围之内，故意杀人罪的客观构成要件并未合致。如果排除客观归责理论的运用，而仅仅因为引起死亡结果即肯定客观构成要件合致，则甲就要承担刑事责任，因为其存在主观故意。

三　特殊认知是客观归责要考虑的一个因素

在犯罪成立的判断上，客观归责论者认为构成要件实现的意义是：行为人所认识的风险实现了，行为人的计划实现了。对错误的定义是：在规范的基础上，行为人所认识的和引起结果的客观可归责的制造风险行为是否一致，行为人是否达成了或错失了他的目标。这表明除了客观归责判断之外，还需要做主观构成要件的判断，判断的依据是客观构成要件要素。行为的客观面如果和客观构成要件要素对应，客观构成要件即合致，而行为的主观面，即行为人的认识和意欲，如果与客观构成要件要素有应合关系（Deckungsverhältnis），则主观构成要件合致，这就是对应理论（Kongruenzdogma）。①　图示如下：

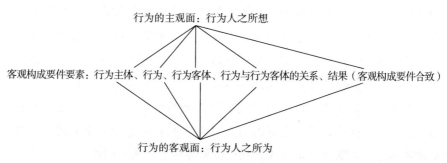

行为的主观面：行为人之所想

客观构成要件要素：行为主体、行为、行为客体、行为与行为客体的关系、结果（客观构成要件合致）

行为的客观面：行为人之所为

　　行为人的特殊认知在客观归责理论领域是值得探讨的问题。故意包括知与欲两个要素，前者是故意的认知要素，后者是故意的决意（意欲）要素。如果认为构成要件行为是客观上制造了不被允许的风险的行为，行为的不法是客观的法秩序已经决定的，则只有认识到这种客观上为法秩序所不允许的制造风险行为，才可能有故意。为了说明客观不法决定主观不法，需要放弃故意当中的决意要素，所以客观归责论者多主张客观的故意概念。然而意欲可以属于别的犯罪论体系阶层，却绝不可能被放弃，因此将意欲列入罪责阶层是必然的解决方法。②　值得注意的是，罗克辛创立客观归责理论，却强调故意不可能被客观化，另一客观归责理论的代表人物雅科布斯也没有真正放弃故意的意欲要素。

　　阿明·考夫曼认为，要判断是否制造了风险，以及判断该风险是否实现了结果，除了要有从事相关活动的一般谨慎的人的知识外，还要有行为人的特殊认知。如果赞成这个看法，将把行为人的认知要素，由故意的领域前移到客观构成要件上，也就是要将行为人的认知纳入客观构成要件中考虑。这样的结果是，故意的整个认知要素，必须被推到客观的构成要件层面，这时在故意中就剩下决意要素了。但更进一步分析，犯罪要素的变动，影响了解释学的架构，整个行为故意也还要移位，③或者行为故意就没有存在的必要。只要在客观构成要件中先考虑认知要

①　参见许玉秀《主观与客观之间——主观理论与客观归责》，法律出版社，2008，第30页。

②　参见许玉秀《客观的故意概念？——评德国的间接故意理论》，《政大法学评论》1993年第48期。

③　Vgl. Armin Kaufmann, "Objektive Zurechnung" beim Vorsatzdelikt? in: Festschrift für Jescheck, 1985, S. 265.

素，接着在主观归责时考察决意要素即可，不必强调故意的存在。[①] 但罗克辛在讨论过失犯时提到，具体的要素并非固定地被定位在犯罪论体系结构的某个位置上，也就是说，不是任何心理的标准一定要被归类为主观的构成要件。在司法实务中不可避免地会经常涉及主观的、内在心理的因素，只要符合是否以及到何程度，主观的或客观的要素在行为归责、不法归责以及责任归责的观点下是重要的说法，不必严格定位要素的归属范围。因此，某些主观的因素对于客观归责也能有重大意义。这也就是将行为人的特殊认知在客观构成要件中予以考察的缘由。

客观归责的基础不仅在于客观要素，也在于主观要素。所以，在判断是否制造了不被允许的风险这个问题时，一个行为人在行为前主观面的认识，虽然是具有决定性的，但是这一行为人仍必须拥有个别行为人的特殊认知。行为人的特殊认知即主观要素，成为认定制造风险并因而予以客观归责的依据。客观归责理论强调不法的重心在客观构成要件，而风险是否被允许，以风险是否足以导致法益被侵害为判断根据。风险能否导致法益被侵害，有一般生活经验上的客观标准可以作为判断依据，与行为人有无认识或如何认识，并没有直接的关系。当行为人所认识的是一般生活风险时，不能认为行为人已借着行为制造了不被允许的风险，而在行为人认识了一般人所不能认识的高度风险，该风险足以导致法益受害时，如继父甲事先偶然得知下一个车站的转辙器操作工人丙喝醉了，于是将继子乙置于火车上，火车与其他列车发生对撞，乙因而死亡，行为人便制造了不被允许的风险。但如果甲不知道丙的情况，那么甲因为没有制造不被允许的风险，即使事先有希望乙搭火车发生意外的意图，也要排除故意杀人构成要件的成立。甲同样将乙送上火车的行为，归责上却有不同的结论，这与法律上不重要的（罗克辛）或社会相当的（韦尔策尔）、不被禁止的或被允许的概念无关，这是属于行为人对意外有特殊认知的情况。因此，客观的风险是不被允许的风险，并不完全与主观构成要件无关、和行为人的故意或过失无关。[②] 根据上述分析，客观归责理论强调故意的重心在客观构成要件、不法的重心完全在客观构成要

---

① 参见陈膺方《刑法上客观归责理论之目的与适用疑义》，《刑事科学》1997 年第 43 期。

② 参见许玉秀《主观与客观之间——主观理论与客观归责》，法律出版社，2008，第 24 页。

件的观点，就无法完全贯彻，罗克辛因此必须承认：对不被允许风险的认识是客观归责的一个重要因素。[①]

我们应当认识到，行为人的主观面对定罪具有重要意义，仅仅根据客观面无法定罪。客观构成要件是受行为人的主观面支配的，客观归责中主观面具有重要意义，主观面决定行为的性质。客观归责论者虽然强调行为客观面的判断，强调客观构成要件行为的重要性，但在定义构成要件是否实现时或定义错误时，都有这样的表述：行为的认识和造成结果的制造风险在规范的基础上是否一致、行为人的目的是否实现、行为人的犯罪计划是否实现。[②]从这些表述来看，供作判断依据的客观构成要件，必须是行为人主观上所认识的客观构成要件，这不是叙述方式的问题，而是规范逻辑上的必然，原因在于主观要素对于客观归责也具有重要性。客观归责之所以是客观的，并不是因为主观要件对于客观归责不重要，而是借由归责所架构的构成要件行为，如杀人、伤害或毁损等，是属于客观的，有了这些构成要件行为之后，才有主观构成要件中的故意加入。只有主观构成要件要素才属于主观构成要件，如故意及主观不法要素。主观意识的内容并非构成要件要素，而只是对于危险的判断或对于区分不同参与者的责任具有重要意义，它们与客观构成要件的归责有关。[③]人的行为，包括构成要件行为，是由主观要素与客观要素交织而成的。

故意犯与过失犯有着不同的构造，单纯考虑客观构成要件要素，还无法说明行为人是否成立故意犯或过失犯。但依照客观归责理论，如果在判断是否制造风险时，将行为人的特殊认知予以考量，就没有这方面的问题。一般认为，过失犯的情形没有涉及行为人的主观认知问题，而故意犯要考虑行为人的特殊认知。即使存在判断行为人特殊认知的困难，那也是另外考虑的问题。客观归责判断规则适用于故意作为犯，有些方面受到批评与质疑，但赞成客观归责理论者予以了反驳与说明，对一些

---

①　参见〔德〕克劳斯·罗克辛《客观归责理论》，许玉秀译，《政大法学评论》1994 年第 50 期。

②　参见许玉秀《主观与客观之间——主观理论与客观归责》，法律出版社，2008，第 32 页。

③　Vgl. Roxin, Finalität und Objektive Zurechnung, Gedächtnisschrift für Armin Kaufmann, 1989, S. 250f.

分歧进行了澄清。有些问题涉及个人基本价值观的差异，不好评断优劣是非。但值得探讨的问题是，在客观归责判断中，加入了行为人的特殊认知，重新划分传统行为故意的要素，被分别置于客观构成要件与主观构成要件中予以检验，这牵涉到重新调整犯罪要素在犯罪判断阶层中的定位。① 由于故意犯与过失犯有不同的犯罪构成，客观归责理论想要建立故意犯与过失犯共通的归责标准的努力，将会持续受到目的犯罪论等学说的批评与质疑。

---

① 参见陈膺方《刑法上客观归责理论之目的与适用疑义》，《刑事科学》1997 年第 43 期。

第八章　过失犯的客观归责：一般理论

针对过失责任，客观归责理论提出较有体系性的限制标准。违反注意义务在传统过失理论当中，是和过失画上等号的概念。相对于注意义务的违反，客观归责理论有较详细的具体内容，且其提出有说服力的标准，有助于一般人清楚理解构成要件要素的内涵。注意义务这个用语在法律上不明确，如果以客观归责的内容作为判断标准，将能清楚表达过失犯的意义。

一　客观归责理论主要适用于过失犯

刑法学界对过失犯的研究力度，向来远不及故意犯，这是不可否认的事实。而依照目的行为论，过失犯与故意犯有不同的结构，过失犯是一种可罚行为的特别形态。故意犯是在知与欲的心态下实施构成要件行为，过失犯则是在不知或不欲的心态下实现构成要件该当结果。也就是说，过失犯是因为疏忽、轻率而违反刑法，虽然所处的刑罚较故意犯轻，但在不法内涵或罪责内涵方面，并非故意的低度形态，是独立于故意犯的另一种犯罪形态。[①]

在具体运用上，客观归责理论主要处理过失犯或结果加重犯的结果归责问题，而较少处理故意犯的结果归责问题。至于刑法文献上关于故意犯的结果客观归责讨论实例，也多属于学者构思的教学案例，如希望他人遭雷击死亡而劝他人雷雨中散步、怂恿他人搭乘飞行记录不良的飞机而期盼他坠机。客观归责理论以制造并实现法所不允许的风险描述实现构成要件，基本上是从过失犯的角度说明过失犯客观可归责性的实质内涵，如果行为人并未制造法所不允许的风险，或者法所不允许的风险

---

① 但 Struensee 有不同的看法，其认为过失犯的不法也具有法所不允许的目的性，因而故意不法与过失不法有相同的架构。参见 Roxin, Strafrecht AT, Band I, 1992, S. 697。

并未实现，即无构成要件行为或构成要件并未实现，则不具客观可归责性，而不成立犯罪。

客观归责理论诸多下位辅助规则的运用（如降低风险、可允许的风险、结果可避免性、规范保护目的、构成要件的效力范围），合理地限制了过失责任的范围。在过失犯的领域内，这些规则修正了根据因果思想的刑罚论所造成的扩张处罚现象。简言之，针对过失责任，客观归责理论提出较有体系性的限制标准。

二　客观归责理论重新架构过失不法的体系

学说上所提出的过失理论众多，一般把注意义务的违反（区分为主观与客观）以及预见可能性（又细分为主观与客观）列为过失的要素。也就是说经过这些要素的评价，才能称之为过失犯。依照客观归责的检验结果，只要在客观构成要件上是可归责的，至少必定成立过失，因而，传统过失论所谓的注意义务违反、可预见性、认识可能性、避免可能性等要件判断，都是重复而多余的。借由这些概念所表达的，都可以由客观归责理论所包含的标准做更精确的说明。

如不可预见，传统过失论认为这是不可预见的结果或因果历程，即欠缺预见可能性问题，因此否定行为人对死亡结果的过失责任。但客观归责论者认为这种传统说法并不精确，因为理论上，所有经验法则上可能的因果历程都是可以预见的。因此真正的关键是，根据法律规定，到底什么是人们有义务去预见的，而这正是要通过归责标准决定的。例如，案例 1（甲怂恿乙在暴风雨天到森林中散步，乙因而被雷击中）与案例 2（甲故意射杀乙，乙只受到伤害，却因医院失火而死亡），以客观归责理论来检验，案例 1 甲未制造风险，案例 2 甲所制造的风险未实现，因而都要排除归责。虽然冯·巴尔（v. Bar）先提出通常的流程（regelmä β-iger Verlauf）的概念，但真正奠定判断基本原理基础的人，还有冯·克里斯。最重要的是，冯·克里斯的主张中有纯粹客观归责的思想，并且他因而批评冯·巴尔因为找不到决定行为有造成结果的一般倾向的客观条件，而错将行为人的预见可能性当作归责条件。这种纯粹客观归责的思想和拉伦茨所创立的客观归责理论有所不同，差异在于行为人的预见可能性。由于冯·巴尔也曾赋予行为人的预见可能性以决定归责的重要功能，故拉伦茨对行为人的预见可能性的看法不算新鲜，倒是罗克辛和冯·克里斯的见解很相似。①

关于可避免性，以交通肇事为例，传统过失论认为，遵守所有的交通规则与法律规定而仍然发生的交通意外事故，是不可避免的，所以不是过失所致。但客观归责论者认为这种说法并不准确，因为如果人们完全不参与道路交通，自然就可以避免与道路交通有关的风险。欠缺过失的根本理由在于，在这一意外事件中所实现的是被允许的风险，而非不可避免的循环论证。

关于注意义务违反的问题。检验过失标准与客观归责判断标准的关系，主要是注意义务的违反。受规范者由于规范的注意诫命而负有注意义务，有学者将这种注意义务分为内在与外在的注意义务。② 违反注意义务在传统过失理论当中，是和过失画上等号的概念。因为揭示各种注意义务的各种生活安全规则是风险的指标，违反安全规则的指示，即有导致法益受害的具体可能性，因此注意义务的违反这个要件，被认为是可以涵盖一切认定法所不允许风险存在的要件。③ 以制造不被允许的风险取代违反注意义务的概念，已成为通说。违反注意义务的概念并不能说明这些要件的特性，只有借着法规范、职业规范、信赖原则、参考典范、查询与放弃义务以及利益与危险衡量等互有区别的标准，才能达到这一目的。如果不根据这些标准，而根据不实施被要求的注意义务，则不仅毫无内容，事实上也是错误的，因为这样会误导人们，使其认为过失行为的不法普遍存在于不作为之中。客观归责理论认为，如某人因使用火材不当而引发火灾，其过失在于积极行为，而非消极不作为，也就是说，其过失本质在于积极制造了一个法所不允许的风险，而非消极没有采取注意措施。如雅科布斯所说："在作为的领域内，并未要求小心地使用火材，而是禁止轻率地使用火材，使用的义务并不存在。"④ 相对于

---

① 参见许玉秀《主观与客观之间——主观理论与客观归责》，法律出版社，2008，第178页。

② 参见林山田《刑法通论》，元照出版有限公司，1994，第367页。

③ 参见〔德〕克劳斯·罗克辛《客观归责理论》，许玉秀译，《政大法学评论》1994年第50期。

④ Vgl. Jakobs, Strafrecht AT, 2. Aufl., 1993, §9 Rn. 6.

注意义务的违反，客观归责理论有较详细的具体内容，且其提出有说服力的标准，有助于一般人清楚理解构成要件要素的内涵。

正如罗克辛强调的，过失不是不作为，一个违反注意义务的行为是在一种对行为控制有缺陷的状态下实施的。过失行为的主观面，并不是无，而是一种对法益的错误判断。对法益而言，故意和过失的行为人都做了一个有害法益的决定，故意的决定是一个认识危险、明确危害法益的决定，过失的决定则是一个对危险认识不清、忘记法益的决定。法益不希望被用恶意记住，也不希望被忘记。忘记不是无，而是一种对被忘记的客体而言有瑕疵的心理状态，而这是法益和法规范所不能容忍的人的态度。① 所以过失也有主观不法。客观归责理论判断体系内的制造不被允许风险、实现不被允许风险与构成要件的效力范围，可解决违反注意义务的问题。在被允许范围内或其行为无法被构成要件的保护范围涵盖时，行为人便没有违反注意义务。所以客观归责理论标准应该取代这个模糊与不完全正确的违反注意义务标准。

三　以客观归责理论检验过失犯的成立

制造不被允许的风险作为对构成要件行为的实质定义，根据罗克辛的看法，可以取代传统上对过失行为的定义，而且可以更精确地描述过失行为。② 根据客观归责理论判断行为所制造出的不被允许的风险是否已经实现在结果中，而该当过失犯的不法构成要件，要考虑以下几点。①被害人自我负责与第三人负责的情形，排除行为人的责任。②行为与结果间是否具有异常关联性。通常只要行为所发生的结果并未超出一般生活经验所预期的范围，即客观上可预见，结果即可归责于违反注意义务的行为人。③结果是否在规范保护目的范围内。结果必须是行为人所违反的注意规范想要避免的损害，才能把结果归责给违反该注意规范的行为人。换句话说，结果必须在规范的保护范围内。④结果是否具有可避免性。过失犯就其本质而言，是以结果的可避免性为其成立要件。因

---

① 参见许玉秀《主观与客观之间——主观理论与客观归责》，法律出版社，2008，第33页。
② 参见〔德〕克劳斯·罗克辛《客观归责理论》，许玉秀译，《政大法学评论》1994年第50期。

为要求行为人履行注意义务，就是认为可借此避免法益的损害结果，换言之，注意义务的违反与结果发生间，具有所谓的义务违反关联性（Pflichtwidrigkeitszusammenhang）。① 因此，当个案中违反注意义务的行为人，即使履行必要的注意义务（假设的合法替代行为），客观上也无法避免结果的发生，则在规范评价上不可将结果归责给行为人，该结果只能被评价为法律无法防止的意外。⑤风险升高理论。在假设的合法替代行为不具有风险时，结果具有可避免性没有疑问。问题出在事后无法确认合法替代行为能否避免结果时的处置上。依照风险升高理论，在存在因果关系的前提下，只要行为人借由违反注意义务的行为增加结果发生的可能性，结果就可以客观归责。易言之，合法替代行为将降低结果发生的风险。这一说法的基础在于，注意规范的本旨在于降低风险，而非确定可避免风险。相对地，德国通说认为当合法替代行为必须几近确定地可避免结果发生时，结果才具有客观可归责性。②

四　小结

客观归责理论初创时仅是针对过失犯的问题而运用，经过不断修正后建立现在的规则体系，即使坚持目的犯罪论的学者如赫希与屈佩尔，在制造风险与偏离因果的问题上，不认同客观归责的说法，但也没有反对将客观归责理论适用在过失犯上。而且注意义务这个用语在法律上不明确，如果以客观归责理论的内容作为判断标准，将能清楚表达过失犯的意义。因为目的犯罪论在说明过失犯上有其缺陷，客观归责理论跳出目的犯罪论的框架，在过失犯中建立了一个新的体系架构，这是其重要的贡献。

罗克辛等支持客观归责理论的学者认为，故意犯与过失犯的客观构造相同，所以只要在构成要件规范保护目的的范围内，实现了由行为人制造的不被允许的风险，不管是故意犯或过失犯都可归责于客观的构成要件行为。许迺曼却认为故意犯与过失犯在客观构造上不同。③ 传统理论

---

①　参见许泽天《刑总要论》，元照出版有限公司，2009，第 286 页。

②　参见林山田《刑法通论》下册，元照出版有限公司，2008，第 192 页。

③　参见陈膺方《刑法上客观归责理论之目的与适用疑义》，《刑事科学》1997 年第 43 期。

与客观归责理论，针对故意犯的情形可能会有不一致的结论，但在过失犯的认定上可以得出相同的结论，为什么会有这种差异呢？这是因为在过失犯中，注意义务规则经由利益权衡而形成，所以制造风险或升高风险，不被认为是违反注意义务。而行为人的行为如果出于危害的意图，则无论如何不能有效主张有选择的权利，所以对故意犯要赋予较严厉的刑事责任。①

---

① 参见〔德〕许迺曼《刑法上故意与罪责之客观化》，郑昆山、许玉秀译，《政大法学评论》1994 年第 50 期。

第九章　过失犯客观归责的核心：
结果避免可能性

一　问题的提出

过失犯的成立以存在结果避免可能性为前提，这个命题按照刑法基本原理是难以反驳的，因为刑法不能强人所难，不能要求行为人变不可能为可能。尽管人们对避免可能性的精确意义还有不同看法，但行为人在未避免欠缺避免可能性的结果时刑法不予非难。[①] 黄荣坚教授认为，过失概念设定了一个要件，即行为人对于不法事实实现具有预见可能性，其基本意旨就是考虑到，倘若一个人对于不法事实的实现没有预见可能性，自然对不法事实的实现欠缺避免可能性，这时适用刑罚是没有意义的。由此观之，避免可能性无非构成过失的要件——预见可能性的同义词，可以说在过失的构成上，没有必要在既有的要件之外，再次设立避免可能性这个要件。[②] 但是，结果预见可能性与结果避免可能性并不是对等的概念。①有的情形没有预见可能性，但是有结果避免可能性，如甲驾车与在路口等绿灯的乙驾驶的前车追尾，乙正非法拘禁丙，将丙放在后备厢里，丙当场被撞击身亡，甲对丙被撞身亡是无预见可能性的，但是若甲认真注视前方，是可以避免追尾事故从而避免丙死亡的。②有的情形有预见可能性，但是不存在结果避免可能性，[③] 如甲驾车在限速

---

① 这也是我国刑法典的明确要求，我国《刑法》第 16 条规定："行为在客观上虽然造成了损害结果，但是不是出于故意或者过失，而是由于不能抗拒或者不能预见的原因所引起的，不是犯罪。"从这个规定也可以看出，结果避免可能性是成立犯罪的前提。

② 参见黄荣坚《基础刑法学》（上），中国人民大学出版社，2009，第 255 页。

③ 张明楷教授认为，在某些情况下，行为人虽然对结果具有预见可能性，甚至已经预见，但不可能采取措施避免结果发生，或者虽然采取了避免结果发生的措施，但结果仍然不可避免。由于结果的回避可能性是故意犯罪与过失犯罪的共同前提，所以，对于这种不可抗力，既不能认定为过失犯罪，也不能认定为故意犯罪。参见张明楷《刑法学》，法律出版社，2016，第 294 页。

100 公里/时的高速公路上以 130 公里/时的速度行驶，前车司机乙因身体不适急踩刹车，甲车撞击乙车，致使乙车乘客丙死亡，甲对超速行驶有可能与前车追尾从而造成事故是有预见可能性的，但在当时车速太快已无足够安全距离制动，无法避免事故的发生。综合上述两种情形，结果避免可能性在过失犯的构成中具有独立的地位，不能被预见可能性概念替代。在旧过失论所讨论的违反结果预见义务的情形中，实际上有一部分是欠缺避免可能性的情形，并非欠缺预见可能性。依据旧过失论的观点，结果无价值论认为法益侵害是违法的内容，因此，当行为人预见、认识到客观法益侵害性的时候，还要去从事某种行为的，他就有可能受到责任非难。然而，一方面，旧过失论并没有清晰地将缺乏预见可能性的情形与缺乏避免可能性的情形区分开来；另一方面，现代刑法学说已经认识到，虽有预见可能性但无避免可能性的情形，是不能让行为人承担过失责任的。①

随着刑法理论的发展，过失犯的不法内涵逐渐发生变化。早期注重于审查行为与法益侵害之间的条件因果关系，但是后来逐渐意识到，在发生某个损害结果的时候，行为人的举止是不谨慎的，同时，如果行为人依照法的期待谨慎从事，本来能够认识并避免该结果的产生，由此可以说，正是基于义务违反而产生了该结果；即使行为与法益损害有因果关系，也不能断定法益损害必然由违反注意义务而来，就此学说上进而要求，在违反注意义务与法益损害之间还应具备违反义务的关联性，申言之，行为人违反注意义务所引发的法益风险，必须进而在侵害法益的过程中得以实现，倘若法益受侵害的途径与行为之风险并无瓜葛，那么结果归责不能成立。注意义务会划设出法欲避免的风险实现路径，能够肯定法益损害与行为人有关的前提是，沿着该路径而实现法益损害。

一般来说，法律秩序禁止行为人制造不允许的风险，但许可行为人制造有限的允许风险，之所以这样做是以下列认识为前提的：不允许的风险会侵害法益，而允许的风险对法益无害，由此赋予行为人以义务去控制行为风险，不得逾越许可的界限。但是，如果低度的允许风险与高度的不允许风险一样，均会引起法益侵害，那么对于法益保护而言，注

---

① 参见周光权《刑法总论》，中国人民大学出版社，2016，第 163 页。

意义务所设定的控制风险的命令就失去了意义，不再受到法的期待；无论行为人遵守注意义务与否，法益侵害都不可避免地会发生，再去追究行为人的过失责任便是放任刑罚的滥用。如果行为人即使实施了允许的风险性替代举止，也无法回避结果发生，那么这个结果就因其存在不可避免性而不能归责于行为人。例如，"赵达文交通肇事案"① 被告人赵达文驾车在某路口行驶，该处限速 60 公里/时，其车速事后检测超出 77 公里/时，在其看见道路上散放的雨水井盖后采取措施不及，车轧上井盖后失控，冲撞路上隔离带后闯入辅路，撞击一辆正常行驶的汽车以及骑自行车正常通行的刘某等人，造成三人死亡、二人受伤的重大交通事故。交通管理部门事后认定，被告人对此次事故负全部责任。一审法院经审理认为：被告人驾驶车辆时违章超速，而且没有履行必要的注意义务，当其发现散落于路面上的雨水井盖时，已无法采取有效措施，这是事故发生的原因，判处赵达文构成交通肇事罪。二审法院认为：上诉人对此次事故负全部责任的认定并无不当，因为在此次交通事故中，各个被害人都没有违章行为，也不存在其他人的违章行为。上诉人驾驶的汽车轧上散落于道路上的雨水井盖是客观事实，但是没有证据证明轧上井盖是否必然导致事故的发生。现有在案证据能够证明上诉人超过该路段限速标志的最高速度驾车行驶，这是造成事故的一个原因，正是违章超速导致其遇井盖后不能控制车速，不能及时采取措施。上诉人提出散放于路面的井盖是造成事故的原因，理由并不充分；车辆驾驶是一种危险作业，驾驶人必须时刻注意道路上的各种情况，从而采取适当的措施保证安全。上诉人超速行车，导致其在紧急状态时不能实施有效措施，不可避免地发生本案事故，上诉人对造成他人死亡、受伤的重大交通事故应承担刑事责任。二审法院驳回上诉，维持原判。

　　笔者认为，本案中法院的审理思路没有将归因与归责区分开来，认为被告人违章超速驾驶是造成事故的原因，据此便将事故结果归责于他。法院认为"赵达文所驾驶的车辆确实轧在散放在道路上的雨水井盖（上），但轧上井盖是否必然导致该案的发生，缺乏证据证明"，也就是说，法院也没有查明事故结果的发生是否有可避免性，仅仅因为"现有

---

① 参见北京市第一中级人民法院（2005）一中刑终字第 3679 号刑事附带民事裁定书。

证据能证明赵达文在肇事时车速已超过该路段的限速标志"，就将事故结果归责于他，这违背了结果归责原理，也违背了存疑时有利于被告人的原则。即使被告人没有超速行驶，也极有可能轧上井盖并导致结果发生，从而欠缺结果避免可能性。这时，被告人违反注意义务的行为是否符合过失的构成要件，是值得考察的。[①]

二 事实的与规范的结果避免可能性

（一）事实的结果避免可能性

行为表现为人对于外界所施加的作用，对于物理上、事实上不可能避免发生的结果，不论从哪种意义上说，都不能称为行为的产物。因此，事实性意义上的结果避免可能性是故意犯、过失犯、作为犯、不作为犯成立所必需的行为的不可缺少的前提，不具备结果避免可能性的，就可以否定构成要件该当性。在不存在结果的物理的、生理的避免可能性的场合，因为欠缺行为性，所以既不能追究故意（既遂）犯的责任，也不能追究过失犯的责任。在行为人的处境中并无他人可以避免该结果，因此对于行为人来说，法益侵害是在客观上无法回避的不幸，而不是借以追究行为人责任的不法。这个事件里既存在因果性，也存在结果无价值，但是由于欠缺行为无价值而没有实现不法构成要件。

以行为人的物理的、生理的能力为基础的社会行为论，可谓刑法中稳妥的行为论。根据该理论，在忘却犯等过失犯情形，过失的认定要在行为人饮酒、打瞌睡前能够认识到扳道业务的重要性并且能够实施预防事故发生的举止（如换班或者停止饮酒）的时候进行特定，并就此时行为人对因饮酒、打瞌睡而忘记扳道引发事故是否存在预见的可能进行讨论。行为人在事故发生时抱持的现实目的并不重要，重要的是，倘若行

---

① 我国也有学者对该案判决提出了质疑：审判机关并未对被告人违反限速要求这一注意义务是否为避免危害结果所必需进行评价，也未对被告人即使按照限速标准行驶，是否也可能撞上突然出现的散放于路上的井盖并造成严重后果进行考察，而直接将《道路交通安全法》所设定的注意义务引申为过失犯的注意义务，缺乏针对案件事实的个别性判断。参见张冬霞《过失犯注意义务的解读：赵达文交通肇事案》，《判例与研究》2007 年第 1 期。

为人具有避免结果的目的，在这一目的指引下实施行为，就能防止该结果发生，即存在物理的、生理的避免可能性或者潜在的目的性。此时，才能够进一步审查行为的危险性，以及预见可能性、避免行动的期待可能性。行为在与结果的关系中被相对地确定，因此，能否成立刑法上的行为取决于两个方面，一是对结果以及引起该结果的因果流程负有责任的人的态度的社会意义，二是行为人是否拥有避免该结果的物理的、身体的能力。例如，"睡眠驾车案"。行为人在驾车行驶途中睡眠时无呼吸症候群发作，毫无征兆地立刻进入睡眠状态，结果与对向来车相撞，导致数人受伤。法院认为，行为人当时的状态决定了其不能履行注视前方的义务，因此做出无罪判决。① 在这种由于身体状况不可能回避结果的情形，可以得出结论说，不存在事实上的结果避免可能性，不成立过失犯的实行行为。

又如，"铁路道口案"。一个铁路道口位于转弯处，视野很不好，司机驾驶火车通过该道口时恰巧一个小孩在那里，司机在相距只有 30 米远的地方才能看见小孩，但是司机未能注视前方而没有发现小孩，从而没有刹车而将小孩轧死。法院认为，即使司机注视前方，基于列车的时速和到人行道口的距离，在看见小孩之后迅速采取拉响汽笛、紧急制动等措施，也不可能阻止结果的发生，因而认定司机的行为与小孩死亡结果之间无因果关系，做出了无罪判决。② 有观点认为，在上述案件中，引起死亡结果的行为是司机未拉响汽笛、未紧急刹车、使列车继续前行，但即使采取相应措施也难免发生结果，因此司机的前行为与随后的结果间不存在条件关系。然而，学说上一般认为，只有在现实发生的具体结果与引起该结果的个别实行行为之间才能进行条件关系的判断，这是因为条件关系公式具有事实判断的意义，它禁止加入其他未曾发生的假想事实。因此，上述观点可能犯了方法论上的错误，它通过事实上不曾发生的假定条件来验证条件关系的存否，这并不正确。③ 尽管法院的判决聚焦于行为和结果之间的因果关系，但是根据没有 P 就没有 Q 的条件关系说，确实可以肯定司机行为与结果之间存在因果关系。因此，即使在

① 参见日本大阪地方裁判所判决 2005 年 2 月 9 日，《判例时报》1896 号，第 157 页。
② 参见日本大审院判决 1929 年 4 月 11 日，《法律新闻》3006 号，第 15 页。
③ 参见黎宏编《刑法学》，法律出版社，2012，第 207 页。

作为犯的判断上，至少在判断结果犯的既遂时，除了要求因果关系，也还要有结果避免可能性。可以说，由于驾驶行为不能回避死亡结果的发生，所以其并不是犯罪行为，从而否定了司机对于小孩死亡结果之态度的行为性，也就不符合过失犯的构成要件。无论是新过失论还是旧过失论，都一致认为，欠缺事实上的结果避免可能性的情形难以成立过失犯。

从预见他人的异常危险行为会导致结果的发生到采取相应的防止结果措施通常需要一定的时间，倘若在这个过程中结果已经无法回避，那么就不应追究过失的责任。易言之，以信赖原则为前提，在可能预见结果的时间，回避结果毫无可能的，便否定过失。只有在下列场合才有存在过失责任的余地：倘若让精神紧张（集中精神）本来有可能预见结果，而且采取与此预见相适应的避免结果行动的话，本来不会有结果发生。所以，虽然预见到结果并实施了切实的结果避免行动，但此时此刻不具有结果避免可能性的，不成立过失犯。例如，"夜间撞车案"行为人在夜间开车以时速40公里行驶，直至相距8米时行为人才发现同一车道上有一辆未开车灯的汽车反向驶来，行为人虽紧急刹车也由于猝不及防而与来车对撞，致使对方车辆的驾驶人死亡。行为人并无事前慢行的义务，而且就算注视前方也不可能更早看见前方逆行车辆，更何况行为人并没有违反注视前方的义务。本案中，在已存在预见可能的时候所能实施的切实避免结果行为便是紧急制动，但是尽管如此也无法回避结果发生，自然应否定过失的成立。①

需要注意的是，虽然行为人在接近结果发生的A时点并无可能避免结果发生，但是在此之前的B时点存在结果避免可能性时，如果B时点的行为存在危险性，则可能成立过失犯。② 例如，甲未能考取驾驶证却开车上路，在一急拐弯处，由于其开车技能不佳，未能避免事故的发生，致人伤亡。在这种场合，甲不能以其没有能力避免结果为由否认对其过失犯罪的指控，因为甲在无驾驶证的情况下开车上路（B时点），该行为本身即具有危险性，甲可以放弃驾车上路，而且不应当驾驶汽车，只要他不开车上路也就不会发生事故，尽管A时点他不能回避结果，但他仍

① 参见日本最高裁判所判决1992年7月10日，《判例时报》1430号，第145页。
② 参见张明楷《刑法学》，法律出版社，2016，第295页。

会成立过失犯罪。

（二）规范的结果避免可能性：合法替代行为的考察

只有当谨慎义务的违反恰恰是侵害结果的客观上可归责的原因时，它在构成要件上才是有意义的。对此认定起决定性作用的是：假设行为人的行为在法规上并无瑕疵，没有逾越许可风险的边界，因果流程会如何发展。倘若有足够的证据表明，即使行为人的举止符合规范，也会发生同样的结果，那么仅仅根据构成要件结果处罚行为人就是站不住脚的，因为对谨慎要求的违反并没有在结果发生上发挥作用；这时，如果行为违反了相应的行政法规，那么它可能要受到行政处罚。

一般观点认为，正如无 P 则无 Q 这种条件关系所表现的判断逻辑，在作为犯因果关系的判断上，应该假定单纯的不作为，即什么也没有做，但在不作为犯因果关系的判断上，应该假定形成作为义务内容的作为。与此不同，也有少数观点认为，即使在作为犯的场合，也不应该假定单纯的不作为，而是应该假定遵守义务的行为，或者假定允许风险界限之内的行为。① 下面我们从一个案例入手验证上述观点。"过近距离超车案"被告人 A 驾驶货车在道路上超越骑自行车的 B，当时的间距是 75 厘米，结果 B 向左侧跌入车底，被轧致死，B 已经喝得大醉，即使 A 遵守《道路交通法》规定的 150 厘米间距超车，同样的结果也极有可能发生。被告人被以过失致死罪起诉，最终德国联邦最高法院认为本案不存在因果关系，判决被告人无罪。② 在该案中，被告人应当遵守的注意义务是保持 150 厘米间距，该注意义务所预设的风险实现路径正是过近间距易与他车他人擦撞导致事故，从现实上已然发生的因果流程观察，B 生命法益被侵害的途径正符合注意义务预设且期待防止的方式，本来可以直接确定结果可归责。我们进一步审查，由于 B 已然酩酊大醉，A 合规超车也极有可能使其受到惊吓，B 也会向左倾倒被车碾轧，A 遵守注意义务也不能有效回避法益侵害，实务与学说认为，应对被告人做出有利的

---

① 参见〔日〕林干人《刑法总论》，东京大学出版会，2008，第 119 页以下。

② 参见 BGHSt 11，S.1。该判决否定举止缺陷对于结果的原因性，但未指出结果的归责性。后来的判决（BGHSt 30，S. 228，239）提到了结果归责的问题，但是没有进一步阐述。

认定，不能追究其过失的责任。① 针对本案，有观点认为，倘若 A 不超车，就不会发生 B 的死亡，所以应承认二者间具有条件关系。与之相反，也有观点认为，即使 A 保持法定间距超车，B 也难逃一死，所以应否定二者间存在条件关系。② 然而，只要 A 不去超车，B 就不会因超车而死亡，对 A 来说，B 之死亡是有实际避免可能的结果，存在事实上的结果避免可能性，B 之死亡正是 A 之超车行为的产物，所以肯定条件关系没有问题。在这种意义上，在作为犯因果关系的检验上，还是应该假定单纯的不作为。当然，虽然 A 之超车行为与 B 之死亡之间具有条件关系，但是也要看到，B 之死亡并非 A 的义务违反的产物，在违反注意义务行为与死亡结果之间缺乏关联性。在这种被允许风险界限之内的行为也会导致同样结果的情形下，顾及与被允许行为之间的均衡，对行为人不做刑罚评价，是有其合理性的。由此看来，不同于条件关系要考察的事实上的结果避免可能性，还要审查这样一个问题，即作为客观归责的要件或者过失的要件，应当具有规范的结果避免可能性。③

行为人虽然没有遵守道路交通法等法规所规定的注意义务，但针对即使遵守了这种义务也不具有结果避免可能性的情形，刑法上做何处置？这一被称为合法替代行为的问题，是近些年来德日过失论中热门的话题。在过失犯中，往往由于行为人违反了业务规则或者违反了日常生活中的注意事项而引发结果，然而有些场合，行为人即使没有违反上述规则而谨慎行为，也还是要发生结果，对此如何处理就会有争议。人们会问，即使行为人的举止符合谨慎要求，但还是无法回避结果发生，这种假设性事实能否阻却过失犯的成立？这是一种比较考察的思路，即用假设的合法行为代替现实的违规行为，然后得出某种结论，因此被称为合法替代行为的考察。在德国刑法专论或教科书中，合法替代行为的案件分析与理论介绍都是独立于规范保护目的类型的，成为独立的一个领域。具体的审查方法是，先假定行为人遵守注意义务，选定合法替代行为取代

① Vgl. BGHSt 11, S. 1 ff.
② 日本有学者认为，缺乏结果避免可能性意味着缺乏条件关系。参见〔日〕町野朔《刑法总论讲义案》Ⅰ，信山社，1995，第155页。
③ 参见〔日〕松原芳博《刑法总论重要问题》，王昭武译，中国政法大学出版社，2014，第56页。

原来的注意义务违反举止，建立一个未曾实际发生的假设因果流程，然后观察在假设因果流程中，同样的法益侵害结果是否还会出现。行为人违反了注意义务，也在现实流程中侵害了法益，然而通过合法替代行为与假设因果流程的操作，得出的结论是，原已成立的结果归责被否定。此时，我们需要教义学上的论理来支持这种处理方法。

下面的案例验证了在过失犯认定中需要考察规范的结果避免可能性，即需要合法替代行为发挥作用。"黄灯通行案"被告人在凌晨0：30左右，驾驶出租车载客途经某路口，由于被告人向前直行且该路口视线不好，其应履行业务上的注意义务，即认真观察左右来车并慢速通行，但被告人怠于履行该注意义务，漫不经心地以30～40公里/时的速度往前通行，结果与左方开来的车辆相撞，致使出租车上的乘客一人重伤一人死亡。一审、二审法院均认定被告人成立业务过失致死伤罪。被告人载客夜间驾车，明明看到前方路口有黄色信号灯在跳动，仍不顾慢行义务而以时速30～40公里驶入了交叉路口，同时，左边的车辆无视红灯强行通过，且时速达到70公里，再加上该车司机正欲捡起掉在车中的手机而脸刚好朝下，未注视前方，几种因素叠加引起两车相撞，造成乘客的死伤。日本最高裁判所认为，虽然被告人违反《道路交通法》上慢行义务的行为值得被谴责，但是有必要慎重地审查对于被告人来说，本案事故的发生是否有避免可能性。最高裁判所认为，考虑到实施紧急刹车措施所必需的时间，即使被告人减速慢行以时速10～15公里通行，也不可能避免与左边来车相撞，基于此理由，撤销了一审、二审法院的判决，认定被告人无罪。[1]

可以看出，最高裁判所关注的是，在实施假定替代行为即以10～15公里/时的速度通过交叉路口时结果是否有避免可能性，并根据案件的各种事实，认为不存在结果避免可能性。最高裁判所的判决并未否定被告人具有注意义务，但是基于即便被告人履行注意义务也无法避免撞车的交通事故，更准确地说，无法充分证明被告人能够避免交通事故，排除了过失犯的成立。判决得出的结论是基于以下的认识：被告人有属于注意义务的结果避免义务，之所以让被告人负有注意义务是为了防止结果的发生，在履行了这种结果避免义务也不能避免结果发生时，可以说就没有违反结果避免义

---

① 参见日本最高裁判所判决2003年1月24日，《判例时报》1806号，第157页。

务，或者说结果避免义务的违反与结果的发生之间没有因果关系（归责关系），所以不成立违反注意义务的过失。① 在本案中，法院确定被告人的结果避免义务是，在通过交叉路口前减速以 10～15 公里的时速慢行并确认道路交通的安全，抽象一些来说，这种场合的结果避免义务就是，行为人控制其行为的危险性，使其减少到一般情况下不会发生事故的程度。虽然在交叉路口停车瞭望也可以避免撞车事故的发生，但即使行为人所采取的减少危险性的措施未达到这种程度，在本案中，行为人若能减速慢行亦可有效减少行为的危险性，从而低于成立过失犯罪的构成要件该当行为所要求的行为危险性的程度。如此，履行了这种使危险性减少的义务即结果避免义务，也不能够阻止撞车致人死伤这种该当于构成要件事实的发生，对于行为人来说不存在避免结果的可能性，所以不能认定行为人实质上违反了结果避免义务，从而否定了行为的构成要件该当性。② 可以说，最终生效的判决以欠缺结果避免可能性为理由否定了过失犯的成立。判决中所提到的结果避免可能性，从其判断的方式上来说属于事后的结果避免可能性。行为人的行为懈怠了《道路交通法》规定的慢行义务，从业务过失犯罪的角度来看也属于危险的驾驶，应当说行为人履行慢行义务、不危险驾驶是可能的，认定刑法上的注意义务违反没有问题，即可以肯定事前的结果避免义务违反。当然，判决否定了事后的结果避免可能性。

按照旧过失论的立场，判断作为犯的条件关系时不能加入假定事实，基于这一层原因，旧过失论一般不研究假定的合法替代行为的结果避免可能性这种问题。在上述案例中，如果不超车、如果不驾车通过路口，就不会发生被害人的死亡结果，所以无法否定条件关系或者事前的结果避免可能性。但是，近些年来，基于旧过失论的立场，主张在一定范围

---

① 参见〔日〕山口厚《从新判例看刑法》，付立庆、刘隽译，中国人民大学出版社，2009，第 58 页。陈兴良教授讲过一个事实判断与价值判断区分的例子：乘坐高铁时按车票上的座位号找到座位，发现已有一人坐上，出示车票给该人看，此人说这些座都是一样的，坐哪个都行。该人占用了他人座位是事实判断，坐哪个座位都行则是价值判断。从客观上、形式上看，被告人违反了慢行的注意义务，山口厚教授认为被告人"没有违反结果避免义务"，这是一种价值判断，是针对欠缺结果避免可能性的情形而言的。山口厚教授认为，在欠缺结果避免可能性的情形，结果避免义务的违反与结果的发生之间不存在因果关系。笔者认为，对于这里的因果关系准确地理解的话，应是客观可归责的关系。

② 参见〔日〕山口厚《从新判例看刑法》，付立庆、刘隽译，中国人民大学出版社，2009，第 61 页。

之内可以考虑假定的合法替代行为的观点也逐渐产生影响。① 即使是主张旧过失论，行为也要具备实行行为性，必须具有实质性危险，即达到了不被允许的风险的程度，相对地，那些尚未达到这种程度、只有较小风险的行为，就属于国民行动自由范围之内的行为，是法和社会所允许的。在上述案例中，以间隔 150 厘米超车、减速至 10～15 公里/时通行，这些行为不仅符合形式上的行为准则要求，还因为其对法益的危险性较小而得到法律的允许，但是即使这些属于行为人自有范围之内的假定的合法行为，也会造成相同的结果，据此可以说，以间隔 75 厘米超车、以 30～40 公里/时的速度通行与被害人死亡结果之间不存在内在关联。如果说合乎注意义务的行为这种允许风险界限之内的行为也会造成相同的结果，那么就不能说，上述案件中实际发生的违规行为所导致的死亡结果，是实现了内在于该行为的不被允许的风险。

新过失论关注有无规范上的结果避免可能性的课题，亦即倘若履行作为行为准则的客观注意义务，是否可以避免结果发生。这种规范的结果避免可能性的思考，体现了禁止该行为与法益保护以及自由保障之间的关系，② 基本上指出了解决问题的正确方向，当然有下列问题需要进一步探讨：①作为假定的合法替代行为，应如何确定，选定的标准是什么；②结果避免可能性与客观归责理论、过失犯理论是何种关系，三者在理论体系中是何定位；③假定的合法替代行为的结果避免可能性达到何种程度，可以否定过失犯（客观归责）的成立。

关于上述后两个问题，将在下文详细回答，这里首先回答第一个问题。在判断结果避免可能性时，替换现实上所实施的违规行为的，必须是假定法所期待的行为、是应该实施的行为。在因过失的作为而引起结果的场合，因为过失犯的实行行为本身就是受到限定的，所以要假定的就是符合结果避免义务的行为。我国有学者认为，必须对合义务替代行为进行明确的限定，筛选的标准有二：③ 一是，从行为类型上讲，合义

---

① 参见〔日〕山口厚《刑法总论》，付立庆译，中国人民大学出版社，2011，第 231 页。
② 参见〔日〕松原芳博《刑法总论重要问题》，王昭武译，中国政法大学出版社，2014，第 219 页。
③ 参见陈璇《论过失犯的注意义务违反与结果之间的规范关联》，《中外法学》2012 年第 4 期。

务替代行为与实际发生的违法行为是同一的，某一合法举动被选为替代行为的前提是，该合法举动所具有的目标或所追求的利益与现实上行为人的违法行为所体现的目标或利益要一致，例如，在"过近距离超车案"中，不按照法定间距超车是行为人事实上的违法行为，那么按照法定间距超车才属于合义务替代行为，而不是放弃超车，这是因为放弃超车不符合行为人当时的行动目的，与现实的违法行为不是同一种行为类型；二是，如果与违法行为属于同一类型的合法行为备选项有多个，那么应选择最低限度的合义务行为，因为最低限度地符合注意义务就满足了允许风险的要求，除此之外，法秩序不应苛求国民有更高限度的注意义务，例如，在"过近距离超车案"中，应以保持 1.5 米间距超车作为假定的合法替代行为，而不是以 3 米间距超车。我国台湾学者除了上述两点外，还提出了一点，即理论上调整为合法行为的时点，应该是全部违反注意义务的过程，在某些案件中，违反注意义务的时间必须持续一定的长度，该注意义务的违反才有规范意义。在这种案例中，如果前阶段违规与后阶段违规的时间已经有一定的间隔，则没必要调整全部的违规行为，只有关键时点的违误才真正与法益侵害有关，判定结果归责不必从最初违反注意义务的时点就开始认定行为人已构成过失犯的行为不法，而应该把行为不法延后到真正能产生近因效果的时点进行判断，同样的道理，将违反注意义务的行为替代为合注意义务的行为时，也必须把替换的对象限制于近因效果时点，只要把近因时点的行为调整到允许风险的界限内即可，不必把违反注意义务的全部行为替换为合注意义务的行为。① 通过以上三个标准，就能合理有效地选定合法替代行为，从而判断规范的结果避免可能性是否存在。

三　结果避免可能性与过失犯的客观归责

（一）结果避免可能性是过失犯客观归责判断的要素

行为人超越法律界限所制造的不允许风险已然引起实害结果发生时，

---

① 参见许恒达《合法替代行为与过失犯的结果归责：假设容许风险实现理论的提出与应用》，《台大法学论丛》2011 年第 2 期。

除了要审查结果的发生是否具有常态关联性，以及是不是在规范保护目的范围内等要件之外，还应当检验行为人所制造的风险如果没有超越法律尺度，结果是否仍然会发生的问题。只有系争构成要件结果具有可避免性，才能判定有可能成立客观归责。之所以要求行为人履行注意义务，是因为断定可借此回避法益的损害后果。倘若具体个案中，即便行为人履行注意义务（法规范义务），也不能防止构成要件结果发生的，虽然违反注意义务行为是具体结果产生的条件原因，而且违反注意义务行为也创设了法所不允许的风险，但结果并非基于行为的违反义务而发生，仅止于制造但是没有实现具体风险，所以不能将结果归责于行为人。用客观归责理论的术语来说，因为法所要求的注意义务在个案中已经被证明为无效，所以排除归责。这种义务违反与结果的关联性要求，曾是传统过失论判断过失犯的要件之一，后来以结果的可避免性要素，被客观归责学说吸纳为实现不允许风险阶段的下位规则之一。①

在著名的"山羊毛案"②中，毛笔厂厂主没有依法消毒便把感染病菌的山羊毛交给女工加工，这属于创设了法所不允许的风险，而且懈怠注意义务创设的法益风险也是事实上导致工人死亡的关键原因。如果厂主不把染菌的山羊毛拿给女工，那么就不会发生女工感染病菌死亡的结果，对此结果来说厂主的行为是不可想象其不存在的条件，因此二者之间具有条件因果关系。从归责层面上看，要求交付原料前消毒的注意义务，正是为了灭杀原料上的病菌，行为人没有消毒而被害人感染致死，这本已遵循了注意义务预先设定的可能侵害路径，且该法益侵害结果仍在注意义务规范的保护范围内，从规范保护目的的要求来看，原本要承认结果归责。但是事后鉴定证明，当时的法定消毒程序对该种病菌的灭杀不起作用，即使厂主依规消毒也不能避免死亡的发生，事先拟定的注

① 值得注意的是，日本学者山中敬一认为，如果存在即便是履行了注意义务仍然会发生结果的状况，则该注意义务是意味着从事后而言对于该结果的防止没有帮助，而因该注意义务的违反所创出的危险，实质上是在被允许的危险范围之内。参见〔日〕山中敬一《刑法总论》，成文堂，2008，第376页。由上可知，山中敬一认为欠缺结果避免可能性的情形属于未制造不被允许危险，而不属于危险实现阶段。我国也有学者认为，在客观归责理论中，结果避免可能性属于危险创设，而非危险实现的问题。参见陈璇《论过失犯的注意义务违反与结果之间的规范关联》，《中外法学》2012年第4期。

② Vgl. RGSt 63, S. 211.

意义务实属无效的义务，义务违反行为与风险实现之间的内在关联性缺位，死亡结果不能归责为厂主的疏忽行为。

日本学者野村稔认为，在"过近距离超车案"中，刑法做出评价以前的具体行为是 A 的超车行为，然而在过失犯的情形，客观方面的行为应表现为不作为。在本案中，社会的一般观念认为在道路上超越自行车的时候，必须保持足够的距离以免擦撞，因此行为人未间隔一定距离的超车行为是法所要非难的，在此意义上，正如同不作为的因果关系判断，应当准许把法所期待的作为加入假定判断之中。具体来说，保持 1.5 米间距是符合作为义务态度的、作为社会一般观念内容的被期待的行为（作为），这时实施超车行为却仍旧不幸地发生了死亡结果，据此应当否定这里的条件关系。[①] 笔者认为，这种观点混淆了条件因果与结果归责。根据条件关系的公式，没有 P 就没有 Q，则 P 是 Q 的原因，二者之间存在条件因果关系。在"过近距离超车案"中，没有 P 是指没有"违规 + 超车"行为，而不是仅仅指没有"违规"，没有超车行为当然就没有死亡结果，因此，驾驶行为与被害人的死亡之间存在条件关系。接下来判断，假设驾驶人"合规 + 超车"，是否仍然会发生被害人死亡的结果，得出的结论是死亡结果仍然会发生，也就是不具有结果避免可能性，从而否定了死亡结果对驾驶人的客观归责，否定了过失犯的客观构成要件该当性。

客观归责理论与新过失论一样，均将结果避免可能性作为问题探讨的核心。之所以重视结果避免可能性这个因素，是为了让过失犯的处罚摆脱其有自陷禁区原则（versari in re illicita）[②] 的结果责任嫌疑的指责。倘若在具体个案中，行为人没有违反注意义务，构成要件结果仍然会发生，那么就不能将发生的结果算到义务违反行为的账上，否则不啻为一旦违反注意义务就要对由该行为衍生的一切后果负责的结果责任，这会不当地扩大过失犯的成立范围。法之所以禁止特定的行为模式，正是要避免这种行为模式所蕴含的风险造成法益侵害。[③] 只有当行为中所蕴含

---

① 参见〔日〕野村稔《刑法总论》，全理其、何力译，法律出版社，2001，第 140 页。

② 自入（陷）禁区原则是指：自己一旦进入了一个不受允许的情状，就要对这个情状中所引发的一切结果负责。这种古代宗教法上所发展出来的原则，已不见容于现代法治国家中的理性制裁要求。参见刘明祥主编《过失犯研究——以交通过失和医疗过失为中心》，北京大学出版社，2010，第 315 页。

③ Vgl. Hoyer, Strafrecht Allgemeiner Teil I , 1996, S. 41.

的不受允许风险的特性在具体个案中支配了结果发生时，才有理由坚守这种行为规范（注意义务），才能把结果的发生看作行为人干的"好事"，看成他的作品。因为这里就是在处理应不应该将结果这笔账算到行为人头上的问题，所以清楚地显示了其中的归责属性。[1] 应该说结果避免可能性属于新过失论的核心范畴，也是过失论中最为重要的客观归责要素。如果一个学者承认结果避免可能性具有重要性，那么也能够认为他主张新过失论，也主张客观归责理论。[2] 新过失论与客观归责理论一样，都是带有强烈价值评价属性的理论，二者之间在方法论上有着内在的一致性。结果避免可能性、预见可能性等要素的判断，事实上承担了过失犯的客观归责判断的任务。当然，结果的可避免性并不是客观归责论者所发明的概念，客观归责论者只不过将这个既成概念收编到自己的规则体系中，成为检验风险实现的下位辅助规则而已。

（二）过失犯中客观归责理论优于相当因果关系理论：结果避免可能性的视角

我们从一个案件的审理开始探讨。"超速与对向违规来车相撞案"中 A 驾驶大客车以时速 62~66 公里行驶，该处限速为 50 公里/时，在对向车道驾驶小客车的 B 突然越过道路上划设的双黄线，以约 40 公里/时的速度驶入 A 车车道，B 违规驶入时两车相距 10 余米，A 发现 B 驶入后设法刹车，但已来不及而与 B 车相撞，B 受伤后不治而亡。该案经我国台湾地区"最高法院"数度审理，学者们也对该案进行了诸多评释，其可以说是颇具代表性的案例。台湾地区"最高法院"在历次上诉审中，均基于未调查相关证据而发回"高等法院"重审，"最高法院"基本上以下列核心论点来审理此案：只有在过失行为与法益侵害结果间存在相当因果关系时，才能成立过失犯。台湾实务长期以来都是根据台湾地区"最高法院"1987 年度台上字第 192 号判例提出的公式，检验案件中的相当因果关系："依经验法则，综合行为当时所存在之一切事实，为客观之事后审查，认为在一般情形之下，有此环境、有此行为之同一条件，

---

[1] 参见刘明祥主编《过失犯研究——以交通过失和医疗过失为中心》，北京大学出版社，2010，第 315 页。

[2] 参见周光权《刑法总论》，中国人民大学出版社，2016，第 167 页。

均可发生同一之结果者，则该条件即为发生结果之相当条件，行为与结果即有相当之因果关系。反之，若在一般情形之下，有此同一条件存在，而依客观之审查，认为不必皆发生此结果者，则该条件与结果并不相当，不过为偶然之事实而已，其行为与结果间即无相当因果关系。"①关于本案是否存在相当因果关系，我国台湾地区"最高法院"认为："被告驾驶大客车，发现被害人小客车逆向突然闯入，相隔十公尺或五六部小客车之距离，两车相对行驶，约一秒钟瞬间即遭撞上，即使以正常之时速五十公里行驶，亦无法防免，其虽超速十二公里，但与本件车祸之发生，应无因果关系。"②

可以看出，我国台湾地区"最高法院"是以欠缺相当因果关系来排除过失的成立，这里的相当因果关系实际上是合法替代行为的判断，已经超出因果关系的范畴在进行归责评价，但是相当因果关系由于欠缺规范评价体系而无法承担结果归责的任务。台湾地区"最高法院"认为：虽然行为人违反限速的注意义务，但由于存在被害人突然闯入对向车道的事实，合乎限速的驾驶也不能在短距离内刹停，被害人死亡结果注定要发生，故行为人不构成过失犯。笔者认为，这实际上是以结果避免可能性的欠缺排除过失犯的成立。判断相当因果关系的主观说、客观说、折中说均未明确指出结果避免可能性是判断要素，而是将其融入社会生活经验中做一体的相当性判断，这并没有给予结果避免可能性以应有的地位，可以说，相当因果关系理论不能给予结果避免可能性以"光明正大"的地位，其只能潜伏在相当性判断中若隐若现。结果避免可能性应该跳出相当因果关系的范畴而另寻容身之所。

值得注意的是，我国台湾地区"最高法院"2003 年度台上字第 4164 号判决跳脱了相当因果关系的窠臼，案件指出结果可避免性的争点。"超速与违规摩托车相撞案"的案件事实大概是：行为人在郊区弯道驾车，此处限速为 40 公里/时，行为人略微超速以时速 45 ~ 50 公里行驶，对向车道一醉酒摩托车骑者突然高速跨越双黄线，其时速可能超过 80 公里，行为人虽紧急刹停但仍撞击摩托车，骑者及后座乘客不幸罹难。判决认

---

①　我国台湾地区"最高法院"1987 年度台上字第 192 号判例。
②　我国台湾地区"最高法院"2000 年度台上字第 7823 号判决。

为："过失犯罪行为之不法，不只在于结果发生之原因，而且尚在于结果乃基于违反注意要求或注意义务所造成者；若行为人虽违背注意义务，而发生构成要件该当结果，但可确认行为人纵然符合注意义务之要求，保持客观必要之注意，而构成要件该当结果仍会发生者，则此结果即系客观不可避免，而无结果不法，行为人即因之不成立过失犯；从而被告前揭超速之违规行为，并不当然构成刑法上之过失犯，尚应探讨其有无避免被害人死亡结果发生之可能性。"于本案，"被告超速有违交通安全规则，固有注意义务之违反，惟即使被告当时并未超速，被害人未遵行车道，逆向行驶侵入来车道，亦属猝不及防，无法避免与被害人之车相撞，易言之，几近确定之可能性可认为被告纵然符合上述注意义务而驾驶，被害人死亡之结果，仍属客观不可避免，尚难以被告超速驾车为由，遽认其成立过失犯；且衡诸当时情况，被告实无从判断或知悉有与对向车道之来车对撞之危险，而显然超过对一理性驾驶人之期待可能的范围，在当时之情况下，即便是一未违规之驾驶者，亦无法防止碰撞结果之发生，被告应无过失甚明"。[1] 上述判决明确指出结果的发生不可避免，从而不存在结果不法，不成立过失犯。判决指出在"结果发生之原因"之外，尚需考虑结果可避免性，这实际上已经区分了归因与归责，是在运用结果可避免性进行结果归责的规范评价，当然法院并未有意识地运用客观归责原理，以合法替代行为进行义务违反关联性的检验。

（三）结果避免可能性的判断须受规范保护目的制约

仅仅有损害结果和违反了谨慎义务自身，还不符合过失结果犯的不法构成要件，还要求有相关结果客观上的可归责性。这个规范性标准所要求具有的前提条件，是违反谨慎和结果之间存在一定的义务违反性关联和保护目的关联，即在具体的结果上，沿着一个构成要件类型性的因果流程，所实现的恰好是行为人举止的违反义务性，申言之，所实现的法律上所反对的那个危险，正是由于行为人对谨慎义务的违反而创设，根据相关规范保护目的，该危险的实现正是必须注意避免的。[2] 我国有

---

① 我国台湾地区"最高法院"2003 年度台上字第 4164 号判决。
② Vgl. Wessels, Strafrecht Allgemeiner Teil, 27. Aufl. , 1997, Rn. 673.

学者认为，只有在合义务替代行为概念不能处理的案件中，才有注意义务规范保护目的理论适用的余地，同时在客观归责体系中，在对二者进行判断时是有先后顺序的，先要进行审查的是，如果行为合乎注意义务的要求，则是否存在结果的避免可能性，倘若审查的结论是无避免可能性，就能够直接否定归责；只有得出的结论是有避免可能性，才能进而考察触发结果的因果流程是不是符合注意义务规范保护目的。只要一个案件可以依托合义务替代行为学说否定归责，那就没有必要再进行注意义务规范保护目的的探讨。^① 笔者认为，合义务替代行为的检验离不开注意义务规范保护目的的制约，二者的判断是同时进行的，并非截然先后进行。换言之，判断结果是否可避免并非无限制，应当结合过失犯客观归责所要求的规范保护目的来进行判断。

　　例如，"致冲出儿童死亡案"中 A 驾车以时速 45 公里在市区某道路上行驶，该路段限速 40 公里/时。一孩童 B 与其同伴在路边一汽车旁玩耍，当 A 车驶至此汽车约 5 米处时，B 突然从车旁跑出，欲到马路对面。A 立即刹车，但不可避免地撞到 B，B 倒地后死亡。A 超速驾驶，违反了交通安全规则，违背了相关的注意义务。A 驾车撞到 B，B 倒地死亡，二者之间存在常态因果关联性。一般驾驶员都知道，法律规定限速的目的之一在于，当驾驶人在道路上发现有行人时能够及时做出反应如紧急制动，但当超速驾驶时，就不能及时有效制动而导致他人的死伤。在本案中，即便 A 依照法定限速行驶，由于 B 从 5 米前的近距离、以 A 无法观察到的角度突然冲出，回避 B 的死亡也是不可能的。由此，A 的驾驶行为对于 B 死亡结果的客观可归责性就颇有疑问。也许会有观点提出，如果 A 按照交通安全规则行车不超速，那么在车祸发生的时点 A 车就不会出现在车祸现场，B 也已经安全到达马路对面，而不会被 A 车撞到，据此 B 的死亡结果是客观上可避免的，A 应成立过失犯。但是，以这种理由断定结果具有可避免性是错误的，因为基于同样的思路和理由，也可以说，如果 A 超速更多，不是时速 45 公里而是达到 60 公里，那么在车祸发生的时点，A 车也已经过车祸现场，同样不会出现 B 死亡的结果。换言之，A 以更高程度违反注意义务也可能避免他人死亡的结果。然而，

---

① 　参见陈璇《论过失犯中注意义务的规范保护目的》，《清华法学》2014 年第 1 期。

必须借助规范保护目的来检讨，道路交通法规限速规范保护目的在于，驾驶人在遇紧急事态时能够及时刹车制动，而不是让驾驶人因速度受限而迟延到达事故现场，去避免引起交通意外。[①] 这里假定的合法替代行为要探讨的只能是，在依照准许速度行车时，A 在事故地点遇突发危急情况时能否及时刹车，有效防范事故结果发生。正如同不能主张 A 以其他路线行驶、A 改乘公交则可避免 B 的死亡结果，也不能认为，若 A 不超速则可迟延到达事故地点，从而就避免了 B 的死亡结果，以这些理由验证结果的可避免性而得出肯定的结论并不正确。

四　结果避免可能性在过失犯认定中的定位

我国学者黎宏教授认为，在"铁路道口案"中，从客观上看，造成小孩死亡的原因正是驾驶列车的行为而不是其他行为，所以否定司机的行为与小孩死亡结果之间的因果关系并不妥当。但是，从主观责任方面来说，有可能免除行为人的责任。该铁路道口的视野很差，在行为人能够看见小孩时，即使实施拉汽笛、急刹车等举措，也不能避免结果的发生，因此，在这种情况下没有结果避免可能性，行为人不承担过失责任。如此看来，在合法替代行为的案件中，不从客观方面，而是从主观责任方面，案件也能够得到合理的处理。[②] 由上述阐释可以看出，黎宏教授是将结果避免可能性置于责任（主观责任）阶段，认为没有结果避免可能性的就排除主观责任。但是笔者对此存在疑问，因为犯罪论体系的基本判断规则是先客观判断后主观判断，不具备客观构成要件的就不必再检验主观构成要件（以及主观责任），上述没有结果避免可能性的情形，不能从规范上说法所不允许的风险得以实现，不能肯定结果对行为人的客观归责，所以不具备过失犯的客观构成要件，也就不必再检验"主观责任方面"。

行为是否存在过失，本来就应在构成要件该当性阶段探讨。而且，探讨构成要件过失的前提是，法益侵害结果在客观上可以避免但行为

---

① 参见林山田《刑法通论》下册，元照出版有限公司，2008，第 194 页；Wessels, Strafrecht Allgemeiner Teil, 27. Aufl., 1997, Rn. 679ff.
② 参见黎宏编《刑法学》，法律出版社，2012，第 208 页。

人没有避免。同时，只有具备客观的结果归责可能性，才可以进一步分析构成要件过失。与故意犯不同，过失犯的认定在构成要件该当性阶段就显示出差异：在故意犯的情形，即使没有实害结果发生，只要具备结果避免可能性，也有可能成立故意的未遂犯；在过失犯的情形，只有具备结果避免可能性并且结果可以归责于行为，才有可能满足过失犯的构成要件该当性要求，在此基础上才能进而探讨是否存在主观的过失心态。① 按照新过失论的立场，违反结果避免义务造成结果发生才有可能成立过失犯，在结果避免义务的不履行与结果发生之间必须存在关联性，易言之，并不是单纯把二者相加就能得出成立过失犯的结论。结果避免可能性是过失犯的核心要件，没有结果避免可能性的场合，可排除过失犯的成立。② 也可以说，结果避免可能性理论限缩了过失犯的成立范围。

意大利学者帕多瓦尼把过失犯的构成要素划分为四个：犯罪事实的非意志性、违反意图避免法益损害的行为规范、遵守行为规范的可能性、在遵守预防性规范的情况下危害结果的可避免性。③ 可以说，结果避免可能性在过失犯的认定中是占有一席之地的。关于结果的可避免性（义务违反关联性）④ 在过失犯罪论体系中如何定位，有过各种观点。⑤ ①从古典主义的观点来看，倘若符合谨慎义务的举止也一样会引起结果，则应否定义务违反性与结果之间的责任关联，从而在罪责层次排除过失犯的成立。②倘若结果的发生不是由于欠缺谨慎，即结果上所实现的不是违反义务，则不成立违法性关联，这种观点是以下列认识为前提的，即过失概念内含不法要素与责任要素。③德国实务上没有明确区分因果论与归责论，其在因果关联的范围内处理结果避免可能性的问题，在结果避免可能性欠缺的场合，根据违反义务性对于结果的发生而言不具备原因性，从而在因果关联性上否定违反义务行为与结果发生间的因果关系。应当

---

① 参见周光权《刑法总论》，中国人民大学出版社，2016，第167页。
② 参见周光权《刑法总论》，中国人民大学出版社，2016，第165页。
③ 参见陈忠林《意大利刑法纲要》，中国人民大学出版社，1999，第129~130页。
④ 义务违反关联性、结果可避免性、合法替代行为，这三个概念所指涉者相同。参见刘明祥主编《过失犯研究——以交通过失和医疗过失为中心》，北京大学出版社，2010，第77页。
⑤ Vgl. Wessels/Beulke, Strafrecht Allgemeiner Teil, 34. Aufl., 2004, Rn. 677f.

说，这种观点反映了将原因与归责问题一体判断的一元论立场，并不准确。例如，A 超速驾车撞 B 致其死亡，然而事后证明即便 A 合规行驶也会撞到 B 致其死亡，根据德国实务通行的条件关系理论，倘若 A 不开车就不会发生 B 被 A 致死，A 行为正是 B 死亡结果不可想象其不存在的条件，至于 A 是否违反义务则与条件因果关系的判断并无关系。④倘若在结果与谨慎义务违反之间不存在特别的关系，就在构成要件层次上否定归责关联，即义务违反性关联或者保护目的关联。这种观点区分因果论与归责论，在结果不可避免案件的处理上，虽然说理方式不同，但都是在客观构成要件层次上否定归责的关联性，认为尽管存在因果关系，但由于欠缺义务违反的特殊关联性而不受归责。要言之，在提出客观归责理论之后，结果可避免性定位于客观构成要件该当性的结果归责范畴。⑤也有观点抛开关联性理论，从整个刑法上假设性结果原因方面考虑，既然这样或那样的行为都会导致结果发生，便应该否定其结果无价值。例如，林山田教授在《刑法通论》一书中，将结果可避免性（结果避免可能性）的判断引入过失犯的结果不法要件中，认为过失犯从本质上说，是以结果的可避免性作为其成立要件，只有违背义务的行为造成的结果存在可避免性，才能说存在结果不法。① 根据上文的分析，笔者认为观点④是值得赞同的，这也是坚持归因与归责二元论的必然结论。

若无行为则无结果这一因果判断公式并不具有判断能否避免相应的结果的意义，由此说来，结果避免可能性就应该被当作与事实的因果关系不同的单独的犯罪成立要件。即使将若无行为则无结果这一公式理解为只是确认了行为对结果的作用，通过与之不同的方法进行判断的结果避免可能性也仍然值得研究。只有在能够避免构成要件的结果从而能够避免构成要件该当事实时，才能就所发生的构成要件结果让行为人承担刑事责任，易言之，对于结果的发生根本不可能避免的场合，在法律上就不能要求国民避免结果的发生。并且，针对引起不能避免的结果的情

① 参见林山田《刑法通论》下册，元照出版有限公司，2008，第 191～194 页。以欠缺结果可避免性而否定结果不法，这是阿图尔·考夫曼（Arthur Kaufmann）提出的定位，并备受客观归责论者罗克辛等的批评。因为林书也采纳客观归责理论，又将结果避免可能性列为客观归责层次的辅助规则。参见林山田《刑法通论》上册，元照出版有限公司，2008，第 230 页。目前，结果可避免性同时存在于该书的客观归责部分及过失犯的结果不法部分。

形，并无进行否定评价的余地。在这个意义上，有必要对结果避免可能性进行特别的研究。若在欠缺结果避免可能性的场合也动用刑罚的话，虽然会产生一般预防的威慑效果，但从法的公平与个人的自由保障来说是有重大疑问的。山口厚教授认为，在将因果关系作为实行行为的危险性的现实化来一元地理解的场合，在因果关系之外将结果避免可能性作为另外的构成要件要素来进行审查是可行的。结果避免可能性这样的问题，既可以被放在因果关系中来判断，也可以将其作为过失犯、不作为犯的成立条件。但是，在没有结果避免可能性的情形，可以说已经否定了实行行为所制造的风险对产生结果的作用（现实化），所以也可以否定因果关系本身。① 这时，要判断的就是假如实施了法所期待的行为，是否会发生相应的具体结果。倘若履行了减少危险性的义务即结果回避义务，也不能避免发生构成要件该当事实，那么就是否定了结果避免可能性，进而不能认为违反了结果避免义务，从而否定了构成要件该当性。② 在因果关系中判断结果避免可能性，还是将其作为不同于因果关系的要件加以要求，其是第二次的、低一个层级的问题。如果不能认同因果关系特别是条件关系需要规范地限定，③ 那么将结果避免可能性作为不同于因果关系的另外的构成要件要素来要求是更为合适的。

　　关于结果避免可能性在过失犯罪论上的定位，存在多种见解，但有必要从两个类型出发对结果避免可能性进行分析，即事前的结果避免可能性与事后的结果避免可能性。前者是指行为时对于行为人来说是否有采取必要的避免措施的可能性这一义务的履行可能性，后者是在采取结果避免措施之义务的履行对法益保护是否有效这一意义上的结果避免可能性。④ 例如，医生根据当时的情况应该对病患注射 X 药液，但是由于疏忽而注射了 Y 药液，结果出现了药物副作用造成病患死亡，事后证明，即便注射 X 药液也会发生同样的药物副作用而引起病患死亡。对此，可以有这样的结论：可以肯定事前的结果避免可能性，但要否定事后的结

① 参见〔日〕山口厚《刑法总论》，付立庆译，中国人民大学出版社，2011，第 53～54 页。
② 参见日本最高裁判所判决 2003 年 1 月 24 日，《判例时报》1806 号，第 157 页。
③ 我国有学者认为，归因层面的事实探寻，不可避免地带有规范评价的色彩。参见劳东燕《事实因果与刑法中的结果归责》，《中国法学》2015 年第 2 期。
④ 参见〔日〕高桥则夫《规范论和刑法解释论》，戴波、李世阳译，中国人民大学出版社，2011，第 88 页。

果避免可能性。过失犯中的结果避免义务以行为时是否可能采取结果避免措施这一判断作为核心，可以说事前的结果避免可能性是过失犯本身所固有的问题，事后的结果避免可能性则隶属于探讨义务违反与结果的关系的客观归责之范畴。在上述案例中，行为时应该注射 X 药液，并且这也是可能的，因此事前的结果避免可能性得到肯定，也可以肯定形式上结果避免义务的违反。此外，事后观察，客观归责成为问题，使用 X 药液也会导致死亡，并不存在结果避免义务的不履行与结果间的关联性，即不存在结果避免可能性，从而否定过失的成立。根据日本学者高桥则夫的观点，虽然能够肯定符合法则的条件关系，但不能说事前的结果避免义务违反的风险在结果中得以实现，所以不得将结果归责于该义务违反。事前的结果避免可能性属于过失犯中的行为（实行）的问题，事后的结果避免可能性被融解于因果关系中，成为过失犯中的归责的问题。①笔者认为，高桥则夫上述所指的因果关系是广义的，包括客观归责的判断在内。

五　结果避免可能性的具体检验

大陆法系刑事司法实务基本上是从下述三个重点考察个案中过失犯的成立：第一，发现法益侵害结果已经发生；第二，判断行为人的举止是否违反注意义务；第三，违反注意义务与法益侵害是否存在内在关联。法院在审查时，并未先从现实上发生的因果流程演绎个案的结果归责，而是先假定行为人的举止符合注意义务，即用合法行为代换违反注意义务的行为，然后再观察同样的结果是否仍旧会出现。因为行为人已然违反了注意义务，因此合法替代行为的实施是一个不曾出现的假设事件，相应地，法益是否仍然被侵害也是不曾实际发生的假设因果流程。具体的检验结论有三：第一，如果有几近确定的可能性将不发生法益侵害，那么显然法益侵害与注意义务违反有关联，能够承认结果归责；第二，如果几近确定地仍旧会发生法益侵害，那么二者显然没有关联

① 参见〔日〕高桥则夫《规范论和刑法解释论》，戴波、李世阳译，中国人民大学出版社，2011，第 101 页。

性，否定结果归责；第三，如果法益侵害有可能但不能确定是否出现，这时应坚持罪疑唯轻原则，对行为人做出有利的认定，结果不能归责于行为。

结果避免可能性在理论上的定位争论已久且数度变迁，但其作为过失犯的成立要件，已经是既成的共识。无论在理论上如何定位，这个要件的关键在于可否避免的证明程度是怎样的，是要求确定可避免、几近确定可避免、极有可能可避免或有可能可避免，抑或需要一个百分比的量表。① 一方面，在假设的合法替代行为不具有风险时，结果具有可避免性，肯定结果归责没有疑义。例如，母亲疏忽大意，将所服药物置于幼童 B 伸手可及之处，B 食用后中毒身亡。只要 A 将药物妥善保管，B 就不会误食而亡。或者，合法替代行为虽有风险但处于法所允许范围内，且能够确定（几近确定）结果可避免，则肯定结果归责亦无疑义。另一方面，当合法替代行为肯定（几近确定）会导致这个结果时，结果不具有可避免性，就应当否定结果归责，这亦无疑义。

难题出在事后无法确定合法替代行为可否避免结果时的处理上，即当一个结果通过一个合法替代行为不是肯定而只是很可能或可能被避免的时候，是否承认结果的可归责性，这种情况处理起来就存在争议。首

---

① 我国台湾学者感叹，有时候，发明一个理论比运用它更简单。实体法的结果可避免性是未曾实际发生的假设性事件，要面对一些质疑：如果连确定实际发生过的事件，鉴定起来都已经是举步维艰，我们到底有多大能耐去判断未曾发生的假设性事件？如果我们把结果可避免性当作过失犯的成立要件，我们应对它进行界定与调整，以下是几种可能的调整选项。（1）实体法层次的调整，风险升高理论可视为这种努力，在假设性行为未能确定（含未能几近确定）避免结果发生的情形，利益不归于被告，即限缩罪疑唯轻的适用范围。只要违反注意义务的行为升高了法益侵害发生的风险，就视为结果是可以避免的，肯定结果归责。（2）在诉讼法层次的罪疑唯轻部分调整，重新检讨并界定向来成为核心争议所在的适用范围。风险升高虽然也指向罪疑唯轻的适用范围，但其实仅是针对结果可避免性的特殊情形而言。如果整体检讨，除了假设性事件到底在不在罪疑唯轻的射程距离以外，可能列入考虑的，还包括诸多例外情形有疑问时的处理。（3）结合实体法与诉讼法，从结果可避免性之要件内涵着手，将可避免的要求程度植入此要件的内涵。看三种事实选项：A. 确定（含几近确定）若遵守义务而结果仍不可避免；B. 确定（含几近确定）若遵守义务而结果可避免；C. 不确定若遵守义务结果可否避免。唯有确定（含几近确定）若遵守义务而结果可避免时（B），才能课予过失责任；反之（A）不负过失责任。其余情形（C）则应依罪疑唯轻而排除过失责任。参见林钰雄《刑法与刑诉之交错适用》，中国人民大学出版社，2009，第 87 ~ 88 页。

先，有观点指出，结果避免可能性是结合了实体法与诉讼法（鉴定与证明）的交错问题，同时牵涉罪疑唯轻原则的复杂适用，相较之下，客观归责理论中的风险升高理论可以说是迄今为止最能一兼二顾的解决方案。[1] 根据风险升高说，当行为与结果之间具有因果关系时，只要行为人的该行为显著地增加了结果发生的可能性，便足以将该结果归责于该行为。也可以说，合法替代行为会降低结果发生的风险。这一说法是基于以下认识，即注意义务规范是要降低风险，而不是一定要避免风险。[2]与允许的风险相比，违反规范的行为增加了结果发生的概率，单凭这一点就可以认为风险已经实现，不能因为行为人合乎谨慎地采取替代性行为也可能发生某个不能避免的结果，就否定结果的可归责性。倘若存在有说服力的证据，能证明履行义务原本可以防止事故发生，则结果就是可以归责的，这种可避免性无须达到肯定地加以证实的程度。在"过近距离超车案"中，罗克辛主张承认结果归责，因为正确的驾驶行为尽管不能肯定但有可能挽救骑车者的生命，违背保持距离的规定逾越了被允许的风险，以在法律上有重大意义的方式增加了导致致命性事故的概率。支持这种观点的基础是，没有理由免除逾越允许风险的行为人对其行为所造成的结果应担负的责任。[3] 为了避免结果的发生，虽然履行注意义务能否导致该结果是不能肯定的，但可能的注意义务仍然必须得到重视。其次，与此不同，更多观点认为合法替代行为在必须至少几近确定地可避免结果发生时，结果才具有客观可归责性。[4] 倘若事后不能以近乎肯定的高度可能性确定，符合谨慎要求实施替代的行为本来能够回避结果，则无义务违反性的关联，亦无归责的开展。[5] 上述观点是值得赞同的，

---

[1] 参见刘明祥主编《过失犯研究——以交通过失和医疗过失为中心》，北京大学出版社，2010，第64页。

[2] Vgl. Roxin, Strafrecht Allgemeiner Teil, Bd. I, Grundlagen. Der Aufbau der Verbrechenslehre, 4. Aufl., 2006, § 11, Rn. 90f.

[3] Vgl. Roxin, Strafrecht Allgemeiner Teil, Bd. I, Grundlagen. Der Aufbau der Verbrechenslehre, 4. Aufl., 2006, § 11, Rn. 88ff.

[4] Vgl. Kindhäuser, Strafrecht Allgemeiner Teil, 6. Aufl., 2013, § 33, Rn. 44; Wessels/Beulke, Strafrecht Allgemeiner Teil, 31. Aufl., 2001, Rn. 197.

[5] BGHSt 11, S. 1, 7; 21, S. 59, 61; 24, S. 31, 34ff; 37, S. 106, 127.

因为风险升高说与罪疑唯轻原则相抵牾,① 在无法确定合法替代行为可避免结果的场合, 按照罪疑唯轻原则, 就应将结果视为不可避免的意外。风险升高说在假设的因果流程有疑问时, 并不主张有疑问的有利于被告人这个基本原则, 而是将这个原则的适用性限制在下列情况: 不能查明在现实的事件中违反谨慎义务与允许的风险相比是否造成了危险增加。② 但是这样的限制并不具有说服力, 倘若案件事实情况的证明上存有异议, 则不得让被告人承担负面后果。同时, 风险升高说也违反了法律规定, 将实害犯归责标准转换为较宽松的具体危险犯标准。③ 对于行为逾越允许风险实施的行为, 可以作为违反秩序行为 (行政违法行为) 加以相应处罚。只有无疑义地认定危害结果是源于行为人违反谨慎义务, 易言之, 发生该结果根本不能用符合谨慎的行为予以解释, 才可以动用比秩序罚更严厉的刑事谴责, 而且此时刑事谴责才是正当的。

六　小结

　　审查过失犯客观构成要件时, 除了考虑固有的过失要素, 如结果、因果关系、客观注意义务违反、客观预见可能性, 还要进行客观归责的检验。实际上, 客观归责理论的主要贡献正是存在于过失犯领域及对过失要件体系化的重构中。④ 客观归责理论在运用时, 首先要证明存在条

---

① 许迺曼对此予以了反驳, 他认为, 必须事后检验事前所违反的注意规范, 依照目前所知道的情况, 是否在刑事政策上也能被视为预防结果发生的有效方法。毫无疑问, 这些规范在刑事政策上也是有意义的, 这些规范虽然不能百分之百地排除结果的发生, 但是已经降低发生的概率。仅仅从有允许风险存在, 就可显示出注意规定从来不是以百分之百防止结果发生为目的, 而是仅以明显地降低结果发生的风险为目的。如果我们以这种方式规范的角度重新描述危险升高理论, 那么马上就清楚违反存疑时有利于被告这个基本原则的批评是错误的: 在检验注意规范是否在事前的观察看起来也是有意义的时候, 正好是在问是否由于事件流程有无法弄清楚的细节而应该通过注意规范来准备一种安全带。换言之, 这涉及利用避免风险来控制意外, 在其中也存在结果犯禁止规范的目的。参见许玉秀、陈志辉合编《不移不惑献身法与正义——许迺曼教授刑事法论文选辑》, 新学林出版股份有限公司, 2006, 第565页。

② Vgl. Jescheck/Weigend, Lehrbuch des Strafrechts Allgemeiner Teil, 5. Aufl. , 1996, §55 Ⅱ2b.

③ Vgl. Wessels/ Beulke, Strafrecht Allgemeiner Teil, 31. Aufl. , 2001, Rn. 199.

④ Vgl. Roxin, Strafrecht Allgemeiner Teil, Bd. Ⅰ, Grundlagen. Der Aufbau der Verbrechenslehre, 4. Aufl. , 2006, §11, Rn. 49.

件关系，其次要验证行为是否制造了法所不允许的风险并且该风险得以实现，只有二者同时存在，才能进行归责。而在客观归责的判断中，必须进行结果避免可能性的检验，即以合法替代行为进行义务违反关联性的考察。得出肯定结论的前提是，倘若行为符合了谨慎义务，那么构成要件结果原本是能够避免的，结果的出现正是建立在违反义务行为的风险被实现了之上，而且对于该风险实现按照被违反的规范保护目的正是要予以防止的。

过失犯在性质上就是以构成要件实现的可以避免性作为前提条件，之所以处罚过失行为人，是因为他未避免法所反对的结果，尽管对于他来说，客观上有此义务，主观上有此能力。如果存在主观上个人情况方面的不可避免性，则只是否定责任非难，如果存在客观上的结果不可避免性，则将在构成要件层面上否定义务违反性关联，从而否定结果的客观归责。如果行为合法无瑕疵也不能阻止发生法益侵害性的后果，那么在具体个案中曾经存在的违反谨慎对于结果的发生也是不重要的。将缺乏结果避免可能性的违反义务行为也认定为过失犯罪，将导致已被理论与实务所淘汰的自陷禁区学说死灰复燃，该说主张对实施了禁止行为的人，要将由此产生的所有结果都归责于他，这样不加限制的归责做法，是刑法基本原则所反对的。

如果从法律上考虑，行为人有可能实施替代的行为，而这种替代性行为虽然在程度上更为轻微、缓和，但同样蕴含着产生结果的风险，这时，在确定合乎谨慎的行为是否可以避免结果发生（确定可避免性）上，便会存在困难。这里不应适用风险升高理论认定结果可归责，应该以罪疑唯轻原则排除结果归责。

第十章　特殊体质被害人死亡结果的
客观归责

一　问题的提出

在一些刑事案件中，行为人对被害人实施了危险较低的伤害行为，这种伤害行为在一般情况下不会致人死亡，但由于被害人具有特殊体质（如某种疾病），危害行为导致疾病发作，二者共同作用下产生被害人死亡的后果。在这种情况下，伤害行为与死亡后果之间有没有因果关系？死亡结果能否归责于行为人？对于以上问题的回答，是考验刑法因果关系理论、归责理论实用性的试金石。被害人具有特殊体质是在行为人实施行为时同时存在的条件，并且一般是行为人的行为与被害人的特殊体质相结合，引发最终的死亡结果。行为人加害于具有特殊体质的被害人，致使被害人死亡，在这种情况下，根据"若无前者即无后者"的条件说公式，应当承认加害行为与死亡结果之间的因果关系。我国司法实践中，在涉及特殊体质的因果关系时，司法机关大多依据偶然因果关系说或者条件说，认定因果关系的存在。本章从我国司法实践中真实发生的两个刑事案件入手，试图分析这种被害人具有特殊体质的案件中死亡结果的归责问题。

在分析具体问题之前，我们有必要考察一下学界对于因果关系的各种理解。因果关系是犯罪构成的客观因素，是定罪的客观根据之一，但世界上多数国家在刑法典中对于因果关系并没有做出明确的规定。所以，如何认定因果关系就成为刑法理论探讨的问题。从刑法理论上看，因果关系理论经历了从条件说到相当因果关系说的演变过程。近些年来以罗克辛教授为代表的德国学者大力倡导客观归责理论，又对因果关系理论产生了巨大影响。[①] 对于刑法上因果关系的内涵如何理解，不同的学者

---

① 参见陈兴良《判例刑法学》上卷，中国人民大学出版社，2009，第157页。

有不同的观点。日本刑法学者大谷实教授认为：因果关系是为将结果作为构成要件结果而将其归于实行行为的要件，其机能在于，将社会一般观念上偶然发生的结果从刑法的评价中撤开，以限制犯罪的成立范围与进行适当的处罚。[①] 西田典之教授认为：受刑法处罚的是行为，该具体行为与结果之间的因果关系便是我们所要探讨的问题，而且，只有可以客观性地归结于某种行为的某种结果才是之后的违法性判断、有责性判断的对象。[②] 我国陈兴良教授认为：刑法中的因果关系不仅是一个事实问题，更为重要的是一个法律问题，因果关系是事实判断与价值评判的统一，行为与结果之间的事实因果关系必须经过价值判断才能成为刑法上的因果关系。[③] 张明楷教授认为：因果关系是事物之间的一种引起与被引起的关系，这种关系本身是客观的，不以任何人的意志为转移。[④] 黎宏教授认为：刑法理论上的因果关系，是指实行行为与构成要件结果之间所具有的一定的原因与结果之间的关系。[⑤] 本书认为，归因与归责是两个不同的问题，行为与结果之间是否存在因果关系是归因问题，属于事实判断范畴，可以依据条件理论来判断；结果是否可以归咎于行为是归责问题，属于规范评价范畴，可以根据客观归责理论来判断。

二　特殊体质被害人死亡案件中因果关系认定的乱象

（一）洪志宁故意伤害案裁判简介[⑥]

厦门市检察院以被告人洪志宁犯故意伤害罪，向厦门市中级人民法院提起公诉。厦门市中级人民法院经公开审理查明，被告人洪志宁与涉案的曾银好都在厦门市轮渡海滨公园内经营茶摊，二人发生过矛盾。2004 年 7 月 18 日 17 时许，洪志宁同居女友刘海霞在酒后故意摔坏曾银

---

① 参见〔日〕大谷实《刑法总论》，黎宏译，法律出版社，2003，第 159 页。

② 参见〔日〕西田典之《日本刑法总论》，刘明祥、王昭武译，中国人民大学出版社，2007，第 66 页。

③ 参见陈兴良《刑法哲学》，中国政法大学出版社，1997，第 91 页。

④ 参见张明楷《刑法学》，法律出版社，2007，第 160 页。

⑤ 参见黎宏《日本刑法精义》，法律出版社，2008，第 107 页。

⑥ 本部分案例参见最高人民法院刑事审判第一、二、三、四、五庭主编《刑事审判参考》（总第49集），法律出版社，2006，第26～31页。考虑到篇幅，本书对案情做了缩减。

好茶摊上的茶壶，为此与曾银好同居女友方凤萍争吵。这时正在曾银好茶摊上喝茶的陈捱狮上前劝架，刘海霞认为陈捱狮有意偏袒方凤萍，遂对其辱骂，并与陈扭打起来。洪志宁闻讯赶到现场，挥拳连击陈捱狮的胸部、头部，陈捱狮被打后追撵洪志宁，追出二三步后倒地死亡。经鉴定，陈捱狮原患有冠心病，因受吵架时情绪激动、胸部被打、剧烈运动、饮酒等多种因素影响，冠心病发作，管状动脉痉挛致心搏骤停而猝死。

厦门市中级人民法院认为，洪志宁故意伤害他人身体，致使被害人死亡，其行为构成故意伤害罪。鉴于被告人洪志宁归案后能够坦白认罪，且考虑到被害人原先患有冠心病及有心肌梗死的病史，其死亡属多因一果的情形，可以从轻处罚。判决如下：被告人洪志宁犯故意伤害罪，判处有期徒刑 10 年 6 个月。宣判后，洪志宁不服，其上诉提出：其实施的仅是一般的殴打行为，一审判决定罪不准；被害人死亡结果与其只打二三拳没有关系，其不应负刑事责任，请求二审法院给予公正裁判。

福建省高级人民法院经审理认为，被告人洪志宁故意伤害他人并致人死亡，该行为构成故意伤害罪。针对洪志宁关于原判对其定罪量刑错误的上诉理由，经查，首先，被告人拳击行为发生在被害人与被告人女友争执扭打过程中，洪志宁对被害人的头部、胸部分别连击数拳，其主观上能够认识到其拳击行为可能会损害被害人的身体健康，客观上连击数拳，这是引致被害人死亡的诸多因素之一，因此，对被告人应当按照其所实施的行为性质定故意伤害罪。虽然死亡后果超出其主观意愿，但这正好符合故意伤害致人死亡的构成要件。所以原判定罪准确，洪志宁关于定罪不准确的上诉理由不能成立。其次，被告人拳击行为与被害人死亡结果之间具有刑法上的因果关系。被告人对被害人胸部拳击数下的行为一般情况下不会导致被害人死亡，但其拳击的危害行为，与被害人情绪激动、剧烈运动、饮酒等多种因素共同作用而诱发冠心病，导致了死亡结果的发生。被害人身患冠心病，被告人事先并不知情，这就介入一种偶然因素，被告人拳击行为与被害人死亡结果之间属于偶然因果关系，这是被告人应负刑事责任的必要条件。因此，被告人的行为与被害人死亡之间具有刑法上的因果关系，洪志宁关于对被害人死亡不负刑事责任的上诉理由不能成立。鉴于本案的特殊情况，原判对洪志宁量刑过重，罪责刑明显不相适应，可在法定刑以下予以减轻处罚。据此，撤销厦门市中级人民法院刑事判决中对被告人洪志宁的量刑部分，以洪志宁犯故意伤害罪，在法定刑以下判处有期徒刑 5 年，并依法报送最高人民法院核准。

最高人民法院经复核后认为，被告人洪志宁殴打他人并致人死亡的行为，已构成故意伤害罪。被害人原已患有严重的心脏病，被告人洪志宁的伤害行为仅是被害人心脏病发作的诱因之一。裁定核准福建省高级人民法院以故意伤害罪、在法定刑以下判处被告人洪志宁有期徒刑 5 年的刑事判决。

（二）廖钊朋等殴打致人死亡案裁判简介[①]

被告人廖钊朋，男，个体鱼贩。

（1）自诉人诉称：2001 年 5 月 4 日上午 9 时许，被告人廖钊朋在龙山市场卖鱼给被害人赖锦堂时，因短斤少两问题双方发生争吵，并相互向对方推打了一拳。其后，赖锦堂打电话给其妻兄叫其喊人来帮忙。被告人廖钊朋见状也打电话叫李四珠来帮忙。稍后被告人廖钊朋见赖锦堂叫来了五六个人，李四珠还没有赶到，便拨打 110 电话报警。后在现场群众劝解下赖锦堂等人向市场外离去。此时，李四珠带着一名男子（另案处理）赶到现场，其问被告人廖钊朋与谁发生争执，被告人廖钊朋便指着正在离去的赖锦堂，后廖钊朋与李四珠及其带来男子一起追赶赖锦堂，廖钊朋、李四珠等人追上赖锦堂后，分别向赖的头部、胸部打了多拳。稍后，接到报警的公安人员赶到现场，将被告人廖钊朋和被害人赖锦堂等人带回龙山派出所调查处理。被害人赖锦堂在派出所问话结束后即昏迷倒地，经送医院抢救无效而死亡。法医鉴定认为，赖锦堂系在冠心病、陈旧性心肌梗死、慢性心包炎的基础上，受到外部诱因（如外伤）作用而下致心性猝死。自诉人要求：追究廖钊朋、李四珠的刑事责任；赔偿经济损失 213426.70 元。

（2）被告人辩解及其辩护人的辩护意见：被告人廖钊朋、李四珠及其辩护人均提出被害人的死亡是其自身疾病所致，与被告人的行为没有

---

① 参见国家法官学院、中国人民大学法学院《中国审判案例要览》（2004 年刑事审判案例卷），人民法院出版社、中国人民大学出版社，2005，第 41~45 页。考虑到篇幅所限，本书对案情做了缩减。

因果关系，两被告人均不构成犯罪，也不应赔偿经济损失。

（3）一审判决：佛山市顺德区人民法院经审理认为，被告人廖钊朋、李四珠以拳头殴打受害人赖锦堂，赖锦堂在受到外部诱因（如外伤）作用下引发心性猝死的事实，证据确凿充分，应予以认定。自诉人起诉的事实清楚，但指控被告人的行为构成犯罪的理由不充分。被告人廖钊朋、李四珠的殴打行为不构成犯罪。在主观上，被告人廖钊朋、李四珠没有故意或者过失的心理态度，也就是没有刑法上的罪过。受害人本人及其家人都不知道受害人有如此严重的心脏病，被告人作为陌生人更不可能知道；此外，被告人廖钊朋与受害人素不相识，一般的殴打行为造成死亡的后果无法预见到，也不可能预见。在客观上，法医鉴定结论证实受害人受到的损害程度不足以致死，但没有对受害人的损害程度做鉴定，从受害人被打后在派出所接受问话中可以看出，受害人并没有什么大碍，在正常情况下，被告人的殴打行为不会造成轻伤以上的伤害。行为人虽然在客观上造成了损害后果，但不是出于故意或者过失，而是由不能预见的原因所引起的不构成犯罪。两被告人虽然有殴打受害人的行为，但其造成的伤害没有达到需要进行刑事处罚、追究刑事责任的程度。两被告人殴打受害人的行为与受害人的死亡结果之间存在因果关系，但根据犯罪构成去衡量，被告人不应承担刑事责任。佛山市顺德区人民法院判决如下：被告人廖钊朋无罪；被告人李四珠无罪。

（4）二审判决：佛山市中级人民法院判决维持佛山市顺德区人民法院刑事附带民事判决的第一、第二项，即被告人廖钊朋无罪、被告人李四珠无罪。

（三）裁判理由的评价——因果关系认定上的乱象

1. 洪志宁案——采用偶然因果关系说

在洪志宁案中，法院认为：被告人的拳击行为与被害人死亡结果间存在刑法上的因果关系。一般情况下，被告人向被害人胸部以拳击打的行为并不会导致被害人死亡的后果，但是在本案中，被告人的拳击行为与其他因素（如被害人剧烈运动、饮酒、情绪激动等）相互作用使被害人冠心病发作，导致死亡结果的发生。被告人事先并不知道被害人患有冠心病，被害人患病属于一种偶然因素，被告人的殴打行为与被害人死亡之间是一种偶然因果关系。这种偶然因果关系是被告人承担刑事责任的必要条件。审判者认为被告人的行为与被害人的死亡结果之间存在刑法上的因果关系。由此可见，法院是根据偶然因果关系说认定行为人的伤害行为与被害人的死亡结果之间具有因果关系。在我国传统刑法理论中，必然因果关系与偶然因果关系是分析因果关系时常用的一对范畴。我国权威刑法教科书认为，偶然因果关系的基本含义是，某一行为本身并不内含引起某一危害后果的内在根据（即必然性），但在这一行为发挥作用的进程中，又低概率地（偶然地）介入其他因素，如此先前的行为与后来介入的因素偶然地交织在一起，并由后来加入的因素"合乎规律地"导致了最终危害后果的发生，那么先前行为与最终的结果之间的这种偶然的联系，就被称为"偶然因果关系"。① 相应地，必然因果关系是指行为与结果之间存在合乎规律的、必然的、内在的一种引起与被引起的联系。我国有学者认为，在被害人存在特殊体质的伤害案件中，行为人的先前伤害行为与被害人的死亡结果之间存在必然因果关系。这种观点认为危害行为与某种特殊条件相结合造成某种危害结果是必然因果关系的特殊表现形式之一。例如，甲、乙二人发生争吵，甲向乙左颞颥部打了一拳，但是乙由于先天颅底脑血管畸形，在外力击打下颅底出血死亡。死者乙的这种特殊体质，在甲的拳击作用下趋于恶化，甲的拳击行为是引致乙死亡的决定性原因，与乙的死亡后果之间是一种必然因果关系。② 看来，根据传统的因果关系理论，被害人存在特殊体质的伤害而死亡的案件，偶然因果关系说与必然因果关系说都认为伤害行为与死亡结果之间具有因果关系，但对于这种因果关系是偶然的还是必然的则存在分歧。

2. 廖钊朋案——依据条件说

在廖钊朋案中，法院在判决中认为：被告人以拳头殴打被害人的行为与被害人的死亡后果之间存在因果关系，但是依据犯罪构成来判断，被告人并不承担刑事责任。

---

① 参见高铭暄、马克昌主编《刑法学》，北京大学出版社、高等教育出版社，2000，第84页。

② 参见李光灿等《刑法因果关系论》，北京大学出版社，1987，第119页。

针对本案的判决，评论者在"解说"中对本案的因果关系进行了分析：本案殴打行为与死亡结果之间具有因果关系，但廖钊朋不应承担刑事责任。① 实践中只有坚持因果关系的客观性，把握因果关系的法律地位，才能得出正确的判断。通俗地讲，因果关系的客观性是指因果关系是事物本身之间的客观联系，不要为了某种目的或为了得出某个所谓合理的结论而人为地掺入主观因素，进行任意的限制。坚持因果关系的客观性，也就是以条件说为标准判断因果关系的有无。本案中，如果没有廖钊朋的殴打行为，也就不会有被害人赖锦堂在这一特定时间死亡的结果。廖钊朋的殴打行为与被害人的死亡结果之间有因果关系。此外，要明确因果关系的法律地位，因果关系与刑事责任是两个不同的概念，有因果关系并不一定就承担刑事责任，因果关系仅仅是确定承担刑事责任行为的范围。不能将因果关系与刑事责任画等号。有因果关系是否承担刑事责任，还要根据犯罪构成去衡量。因此，没有必要担心坚持条件说会扩大刑事责任的范围。本案中，廖钊朋的行为虽然与被害人死亡的结果具有因果关系，但廖钊朋并不承担刑事责任。廖钊朋对被害人的死亡结果不具有犯罪的主观方面，即罪过。第一，行为人不具有过失，过失犯罪的前提是行为人有预见义务，即应当预见。本案中，廖钊朋与被害人素不相识，而且被害人不具有患心脏病的表面特征，被告人没有认识到也不可能认识到被害人有心脏病，从而认识到自己的一般殴打行为具有可能致人死亡的性质。第二，廖钊朋对被害人的死亡结果不具有故意，从行为方式上看，行为人用拳头殴打对方，属于日常矛盾激化后经常采取的手段，还不足以推论出其有伤害的故意，刑法中的伤害故意是指轻伤以上后果的故意，这一点不同于一般生活意义上的故意。对于方法危险、不计后果的间接故意，在认定上，要以造成轻伤以上结果为条件。因此，廖钊朋致被害人死亡的行为，属于不能预见的意外事件。

从上述评论可以看出，评论者是根据条件说来认定被告人的伤害行为与被害人死亡结果之间存在因果关系。但同时认为被害人的死亡结果不能归责于被告人，理由是被告人没有罪过。评论者一方面承认因果关

① 参见国家法官学院、中国人民大学法学院《中国审判案例要览》（2004年刑事审判案例卷），人民法院出版社、中国人民大学出版社，2005，第41~45页。

系的客观性，另一方面又区分了因果关系与刑事责任，这都是正确的。评论者以没有主观罪过为由否定被告人的刑事责任，这是主观归责的观点。如果坚持先客观判断后主观判断的逻辑方法，在构成要件符合性阶段能够做出判断的，就没有必要留待有责性阶段做出判断。应当先考察客观归责，即虽然行为与死亡结果存在因果关系，但该结果能否在客观上归属于行为人。如果以客观归责的观点否定了归责，就没有必要进行主观归责的判断。这能够在最大限度上发挥犯罪论体系中客观构成要件的机能，更好地坚持罪刑法定原则。

三　特殊体质被害人死亡案件域外的考察及其启示

（一）意大利的学说

针对被害人特殊体质案件中的因果关系与刑事责任的问题，意大利学者帕多瓦尼进行了分析。他认为，如果行为人事先已知道偶然性因素（如被害人特殊体质）的存在，他当然会因此而承担刑事责任（例如，如果行为人知道伤害的对象患有血友病，他应承担间接故意杀人的责任，即使他实施的伤害极其轻微）。但是，如果行为人对行为前或行为时的偶然性因素根本就不可能了解（甚至连被害人自己也不知道，例如，一个不知道自己患主动脉动脉瘤的人与人斗殴，结果因动脉瘤破裂而死亡），却因为我们的制度中还有不少关于客观责任的规定，就成了毫无意义的事实。于是，那个与动脉瘤患者斗殴的人，就可能承担故意杀人的责任。为了消除这种不合理的现象，理论上将那些行为前或行为时（行为人不可能认识）的偶然性因素，也作为排除刑法中因果关系的原因。学者们的这种努力，表现为以下两个不同的方向。一是，有人认为这个问题可以用"有利于被告的类推"来解决。但是帕多瓦尼认为，由于《意大利刑法典》第41条第1款明确规定，在行为前以及行为时已有的原因不能否定被告人的行为与结果间的因果关系，刑法典在这个问题上并无疏漏，所以不存在进行"有利于被告的类推"问题。《意大利刑法典》第41条第2款还规定，行为后的偶然性因素可排除刑法中的因果关系，这更是从反面肯定了不能将行为前和行为时的偶然性因素与行为后的偶然性因素同等对待。二是，有人认为，行为前或行为时存在的偶然性因素能排除刑法中的因果关系，可以用《意大利刑法典》第 45 条有关意外事件的规定来解释。但是，帕多瓦尼认为，有关意外事件的规定与因果关系是两个不同的问题。首先，《意大利刑法典》第 45 条适用的对象，是任何一种实施的行为，这意味着所谓纯粹行为犯也可能属于意外事件，而行为犯与因果关系根本就毫无关联；其次，专门规定因果关系的《意大利刑法典》第 41 条第 1 款，由一个不是规定因果关系的法条来规定它的保留条款，实在令人难以理解，因为从法条内容看，立法者显然是想用《意大利刑法典》第 40 条和第 41 条来专门规定因果关系问题。① 该学者还认为，结果的客观归罪（即客观归责——笔者注）理论产生于刑法制度中对因果关系没有一般性规定的国家（如《德国刑法典》中没有关于因果关系的条文），如果照搬到意大利，本身就是一个问题。因为《意大利刑法典》第 40 条、第 41 条，对因果关系问题有明确的规定。但是，对于这种被害人具有特殊体质的案件，到底如何处理其中的因果关系问题，该学者也没有明确指出解决的方式。笔者认为，这可能还是因为该意大利学者没有将归因与归责区分开来。

（二）韩国的案例与学说

韩国学者认为，关于行为人所创设的风险是否在结果中以相当的程度被实现的判断，依据的是对具体发生的结果的客观的预见可能性的尺度。因此，在非类型的因果过程的情况中，如虽然使被害人受到轻伤，但因血友病这种特殊体质而死亡的情况，否定结果的归属。韩国大法院的两个判决即否定了在被害人存在特殊体质的情况下，被害人的死亡归属于行为人的暴行。② 判例一：在相互辱骂中实施了抓住被害人的肩膀行走 7 米左右才放手等的暴行，随后被害人蹲下片刻后就因发生脑出血而昏迷。被害人虽然从外表上看健康，但实际上平时就有高血压，当受到外部精神上的或物理上的冲击时，很容易因兴奋而引起脑出血。因此，

① 参见〔意〕杜里奥·帕多瓦尼《意大利刑法学原理》（注评版），陈忠林译评，中国人民大学出版社，2004，第 122 页。
② 参见〔韩〕金日秀、徐辅鹤《韩国刑法总论》，郑军男译，武汉大学出版社，2008，第 169 页。

即使因行为人的辱骂与暴行的打击造成脑出血的伤害，也无法预见只不过是辱骂和抓住肩膀行走一段距离后就放手程度的暴行会导致被害人上述伤害。因此，不能对伤害的结果追究责任并以暴行致伤罪处罚（韩国大法院判决1982年1月12日，81DO1811）。判例二：在相互抓住衣领吵架的过程中实施了向后推的暴行，被害人一屁股坐到地上大口喘气，随后因心脏骤停而死亡。被害人虽然外观上看似健康，根本看不出身体虚弱，但事实上是具有冠状动脉硬化症的特殊体质，基于推搡程度的暴行的打击也能够引起心脏骤停而导致死亡。然而，却难以认定行为人对死亡结果具有预见可能性。因此，不能以结果加重犯的暴行致死罪进行处罚（韩国大法院判决1985年4月23日，85DO303）。

（三）日本的案例与学说

日本刑法学者采用相当因果关系理论考察特殊体质情况下的因果关系时指出：在被害人的疾病或特殊体质等成为死亡结果的条件的场合较为复杂。例如，行为人对被害人实施了较轻微的伤害行为，但是被害人患有某种疾病，具有特殊体质，一般人不能认识到这一点，被害人在伤害行为的作用下死亡。这种伤害行为如果针对的是普通健康的人，那么在一般人看来只是轻微的伤害行为。为此，要判断该种程度的伤害行为是否能够引起普通健康人的死亡，如果能做出否定的判断，则该行为便只是伤害性质的行为。相对地，如果行为人特别知道被害人是特殊体质的情形，并施加了伤害，那么被害人的特殊体质就被纳入归责判断的范围，就需要评价这种程度的伤害行为施加于特殊体质的人会不会引起死亡的结果，如果能够得出肯定的结论，就要定性为故意伤害致人死亡。①日本学界从相当因果关系理论出发，对特殊体质情况下的因果关系大多持否定的态度。日本判例对特殊体质情况下的因果关系却持条件说，肯定因果关系的存在。如日本学者指出：行为人对患有某种疾病的被害人实施了暴力，被害人因而死亡的情形，判例均承认行为与死亡结果之间的因果关系。例如，A对B施加暴力，B因患有脑梅毒，脑内存在病巢而死亡，对此，判例判定构成伤害致死罪（最判昭和25年3月31日刑

---

① 参见〔日〕大谷实《刑法讲义总论》，黎宏译，中国人民大学出版社，2008，第204页。

集 4 卷 3 号 469 页）；强盗犯人用被子捂住某老妇人，该老妇人有心脏病，因引起急性心脏麻醉而死亡，对此，判例判定构成强盗致死罪（最判昭和 46 年 6 月 17 日刑集 25 卷 4 号 567 页）；A 对 B 施加暴力，B 入院接受治疗，后心力衰竭而死亡，心力衰竭是由 B 患有结核病引发的。第一审法院认为，医生拥有专业知识与业务经验，即使他们也不能预见到 B 是结核病患者，所以不能承认暴力行为与死亡结果间的因果关系。但是最高裁判所认为，A 的暴力行为与 B 的特殊体质交互作用引起 B 的死亡，应当肯定 A 的行为与 B 的死亡之间存在因果关系。①

　　日本刑法学者山中敬一教授提出了"潜在的危险源介入类型"以及下属的"行为客体内在的危险源"的概念，并将被害人拥有特殊体质的情况作为"潜在的危险源介入类型"中的"行为客体内在的危险源"，以此概念来分析行为与结果的关系。山中敬一教授将"潜在的危险源介入类型"的事例群的归属基准大概分为以下四点：①第一次危险的继续作用的程度；②潜在危险源介入的经验的通常性标准；③两危险的优越的基准；④特别是行为人知道并利用存在的潜在危险源的场合，认识或利用的基准作为指针。② 上述标准对于分析被害人具有特殊体质案件有积极的指导意义。按照客观归责理论的分析模式，应该以制造风险、实现风险的思路分析被害人具有特殊体质的刑事案件。

　　理论上都承认，被害人具有特殊体质案件的处理结果与行为人的特别认识有着密切的关系。首先在制造风险阶段，倘若被告人在行为前已经得知被害人患有心脏病，那么被告人对被害人实施殴打行为，从社会生活经验、一般人的认识水平来判断，就在客观上创设了被害人死亡的风险，亦即制造了法所不允许的风险。相反地，倘若被告人事前并不知道被害人具有特殊体质，以一般人为判断依据，分为两种情况：一是认为行为人的殴打行为没有制造死亡的风险，则不必进行下一阶段的判断，可以得出结论，被害人的最终死亡结果不能归责于行为人的行为；二是认为行为人的殴打行为制造了死亡的风险，则需要进行下一阶段的判断，即风险是否实现。

---

① 参见〔日〕西田典之《日本刑法总论》，刘明祥、王昭武译，中国人民大学出版社，2007，第 82 页。

② 参见〔日〕山中敬一《刑法中的客观归属理论》，成文堂，1997，第 534～535 页。

在风险实现阶段，如果行为人知道被害人具有特殊体质，并加以利用，造成死亡结果，那么行为人不但制造而且实现了不被允许的风险，被害人的死亡结果归责于行为人的行为；如果行为人不知道被害人具有特殊体质，那么行为人的殴打行为是否实现了风险，被害人的死亡结果是否要归责于行为人的行为呢？对此，可以借助山中敬一教授提出的归责判断标准进行考察。①　①第一次的直接危险对于具体结果的继续作用。如果第一次的直接危险对于行为客体的危险力在客观上很弱，则所遭遇到的潜在的危险源，如被害人的特殊体质，助长或者促进了结果的发生。例如，行为人虽然用拳脚殴打了被害人，但被害人是因心脏病发作而死亡。对于这样的死亡结果，第一次行为的危险力很弱，反而是所遭遇的潜在危险源的作用促进了结果的发生。在这种情况下，尽管行为人最初的伤害行为所造成的伤害结果应该归责于行为人，但对于死亡结果，却不能归属于行为人。②第一次危险遭遇潜在危险源的概率。这个概率判断是将所有存在的事情作为判断资料，运用所有的科学知识进行客观的判断。这种判断的框架与相当因果关系说中的相当性的判断类似，因此也可以称为经验的通常性判断。概言之，这种判断是以事后判明的事情为判断资料，询问第一次的危险行为遭遇潜在危险源的客观概率。③潜在危险源的结果惹起力的大小。在此，第一次危险与潜在危险源所造成的第二次危险之间的优越性比较成为基准。如果潜在危险源的结果惹起力很大，对结果发生造成很大的影响，而优越于第一次危险的危险力或者切断了第一次危险的结果惹起力，那么所造成的结果就不是第一次危险的实现，而是由被害人的特殊体质等所引起。

我们按照上述标准分析洪志宁案、廖钊朋案。行为人殴打了被害人的身体，造成了被害人身体上的伤害，但被害人患有心脏病，殴打伤害导致心脏病发作而死亡。在这种情况下，以所制造的危险的大小、潜在危险源发生的概率及优越性为基准，进行危险实现的判断。第一次危险所具有的通常的危险力一般，且行为人行为时遇到这样的患有严重心脏病的被害人的概率很低，如果没有心脏病这种特殊情形，也不会产生致死的结果。因此，潜在的危险源在该因果经过中处于压倒性的优势地位。

---

① 参见张亚军《刑法中的客观归属论》，中国人民公安大学出版社，2008，第228页。

所以，该事件的最终结果是：被害人的死亡不能算作行为人的"作品"而归属于行为人。如果行为人对于被害人存在伤害的故意，那么只需要对实际的伤害结果承担责任，按照故意伤害罪的构成要件，可能构成故意伤害罪或者不构成犯罪。

四　以客观归责理论解决被害人特殊体质案件中死亡结果的归责问题

（一）条件理论——仅用来认定行为与死亡结果的事实关联

条件理论的判断公式是：如果没有 A，就没有 B，那么 A 就是 B 的原因。条件理论同等地看待引致结果发生的各种行为，所以又被称为"全条件同价值说"。例如，德国学者李斯特主张因果行为说，把因果律看作刑法中的一种重要思维方法。他认为，如果在身体活动和结果之间有联系，我们则称身体活动是结果的原因，结果是身体活动的后果。也就是说，我们在身体活动与结果的关系上使用了因果性这一范畴。这同时说明，对刑法研究来说，原因（Verursachung）和诱因（Veranlassung）、原因（Ursache）和条件（Bedingung）是重合的，说得更确切些，结果的诱因总是充分的，它的原因则不是必要的。对因果关系而言，结果的全部条件有时同样重要。并存的共同原因（Mitursache）同样是法律意义上的原因。原因概念不得排除同时或者后续发生的共同原因。①

条件说的公式为因果关系确定了一个客观的范围，对于因果关系的认定具有重要意义。但条件说具有明显的客观主义的、形式主义的特征，它不对原因力做实质判断，如此就导致刑法因果关系范围过于宽泛的缺陷。尽管李斯特提出因果关系中断说加以弥补，并主张严格区分原因问题与责任问题，② 但是条件说的弊端仍然是难以克服的。③ 德国学者指出，由于条件理论适应因果关系的经验的符合法则性，它在理论上将导

① 参见〔德〕李斯特《德国刑法教科书》（修订译本），徐久生译，法律出版社，2006，第 184 页。
② 参见〔德〕李斯特《德国刑法教科书》（修订译本），徐久生译，法律出版社，2006，第 185、188 页。
③ 参见陈兴良《判例刑法学》上卷，中国人民大学出版社，2009，第 157 页。

致无穷尽。根据条件说，即使是谋杀者的父母和祖父母，也同样可以就造成被谋杀者的死亡共同负有责任。因此，人们尝试按照普通有效的方法，从依据因果概念产生的众多结果条件中挑选出在法律上具有重要意义的原因。据此，因果关系概念的任务，只是表明在进行法律评价时可能予以考虑的所有事实，刑法责任则是在该最大的可能性范围内来确定。①

在日本判例中关于因果关系的认定，一般采用条件说。日本学者西田典之教授指出，判例的态度是，当具有明确的物理法则上的原因关系之时，即便存在异常的介入情况，仍肯定因果关系；在不能认定这种结合关系时，便采取以诱发行为的贡献程度为标准的相当性说。这可称为二元说，既考虑物理性结合关系的原因说，也采取判断有无盖然性的相当性说。如果盖然性判断是一种因果法则，在只要行为与结果在法则性上结合在一起便肯定因果关系这一意义上，可以说判例依然采取的是条件说。②

因果关系毕竟是在特定条件下的一种客观联系，所以不能离开客观条件认定因果关系。严格意义上，被害人的特殊体质并不是介入因素，而是行为时已经存在的特定条件。因此，由于被害人存在某种特殊体质（如身患疾病），行为人所实施的通常情况下不足以致人死亡的暴力行为导致了被害人死亡的，根据条件说也应当肯定因果关系。正如洪志宁故意伤害案、廖钊朋等殴打致人死亡案，行为人对被害人实施殴打行为，虽然殴打行为本身不足以致人死亡，但殴打行为导致被害人心脏病发作而死亡，没有殴打行为就不会有死亡结果，据此应当承认被告人的先前行为与被害人的死亡结果间存在因果关系。

对被害人实施了较轻微的暴力行为，被害人因存在特殊的体质（如身患疾病）而死亡的案件中，日本判例基本上是采取了这样的做法：在考虑被害人的特殊体质的基础上再去判断因果关系，并且肯定了因果关系的存在。例如，行为人对被害人施加了暴行，在通常情况下，这种暴行不会引发被害人死亡的结果，但是被害人因患有严重的心脏病，在暴

---

① 参见〔德〕汉斯·海因里希·耶赛克、托马斯·魏根特《德国刑法教科书（总论）》，徐久生译，中国法制出版社，2001，第347页。
② 参见〔日〕西田典之《日本刑法总论》，刘明祥、王昭武译，中国人民大学出版社，2007，第85页。

行作用下急性心脏病发作而死亡。第二审裁判所根据相当因果关系理论
中的折中说，认为被告人的暴行与被害人的死亡结果之间不存在因果关
系（东京高判昭和 45 年 3 月 26 日高集 23 卷 1 号 239 页）。但是，最高
裁判所认为，如果被害人没有患有严重的心脏病，而是拥有正常体质的
人，那么被告人的行为便不会导致死亡的后果。被告人在实施行为时并
不知道被害人的这种特殊体质，也不能预见到死亡结果的发生。但是，
既然被告人的行为与被害人的特殊体质相结合造成了死亡的后果，就应
当承认行为与死亡结果间的因果关系。① 据此，最高裁判所撤销了原判
决，认为被告人构成强盗致死罪（最判昭和 46 年 6 月 17 日刑集 25 卷 4
号 567 页）。在这一案件中，判例认为"属于致死原因的暴行，并不需要
其一定是死亡的唯一的原因或者是直接的原因，即便是偶然地因为被害
人的身体存在高度的病变、病变与行为人的暴行相互结合而造成了死亡
结果的场合，也不妨害成立因上述暴行的致死罪"。② 在此，判例不管一
般人是否可能认识、预见，也不管行为人是否已经认识、预见到被害人
的特殊体质，都肯定在被害人特殊体质案件中暴力行为与死亡结果之间的
因果关系，这实际上就是以条件说为标准，判断具体案件中的因果关系。

（二）相当因果关系理论——无法有效解决死亡结果的归责问题

相当因果关系理论又称为相当理论，是德国学者冯·克里斯教授提
出来的。德国学者指出，相当理论有助于在因果关系范围内限制刑法上
有重要意义的责任关系。根据该理论，行为人在实施犯罪行为时由其所
引起的结果在一定程度上必须是可能发生的，以便能将该行为视为结果
发生的原因。条件与结果必须是适当（或相当）的，而只有那些能够典
型地导致结果发生的条件才能被认为是适当的。相当思想的实质在于，
接受为法律所指责的风险能够与禁止性规范的意义相适应，只有实现了
风险的结果才是可归责的。③ 西田典之教授认为，一般可分为两个阶段来

---

① 参见〔日〕大塚仁《刑法概说（总论）》，冯军译，中国人民大学出版社，2003，第
175 页。

② 参见〔日〕山口厚《刑法总论》，付立庆译，中国人民大学出版社，2011，第 60 页。

③ 参见〔德〕汉斯·海因里希·耶赛克、托马斯·魏根特《德国刑法教科书（总论）》，
徐久生译，中国法制出版社，2001，第 348 页。

判断是否存在因果关系：第一个阶段判断是否存在条件关系，第二个阶段在此基础上再判断是否存在相当因果关系。所谓条件关系，是指明确行为与结果之间是否存在事实上的关联（结合关系）；所谓相当因果关系，则是以存在条件关系为基础，进一步就客观性归责的范围做规范性限定。[①]

相当因果关系说从条件说所确定的各种条件中，筛选出具有相当性的条件，承认其与结果之间具有因果关系，从而对条件说予以限制。在判断相当性的时候，引入一般社会观念或者社会经验法则作为标准。由于一般社会观念、社会经验法则都具有主观的属性，所以通过"预见可能性"概念将那些不具有预见可能性的、偶然发生的情形从因果关系中予以排除。相当因果关系说认为，在通常情形下，依据一般的社会生活经验，可以判断某一行为导致某一结果是"相当"的场合，则在该行为与该结果之间便存在因果关系。何谓"相当"？它是指根据日常生活经验，某一行为引发某一结果是正常的、符合一般情形的，不是异常的、属于个别特殊的情形。相当因果关系有两个特点：一是排除条件说中不相当的情况，从而限定刑法上的因果关系范围，在行为与结果间存在条件因果关系的基础上，相当因果关系说又以相当性来评判；二是在判断行为与结果之间有无"相当性"时，认定的标准是实施行为时一般人的认识水平。[②]

在过去很长一段时期内，相当理论是作为一种因果关系理论而存在的，根据相当性判断标准的不同，发展出三种学说，即主观说、客观说、折中说。主观说以行为人实施行为当时认识到的情状以及可能认识的情状为判断的基础；客观说认为应当进行客观的事后预测，该说站在裁判者的立场上，认为对行为当时存在的一切事情以及行为后产生的事情，只要它们对一般人来说曾是可能预见的，都必须考虑；折中说认为，应当以行为时一般人可以认识的情状，以及行为人特别认识的情状来做判断。[③] 日本刑法学者大谷实教授对主观说、客观说、折中说的适用情况

①　参见〔日〕西田典之《日本刑法总论》，刘明祥、王昭武译，中国人民大学出版社，2007，第68页。

②　参见张明楷《刑法学》，法律出版社，2011，第176页。

③　参见〔日〕大塚仁《刑法概说（总论）》，冯军译，中国人民大学出版社，2003，第163页。

做了说明。A 用刀使甲身负轻伤，甲因患血友病出血不止而死亡，在这个案件中，按照条件说，应当肯定 A 的行为与甲死亡之间的因果关系。按照相当因果关系说中的主观说，由于是否具有因果关系的判断基础是行为人是否知道，或者是否能够预见对方患有血友病，因此，案件中是否具有因果关系，与一般人是否能够认识到死者患有血友病无关。按照客观说，甲患有血友病是裁判时所客观存在的事实，行为人使该血友病患者身负轻伤，但甲由于出血过多而死亡是在一般生活经验上所可能具有的事实，所以不考虑行为人对此有无认识，可以肯定行为与死亡结果间的因果关系。按照折中说，在行为当时，若行为人和一般人都不能认识到甲患有血友病的话，就应当将血友病这一事实从判断的基础上排除，A 的行为和甲的死亡之间具有条件关系，但并不具有刑法上的因果关系。但是，在行为人知道对方是血友病患者的时候，由于该事实是判断的基础，因此，应当肯定因果关系。① 相当因果关系说的三个判断学说中，过去在日本折中说曾经占有支配地位，但是这受到批评。因为折中说与主观说类似，都是根据行为人或者一般人的认识来决定因果关系的有无，这就抹杀了因果关系的客观属性。因此，客观说逐渐取代折中说占据支配地位，正在成为有力的学说。②

实际上，相当因果关系说的三个判断标准都是以主观认识或一般认识为前提的。③ 主观说以行为人所认识或能认识的范围为标准；客观说以一般人能够认识的事实为标准；折中说则以行为时一般人可能认识的事实以及行为人所认识或能认识的事实为标准。虽然相当因果关系论者承认因果关系的客观属性，但实际上他们所主张的因果关系并不是客观的。不论采用三种学说中的哪一种，都最终以行为人的认识或者一般人的认识作为判断标准，因果关系是否存在，是由人的主观认识所决定的。

对于行为人殴打具有特殊体质的被害人，被害人死亡的案件，以客观说来判断，不管行为人是否明知被害人是特殊体质（患有某种疾病）人，只要行为时被害人存在这种疾病，就应当肯定行为与被害人的死亡

---

① 参见〔日〕大谷实《刑法讲义总论》，黎宏译，中国人民大学出版社，2008，第197页。
② 参见〔日〕前田雅英《刑法总论讲义》，东京大学出版会，2006，第176页以下。
③ 参见张亚军《刑法中的客观归属论》，中国人民公安大学出版社，2008，第224页。

结果间存在因果关系。根据主观说，倘若行为人行为时知道或者应当知道被害人身患某种疾病，则行为人的行为与被害人的死亡之间具有因果关系，否则不存在因果关系。折中说认为，如果一般人都能知道被害人有某种疾病，或者行为人行为时知道被害人患有某种疾病，那么行为人实施的行为与最终的死亡结果之间具有因果关系，否则不存在因果关系。我们以相当因果关系说的三个标准来考察洪志宁案、廖钊朋案的因果关系。①根据相当因果关系理论中的客观说，被告人洪志宁、廖钊朋殴打被害人时，被害人已经患有心脏病，虽然行为人并不知道该事实，其先前实施的殴打行为与被害人的死亡后果间仍然有着因果关系。②根据主观说，被告人洪志宁、廖钊朋殴打被害人时不知道被害人患有心脏病，所以被告人的行为与被害人的死亡之间不具有因果关系。③根据折中说，案发时行为人并不知道死者身患心脏病，一般人也不会知道被害人患有心脏病，因此否定行为人的行为与被害人的死亡之间存在因果关系。综上，客观说认为存在因果关系，主观说与折中说认为不存在因果关系。

我们注意到，采用相当因果关系说，无论是主观说、客观说还是折中说，关注的焦点问题都是因果关系是否存在，判断的标准是相当性，若无相当性，那就没有刑法上的因果关系，但都肯定殴打行为与死亡结果之间的条件关系。至于主观上是故意还是过失，则在责任中解决。在洪志宁案中，审判机关认定被告人的殴打行为与被害人的死亡之间存在因果关系，并且认为被告人主观上能够认识到其行为可能会损害被害人的身体健康，尽管被告人并不追求被害人的死亡结果，但这正好构成故意伤害致人死亡。在廖钊朋案中，审判机关认为"两被告人殴打受害人的行为与受害人的死亡结果有因果关系"，同时认为"主观上，被告人廖钊朋、李四珠没有故意或者过失的心理态度，即没有刑法上的罪过。受害人及其家人不知道受害人有如此严重的疾病，被告人更不可能知道；其次，被告人与受害人素不相识，一般的殴打会造成死亡的后果无法预见，也不可能预见。……行为在客观上虽然造成了损害结果，但是不是出于故意或者过失，而是由于不能预见的原因所引起的不是犯罪"。

通过上述分析我们发现，相当因果关系理论具有一定的归责性质，它不再将行为与结果之间关系的判断局限在客观事实上，而是同时进行了价值判断，它以社会生活经验法则作为相当性的认定标准，尤其是在相当性的判断中引入可预见性（Berechenbarkeit）的概念。① 对此，李斯特批评这是把原因问题与责任问题相混淆了，他指出，如果相当因果关系理论从客观上规定可预见性，那么，它就会无可挽救地陷入无法解决的矛盾之中。如果行为人事前估计到非典型的发展过程，则它不得不要么将行为人无罪释放，要么以主观的预见代替客观的预见。克吕克曼（Krueckmann）负责地认识到，应将普遍的可预见性与具体的可预见性统一归纳到控制（Beherrschung）概念之下，由此，相当理论的统一性就不复存在了。②

（三）客观归责理论——在归因基础上有效解决死亡结果的归责问题

在德国，因果关系与归责的判断方法分为客观归因与客观归责两个层次。德国学者认为，某人是否引起了结果的问题，在德国主要借助于所谓的条件理论来回答。如果某种结果不消失，这个行为就不能从思想上被赶走，那么，这个结果就由这个行为所引起。换言之，行为必须表明结果的条件关系，其中，结果的所有条件被等而视之（相当），所以，条件理论也被称为相当理论。③ 结果条件中如果有数个行为，则它们是共同原因，因为在刑法中的因果概念层面上，是不能区分重要的因果关系与不重要的因果关系的。通过下列三个因素来限制建立在因果关系基础上的非常广泛的责任联系，即客观归责理论、构成要件的行为要素、故意和过失。④

现代意义上的客观归责理论，是德国学者罗克辛教授创立的，正是客观归责理论完成了从归因到归责的革命性转变。客观归责的判断可以

---

① 参见陈兴良《判例刑法学》上卷，中国人民大学出版社，2009，第159页。
② 参见〔德〕李斯特《德国刑法教科书》（修订译本），徐久生译，法律出版社，2006，第192页。
③ 应当指出，上述德国学者在论述中将条件理论称为相当理论，这里的相当理论并非相当因果关系理论，而是指全条件同价值说，即在条件关系中，各种条件对于结果发生的价值是等同的，不能区分重要的条件与次要的条件。若加以区分，就不是条件说而是原因说。但原因说对于各种条件的价值区分无法提供可操作的标准，因而为各国司法实务所不采。参见陈兴良《判例刑法学》上卷，中国人民大学出版社，2009，第143页。
④ 参见〔德〕汉斯·海因里希·耶赛克、托马斯·魏根特《德国刑法教科书（总论）》，徐久生译，中国法制出版社，2001，第339页。

分为以下四个层次。①条件关联。这一阶段的关联是说明事实之间的关联，借助于经验规律意义上的因果概念而考察行为和结果之间的最低限度的关联。②相当性关联。这一阶段是通过客观合目的性对或然律的补充而分析行为与结果之间的被确定性关联，从而确定事实之间的关系具有进行刑法评价的价值。③风险性关联。这一阶段所要说明的是行为对谨慎义务的违反和结果发生之间的详细联系，从而在规范的意义上评价行为与结果之间所具有的确切联系在刑法上有相当的重要性。④保护目的性关联。这一阶段说明所出现的结果是在被损害的规范的保护范围内。① 由此可见，在客观归责中加入了价值判断与实质判断，当然这种价值判断与实质判断是以条件关系的事实判断与形式判断为前提的，因而是一种以归因为前提的归责。②

客观归责是相对于主观归责而言的，指在客观上结果对于主体的行为的可归属性。因此，此处的"责"并非有责性中的"责"，而是客观上结果与行为的归属性，是一种刑法上的客观判断。易言之，客观归责中的"责"并非终局的责任概念，而是"可归责"的意思。有的文献将客观归责翻译为"客观归咎"③ 或者"客观归属"④，这对于我们理解客观归责的真实含义很有助益。客观归责理论是从因果关系理论演变而来的，它将归因与归责问题做了明确区分。归因是一个事实判断的问题，通过因果关系理论解决；归责是一个价值评价的问题，通过客观归责理论解决。确定行为与结果间是否存在因果关系虽然重要，但更重要的是应该进一步判断，行为人造成具体结果的行为在客观上是否可归责。在归因阶段，客观归责理论与因果关系理论都以条件关系为前提，其特殊性体现在归因之后的归责上。相对于因果关系理论，客观归责理论明确地将归因与归责放在两个层序上，其以三大原则及其衍生出来的各种规则建立了一套完整的结果归责体系，在因果关系理论之外又提供了一个评价标准，来认定行为与所造成的构成要件结果之间的归责关系。如果行为人所引起的构成要件结果缺乏客观可归责性，那么即使行为与结果

---

① 参见吴玉梅《德国刑法中的客观归责研究》，中国人民公安大学出版社，2007，第135页。

② 参见陈兴良《判例刑法学》上卷，中国人民大学出版社，2009，第144页。

③ 参见李海东《刑法原理入门（犯罪论基础）》，法律出版社，1998，第49页。

④ 参见马克昌《比较刑法原理：外国刑法学总论》，武汉大学出版社，2002，第211页。

之间存在因果关系，该行为也不具有构成要件该当性，应排除犯罪的成立。

因果关系与客观归责属于两种不同的思维方式。对行为、结果两个构成要件要素的考察在因果性判断之前进行，因果性思考则是对行为与结果之间关系属性的判断。在很多情况下，这种要件要素与关系的前后两次考察不能完成构成要件的实质判断的任务，但是，客观归责理论能够在一个逻辑框架下完成一体化的考察。客观归责理论在确定条件性因果关系的前提下，对行为与结果做实质性的价值评判，这就突破了因果关系范畴，提升到了归责的阶层。

在客观归责的判断中，危险或称风险是一个核心的因素，通过对风险的创设与实现的论证，提供将结果归责于一定行为的客观依据。客观归责理论是以条件说所确认的因果关系为基础的，因此该理论与相当性判断具有一定的重合性。但客观归责理论不同于相当因果关系理论，它不是对行为与结果之间的因果关系做静态的相当性判断，而是关注于能否将结果归责于某一行为，对行为是否制造了法所不允许的风险、该风险是否实现、是否属于构成要件的效力范围进行实质性的考察。在规范归责的概念正式提出之后，客观归责理论才真正脱离了相当因果关系理论，发展为现代意义上的归责学说。在规范归责的判断进程中，"风险"这一概念成为连接事实与规范的桥梁。一方面，从对客观事实的评价中，提炼出风险概念，实施规范归责的各种理论都聚焦于风险的定义和认识；另一方面，客观事物之间的关联通过归责中的规范评价才获得了法律评判的价值意蕴，客观归责立足于规范立场，它所论证的其实是客观不法是否成立。[①]

在区分因果性与归责性的基础上，客观归责理论依据条件理论确定引起结果的原因，然后引入规范评价，通过三大规则及各种排除法则筛选引起结果的原因，判断能否将这一结果归责于行为，即将该结果看作行为人的"作品"算到行为人的头上，这便是行为是否具有客观可归责性的判断。客观归责理论的各种规范评价规则为司法机关进行归责判断提供了一套实用的、可操作的理论工具。客观归责理论的基本逻辑进路

---

① 参见吴玉梅《德国刑法中的客观归责研究》，中国人民公安大学出版社，2007，第52页。

是，先在事实层面上判断行为与结果之间的因果关联，在确定事实关联之后，通过规范评价进行价值判断，考察行为是否制造风险、是否实现风险以及构成要件的效力范围。客观归责理论是建立在事实与价值二元界分的方法论基础上的，以此为指导将结果原因与结果归责划分为两个判断层序。而且，事实经验上的条件因果关系在前，价值评断上的规范归责在后，先确定事实因果关系，再根据各项规则进行归责判断。传统的因果关系理论没有区分事实判断与价值判断，将归因与归责混为一谈，把因果性判断与归责性判断放在一个步骤进行，以自然科学的事实审查方式取代了社会科学的规范审查，从而难以完成法学理论的使命。这也是为什么相当因果关系理论虽是实质的归责理论，却一直囿困于因果关系理论中。①

　　客观归责理论在结果归责的判断上所采取的是一种逐步收缩的方式，通过对事实的过滤而筛选出一种值得刑法评价的事实联系。② 在筛选过程中，客观归责理论试图以风险概念为核心建立一套独立的规则体系，为结果归责于行为提供更加具体化、可操作的标准，为进一步的实质审查奠定基础，而不是依据抽象的社会经验法则去判断行为是否会引起结果。客观归责是在构成要件行为已完成因果流程之后，再做反面的排除归责判断。③ 由此可见，客观归责与因果关系是两个不同的判断过程，不能混淆，客观归责实质上是对客观构成要件的限制，是从反面来限定客观构成要件的符合性。同时，这种排除归责（归责阻却事由）的判断，与犯罪论体系中的违法阻却事由、责任阻却事由相类似，都在完成了初步的类型化判断后，进一步从整体上审查案件事实，对出现的异常情况做出处理。总之，对客观归责的判断通常是从反面来考察，看是否存在归责的阻却事由，如果存在，则否定客观归责的成立，进而否定客观构成要件符合性。客观归责的阻却事由，就是每一个判断标准的否定，但是实际情况更加复杂，在这三大阻却事由之下又包含许多具体的判断规则，因为对于具体案件的处理，需要更细化的规则，而不是抽象的、模糊的指导。

---

① 参见曾滨《客观归责理论探究》，硕士学位论文，中国政法大学，2007，第39页。
② 参见吴玉梅《德国刑法中的客观归责研究》，中国人民公安大学出版社，2007，第259页。
③ 参见许玉秀《主观与客观之间——主观理论与客观归责》，法律出版社，2008，第16页。

　　在行为人并不知道也难以知道被害人是心脏病患者，由于行为人的轻微伤害行为，引起他人心脏病突发当场死亡的场合，如何处理最终死亡结果的归责问题，我国有学者认为：这实际上是考虑行为人如何承担刑事责任的问题。即使考虑到被害人身体上带有某种疾病等特殊情形，我们也应当肯定被告人的先前行为与引发的最终结果间存在因果关系。只是，在这种场合下，由于行为人在行为时对于自己的行为后果不能预见，所以其最多也只能对自己的行为所引起的后果承担过失责任。如在行为人挥拳将被害人打成轻伤，碰巧被害人是严重心脏病患者，轻伤行为引发其心脏病，因而死亡的场合，就是如此。这种场合下，如果说将被害人是严重心脏病患者的事实考虑在内的话，应当说，殴打行为和他人死亡结果之间是具有因果关系的。客观上，被害人的死亡结果可以归责于行为人的殴打行为。因为行为人实施行为时不知道被害人患有严重的心脏病，也不可能预见到，所以行为人主观上没有致使被害人死亡的故意，不能承担故意的刑事责任。根据主客观相统一的刑法原则，被告人的行为构成故意伤害罪，在《刑法》第 234 条第 1 款①的量刑幅度之内决定刑罚。② 笔者认为，该学者认为行为人的行为和所发生的结果之间存在因果关系、行为人的殴打行为与被害人死亡结果之间是具有因果关系的，这是根据条件说认定行为与最终死亡结果之间的因果关系。但该学者认为"客观上，被害人的死亡结果可以归责于行为人的殴打行为"，笔者认为根据客观归责理论，行为人的殴打行为并没有制造被害人死亡的风险，更没有实现这种死亡的风险，所以被害人的死亡结果不能归责于行为人的殴打行为。这种被害人具有特殊体质的案件，最初的伤害行为是否要对最终的死亡结果负责，笔者认为这并不是"考虑行为人如何承担刑事责任的问题"，而是"客观归责"的问题。如果以客观归责理论考察，坚持先客观后主观的逻辑方法，客观构成要件已经不具备，就不必再考察行为人的主观方面了。既然被害人的死亡结果客观上不能归责于行为人，就不必考察行为人对最终的死亡结果承担故意责任或者过失责任了。

---

① 我国《刑法》第 234 条第 1 款规定："故意伤害他人身体的，处三年以下有期徒刑、拘役或者管制。"
② 参见黎宏《刑法总论问题思考》，中国人民大学出版社，2007，第 173～174 页。

根据客观归责理论，在洪志宁案、廖钊朋案中，存在"没有前者就没有后者"的条件关系，没有被告人的殴打行为就不会发生被害人死亡的后果，所以殴打行为与死亡结果间存在条件关系。但这仅仅是一种事实上的、客观性的联系。被害人的死亡结果能否作为一种"作品"归责到被告人的行为上，需要根据客观归责理论的规则体系进行考察。笔者认为，被告人洪志宁、廖钊朋殴打被害人，并没有制造被害人死亡的风险，所以被害人死亡的结果不能归属到被告人的行为上。廖钊朋案中，法院判决廖钊朋无罪是正确的。在洪志宁案中，法院判决洪志宁故意伤害我们可以认同，但是认为是"故意伤害致人死亡"，将被害人的死亡结果归责到被告人的行为上我们认为并不准确。司法机关其实还是没有摆脱条件关系的归因思维，认为死亡结果发生了就要归责给被告人的行为。从本案的审判过程中也可以看到归因思维容易造成罪责刑不相适应。本案一审法院判决被告人洪志宁成立故意伤害罪，处以有期徒刑10年6个月。二审法院认为："鉴于本案的特殊情况，原判对洪志宁的量刑过重，与其罪责明显不相适应，可在法定刑以下予以减轻处罚。"据此，撤销一审法院对被告人的量刑部分，"以洪志宁犯故意伤害罪，在法定刑以下判处有期徒刑五年，并依法报送最高人民法院核准"。司法机关没有将归因与归责区分开，所以才认定被告人洪志宁故意伤害致人死亡，故适用《刑法》第234条第2款的量刑幅度："致人死亡或者以特别残忍手段致人重伤造成严重残疾的，处十年以上有期徒刑、无期徒刑或者死刑。"如果只认定被告人洪志宁故意伤害，完全可以适用《刑法》第234条第1款："故意伤害他人身体的，处三年以下有期徒刑、拘役或者管制。"这样就不必在法定刑以下判处刑罚并报送最高人民法院核准了，这既能做到罪责刑相适应，也节省了司法资源。

五 小结

无论是因果关系理论还是客观归责理论，研究的主要目的均是在能够为刑法评价的行为、结果及责任之间，建立起合理的、可靠的联系，为构成要件符合性的暂时判断找出判断的依据。虽然条件理论因其处罚范围的扩大化和经常难以发挥实际作用而饱受批判，但实际上持条件理论的学者却恰恰揭示了因果关系理论和客观归责理论的本质，亦即无论是因果关系理论还是客观归责理论，根源上解决的都是客观构成要件符合性的问题。就目前理论界的研究水平来看，虽然对行为、结果、责任的认识在逐渐深入，但这种深入并没有跳出构成要件符合性的圈子，臻于完美的理论也没有出现，即使在理论上有很大影响力的相当因果关系理论、客观归责理论，都需要在不断处理具体案件的过程中，由学者不断总结规则和判断标准，从而使其既具有理论的逻辑性、体系性，也具有司法实践的实用性、可操作性。

现在理论界基本承认，相当因果关系理论不仅考察因果关系，而且带有归责的属性，在归责这一点上相当因果关系理论与客观归责理论有重合之处。当然，尽管相当因果关系说具有一定的归责性质，它主要地还是体现为一种因果性的思维方式。我国有学者指出：所谓因果性思维方式是一种寻找两个事物之间某种关联的思维方式，审查行为与结果之间的某种关联就是这种思维方式的一种体现。判断者是在明确了行为、结果两个要素之后，再进一步审查二者之间有无因果关系的存在。易言之，行为与结果作为实体要素优先于作为关系范畴的因果关系的认定。客观归责理论则脱离了因果性思维方式，不局限于对行为与结果间关系的形式判断，它更为重要的功能特色在于，以具体规则对行为做实质判断，对结果是否归属于行为做实质判断，在某种意义上，它是对整体构成要件做实质性判断。①

我国刑法因果关系理论陷入必然、偶然的窠臼不能自拔，造成了理论研究的停滞不前和司法实践无理可依的局面，我国有学者主张采用英美法系的双层次因果关系理论，这便是事实因果关系与法律因果关系的概念。我国传统的刑法教科书研究因果关系的时候使用的是必然因果关系与偶然因果关系的分析范式，这是从苏联刑法学引入的。在《刑法哲学》（1992 年第 1 版）一书中，陈兴良教授较早地主张在因果关系认定中引入价值判断，指出：因果关系的价值评判是必要的，这种价值评判是指在纯行为事实的因果关系的基础上，确认因果关系在刑法上的意

---

① 参见陈兴良《教义刑法学》，中国人民大学出版社，2010，第 289 页。

义。[①] 之后，张绍谦教授提出了事实因果关系与法律因果关系的范畴，他指出，刑法上的因果关系首先是一种事实关系，刑法因果关系是追究被告人刑事责任的客观依据，它不能只具有自然科学意义上的事实属性，这种事实关系还必须值得刑法评价，从而具有价值属性。换言之，事实关系经过刑法上的价值评断之后成为法律上的因果关系，从而带来某种法律后果。没有经过价值评断的裸的事实因果关系不会对刑事责任产生直接作用。以法律规则对因果关系所做的筛选性的、限制性的评价过程，将法律性特质赋予刑法上的因果关系。这一特质说明了这样一个问题，刑法因果关系不仅仅是事实关系，更加根本、重要的是，这种因果关系还是刑事法律所要求的规范意义上的因果关系。所以，应当肯定的是，刑法因果关系是事实关系与法律关系的统一。[②] 这里所说的法律因果关系，张绍谦教授认为是指明确地或蕴含地规定在法律之中，作为司法机关定案标准的、定型的因果关系。这一定义是正确的，但关键是根据什么标准来判断。相当因果关系说从预见可能性切入，提供了某种判断标准。当然如果引入客观归责理论，则在区分归因与归责的基础上，就会完全消解法律因果关系问题。[③]

本书认为，为了弥补我国传统因果关系理论研究自我封闭、哲学色彩浓厚的缺陷，学者们做出了很多努力，采用事实因果关系与法律因果关系的分析方法就是这些努力中的一种。但是因果关系作为行为与结果之间的一种事实联系，带有客观属性，在因果关系之前生硬地加上"法律"，将价值评价的功能强行赋予因果关系理论，并不是一种妥当的解决方案。如果将结果归因与结果归责相区分，将事实判断与规范归责层次化，笼罩在因果关系理论上的迷雾将散去。被害人特殊体质的伤害案件中死亡结果的归责问题，也将迎刃而解。在某种意义上，客观归责理论不仅为我们判断归责提供了规则体系，更为重要的是提供了一种思维方法。这种方法论上的启迪，也许能够推进我国刑法因果关系理论向前迈出一大步，逐渐融入追求刑法精确、精细、精致的潮流中。

---

① 参见陈兴良《刑法哲学》（修订3版），中国政法大学出版社，2004，第98页。
② 参见张绍谦《刑法因果关系研究》，中国检察出版社，1998，第120页。
③ 参见陈兴良《判例刑法学》上卷，中国人民大学出版社，2009，第147页。

第十一章　特殊认知者的客观归责

一　引言

客观归责①理论主张，不法判断的重心在于客观构成要件，而且客观构成要件的判断优先于主观构成要件的判断。在常提到的案例中，如为了继承叔叔遗产怂恿其在雷雨天外出散步，即使发生死亡结果，行为人也不成立犯罪，这不是因为行为人欠缺犯罪故意，而是由于行为人没有制造法所不允许的风险，也就是说没有该当构成要件的行为。一般来说，判断一个风险是不是被允许，其依据是该风险能否足以造成法益受到侵害，而风险能否造成法益受损，通常存在一般生活经验上的客观标准。虽然如果行为人所认识的风险仅是一般生活风险，则不能得出结论说行为人创设了不被允许的风险，但是如果行为人所认识的风险属于一般人不能认识到的高度风险，该风险正足以侵害法益，则能得出结论说行为人创设了不被允许的风险。这样说来，考察客观的风险是否属于不被允许的风险，也和行为人的主观要素有关。

在判断客观上是否存在不法性上，有时候主观要素发挥着重要作用，最典型的情形便是特殊认知问题。所谓特殊认知，是指行为人认识到了与构成要件有关的危险（风险），而这是一般人所未认识到的。例如，甲劝说乙乘坐飞机旅行，而恐怖分子已在这架飞机上放置了炸弹。在判断甲的行为是否存在不法性的时候，他是否知道飞机上已被放置炸弹具有重要意义。一般来说，劝说别人搭乘飞机并无危险，即使有危险也是

---

① 直到 20 世纪 50 年代，归责仍被理解成罪责能力。如今归责的概念已从罪责的概念区分出来而成为一个上位概念，且几乎和可罚性的概念相当，这种对归责概念的理解，目前在德国已经基本被接受。在德国，1970 年以后，客观归责概念才再流行起来。归责作为上位概念，其下区分客观归责（属于构成要件）以及主观归责（属于罪责或负责）。参见〔德〕骆克信等《问题研讨》，许玉秀、郑铭仁译，《政大法学评论》1994年第 50 期。

法秩序允许的，因此，如果他人在坠机事故中死亡，该结果也不能归责于行为人。然而，倘若行为人已经知道该飞机上被人安装了炸弹，那么主流观点就会认为行为人制造了法所不允许的风险，死亡结果应当归责于他。[①] 从表面上来看，上述两种情形中的客观行为是一样的，似乎对结果归责与否起决定作用的是行为人主观上的特殊认知。

　　只要一个行为的不法评价取决于它对刑法所保护利益的危险性，便会存在这样的分歧，一是应当站在事前（ex ante）角度还是事后（ex post）角度来判断这种风险性，二是应当从行为人还是第三人（一般人）的主观面来判断该种风险性。制造法所不允许的风险是客观归责理论的第一个判断规则，它进行规范分析的目的是排除没有制造风险以及没有制造不被允许的风险而被社会接纳的行为方式的可罚性，所以应当坚持事前观察的视角，也要立足于一个审慎的第三人（一般人）的视角，同时要顾及行为人的特殊认知。[②] 也就是说，通常情况下，在考察是否制造了法所不允许的风险时，一个谨慎的、理性的判断者在行为前所进行的观察是具有决定性的，但是，在有些情况下，该判断者也要考虑到个别行为人的特殊认知。例如，一个小孩正在人行道上安静地与小猫玩耍。从审慎的第三人（一般人）的视角来看，汽车司机以合理速度驶过是被允许的，如果这个小孩突然奔跑到机动车道，这个风险是事前无法预见到的，不能说汽车司机制造了法所不允许的风险。相反，若汽车司机认识这个小孩，而且以前发现他经常由于猫的举动而突然奔跑，那么结论就不同了，如果该司机仍然驾车行驶，结果撞伤了突然奔跑的小孩，那么他就制造了法所不允许的风险，伤害结果要归责于他。

　　这样一来，在某些情况下，行为人的特殊认知会对行为的因果流程产生作用，决定着行为风险性的有无及其程度，从而影响到客观归责的判断，但这能否说会与客观不法理论发生冲突，从而使客观归责丧失客观性？客观归责理论的支持者强调不法的重心在客观构成要件、故意的认定要依赖于客观构成要件，但也没有排除主观因素的影响力，罗克辛

---

① Vgl. Roxin, Strafrecht Allgemeiner Teil, Band I, 4. Aufl., 2006, § 11, Rn. 40.

② 参见梁根林、〔德〕希尔根多夫主编《刑法体系与客观归责：中德刑法学者的对话（二）》，北京大学出版社，2015，第102页。

也承认在客观归责中，对不允许风险的认识是一个重要因素。[1] 形象地说，对于客观归责理论来说，特殊认知是一个"在背的芒刺"，自在故意的作为犯中开始适用客观归责理论以来，这个"芒刺"就存在。尽管客观归责理论的赞成者尝试拔掉这根"芒刺"，一直极力弥补这个软肋，[2] 但已有的解释仍然没有很强的说服力。

　　本书认为，特殊认知在客观归责中发挥作用，但是特殊认知并没有改变客观归责的客观性；从功能主义的视角来看，主观要素与客观要素的划分不是绝对的，它们在犯罪论体系中的位置要服务于刑法的目的性，因此在重视价值判断的背景下，特殊认知作为主观要素，也能在客观构成要件的实质判断即客观归责判断中发挥作用。

二　特殊认知在客观归责中发挥作用

　　我们先看一个案例。甲是生物专业的大学生，假期在饭馆打工，其工作是为客户端菜，一天他给一客人端的蘑菇有剧毒。倘若甲并未注意到菜肴里的毒蘑菇，那么他的行为也没有违反义务，即使借由其特别的生物专业知识他能很容易地辨认出该蘑菇的毒性。服务生的角色并不要求甲辨认蘑菇是否具有毒性，专业知识赋予他的特别能力并不能加重其负担，这种特别能力对于履行服务员义务来说并非必要。在这种场合，一个人不能超出其所能而承担义务这一原则也是适用的。然而，如果他在端菜时注意到盘里有不可食用的、有毒性的蘑菇，那么结论就会不同。饭馆服务生平均的植物学知识水平并不能成为他的行为正当化的根据，因为这时他所具有的特殊知识要求他遵守保护法益的行为规范。[3] 在这个案件中，甲对端给客人的菜肴有毒存在特殊认知，所以他制造了客人死亡的风险，客人的死亡结果要归责于他。

---

[1] Vgl. Roxin, Finalität und Objektive Zurechnung, in: Gedächtnisschrift für Armin Kaufmann, 1989, S. 237, 250f.;〔德〕骆克信《客观归责理论》，许玉秀译，《政大法学评论》1994 年第 50 期。

[2] 参见何庆仁《特别认知者的刑法归责》，《中外法学》2015 年第 4 期；劳东燕《刑法中的客观不法与主观不法——由故意的体系地位说起》，《比较法研究》2014 年第 4 期。

[3] 参见〔德〕乌尔斯·金德霍伊泽尔《犯罪构造中的主观构成要件——及对客观归属学说的批判》，蔡桂生译，陈兴良主编《刑事法评论》第 30 卷，北京大学出版社，2012。

从上例可以看出，在考察法所不允许的风险时，我们所使用的判断模式是"一般人认识＋行为人特殊认知"的事实认定模式。由此可以明显看出主观要素渗透和冲击着客观要素，以及伴随而来的主观与客观范畴相互纠缠的现象。

（一）特殊认知在客观上支配着危险流程

罗克辛认为，刑法的目的在于，保护用其他手段所不能保护的法益。如果用一个简洁的口号来表述便是，刑法是为辅助性法益保护服务的。[①] 人们会提出这样一个问题，怎样才能通过刑法来实现对法益的保护呢？根据无法反驳的逻辑能够做出这样的回答：通过禁止不能允许的风险来保护法益，同时，如果一个行为人超越法定的可允许风险导致了被禁止的损害结果，那么他就实施了犯罪的既遂行为，应对其进行处罚。这上面的问题和回答，体现了主要由罗克辛所发展起来的现代客观归责理论的基本思想，也就是说，如果一个人针对刑法保护的法益制造了不被允许的风险，而且，在被禁止的结果中这个风险得以实现，则除非存在正当化根据，否则他的行为就具有刑法上的不法性。[②] 客观归责理论的贡献正是在于，将制造法不允许的风险作为归责判断的核心要素。特殊认知在不法归责中的着力点，正存在于其与制造禁止风险的关系之中。在行为人具备特殊认知的案件中，只有将特殊认知也纳入进来，才能检验行为人是否制造了不被允许的风险。例如，甲知道某列火车的某座位下被人安装了炸弹，甲力劝仇人乙换到该座位坐下，后来炸弹爆炸，乙被炸死，在这个案件中，只有考虑到甲的主观认识，才能得出结论说甲实施了杀害行为。对于本案来说，只有结合行为人的主观要素，结果无价值论支持者所主张的客观、透明的实行行为概念才能成立。有学者认为，劝说他人乘坐火车希望他人死亡，即使他人果真死亡的，这种行为也不可能是实行行为。[③] 确实如此，如果不考虑甲的主观认识，就只能说甲

---

① Vgl. Roxin, Rechtsgüterschutz als Aufgabe des Strafrechts? in: Hefendehl（Hrsg.）, Dogmatische Fundamente, 2005, S. 135 ff.

② 参见〔德〕克劳斯·罗克辛《德国犯罪原理的发展与现代趋势》，王世洲译，《法学家》2007 年第 1 期。

③ 参见张明楷《刑法学》，法律出版社，2016，第 145 页。

只是在一般性地劝说，绝对不能认为甲实施了杀害行为。反过来说，只有结合甲知道该座位下装有炸弹的主观认识，才能说甲的行为超越了一般生活风险。由此看来，在某些情形中，在判断行为的客观风险性的时候，根本离不开行为人的特殊认知。①

　　如果以两个案例来比较分析，可以清楚看到特殊认知在客观归责中的作用。甲向乙开枪，意图杀死乙，然而子弹只是打中乙的肩膀，使乙受伤。在乙住院治疗的时候，恐怖分子投放了一颗炸弹，导致医院发生火灾，结果乙在火灾中丧生。我们对上述案情做一点变动，丙得知恐怖分子将要袭击医院，便计划先对丁造成轻微伤害，然后丁在医院接受治疗的时候，正好在恐怖分子的袭击中身亡。在前一个案件中，甲将乙打伤之后发生的因果流程，不再受到甲的支配，甲并没有制造乙死亡的风险，死亡结果不能归责于甲。因为甲事前并不知道恐怖分子将要袭击医院，所以能归责于甲的风险就只能是枪击而致命的可能性。这里若将非致命的伤害引起的住院解释成死亡风险就是不妥当的，因为枪击者甲并不知道后续将要发生的恐怖袭击。这样一来，死亡结果并非故意杀人风险的实现，能够归责于行为人的只有意图杀人的行为不法以及伤害的结果。同时，行为人基于其行为时的认识、根据必要的谨慎义务并不能预测到临近的恐怖袭击，在死亡结果中并没有实现行为人能预见的风险，所以也排除过失犯罪的成立。与之不同，在后一个案件中，丙从伤害丁，直到丁死亡，整个因果流程都在丙的客观支配之下，丙安排了风险的现实化，丁在受伤后进入医院，然后被恐怖分子烧死，也就是说丙制造了丁死亡的风险，这个风险也现实化了，所以死亡结果应当归责于丙。倘若丙事先得知恐怖分子袭击医院的计划，那么他就被禁止以任何方式造成任何人在袭击发生时处于被袭击医院之中。比如，他不能建议他人在袭击发生的时点到该医院做检查，他也不能开枪击伤他人使其到该医院就诊。但是丙提前设置了圈套，他知道恐怖袭击将要发生，却引诱他人进入这个危及生命的圈套。行为人得知了恐怖袭击，他也知道枪击并非致命的，只是促成对方在相应时点进入医院。枪击造成的住院正是行为人所知道的死亡风险的一个环节，在死亡结果中这个风险也得以实现。

---

①　参见周光权《行为无价值论与主观违法要素》，《国家检察官学院学报》2015 年第 1 期。

据此，离开行为人的特殊认知，判断结果归责问题是困难的，也是不准确的。

我国有学者认为，在判断风险制造时，应分为两个层次，一是判断资料或曰判断基础，二是判断本身。判断资料与一般人以及行为人的认识能力并无关系，它指的是在事后查明的行为当时存在的全部客观事实；风险的判断则应当基于行为当时的视角，依据一般人所掌握的经验法则，在具有正常智力和知识水平的理性人基础上进行判断。该学者还举例对其主张做了说明，如洪某殴打陈某致其死亡一案，陈某本患有冠心病，洪某的殴打促使陈某疾病发作而死亡，[①] 作为风险判断的资料，应当包括陈某患有冠心病这一行为当时存在的客观事实，在此基础上，在具有正常知识水平的一般人看来，向冠心病患者的胸部、头部进行殴打是很有可能导致其疾病发作而死亡的，所以洪某创设了法所不允许的风险，死亡结果应当归责于他的行为。[②]

但是这种观点值得商榷，理由如下。[③] ①上述观点存在内在矛盾，实际上无法贯彻。主张站在事前的立场、依据事后查明的事实来进行判断，实际上是做不到的，因为如果基于事前的视角就不一定能知道事后查明的事实，而若根据事后查明的事实来做判断，那就不是基于事前的视角，而是站在事后的立场上。②上述观点混淆了风险制造的判断与风险实现的判断。其本来是要对风险制造的判断标准进行阐述，但实际上更多的是在进行风险实现的判断。在判断风险实现时要一并考察行为时与行为后存在的全部事实，但是在判断风险制造时则不用考虑行为后所发生的事实。③上述观点不能推导出正确的结论。如果将判断资料确定为事后查明的行为时的事实，那么只要有损害结果发生，就会得出结论说，在任何情况下，行为人均制造了风险。虽然上述观点主张用理性的一般人的经验法则对归责的范围做出限制，但这种努力是无效的。比如在上述洪某殴打陈某案中，根据上述观点，事后查明的行为当时存在的

---

① 参见最高人民法院刑事审判第一、二、三、四、五庭主编《刑事审判参考》（总第49集），法律出版社，2006，第26~31页。

② 参见陈璇《论客观归责中危险的判断方法——"以行为时全体客观事实为基础的一般人预测"之提倡》，《中国法学》2011年第3期。

③ 参见吕英杰《论客观归责与过失不法》，《中国法学》2012年第5期。

所有事实都属于判断资料，那就应将陈某身患冠心病的事实纳入进来，这样一来，在理性的一般人看来，对冠心病患者头部和胸部连续击打的行为当然是在制造死亡的风险。按照这种逻辑，在下面的案件中也应承认制造了死亡的风险并在结果中实现。甲因被人殴打而就诊，医生乙针对甲的情况使用了一种消炎药（英文名称为 Steroid），然而由于甲患有某种未知的结核病，与药物发生作用造成甲心脏功能衰竭而死亡。一般的专家医生都不能预见这种未知的结核病与药物的共同作用，所以并不能认为这种通常的使用消炎药的行为制造了不被允许的风险，更没有风险在结果中实现。④上述观点会使得客观归责理论成为无用的理论。按照这种观点，在判断归责时要以行为当时存在的全部事实为基础，也包含一般人都不能预见到的特殊事实，这就使得制造风险的判断阶段失去意义，从而使客观归责理论排除非制造风险行为的目的难以达成。即使正常对病患使用药物的行为也会被判断为违背了注意义务，制造了不被允许的风险，这样一来，客观归责理论就与条件理论等同起来，认定过失犯的核心又重返于预见可能性这个老问题上。由上可知，判断一个行为是否制造了不被允许的风险，还是应当站在事前的角度，以"一般人认识＋行为人特殊认知"为标准。

制造风险是客观归责理论的第一个判断规则，其主要的理论根据是相当理论和由拉伦茨、霍尼希发展起来的客观目的性原则。如果一个行为通常不会损害法律所保护的利益，只是在偶然的情况下引起损害结果，那么这种结果就不是在行为人客观支配下有目的地发生的。在判断法所不允许的风险时，必须坚持的立场是，一个理智的观察者在行为前是否认为这个行为是存在风险的，同时，具体行为人可能具有的特殊专门知识也是这个观察者应当考虑的。例如，甲知道谋杀者丙在路旁埋伏着，仍然建议乙到这条路上散步，当然这就属于一种风险的创立，如果乙被丙杀死了，甲的行为就具有刑事可罚性，乙的死亡结果应当归责于甲。①特殊认知是要事前判断还是事后判断呢？在罗克辛看来，对于行为人来说当然是在事前就应具有特殊认知。② 在犯罪论中引入价值评价之后，

---

① Vgl. Roxin, Strafrecht Allgemeiner Teil, Band I , 4. Aufl. , 2006, §11, Rn. 56.

② 参见〔德〕骆克信等《问题研讨》，许玉秀、郑铭仁译，《政大法学评论》1994 年第 50 期。

与行为人有关的要素受到重视。虽然作为评价对象的是客观现实，但它并非价值中立的，作为犯罪基石的行为就不能是因果行为论意义上的裸的行为，而是具有一定目的的意志行动，它是与人的目的性有关的身体举止。特殊认知是在心理上认识到行为的可能结果，而且通过对外界的干涉可以做出有意义的规制。认知的力量表现为对盲目的因果流程具有规制能力，它并非建立在因果作用力之上，而是有目的地支配着因果流程。如果行为人不能准确地预见到造成结果的因果流程，那么这个结果就不能归责于行为人。相对地，如果行为人准确地预见到了造成结果的因果流程，就应当将该结果归责于该行为人。既然行为人预见到了因果流程，那么就能认定在当时这个因果流程客观上是可以预见的。虽然对于具有普通认识、一般常识的虚构观察者来说，这种因果流程在行为当时是不可预见的，但对于具有特殊认知的行为人来说，这种因果流程是可预见的。这样一来，就应当回答下面的问题：倘若故意犯的行为人具有特别的认识，就可以减轻他的罪责吗？答案是否定的。例如，一个医生偶然得知他的妻子患有极其罕见的过敏症，然后他利用这种知识将妻子杀死，因为普通的医生或者丈夫不具有这种专门的知识，所以这个医生就不成立故意杀人罪吗？他当然要成立故意杀人罪。根据刑法法益保护的意义和目的，对于故意犯来说，认识到特定行为会导致特定结果的人就不应该再去实施这种行为。[①] 如果行为人具备了特殊认知，他就预见到了因果流程的发展，客观上支配着因果流程，他的行为制造了法所不允许的风险，最终发生的结果要归责于他。

（二）特殊认知体现了客观归责理论的二元行为无价值论立场

在客观归责理论中，为什么主观因素能够发挥作用，其理论根据是什么，这值得思考。同样作为归责论，在相当因果关系理论中，折中说占有主流位置，根据该说，在判断相当性时，应当以一般人所认识的事实以及行为人所能认识的事实为基础。这样说来，在判断因果关系存在与否的时候，行为人主观上所认识的事实发挥着决定性的作用。因果关

---

① 〔德〕沃斯·金德霍伊泽尔：《故意犯的客观和主观归责》，樊文译，《清华法律评论》第 3 卷第 1 辑，清华大学出版社，2008。

系的判断原本属于客观性判断，为什么要考虑到行为人主观上的认识呢？这个问题在一般的文献资料中只是被简单地一笔带过，在理论上却有进一步探讨的必要性。这一问题最近几年在学界受到越来越多的关注，[①]这也和刑法立场上结果无价值论和行为无价值论的分歧有关。因果关系是在构成要件该当性阶层中讨论的问题，对此学界并无争议，一般认为，构成要件是违法行为的类型，因此构成要件和违法性之间存在密切的关系。在构成要件论上，也能体现出行为无价值论与结果无价值论的对立，如果不从这种刑法的基本立场出发来思考问题，恐怕很难揭示问题的实质所在。[②] 在违法性理论中，主张考察行为人主观认识的观点，被称为人的不法论；相反地，主张完全不考虑行为人主观认识的观点，被称为物的不法论。行为无价值论强调行为人主观面的意义，就此而言，将其称为人的不法论，属于较为妥当的见解。相对而言，结果无价值论强调行为的客观面的意义，主张就客观事实来思考违法性，不主张在违法性阶段思考行为的主观面，所以将其称为物的不法论，也属于妥当的见解。二元的行为无价值论，既强调行为主观面的不法性，也重视客观面的行为对法益的侵害危险性，所以承认特殊认知对客观归责的影响，体现了二元的行为无价值论的立场。

　　倘若赞成二元的行为无价值论，就应认可修正的客观违法性论，从而强调违法是对行为规范的违反。在违法性阶段与有责性阶段，行为规范都有其作用，当然其在两个阶段中的机能是不同的。作为违法性判断基准的行为规范，其同等地指向所有人，是面向抽象的、一般人的行为指引和命令，它并不考虑规范接受者在年龄、精神状况、知识水平上的差别。[③] 有责性阶段的行为规范表现为决定规范，要考察是否存在对与具体行为人有关的个别的、主观的意思决定规范的违反。例如，没有责任能力的人将他人杀死的，他也违反了指向抽象的、一般人的行为规范，

---

① 参见何庆仁《特别认知者的刑法归责》，《中外法学》2015 年第 4 期；欧阳本祺《论特别认知的刑法意义》，《法律科学（西北政法大学学报）》2016 年第 6 期；喻浩东《反思不法归责中的"特别认知"——以德国相关学理为参照》，《苏州大学学报》（法学版）2018 年第 3 期。

② 参见〔日〕川端博《刑法总论》，甘添贵监译，余振华译著，元照出版有限公司，2008，第 5 页。

③ 参见陈璇《刑法中社会相当性理论研究》，法律出版社，2010，第 82 页。

这种行为也存在违法性；但是不能认可他违反了个别的、主观的意思决定规范，由此否定了有责性。违法和责任二元区分框架的建立是刑法理论上的重大进步，二者都是评价体系，行为的客观面和主观面是二者共同的评价对象，在有关行为规范的两个相互关联的评价程序中，只有二者各自发挥其应有的功能，才不会使行为规范发生内在矛盾。① 随着理论的发展，在不法阶段故意也被纳入进来，责任阶段也出现了各种客观要素，但不法和责任的阶层区分仍然是存在的，原因在于，二者判断的重心并不相同，其分别评价不同的客观要素与主观要素，二者各有其功能，并不能相互替代。

基于二元的行为无价值论的立场，在客观归责的判断过程中，主观认知也属于判断对象的范围；应当建立意志与客观行动之间的关系，重视意志行为与法益侵害之间的关联性。行为人的认知表现为一种客观化的行为意思和意志，即使承认主观的违法要素，仍然可以相对地维持违法性判断的客观性。以下观点是非常中肯的，法律秩序并不是单纯重视人的物理的外在身体动静，必须看到行为人主观上主导着该外在的身体动静，这样才能更好地理解行为对法益的侵害性。所以说，二元的行为无价值论能最好地揭示违法性的本质，是最符合实体的观点。②

三　特殊认知没有改变客观归责的客观性

（一）目的行为论的批评

目的行为论的支持者从根本上质疑客观归责理论的必要性和意义。③在目的行为论者看来，客观归责理论的三大判断规则——制造风险、实现风险和构成要件的效力范围，都取决于行为人的认知，所以客观归责并不"客观"。针对特殊认知在客观归责中发挥作用，目的行为论的批

---

① 参见周光权《行为无价值论与主观违法要素》，《国家检察官学院学报》2015 年第 1 期。

② 参见〔日〕川端博《刑法总论二十五讲》，甘添贵监译，余振华译，中国政法大学出版社，2003，第 160 页。

③ Vgl. Hirsch, Die Entwicklung der Strafrechtsdogmatik nach Welzel, in: Festschrift der Rechtswissenschaftlichen Fakultät zur 600 – Jahr-Feier der Universität zu Köln, 1988, S. 399, 403ff.

评主要集中在以下方面。

（1）阿明·考夫曼认为，在故意犯领域，并无必要在客观构成要件中设置风险判断的环节，这样做的正当性缺乏根据。他认为，客观归责理论宣称受非难的风险制造是在客观的基础上判断，这并不属实。一个行为中何时存在不受允许的风险呢？如果不考虑行为人的主观设想和认识，那么是不能做出准确回答的。^① 在判断特定行为是否属于受非难的风险制造时，在许多场合行为人的认知产生决定性影响，行为人是否认识到特定的事实具有关键性意义。例如，行为人把有刹车故障的汽车交付给他人使用，他对该刹车问题是否知情；交付毒品给他人吸食，对该毒品的特殊危险他是否知晓。赫希也指出：倘若与观察他的举止的人相比，行为人认识到了更多的情状，那么他的认知就必须受到重视；在确定一个行为是否有风险的时候，要一并考虑行为人的认识，这也清楚地说明，危险性的认定也依赖于行为人的知识水平，并不能离开行为人的主观方面。^② 行为是行为人为了实现某种结果而有意选择的方法，所以才说该行为是危险的。如果行为人并无将某一行为作为造成结果的手段的设想，那么就没有必要进一步考察客观归责的问题。如果在主观构成要件上就能解决问题，那就没有必要回溯到受非难风险这个问题上。^③

故意是在心理上产生一个客观上相当的判断，它并非对随意的可能性的认知，它的存在有一个前提，即行为人对促成一个实际结果发生具有预见或者支配可能。例如，甲建议妻子乙开车旅游，这辆汽车刹车系统已经失灵，如果甲事先知道这个故障，那就有犯罪故意，如果甲只是期待发生一般的交通事故，那就不存在犯罪故意。^④ 如果行为人只认识到日常生活中的一般风险，那他并不产生有支配作用的意志，并不成立

① Vgl. Armin Kaufmann, "Objektive Zurechnung" beim Vorsatzdelikt? in: Festschrift für Jescheck, 1985, S. 251, 260ff.
② Vgl. Hirsch, Die Entwicklung der Strafrechtsdogmatik nach Welzel, in: Festschrift der Rechtswissenschaftlichen Fakultät zur 600 – Jahr-Feier der Universität zu Köln, 1988, S. 405.
③ 参见〔德〕沃尔夫冈·弗里希《客观之结果归责——结果归责理论的发展、基本路线与未决之问题》，蔡圣伟译，陈兴良主编《刑事法评论》第 30 卷，北京大学出版社，2012。
④ Vgl. Armin Kaufmann, Der dolus Eventualis im Deliktsaufbau, in: Strafrechtsdogmatik zwischen Sein und Wert, 1982, S. 59, 73f.

犯罪故意，而仅仅是一种愿望而已。故意必须包含有支配作用的意志，这就要求认识到具体的实害危险。如果行为人事先知道被害人驾驶的交通工具有刹车失灵这种重大故障，那么他的建议、怂恿行为便制造了法所不允许的风险。总而言之，客观归责理论也要考察行为人的特殊认知，它并未体现为彻底的客观化；客观归责实际上是在进行主观归责，赞同客观归责理论并不能理顺客观归责和主观归责的关系，它所声称的不法取决于客观构成要件的命题并不成立。

（2）将行为人的特殊认知纳入客观归责判断中，会使得传统行为故意的要素被切割，分别放于客观构成要件与主观构成要件中检验，这样犯罪要素在犯罪论体系中的定位就需要重新调整。众所周知，故意内含知与欲两个要素，知指的是故意的认知（认识）要素，欲指的是故意的决意（意志）要素。阿明·考夫曼认为，制造风险的判断以及该风险是否实现为结果的判断，不但要考虑从事相关活动的谨慎的、一般人的知识，也要考虑行为人的特殊认知。本来是在主观构成要件（故意）中检验行为人的认知，但是按照上述观点，行为人的认知要素便由故意的范围前移到客观构成要件中。如此一来，在故意领域中便只剩下决意要素了。犯罪要素的变动，对解释学的架构产生了影响，整个行为故意要重新定位，① 也有可能行为故意失去了继续存在的必要。只要先在客观构成要件中确认认知要素，然后在主观归责时确认决意要素就可以了，并无必要特别强调故意的确认。这样一来，为了迁就客观归责理论，就要大幅变动传统的行为故意内涵，故意的传统意义便退出了历史舞台。

（3）客观归责理论所主张的客观目的性，要求存在一个虚拟的客观观察者，在行为当时该客观观察者便对可能的行为后果具有最终约束力的预见。故意作为犯中，从逻辑上而言，行为人作为规范接受者，他的认知和客观观察者的预见之间的关系存在三种可能性：一是行为人的认知和客观观察者的预见恰恰相同；二是行为人的认知低于客观观察者的预见，行为当时对造成结果的因果流程行为人没有相应的认知；三是行为人的认知高于客观观察者的预见，行为当时对造成结果的因果流程行

---

① Vgl. Armin Kaufmann，"Objektive Zurechnung" beim Vorsatzdelikt? in: Festschrift für Jescheck，1985，S. 265.

为人存在特殊认知。可以看出，上述第二种情形指的是不能犯未遂，第三种情形便是特殊认知。在上述两种情形中，行为人的认知与虚拟的客观观察者的预见并不一致，但最后均按照行为人的认知做出判断，也就是说，在不能犯未遂的情形下，按照行为人设想的构成要件来进行归责判断；在第三种情形下，虽然客观观察者对因果流程没有预见，但对因果流程有特殊认知的行为人并不会因此而不受归责。由此可见，在故意的作为犯中，行为人标准是归责判断的唯一标准，故意的成立与否取决于行为人的具体认知，考察客观观察者的预见是多余的。正如金德霍伊泽尔（Kindhäuser）所认为的，在故意犯中客观目的性的作用被夸大了，很难说它有助于对刑事责任做出有意义的限制。原因在于，只要行为人对造成结果的因果流程未能准确预见，那么这个结果就被禁止归责于行为人的故意；相反地，倘若行为人对因果流程有了准确预见，那就可以说在当时这个因果流程客观上是可预见的。[①]

（4）客观归责论者对目的行为论者批评的反驳存在问题。如果说并非特殊认知本身而是特殊认知的内容决定了客观归责的判断基础，那么就有将主观要素与客观要素混淆的嫌疑。罗克辛强调犯罪的重心在于构成要件的客观面，这意味着不法首先取决于行为的客观面，但是在实际解释这个观点时，他似乎偷换了"客观"的概念。罗克辛解释道：特殊认知是客观性事件的组成部分，它的存在属于客观层面的范畴。但是这种解释很牵强，模糊了主客观方面的概念界限。[②] 如果这样来理解"客观"的概念，那么全部的主观要素也均为客观的，因为在具体的案件事实中，它们都是实然性的客观存在，这样一来，所有的主观要素都无单独存在的必要。这种意义上的"客观"，与客观归责论者所主张的犯罪的重心在于构成要件的客观面中的"客观"，是明显有差别的，后一种"客观"是在与行为人内在心理相对立的意义上使用的，指的是外在显现状态意义上的客观，并不是存在与否意义上的客观。[③] 在"客观"的

---

① 〔德〕沃斯·金德霍伊泽尔：《故意犯的客观和主观归责》，樊文译，《清华法律评论》第 3 卷第 1 辑，清华大学出版社，2008。

② Vgl. Luís Greco, Das Subjektive an der objektiven Zurechnung: Zum "Problem" des Sonder-wissens, ZStW 117 (2005), S. 523.

③ 参见劳东燕《刑法中的客观不法与主观不法——由故意的体系地位说起》，《比较法研究》2014 年第 4 期。

概念被偷换之后，罗克辛所主张的客观归责又回到拉伦茨所界定的含义上，也就是说客观归责指的是将何物作为其行为而被归责于某一主体，虽然它被冠以客观的属性，但它既包括外在的身体动静，也包括主观性的实体存在，如故意、意志、目的、主体目标等。① 然而，拉伦茨的学术立场是主观不法论的。如此一来，客观归责论者也承认，将构成要件尽量客观化的学术努力是有其界限的，客观归责中也存在主观要素，要受到主观面的影响。②

（二）对批评的回应

众所周知，为了对过于宽泛的不法范围进行限制，目的行为论者在构成要件该当性阶层将故意、过失纳入进来，虽然今日的德国犯罪论体系不再采纳目的行为论，但仍然承认了主观构成要件的存在。为了不被归类到主观主义，当代德国学界的多数学者接纳了客观归责理论，即使没有在整体上赞同客观归责理论，也或多或少地采纳了其理论主张，更常见的是，分割客观归责理论的复杂内容，然后以不同形式、在不同的体系位置上加以认可和探讨。著名刑法学者赫希是目的主义论的忠实继承者，他指出，如果我们考察现今客观归责理论的起源，便可以发现，它是客观主义的产物。因果不法论的客观主义构成要件概念的范围过于宽广，霍尼希试图用客观归责理论在客观方面加以控制。后来罗克辛运用客观归责理论来批判韦尔策尔。罗克辛认为，理论的任务是建立规范性确定的一般的客观归责标准，而不是先于法律的行为构造上的发现以及由此推导出各种结论。以前，韦尔策尔是利用在构成要件中纳入故意的方式来限制构成要件（过失犯情形下则利用违反谨慎义务），但罗克辛要在客观归责的标准上发挥限制功能。③ 人们对目的主义做了批评，因为它片面地关注主观构成要件，所以目的主义所理解的旧因果主义过于狭隘。对构成要件的限制本来应当在客观构成要件上进行，在对目的主义批判的基础上，形成了今天的客观归责理论。客观归责理论主张，

---

① Vgl. Heinz Koriath, Grundlagen Strafrechtlicher Zurechnung, 1994, S. 117, 118.

② 参见林钰雄《新刑法总则》，元照出版有限公司，2011，第 179 页。

③ Vgl. Hirsch, Die Entwicklung der Strafrechtsdogmatik nach Welzel, in: Festschrift der Rechtswissenschaftlichen Fakultät zur 600 – Jahr-Feier der Universität zu Köln, 1988, S. 407.

在客观不法构成要件上，一方面要造成结果，另一方面还要在因果关系上附加一个客观标准。① 由上可见，在主观构成要件受到接纳之后，为了限制它而发展出了客观归责理论。原本依靠主观构成要件进行检验的内容，部分前移到客观构成要件中，这样一来，在构成要件该当性阶层中，不但客观判断优先，而且主观判断要受到客观判断的限制。

清楚区分外部客观事实与人的内在主观心态，并在认定犯罪时坚持先客观判断后主观判断的次序，是刑法学在长期发展过程中形成的宝贵经验，也是现代法治国刑法的基本要求。② 从调查取证的角度来说，相对于人的内在心理状态，外在客观事实更容易得到查明。基于保护国民自由和保障人权的立场，首先要认定客观上存在法益侵害事实，在此前提下，才有必要继续考察行为人的主观心态。虽然在德国当代刑法学中人的不法论逐渐获得主导地位，故意等主观要素已经由责任阶段前移到不法阶段，但是客观与主观的分立仍然存在。构成要件该当性阶层中客观要素判断优先于主观要素判断的原则仍然得到遵守。客观归责理论具有很多理论贡献，其中之一就在于，它对于客观构成要件通过法益侵害危险、规范保护目的等做了实质化考察，由此客观构成要件成了不法判断的重心，在古典犯罪论看来应在责任阶段、在目的行为论看来应在主观构成要件中才承担的任务，在客观归责理论看来应由客观构成要件去完成。

认为考虑特殊认知即意味着客观归责理论的失败，这是目的主义者基于自己的立场对客观归责理论的看法，实际上这种指责难言妥当。不能因为客观归责理论在有些情形下难以离开行为人的特殊认知，就认为其"不客观"，甚至是在进行主观归责，理由在于以下几点。

（1）行为人的特殊认知（以及一般人的认知）虽然在理论定位上属于主观范畴，但它们只是作为危险判断的基准，而并非不法要素本身。以特殊认知为标准所选定的能够成为判断资料的客观事实才属于真正的不法要素，也就是说能够成为不法要素的仍然是客观事实。③ 弗里施指

---

① Vgl. Hirsch, Finalismus: Grundlagen-Entwicklung-Missdeutungen, in: Festschrift für Androulakis, 2003, S. 241.

② 参见陈璇《论客观归责中危险的判断方法——"以行为时全体客观事实为基础的一般人预测"之提倡》，《中国法学》2011 年第 3 期。

③ Vgl. Frisch, Straftat und Straftatsystem, in: Wolter/Freund（Hrsg.），Straftat, Strafzumessung und Strafprozeß im Gesamten Strafrechtssystem, 1996, S. 183ff.

出，特殊认知是行为人内心活动的一种外化，它总是与一种客观事实相对应，危险判断时考虑特殊认知并不意味着归责的主观化。应当承认，行为人的特殊认知属于主观要素，但是通说并没有将该主观要素直接引进到危险判断的基础资料之中，而是将其作为确定判断资料范围的标准，因此最终作为危险判断资料的仍然是客观事实，而非主观认知本身。总而言之，在客观归责的危险判断中，主观因素本身并非判断基础，它是一种选择性标准，其决定客观事实的哪些部分能够成为判断基础。①

（2）客观构成要件中预先设定了法所不允许的风险本身，而特殊认知是法所不允许的风险概念的构成性要素。行为人具有特殊认知而实行某种行为时，客观上对法益来说更加危险，对其进行归责也属情理之中的事。② 对于客观归责来说，主观要素也有其意义。包括构成要件行为在内，人的行为从来都是由客观要素与主观要素交织而成的。由于只有借助对危险行为的禁止才能实现法益保护，而且这种禁止只能基于事前判断的立场，因此在判断一个行为的客观危险性时，必须考虑行为人的认知。不是因为客观构成要件仅以客观因素为基础去归责于行为人，或者说不是因为对构成要件的归责排他地建立在客观事实基础之上，所以才称客观构成要件是客观的，而是因为归责的结果，确立了杀人、伤害、毁损等客观的形象，而且对故意的杀人、伤害、毁损等行为做了区分，③即杀人、伤害、毁损行为等的存在，是一个客观性的事件。④ 与耶赛克、雅科布斯所主张的纯客观归责不同，罗克辛所主张的客观归责还涉及主观要素，正是因为对"客观"不同的定义，出现了一些疑义，也引起了目的行为论者等的批评。

（3）虽然目的行为论者的批评存在合理的成分，但是完全否定客观上的构成要件限制是不正确的。批评观点的合理之处在于，它指出了行为人的认知对于受非难的风险制造的判断具有决定性意义。其错误之处在于，它将行为人的认知与故意等同起来。在判断行为是否制造了法所

---

① Vgl. Frisch, Zum Gegenwärtigen Stand der Diskussion und zur Problematik der Objektiven Zurechnungslehre, GA 2003, S. 732.

② 参见周光权《行为无价值论与客观归责理论》，《清华法学》2015 年第 1 期。

③ Vgl. Roxin, Finalität und Objektive Zurechnung, in: Gedächtnisschrift für Armin Kaufmann, 1989, S. 250.

④ Vgl. Roxin, Strafrecht Allgemeiner Teil, Band I, 4. Aufl., 2006, §11, Rn. 57.

不允许的风险时，虽然客观归责论者将特殊认知作为判断标准，但是并未将故意、主观意向等作为判断资料和判断标准。在客观归责中吸纳行为人的特殊认知作为判断标准，虽然可能与故意的检验有所关联，但它们毕竟是不同的问题，① 这是因为，首先，特殊认知是在事前才存在的问题，而在客观归责之后才进行故意的检验。即便在客观归责判断时考虑特殊认知，也不能说就是在主观归责。在检验故意时，只针对行为时点的实际认知，而特殊认知并不是行为时点的实际认知。特殊认知所涉及的认知，指的是行为人先前即已获知的某些情状。其次，当我们回答下列问题时，即事先对特定事实有所认知的人当下能否实施某个特定行为，或者说鉴于行为人所拥有的经验能否将这个行为评价为受非难的风险制造，所涉及的当然是一种客观的判断。②

在阶层式犯罪论体系中，在方法论上要坚持客观判断的优先性，这就意味着在前一阶段客观判断中要解决的问题，不能推到后一阶段相对更难以把握的主观判断中解决。这种分层次判断的方法具有过滤功能，应认真、有效地利用这一功能，在前一阶段的判断中能够排除行为入罪的，就不要等到后一阶段再过滤掉。用客观归责理论能够排除没有特殊认知情形的归责可能性的，在构成要件该当性阶段就应当排除这种行为入罪的可能性，而不能推迟到违法性或者有责性阶段再去判断。贯彻这种做法具有以下几方面的重要意义。首先，有利于保障人权和国民自由，在针对结果责任的司法追诉程序中，让行为人受到公平、公正的对待，使无罪的行为人尽早恢复自由身。其次，在阶层式犯罪论体系中，构成要件该当性、违法性和有责性的判断侧重点不同，承担的功能不同，它们在判断顺序上呈现递进式的位阶关系，如果构成要件该当性被否定，则不必进行违法性、有责性的判断。构成要件该当性阶段总体上是在进行形式判断，即先对行为进行事实判断，再对行为做价值判断（即客观归责的判断），这之后在违法阶段、责任阶段主要进行实质判断。如果在客观归责判断后确定具备构成要件该当性，则有必要进一步考察违法性、

---

① 参见张明楷《也谈客观归责理论——兼与周光权、刘艳红教授商榷》，《中外法学》2013 年第 2 期。

② Vgl. Frisch, Straftat und Straftatsystem, in: Wolter/Freund（Hrsg.）, Straftat, Strafzumessung und Strafprozeß im Gesamten Strafrechtssystem, 1996, S. 135, 182ff. , 186ff. , 191f.

有责性，相反的思考方法是错误的。① 最后，可以省去不必要的重复检验，这也是判断经济性的要求使然。

（4）主观与客观一般有以下两种含义。一是事实意义上的，对世界的划分标准，主观世界与客观世界：人的内心活动属于主观世界；人类认识的外在事物属于客观世界。二是价值意义上的，人们看待事物的态度：任意的、个性化的，意味着主观的；谨慎的、一般化的，意味着客观的。相应地，刑法学在两种含义上使用主观一词和客观一词。首先，主观是指主体的内心活动，如主观的违法要素，涉及的是行为人内心的对于行为的违法性有影响的一些因素，像意图、目的、动机等；客观指的是行为、结果、因果关系等外在事实。其次，主观的意味着具体人的、个别化的、有其特殊性的；客观的意味着一般人的、普遍的、抽象性的。具体来说，客观归责也有两种含义：一是根据客观素材的归责，根据行为、结果、因果流程进行的归责；二是根据一般化标准的归责，如判断风险是否被允许、因果流程是否发生重大偏差、规范保护目的、自我答责等，需要根据社会一般人的标准进行。

概念的内涵和外延都是相对的，主观和客观亦是如此，刑法学中存在许多含义并非明确无疑的主观和客观。在有些场合中，并不严格按照上述解释来使用主观和客观的概念。例如，刑法学中有一个著名的表述，"违法是客观的、责任是主观的"，这里客观和主观的概念就不是在传统的、本来的意义上使用。"违法是客观的"指的是认定有无违法性时要根据有无外部的法益侵害事实，然而，在判断违法性时也需要考虑行为人主观上的故意、目的、动机等，可以结合犯罪行为、损害结果观察它们的客观存在样态，这样一来，与人的认识有关的主观要素也成为判断行为违法性的素材。"责任是主观的"指的是能否进行责任非难取决于与行为人有关的心理的、个别的事实，即责任主要取决于主观的因素，然而，行为人之外的客观因素，有时也会决定责任的有无，例如，期待可能性、违法性认识的可能性都是需要一般化、客观化判断的因素，能否实现主观的归责，也要受制于这些因素。②

---

① 参见周光权《刑法方法论与司法逻辑》，《现代法学》2012年第5期。
② 参见周光权《法治视野中的刑法客观主义》，法律出版社，2013，第5页。

　　罗克辛曾经指出，具体的犯罪要素并不是像基石那样不可移动地被定在犯罪框架体系的某个位置上，也就是说，并非任何心理的要素一定要被归类到主观的构成要件中。在实际处理案件时，经常会面对主观的、内在心理的因素，只要在行为归责、不法归责以及责任归责中是重要的，没有必要僵硬地确定这些要素的体系位置，所以，在客观归责中某些主观因素也能发挥重大作用。① 这也解释了为什么在客观构成要件中要考虑行为人的特殊认知。② 根据罗克辛的观点，从犯罪论体系来看，客观归责理论是目的理性体系的重要部分，目的理性体系正是新康德学派思想的贯彻体现，③ 也就是说在客观事物的评价上要充分运用价值判断的方法。这样，在一定程度上所表现出来的客观事物的主观化也就不足为奇了。

　　（5）虽然在认定风险事实时运用了行为人特殊认知这个主观标准，但这只是对客观判断标准的一种例外修正，并不能从根本上否定客观标准的基础性意义。④ 在极个别情形下，如果只运用客观的一般人标准，就不能正确地认定风险，从而有可能放纵犯罪，所以要让行为人的特殊认知介入进来。

　　（6）行为人的特殊认知并不是典型的主观构成要件要素。行为人对某一事实的认识不同于行为人的态度性、情绪性的主观事实，它并不是

---

① Vgl. Roxin, Finalität und Objektive Zurechnung, in: Gedächtnisschrift für Armin Kaufmann, 1989, S. 251.

② 有学者认为，如果以"事后"的观点来判断，就可以维持客观、主观分立的体系，也不会造成处罚的漏洞。就拿劝说别人搭乘飞机的例子来看，在判断客观归责时，我们判断的事实就不是行为人单纯地劝别人搭乘飞机，而应是行为人劝别人搭乘将被炸毁的飞机。如此便使得行为人劝他人搭乘该飞机是对于被害人被炸死的结果制造了不受允许的风险。因为就现今的科技知识来看，乘坐将被炸弹炸毁的飞机导致死亡的概率是远超过可允许的界限的。至于在主观归责方面，行为人如果不知道飞机上有炸弹，除了不具备故意之外，通常在这种情形下行为人也不具有过失，因为行为人对于飞机上被他人装置炸弹的事实不具预见可能性（参见蔡圣伟《客观归责性与故意——不能未遂之再研究》，《刑事法杂志》1995 年第 3 期）。按照上述蔡圣伟教授的分析思路，行为人劝他人搭乘即将被炸弹炸毁的飞机，行为人不知道飞机上安装了炸弹，也是制造了法所不允许的风险，并且该风险也实现了，可以将死亡结果归责于行为人，存在行为的客观可归责性。只是，行为人没有构成要件的故意，否定了主观归责，不该当主观构成要件。但是，认为这种情形下的死亡结果具有客观可归责性、行为符合客观构成要件，则忽视了客观构成要件的限制入罪功能，使得行为出罪的可能性延后。

③ Vgl. Roxin, Strafrecht Allgemeiner Teil, Band I, 4. Aufl., 2006, § 7, Rn. 27ff.

④ Vgl. Frisch, Straftat und Straftatsystem, in: Wolter/Freund (Hrsg.), Straftat, Strafzumessung und Strafprozeß im Gesamten Strafrechtssystem, 1996, S. 190.

真正意义上的主观心理要素。① 原因在于，一方面，认识所涉及的是外部的客观现实世界，而不是内心的情感、意见；另一方面，认识和能力是密切相关的，也就是说行为人认识的事物越多其行为能力相应地也就越大，而行为能力是一种外在的、客观的事物。

（7）上述客观归责论者与目的行为论者的争论，背后所涉及的是客观不法论与主观不法论的争论。正是这种理论立场的分歧，才产生了上述目的行为论者的质疑与客观归责论者的反驳。客观不法论认为，法秩序在客观上设置了一个不法领域，只有处于这个领域内的对法益的实害或者风险才是不被允许的，同时只有通过行为才有可能制造和实现这种法所不允许的风险，行为人的行为客观上能达到上述要求，才有可能就结果受到归责。主观不法论认为，不法是由人制造出来的，不是客观存在的，只有在行为人按照其目的设定行为的过程中才能存在不法，质言之，一个行为之所以不法，是因为行为人按照不法的意思设定行为且操纵因果流程实现不法。所以说，如果行为人对于客观事实缺乏认识和意欲，也就不存在不法。同时，如果行为人不可能操纵、支配其所认识和意欲的对象，那其也不具有构成要件的故意。

四　功能主义的解决方案

当今刑法学理论研究中，客观主义占上风，当然，这里的客观并不是纯粹事实意义上的客观。刑法上的分析判断，除了进行事实发现、认定之外，还要进行大量的价值判断。倘若只是基于日常生活观察的角度，那么对许多犯罪现象是不能解释的，或者普通民众不能理解这种解释。因此，必须从价值判断和规范评价的角度出发来理解各种犯罪现象、刑法现象。在刑法学上，倘若不使用价值判断方法，那就不可能对行为进行不法评价。根据新康德主义的立场，虽然人类的知识不能够超越经验，但是也有一部分知识并不是从经验中按照归纳方式直接推导出来的，所以说，现实世界和价值世界可能是不能直接沟通的。② 将切割后的行为

---

① Vgl. Luís Greco, Das Subjektive an der Objektiven Zurechnung: zum "Problem" des Sonderwissens, ZStW 117 (2005), S. 541, 542.

② 参见〔英〕罗素《西方哲学史》下卷，马远德译，商务印书馆，2009，第249页。

要素或者犯罪事实本身直接等同于认定犯罪的价值体系是错误的做法，只有从规范体系中才能形成评价犯罪的价值体系。我国传统的犯罪论体系只是在经验上把握切割后的主观和客观事实要素，其价值判断并不充分，抑或说这种经验评价并不能取代价值判断本身。从犯罪论体系演变过程来看，在经验上、事实上对具体犯罪构成要件做数量上的清点、切割并不重要，重要的是建立有利于价值判断的阶层式犯罪论体系。科学、合理的犯罪论体系应当明确区分事实命题和价值命题，并为充分进行价值判断提供理论平台。① 现代社会价值日益多元化，为了弥补形式逻辑的不足、形成妥当的裁判结论，必须十分重视价值判断。

在最近几十年中，阶层式犯罪论体系的发展呈现出这样一个趋势，即从以存在论为根基向功能主义或者说目的理性嬗变。在这个蜕变过程中，一方面体系化的优点继续得到保持，另一方面其弊端也逐步被消除。以往的刑法学研究走过一些弯路，比如过于推崇、强调教义学本身的逻辑和体系，认为刑法体系是表现物本逻辑或者事物本质的自在自足的理论，还用镜像意义上的认识与被认识、描述与被描述的关系来看待刑法理论和刑法现象本质之间的关系。但现在情况已有所不同了，刑法教义学发达的德国，虽然深受科学主义的影响而特别重视体系的作用，但其现在的理论发展很明显体现出功能主义的特征。功能主义特征意味着，刑法学不仅探讨本体论事物的本质，如人的行为、因果关系、物本逻辑结构等，它的理论架构还可能对刑法的观念、目标有所反映。如今，在德国学界占据主导地位的犯罪论体系，是以刑事政策的目标设定（刑法的任务和具体的刑罚科处）作为指导的体系，而不再是以存在事实（如因果关系、目的性）为导向的体系。② 从刑事政策角度出发，考察是否存在符合构成要件的行为，不再取决于因果关系或者目的性，而是取决于制造并实现了法所不允许的风险。这种功能主义将不法理解为，通过实现一种不被法所允许的风险而导致法益侵害，这种理解体现出理论研究风格的转变，即从本体到规范转变，从实体事实关系到评价性目的设定转变。因果关系和目的性属于实体性范畴，它们以这些实体性范畴为

① 参见周光权《价值判断与中国刑法学知识转型》，《中国社会科学》2013 年第 4 期。
② 参见〔德〕克劳斯·罗克辛《构建刑法体系的思考》，蔡桂生译，《中外法学》2010 年第 1 期。

基础而建立起理论体系，并且由此出发来解决什么是杀人、伤害、毁损这样的问题。相反地，倘若从目的理性的观点出发，则可以在经验性的基础上，为各种死亡（仅以此为例）设定条件。应当从规范性的、评价性的视角来确定，针对一个死亡事件的发生能否成立杀人行为。在利益法学、价值法学的影响、推动下，学界逐渐认识到，构成刑法规定的各种概念应是功能性的，而不能视为本体性的存在，它们的意义和所扮演的角色也不是固定不变的。[1]

到目前为止，绝大多数的犯罪论体系显现出要素体系的特征，它们对犯罪行为进行了切割、拆解，使之成为众多个别的要素特征，如客观的、主观的、描述性的、规范性的。在犯罪构造的不同阶层上，这些要素被归置起来，如此一来，正如同马赛克拼图那样，展现出了犯罪的法定图像。刑法学者花费了大量时间和精力来探讨这个问题，也就是说，在犯罪论体系的这个位置上应当配置这个要素，在那个位置上应当配置其他的要素。可以形象地描绘出以往几十年里犯罪论体系的发展过程，即各种犯罪要素在犯罪论体系的不同阶层里"旅行"。[2] 相反地，倘若我们认可功能主义的立场，那么问题从一开始就会不同：我们所观察到的不再是支离破碎的要素特征，而是在各个犯罪类型下面整体事实的发生。

古典犯罪论体系和目的主义犯罪论体系之所以受到批评，一方面是由于它们存在自身的逻辑问题；另一方面，也是更重要的，是因为它们在本质上是以存在论为基础的阶层理论，是根据物本逻辑（因果关系或人类意志）来为解决刑法问题设计方案。可是在解决实际问题时，得出的结论往往难以令人满意。要想得出令人满意的结论，就不能从存在本身出发，而应该从理解、评价现实的价值中进行推导。这样，原来以存在论为基础的体系，功能主义的倾向日趋明显。这种转变体现了阶层式体系的自我进化，[3] 是要避免出现下面这样的悖论：学者们使用精致的概念精心建构了教义学体系，但是教义学中体系化的精耕细作可能会造

---

[1]　参见劳东燕《功能主义刑法解释论的方法与立场》，《政法论坛》2018 年第 2 期。

[2]　参见〔德〕克劳斯·罗克辛《刑事政策与刑法体系》，蔡桂生译，中国人民大学出版社，2011，中文版序言，第 2 页。

[3]　参见车浩《体系化与功能主义：当代阶层犯罪理论的两个实践优势》，《清华法学》2017 年第 5 期。

成一种脱节，即深奥的学理研究并不能取得良好的实际收益。

自 1970 年开始，在罗克辛、许逎曼、雅科布斯等著名学者的努力下，功能主义犯罪论体系逐步建立，并开始对理论和实务产生影响。功能主义犯罪论体系的基本观点是：在评价一个行为是否成立犯罪时，刑法的刑事政策基础应被纳入进来；在促成刑法和刑事政策一体化的过程中，价值判断必不可少而且十分重要；应当从刑法的目的中推导出不法的构造，而不应该从存在论的原理中推导出来。有学者明确指出，构成要件并不是对犯罪仅仅进行价值无涉的描述，而是必须进行规范性的价值判断，只有这样，才能正确揭示犯罪行为的不法内涵。[1] 功能主义犯罪论体系不断推动价值判断向刑法领域全面渗透，客观归责理论就是一个重大理论突破，它使得构成要件该当性具有浓厚的价值判断色彩。施奈德（Schneider）认为，罗克辛在 1970 年发表的论文中首次提出了当代意义的客观归责理论，[2] 这在刑法文献中直接启动了理论研究范式的转换。[3] 在刑法不法理论的历史沿革中，客观归责理论为其提供了一个新的规范性维度，相对于因果性和目的性那种价值中立的存在论范畴，客观归责理论为构建刑法不法提供了更有力的指导。[4] 与因果关系理论明显不同，客观归责理论是实质的价值判断理论。因果关系是判断事实有无的问题，在因果关系存在前提下的归责判断正是客观归责理论的核心任务，它是一种典型的价值判断。在客观归责理论中，被允许的风险等下位判断规则试图将法秩序的要求具体化、明确化，可以说这些规则本身均为实质性的标准。[5]

通过功能主义的主张来解决存在论无力处理的实践难题，可以说客观归责理论中的特殊认知是一个例证。

---

[1] 参见林山田《刑法通论》上册，北京大学出版社，2012，第 113 页。

[2] Vgl. Roxin, Gedanken zur Problematik der Zurechnung im Strafrecht, in: Festschrift für Honig, 1970, 133ff.

[3] Vgl. Schneider, Kann die Einübung in Normanerkennung die Strafrechtsdogmatik Leiten? Eine Kritik des Strafrechtlichen Funktionalismus, 2004, S. 271.

[4] Vgl. Roxin, Das Strafrechtliche Unrecht im Spannungsfeld von Rechtsgüterschutz und Individueller Freiheit, ZStW 116 (2004), S. 931f.

[5] 参见陈兴良《从归因到归责：客观归责理论研究》，《法学研究》2006 年第 2 期。

1. 特殊认知在客观归责中发挥作用是考虑到刑法的一般预防目的

从规范理论的角度来看，客观归责理论中存在两种规范，即事前建构的行为规范和事后建构的制裁规范，二者虽然不一样，但是在形式上又相互存在关联。也就是说，从事后的观点来看，事前描述的行为规范能够用来防止结果的发生（一般预防）。在以罗克辛为代表的通说和以弗里施及其学生为代表的目的主义者之间存在理论上的分歧，即客观归责理论的重心在于结果归责还是在于符合构成要件的行为，[①] 如果我们清楚了上述两种规范的存在，那么这个争论就是一个假的争论。在结果犯中，只有同时存在符合构成要件的行为以及结果归责，才能说实现了构成要件，因此重点到底在于符合构成要件的行为还是结果归责，就是没有必要进行的争论。学理上存在一个复杂而又纠缠不清的"双重结"，一是判断应在事前进行还是应在事后进行，二是应以行为人的认识还是应以理性观察者的认识为准。在客观归责理论中，上述二者都是存在的，所以这个"双重结"也就被解开了。符合构成要件的行为一定是违反行为规范的，这里的行为规范需要事前加以描述，而且要考虑行为人的状况和认知，可以确定的是，在一些场合，行为的不法性取决于行为人的特殊认知。行为规范要评价的是具体行为人在一个实际的历史事件中的行为，而不应该处理假设的案例。任何人所能运用的只能是自己掌握的知识和自身的认识能力，如果行为规范是从被假定的理性观察者的知识基础中得出，则是没有实践意义的。根据一般预防的观点，这种假定的情形并无实际意义。[②] 所以说，在把握行为规范时考虑行为人的特殊认知是理所当然的。

特殊认知主要在制造风险阶段发挥作用，一个行为是否制造风险要坚持事前判断的视角，所以要考虑行为人的特殊认知。如今在学界流行的说法是，行为人以符合构成要件的行为制造一个不被允许的风险，这和过去的观点存在相似之处。过去的理论认为，只有违反注意义务的行为才能成为结果的原因，而是否违反注意义务要考量行为人的个人知识

[①] Vgl. Frisch, Tatbestandsmässiges Verhalten und Zurechnung des Erfolges, 1988, S. 33ff., 67.

[②] 参见许玉秀、陈志辉合编《不移不惑献身法与正义——许逎曼教授刑事法论文选辑》，新学林出版股份有限公司，2006，第 553～554 页。

水平和能力，而且在行为时进行事前判断。在确定行为人违反行为规范，也就是在确认违反客观注意义务之后，得出行为人制造风险的结论，下一步检验的是，实现不被允许的风险。判断实现风险时，需要考虑事后得知的全部事实，基于法官的立场，考察被侵犯的注意规范是否应被看作在刑事政策上预防结果发生的理性规范，换言之，根据事后得知的事实，基于理性观察者的立场，建立客观的、不考虑行为人状况和认知的制裁规范。① 由上述分析可以看出，客观归责中既有事前判断也有事后判断，既有行为人的视角也有理性观察者的视角。可以说，制造风险与行为规范相关联，实现风险与制裁规范相关联；制造风险坚持事前判断的视角，实现风险需要事后判断的视角。同时，行为规范与制裁规范相互关联，行为人制造风险所违反的行为规范，能够用来防止风险的实现。如果行为人没有制造风险，也就没有违反行为规范，也就不存在风险的实现，法官按照制裁规范就不能将结果归责于行为人。

2. 特殊认知在客观归责中发挥作用是基于价值衡量的视角

刑法体系不仅仅是一个逻辑体系，更为重要的，它还是一个价值体系。功能主义（目的理性）的观点主张在刑法体系之中吸纳进刑事政策，将其作为体系内部的参数来对待，这是意图解决李斯特鸿沟的问题，缓解刑事政策的价值选择与刑法教义学的体系推导之间的紧张关系。② 按照这种功能主义的理解，刑事政策被看作方法论上的合目的性思考，从而为犯罪论的建构和刑法解释论的发展提供指导。不管是在内涵还是在功能上，上述刑事政策概念均不同于我国传统意义上的刑事政策概念，它是一种方法论上的工具，而并非具有实体内容的具体措施，也不是作为法律的替代品发挥作用。③ 有学者认为，功能主义的刑事政策概念等同于价值、实质、目的等概念，④ 可以说这种观点是非常恰当的。在某种意义上，刑法是中性的，可以作为追求、实现各种价值的根据，但不论采取何种定义，刑事政策都不可能是价值无涉的，它的价值目标在于，

---

① 参见〔德〕许逎曼《关于客观归责》，陈志辉译，《刑事法杂志》1998 年第 6 期。
② 参见劳东燕《刑事政策与刑法体系关系之考察》，《比较法研究》2012 年第 2 期。
③ 参见劳东燕《能动司法与功能主义的刑法解释论》，《法学家》2016 年第 6 期。
④ 参见陈兴良《刑法教义学与刑事政策的关系：从李斯特鸿沟到罗克辛贯通——中国语境下的展开》，《中外法学》2013 年第 5 期。

追求、实现惩治犯罪和预防犯罪的有效性。这样一来，在罪刑法定所要求的刑法的公正性与刑事政策的功利性之间便产生一种紧张关系。

为了有效发挥客观构成要件限制入罪、保障人权的功能，也为了缓和刑法的功利性与罪刑法定原则的紧张关系，在客观归责判断时考虑行为人的特殊认知就是合理的。弗里施指出，对主观与客观的划分只存在教学的意义，在解决具体问题时，还是有赖于对不法概念结构的价值衡量；倘若这种价值衡量要求在客观归责中考虑主观要素，那就不能局限于主客观的界分而回避问题的解决。主流观点的主张是值得赞同的，也就是说在一般人认识和行为人特殊认知的事实基础上进行事前判断，从而实现合理的不法归责。[①] 如果将这种判断批评为客观归责的主观化，可能是无中生有，并不准确。

3. 特殊认知在客观归责中发挥作用是规范性风险的要求

倘若在理论上区分事实性风险和规范性风险，那么有关特殊认知的争论问题可能就会迎刃而解。在客观归责理论看来，刑法要评价和处罚的行为是制造并实现法所不允许风险的行为，由此形成的不法构造内含行为不法与结果不法两个侧面。事实性风险指涉的是结果发生的可能性，它与结果不法相对应；规范性风险指涉的是行为自身内含的危险性，它与行为不法相对应。如果行为不法欠缺，即使有结果不法，也不能处罚行为；如果结果不法欠缺，但行为不法具备，则可能行为仍有可罚性。由此可见，刑法处罚的更重要的依据是行为不法，也就是行为人制造了不被允许的风险，它要求的是规范性风险的认定。在判断事实性风险时，需要在事后查明的所有事实的基础上考量一个行为是否增加了结果发生的可能性，正如有学者所言，如果事后证明一个行为造成了结果的发生，则其也一定是一个在事前就存在的风险因素。[②] 当然，并非一旦成为风险因素，这个行为就会受到刑法的制裁，能否成为刑法制裁的对象还需要规范性风险的判断，也就是说立足于行为时以事前的视角来考察行为是否制造了不被允许的风险。事实性风险的判断属于事实因果的范畴，

---

① Vgl. Frisch, Straftat und Straftatsystem, in: Wolter/Freund (Hrsg.), Straftat, Strafzumessung und Strafprozeß im Gesamten Strafrechtssystem, 1996, S. 183ff.

② Vgl. Kindhäuser, Strafrecht Allgemeiner Teil, 7. Aufl., 2015, §11, Rn. 9ff.

是事实层面的客观判断，不需要纳入人的认知能力，自然也不涉及行为人的特殊认知。只有在进行规范性风险判断时，才会涉及行为人的特殊认知，具体来说，在一般人认识不到而行为人认识到某种特定风险时，就可以断定行为人创设了不被允许的风险。①

五　小结

根据条件说认定因果关系之后，要对犯罪行为进一步做刑法评价时，理论上多主张区分客观的要素与主观的要素。虽然在形式上可以将犯罪构成要素区分成客观构成要件要素与主观构成要件要素，但是在对行为进行实质评价时做区别是困难的。人的行为总是内含并交织着客观的与主观的要素，刑法要评价的犯罪事实也是客观与主观的统一体。以韦尔策尔为代表的目的主义犯罪论认为，只要出现了构成要件结果，就能该当客观构成要件，这之后再考察主观的构成要件，在此过程中客观与主观的区分是容易的，也少有争议。客观归责理论坚持功能主义（目的理性）的视角，试图打破已经僵硬的体系布局，重新调整主观和客观的标线。这一方面导致与其他理论学说发生冲突和争论，另一方面解决了传统理论所无法正确处理的问题。

从本体论与规范论、事实论与价值论的关系出发，主观与客观的概念并非铁板一块，二者的内涵和外延是相对的，也在随着时代而变迁，重要的是人们从什么角度评价它们，以及它们在什么位置被评价。虽然行为人的特殊认知，在传统意义上被定位为主观的要素，但是在确定客观归责的判断资料（基础）时，特殊认知能够发挥作用，它对判断是否制造了法所不允许的风险具有重要意义。

在现代法治社会中，不管是构建理论体系还是解决实务问题，都应当认同和贯彻刑法客观主义。在犯罪论体系中，客观要素居于核心地位，而且客观判断优先于主观判断。随着犯罪论体系的功能主义走向越来越明显，价值判断的重要性不断得到强调。阶层式的犯罪论体系能够保证

---

① 参见喻浩东《反思不法归责中的"特别认知"——以德国相关学理为参照》，《苏州大学学报》（法学版）2018 年第 3 期。

价值判断的顺畅进行，它分层次、分阶段来判断行为，确保事实判断与价值判断、不法判断与责任判断的适当分离。拉伦茨曾经指出，不论是在实践的领域，还是在理论的领域，法学涉及的主要是价值导向的思考方式。[①] 作为一种方法论的重要内容，价值判断日趋理论化、体系化，并成为主流的主张。可以说，价值判断已成为思考刑法问题的核心。

[①] 参见〔德〕拉伦茨《法学方法论》，陈爱娥译，商务印书馆，2003，第101页。

第十二章 不作为犯的因果关系

一 引言

构成要件该当结果的发生是不作为犯客观构成要件的一部分，同时行为人的不作为与结果之间需要具备因果关联。许多在作为犯罪中发展起来的一般犯罪理论的基本概念，不能立即转用到不作为犯罪上去。用匕首把他人捅死的人所具有的因果性，与那个对伤员救援不作为的人所具有的原因性，是不同类型的，只要人们想在后一种很有争议的案件中也谈论因果性。一个谋求有意识地把因果过程引向所考虑的目标的行为人所具有的故意，与一个对不依赖于他发展起来的因果过程不加干预的不作为人所具有的故意不同。① 人们提出的问题是，结果与不作为之间是否具备以及具备什么性质的因果关联。长期以来，刑法学者们为说明不作为与结果之间的因果关系绞尽脑汁，提出了各种观点、学说，但并不尽如人意。

不作为犯的因果关系是因果关系理论领域中一个需要特别对待的问题。В. Б. 马利宁认为，因果关系在不作为犯中是不存在的，不作为不是产生后果的原因，不作为的行为人承担责任是由于不作为本身，即负有作为义务而没有去履行。А. В. 纳乌莫夫则认为，以作为方式危害社会时有必要认定因果关系，在以不作为方式危害社会时也有必要认定因果关系，不管是作为还是不作为，行为人的行为都同样地改变了周围的世界。② 如今，大多数学者不再认可现实效果意义上的、存在范畴的不作为因果关系，这是因为，不作为的场合不存在一个事实上的能够带来力

---

① 参见〔德〕克劳斯·罗克辛《德国刑法学总论》第 2 卷，王世洲等译，法律出版社，2013，第 473 页。
② 参见〔俄〕Л. В. 伊诺加莫娃 – 海格主编《俄罗斯联邦刑法（总论）》，黄芳、刘阳、冯坤译，中国人民大学出版社，2010，第 78 页。

量消耗的能量源。学者认为，因果性作为实在范畴要求一种真实的能量来源，这种来源有能力产生力量的耗费，然而，在不作为中就正好缺少这一点。① 应当认识到，刑法意义上的因果关联并不等于自然科学意义上的因果关联，尤其是在不作为的场合，在自然科学的机械意义上无法说明不作为与结果之间的因果联系，应当从其他角度观察这种因果联系。同时，因果联系不是主观臆想出来的，而是符合社会生活经验的、具有现实可能性的。否则的话，不作为犯就有可能突破罪刑法定原则的藩篱，成为一个出入人罪的脆弱环节。②

在不作为的场合，在自然科学的机械意义上无法说明不作为与结果之间的因果联系，不作为不具有物理学意义上的因果性是不重要的，刑法教义学要求的是规范的观察方法，不是根据自然科学上的因果概念来理解不作为的因果性。应从另一个角度观察，即不作为的行为人应当避免结果的发生，他的作为也能阻止结果发生，但漠视不去实施，结果发生了，一种逻辑上的因果联系就建立起来。不作为意味着未实施应为的作为，所以在判断不作为条件关系的场合，提出如果没有该不作为的时候，也会提出如果有作为的假定，条件关系的判断公式中加入了实施作为的假定判断。为了避免扩大不作为的责任范围，与作为犯的情况不同，司法实践中不把通常的不可或缺的条件公式适用于具体形态的结果上，而是适用于已经类型化的抽象的构成要件该当结果上。

按照传统定义，因果关系的核心在于引起与被引起的关系。在作为犯中刀砍人死、抢钱财失，引起与被引起的关系显而易见，因果关系不难理解。这是因为作为犯是制造一个风险，由该风险去实现某一结果，二者之间有一个实在的因果关系。但是在不纯正不作为犯③的情形中，实存的因果关系并不存在，缺少一个经验上的条件作为归因的基础。在不纯正不作为犯里，在起因、被害法益、保证人之间存在一种三重结构关系，其中的起因具有侵害法益的现实危险性，保证人利用或者放任了

---

① Vgl. Jescheck/Weigend, Lehrbuch des Strafrechts Allgemeiner Teil, 5. Aufl., 1996, § 59 Ⅲ 3.

② 参见李海东《刑法原理入门（犯罪论基础）》，法律出版社，1998，第 161 页。

③ 纯正不作为犯（echtes Unterlassungsdelikt）一般是行为犯，没有探讨其因果关系的必要；不纯正不作为犯（unechtes Unterlassungsdelikt）一般是结果犯，因此有必要讨论其因果关系。

起因的危险性转化为实际的法益侵害。① 不纯正不作为犯是不去实施社会所期待的行为，那么最终发生的结果应当如何归因于不实施呢？理论界一般认为在这里存在一种假设的因果关系，也有学者称之为期待说，即若以接近于确定的可能性判定，行为人实施被期待的行为，构成要件该当结果就不会发生，则不作为和结果之间就产生评价上的关系。② 然而按照这种观点确定的不作为的因果关系失之过宽，例如，父亲带儿子外出，儿子落水，父亲与路人皆旁观不救，那么父亲与路人的不作为都与孩子的死亡结果有因果关系，二者的不作为均可能符合构成要件，而构成要件是违法的类型化，具有违法推定机能，应当在构成要件符合性阶段就排除路人的不作为入罪。按照上述期待说，不作为与结果之间的因果关系只是一种观念上的引起与被引起的关系，或曰合法则的条件关系，应该寻求实质的、有事实基础的标准来判断不作为与结果之间的"关系"，并在合理归因的基础上进行结果归责，只有这样，不纯正不作为才能该当作为犯的构成要件。

为了解释不作为的因果关系，理论界出现了各种学说，如他行行为说（Theorie des gleichzeitigen Andershandeln）、先行行为说（Theorie des vorangegangenen Tun）、他因利用说（Theorie der Verwendunganderen Grundes）、干涉说（Interferenztheorie）、准因果关系说（Theorie der Quasikausalität）、作为义务说、法律因果关系说（Theorie der Legalkausalität）等。与作为犯相比，不作为犯的因果关系有其特殊表现形式。不作为不是日常生活经验范围内理解的行为，其本身没有物理的客观表现载体，不作为人没有履行义务未能阻止结果发生，实际上他不是没有导致结果的发生，而是没有遵照义务要求干预事物发展进程。例如，《意大利刑法典》第40条在规定"有法律义务阻止某结果而不阻止，等于引起该结果"时，也表明了不作为不是引起了结果，而是"等于"引起了结果。③

不作为人利用了物质力的发展，以预先设想的作为为基础才能成立。在实施预想的作为或遵守法律命令就能阻止结果发生时，不作为就是结

---

① 参见何荣功《不真正不作为犯的构造与等价值的判断》，《法学评论》2010 年第 1 期。
② 参见林东茂《刑法综览》，中国人民大学出版社，2009，第 114 页。
③ 参见〔意〕杜里奥·帕多瓦尼《意大利刑法学原理》（注评版），陈忠林译评，中国人民大学出版社，2004，第 124 页。

果发生的原因。① 没有因果关系存在，在作为犯的场合，不可能实现一个法所不允许的风险；在不作为犯的场合，如果将条件关系视为因果关系的判断标准，那么因果关系在不作为的归责中也是必要的。

二　不作为犯因果关系的存否

有观点认为，不作为是无，"无中不能生有"（ex nihilo nihil fit），否认不作为对于结果的原因力。然而，19 世纪中叶以来，学者们做出了许多努力，试图寻找不作为的因果性。理论界曾有热烈的争论，这些争论被李斯特、施密特（Schmidt）称为"刑法学曾经进行的最无成果的争论之一"。② 刑法学界长期以来致力于证明力量产生的效果，也试图证明不作为情形下现实意义上的原因效果（causaefficiens）。③ 不作为犯的因果关系具备何种性质，如何加以说明，历史上有过各种学说，主要有以下几种。（1）卢登（Luden）认为不作为中结果发生的唯一原因在于，不作为的行为人在应当避免结果发生时从事其他行为，即因果关系存在于不作为时实施的其他作为与结果之间，这被称为他行行为说。（2）克卢克（Krug）、尤利乌斯·格拉泽、阿道夫·默克尔（Adolf Merkel）承认事后故意（dolus sunsequens），认为不作为犯的原因是在不作为之前实施的行为，即先行于不作为的其他作为对于结果具有原因力，这被称为先行行为说。（3）宾丁、布里、哈埃什纳（Hälschner）、奥尔特曼（Altman）认为在不作为中有积极的作为，他们提出在自然的阻碍意志的任务中，存在积极消除防止结果产生的条件；不作为时的行为人决意干涉了结果发生的因果历程，不作为的因果性应当存在于对行为冲动的压制之中，并且作为排除了一种阻碍结果发生的因素（行动的意志）而真正造成了结果，这被称为干涉说。（4）瓦亨费尔德（Wachenfeld）、弗兰克认为对已经发生的其他原因能够防止而没有阻止却利用它从而导致了结果，即利用其他原因对结果产生原因力，这被称为他因利用说。（5）李

---

① 参见〔日〕泷川幸辰《犯罪论序说》，王泰译，法律出版社，2005，第 28 页。
② Vgl. Liszt/Schmidt, Lehrbuch des Deutschen Strafrechts, 25. Aufl. , 1927, S. 164.
③ 参见〔德〕汉斯·海因里希·耶赛克、托马斯·魏根特《德国刑法教科书（总论）》，徐久生译，中国法制出版社，2001，第 741 页。

斯特、阿尔费尔德（Alfeld）、贝林、戈尔德施密特（Goldschmidt）认为，虽然不作为与结果之间不存在物理的因果性，但是在法律上将不作为的因果关系视为作为的因果关系来对待，此即准因果关系说。① （6）巴尔（Bar）、科勒（Kohler）认为，防止结果的法律义务是不作为犯因果关系的核心，此即法律因果关系说。②

作为与不作为是在存在结构上完全不同的两种行为，作为是行为人主动地引起某种侵害法益的因果关系，不作为则是行为人不阻止先前已经存在的某种侵害法益的因果流向，二者在结果引起的原因上，存在明显的差别。③ 但是过于强调不同的话，就会导致如果没有处罚的特别规定就不能处罚不作为，那么不纯正不作为犯就失去了可罚性。虽然不作为犯与作为犯在因果关系的结构上存在差异，但是处罚不纯正不作为犯和作为犯适用的是同一条文，这也被认为是正当的，所以没有必要过分强调不同。④ 如果不肯定不作为和结果之间的因果关系，不纯正不作为犯的处罚就违反了罪刑法定原则。例如，有人落入游泳池中，救助员没有施救，落水者死亡，在该案中，流进肺部的水物理地、直接地导致落水者的死亡，但是救助员的不救助这一不作为使得落水者继续在水中挣扎直至死亡，这个场合存在因果关联。⑤

不作为的既遂要求发生构成要件该当的结果。同时，如果实施了被社会期待的作为，就可以避免结果的发生，这种可能具有高度的盖然性，那么就能够肯定不作为的因果关系。⑥ 不作为不是社会意义上的无，不作为是没有做什么，而不是什么也没做。为了使检验不作为因果关系的标准与作为场合的标准相适应，判例认为极有可能发生的结果必须通过

---

① 参见〔日〕大塚仁《刑法概说（总论）》，冯军译，中国人民大学出版社，2003，第176页。
② 参见〔韩〕李在祥《韩国刑法总论》，韩相敦译，中国人民大学出版社，2005，第130页。
③ 参见赵秉志主编《刑法论丛》第12卷，法律出版社，2007，第56页。
④ 参见〔日〕松宫孝明《关于"不真正不作为犯"》，《西原春夫先生古稀祝贺论文集》1，成文堂，1998，第172页。
⑤ 参见〔日〕山口厚《刑法总论》，付立庆译，中国人民大学出版社，2011，第77页。
⑥ 参见〔日〕西田典之《日本刑法总论》，刘明祥、王昭武译，中国人民大学出版社，2007，第87页。

想到的行为（gedachte Handlung）予以阻止。① 如果没有不作为就不会发生结果，即如果有作为就不产生结果，这种意义上的因果关系是成立的。② 学说史上的各种见解，大多从自然主义的、物理的视角理解不作为的因果关系，所以得不出恰当的结论。应当根据刑法的目的来理解因果关系，这样论证不作为的因果关系就没有什么困难。不纯正不作为犯以及《德国刑法典》第 13 条所规定的不作为，都要求不作为和结果之间具有因果关系。一些学者肯定了不作为的因果性，他们支持把恩吉施发展出来的因果性作为"合法的条件"。③ 恩吉施认为，对这样一个本来根据自然法则会防止（遭到指责的）结果发生的行为的不实施，在法律上正是与这个结果相联系的，并且因此可以看成对这个结果是有原因性的。④ 结果不仅会通过那些对其起促进作用的条件产生，也会通过那些阻止结果发生因素的缺乏而产生。希尔根多夫也认为，合法性条件的公式在不纯正不作为犯中，可以不受限制地使用，也就是说，例如，在训练有素的游泳救生员甲心平气和地看着乙在他身边溺水时，甲的举止行为对于乙的死亡就是原因，因为在甲的举止行为和乙的死亡之间存在一种合法的关系。⑤ 罗克辛的观点是，人们能够毫无顾虑地谈论不作为的因果性。因为我们甚至在实行性犯罪中，对因果性的一种作用力或者动力都不能详细知道，所以，值得推荐的就是，那些今天已经作为合法性条件接受的其他因果性公式，就应当在实行性犯罪和不作为犯罪中被同样地加以使用。不作为也能够与结果一同处于合法的关系之中：在一个母亲不喂她的孩子时，根据自然法则，这个孩子就肯定要饿死。也就是说，在不作为因果性的反对者们仅仅只能认定一种准因果性、一种假定的因果性，或者干脆仅仅认定一种把结果归责于这个不作为之处，我们

---

① 参见德国《联邦最高法院刑事判决汇编》（BGHSt）第 6 卷，第 1～2 页；第 7 卷，第 211、214 页。参见德国联邦最高法院《新刑法杂志》（NStZ），1985，第 26 页；1986，第 217 页。

② 参见〔日〕福田平、大塚仁编《日本刑法总论讲义》，李乔等译，辽宁人民出版社，1986，第 67 页。

③ Vgl. Roxin, Strafrecht, AllgemeinerTeil, Band. I , 3. Aufl. , 1997, §11, Rn. 14.

④ Vgl. Engisch, Das Problem der Psychischen Kausalität beim Betrug, von Weber-FS, 1963, S. 264f.

⑤ Vgl. Hilgendorf, Fragen der Kausalität bei Gremienentscheidungen am Beispiel des Lederspray-Urteils, NStZ 1994, S. 561.

也可以谈论不作为的因果性。①

19 世纪中后期，自然主义哲学（Naturalismus）几乎在所有科学领域居于主导地位，这种理论思潮体现在不作为的研究上，学者们尝试从自然主义、因果一元论的角度对不作为犯的作为义务来源进行论证。因果关系理论与当时的自然行为理论有着密切的关系，刑法领域里引进了许多自然科学的概念，基于自然主义指导的刑法学理论展开了众多在现在看来并无意义的论争。人们逐渐认识到，作为一门规范性科学，刑法学要有自己的概念，这些概念能够发挥法律－社会（rechtlich-sozialer）上的功能。② 关于不作为的因果关系，起初的准因果关系理论认为，如果不作为人从事作为可以回避结果发生，那么类似于作为与结果之间的效果联系，不作为与结果之间也具备了一种效果关联，而且是一种非现实的、假设的因果关联。刑法学被烙上了当时流行的自然主义哲学的印记，准因果关系理论已经不再满足形势需要了，学者们认为刑法归责的根据在因果概念中，不作为犯中也具备真正的因果关系，但是不作为本身不具备因果联系，而是不作为人在先前实施的行为中存在因果联系。③ 如果先前实施的行为所导致的结果行为人可以避免，但没有避免而发生了，那么先前行为自然延续的结局就是损害后果的发生，先前行为是结果发生的原因。这便是先前危险行为概念的肇始。先前危险行为理论与费尔巴哈的形式法律义务理论，在当时德国不作为犯教义学理论领域扮演了重要角色，长期以来，学者们进行了不懈的论证与争论。④

按照德国学者的观点，法律意义上的原因性（Ursächlichkeit im Rechtssinn）与自然科学意义上的因果性（Kausalität im naturwissenschaftlichen Sinn）不是对等的概念。按照自然法则，一个事物引起、导致另一个事物的关系，便是这两个事物之间的自然科学意义上的因果性。由于刑法所承担的特别规范目的，自然科学意义上的因果原则对于结果的归因与归责都是不充分、不适应的。刑法中的因果性，兼具本体论与规范

---

① 参见〔德〕克劳斯·罗克辛《德国刑法学总论》第 2 卷，王世洲等译，法律出版社，2013，第 483 页。
② 参见〔德〕约翰内斯·韦塞尔斯《德国刑法总论》，李昌珂译，法律出版社，2008，第 94 页。
③ Vgl. Roxin, Strafrecht, Allgemeiner Teil, Band. II, 2003, § 32 I, Rn. 3.
④ 参见王莹《先行行为作为义务之理论谱系归整及其界定》，《中外法学》2013 年第 2 期。

论的内涵，既有别于自然科学意义上的因果性也有别于哲学范畴的因果性，它是一个具有法律性、社会性的关系概念（Beziehungsbegriff）。① 易言之，在行为与结果之间的因果关联首先不违背自然科学的原因性，其次更重要的是体现法律意义上的原因性，这样刑法中的原因性才能与现实的社会生活相一致。② 尽管不具备自然科学－本体论意义上的因果关联，但是刑法也认为不作为与损害后果之间具有原因性关联，原因在于，如果不作为的保证人按照法律要求实施相应的作为就可以避免构成要件该当结果的发生，但是行为人并没有实施这种作为，那么损害结果便可以归属于不作为的保证人。③

　　存在论视域下的因果概念认为，因果关系存在于真实发生的事物之间，是一种客观存在的、人的知觉不能感知的事物属性；因果关系不是论理的概念，它只是与人的思维可能把握的法则相关联。④ 阿图尔·考夫曼认为，不作为本身绝不可能是原因，并且他把反对的观点引回来，认为这种原因性一点都不是真的，而仅仅是存在于思维中的。⑤ 学者认为，如果将因果关系定位为存在论的现实的因果流程，那么就必须否定不作为的因果关系，不作为的可罚性根据不在于结果的引起，而在于未能阻止结果的发生。如果说没有不作为就没有结果的发生，那么应该承认不作为的因果关系；这是一种假定的关系，即考虑到排除该不作为，或者说是实施作为；这不是一种实际发生的关系，而只是在思维逻辑上存在的可能性。⑥ 所以，因果关系是论理上思考的产物，不是存在论意义上的实体存在。李斯特也认为，因果关系不是力学意义上某种力释放能量的过程或者次序，而体现的是两个事物在逻辑－认识论上的联系，或者说因果关系仅仅与人们的思维、认识方法有关，而不能说是物理上

---

① Vgl. Maurach/Zipf, Strafrecht, Allgemeiner Teil. Teilband 1, 8. Aufl., 1992, §18, Rn. 5.

② 参见〔德〕约翰内斯·韦塞尔斯《德国刑法总论》，李昌珂译，法律出版社，2008，第94页。

③ 参见德国《联邦最高法院刑事判决汇编》（BGHSt）第37卷，第106、126页；第6卷，第1页。

④ Vgl. Welzel, Das Deutsche Strafrecht, 11. Aufl., 1969. S. 43.

⑤ Vgl. Arthur Kaufmann, Die Bedeutung Hypothetischer Erfolgsursachen im Strafrecht, Eb. Schmid-FS, 1961, S. 214.

⑥ 参见〔日〕野村稔《刑法总论》，全理其、何力译，法律出版社，2001，第126页。

的形成或者存在。迈耶也特别强调了这一点。另外，绍尔（Sauer）也反对从力学、自然主义视角考察因果关系和不作为，而且基于这一点厘清了方法论上的混乱。① 可见，德国的许多学者也认可，因果关系是一个逻辑上的必要判断，而不是蕴藏于事物内部或事物之间的神秘物质。

古典犯罪论体系所主张的因果关系深受自然科学的影射，尤其是条件说判断的因果关系是事物之间裸的、事实上的关系。按照规范意义上法律的论证方法，刑法学研究的因果关系与自然科学的逻辑性因果关系迥然有异，它是刑法上有着特定规范内涵的概念。即使客观归责理论将事实因果关系与规范性结果归责区分开来，因果关系也不是纯粹事实的自然科学概念。自然科学上的因果关系是实体之间的关系属性，考察的是实际发生作用并且可以具体测定的原因，直接将其搬入刑法是行不通的，特别是在不作为的场合，行为并不体现为机械地发挥作用的实体，认定因果关系产生特别的困难。②

三　以条件说判断不作为犯的因果关系

长期以来，如同不纯正不作为犯的作为义务一样，因果关系由于其在不作为中的特殊性也是理论研究的重点和热点，对于不纯正不作为犯的成立与否产生重要的影响。③ 不纯正不作为犯与作为犯相比，在存在结构上二者的空隙在于因果结构的差异。易言之，从表面上来看，不作为本身欠缺导致结果发生的原因力，这也是不纯正不作为犯等置于作为犯的一个障碍。

学界的一般观点是，不作为犯与作为犯的成立，都需要在行为与结果之间存在因果关联。这是因为，对于作为、不作为来说，处罚与结果没有因果关系的行为是没有意义的。然而关键问题在于，不作为与周围现实生活的变动之间，在基本观念上是否有因果关系存在的余地？在此

---

① 参见〔德〕李斯特《德国刑法教科书》（修订译本），徐久生译，法律出版社，2006，第 196 页。

② 参见〔韩〕李在祥《韩国刑法总论》，韩相敦译，中国人民大学出版社，2005，第 120 页。

③ 参见林亚刚、黄鹏《不纯正不作为犯等价性考量的具体标准研究》，《贵州警官职业学院学报》2014 年第 6 期。

问题上理论上有一些质疑，这是因为，仅从表面现象来看，不作为犯中的行为人并没有从事某活动，一般人的理解是，既然一个人并没有做某事，也就不可能给周围的现实世界带来什么变化，或者说现象与现象之间的因果关系无从发生。因此，与作为犯的因果关系直观、显而易见不同，学界针对不作为犯的因果关系，有一些对立的看法。

关于不作为的原因力，学说上有两种观点。[①] 一是在刑法评价上否认不作为的原因力，著名学者古斯塔夫·拉德布鲁赫（Gustav Radbruch）主张这种观点，阿明·考夫曼和汉斯·韦尔策尔在论述不作为犯时也是持该种观点。尽管在结论上，拉德布鲁赫与考夫曼、韦尔策尔都否定不作为的原因力，但是在思考的具体方法上路径有别，拉德布鲁赫主张自然行为概念，考夫曼、韦尔策尔倡导的是目的行为概念，他们认为不作为与行为概念有别，不作为不属于行为范畴。二是通过某种刑法解释方式承认不作为的原因力。学说上的主流意见肯定因果关系在不作为中的存在，这也是现在学界的一种通说，当然虽然在结论上肯定不作为的因果关系，但是具体的分析方法各不相同。

李斯特等学者从因果关系理论（条件说）的视角出发，认为行为人负有应当阻止结果发生的作为义务，虽然具有阻止结果发生的可能性，但不去履行这种作为义务，放任事态自然演变以至于结果发生，倘若欠缺这种不作为，就不会发生结果。从这种意义上讲，不作为可以等同评价于作为犯中的作为。这样，该观点又被称为不作为、作为同价值说。[②] 有些学者认为，不作为的因果关系与作为义务无关，不作为的因果关系的意义在于，若实施某一作为就能防止发生结果，因此认为上述的观点捆绑作为义务与因果关系有失妥当。[③] 陈兴良教授认为，避开作为义务，就不能正确地判断不作为的因果关系，不作为的因果关系与作为义务密切相关，以因果关系与作为义务无关而否定学说上的因果关系说理由错误。可以说，在因果关系与作为义务的关系上，不是因果关系决定作为

---

① 参见〔日〕日高义博《不作为犯的理论》，王树平译，中国人民公安大学出版社，1992，第12、13页。

② 参见〔日〕木村龟二主编《刑法学词典》，顾肖荣等译，上海翻译出版公司，1991，第141页。

③ 参见〔日〕福田平、大塚仁编《日本刑法总论讲义》，李乔等译，辽宁人民出版社，1986，第60页。

义务，相反是作为义务决定因果关系。① 本书认为，这种观点有将行为的因果性与违法性二者混淆之嫌。在不作为犯中，如果从事一定的行为，那么结果不会发生，这里的原因力体现在不去防止结果发生上，判断因果关系的标准并不是以作为义务为基点。例如，孩子掉入水中，父母在旁故意不施救而任凭小孩溺死，父母处于保证人地位但利用了水会溺死人的危险性而实现孩子死亡的结果。这里需要注意的是，落入水中孩子就会有生命危险，有无救助义务并不会影响这一客观事实。不纯正不作为犯的因果关系属于构成要件符合性的范畴，从不防止结果发生的角度，按照案件具体情况在不作为与结果之间的因果关系就不难判断。如此一来，学说上就解决了不纯正不作为犯的因果关系问题，接下来才应考察不纯正不作为犯的违法性问题。正如我国有学者所指出的，作为义务的有无不能决定违法性的类型，它只是决定不作为行为之违法性的有无，根据不作为行为人所利用的因果关系的具体内容才能确定违法性的类型。②

在考察不作为犯的因果关系时，还是适用条件理论作为判断的标准。不过与作为犯的情况不同，在不作为犯情形中，条件理论的适用模式是想象行为人的作为"存在"，而不是想象行为人的行为"不存在"。这是由不作为的行为结构特点决定的。在这里，依据条件理论要确认的是，如果行为人实施了法所期待的特定行为，结果还会不会发生。学说上普遍认为这里所判断的是一种假设的因果关系（hypothetische Kausalität），或者称作准因果关系。③ 按照该观点，不作为犯因果关系的存在形态是假设的因果关系，具体内容是，如果能以接近确定的可能性判定，行为人从事被期待的行为，那么该当构成要件的结果就能避免，这时不作为与构成要件该当结果之间就建立起因果关联。④ 由于判断者不可能百分之百地确定，如果行为人实施了被要求的行为事态会如何具体演变，因为事件的因果流程并没有实际发生，因此这里不能要求百分之百肯定，

---

① 参见陈兴良《判例刑法学》上卷，中国人民大学出版社，2009，第 103 页。

② 参见何荣功《不真正不作为犯的构造与等价值的判断》，《法学评论》2010 年第 1 期。

③ Vgl. Haft, Strafrecht, Allgemeiner Teil, 2004, S. 180.

④ 参见林山田《刑法通论》下册，元照出版有限公司，2008，第 247 页；蔡圣伟《刑法问题研究》（一），元照出版有限公司，2008，第 197 页；Wessels/Beulke, Strafrecht, Allgemeiner Teil, 36. Aufl., 2006, Rn. 711f.；Heinrich, Strafrecht, Allgemeiner Teil, Band Ⅱ, 2005, Rn. 889；Kühl, Strafrecht, Allgemeiner Teil, 5. Aufl., §18 Rn. 36。

达到几近确定的高度可能性即可。在不作为犯中，纯粹的结果犯是结构最简单的。对于构成要件该当行为的要求，不作为的纯粹结果犯与作为犯差异明显，不是造成结果，而是未能避免结果的发生，据此结果的发生对于不作为具有归责性。德国联邦法院的司法判决秉承帝国法院的观点，认为在一个结果本来会通过这个未实施的行为被阻止时，这个不作为对那个结果而言就是原因。① 这个司法判决在这里把实行性犯罪使用的"想象不存在"公式反过来用了，也就是说，它提出了这样一个问题：一种"应当想到的"有要求的行为本来是否会阻止这个结果发生。这种对结果发生的阻止必须"以十拿九稳的把握"加以确定，这不应当表现为降低证据要求，而仅仅是一种赢得确信的指导方针，这个方针考虑了人类认知能力的有限性。② 德国联邦最高法院提供了一个对司法实践的精确总结：在没有想到这个不作为的行为就不能取消这个已经出现的结果时，这个结果的出现就应当归责于这个行为人。对此必须存在一种十拿九稳的把握，从而使这个结果在这个未实施行为的实施中，本来不会或者会大大推延或者会以大大缩小的规模出现。③ 如果不考虑法律期待的作为，构成要件该当结果就不会消失，这就是不作为对于结果的原因性的作用原理。条件关系公式在不作为中的适用模式是两个肯定判断结合在一起的假言判断，其在作为犯中表现为，如果没有该作为就不会发生该结果，类似地，如果没有该不作为就不会发生该结果，前者与后者之间存在条件制约关系，因此从逻辑判断形式上讲，不作为与作为都可以适用条件公式。④ 另外，不作为场合若实施了作为就能避免结果发生，这不是完全绝对的判断，只要可以肯定实施了作为就能够切实阻止结果的发生这种程度就够了，就能说是存在没有 A 就没有 B 的条件制约关系。⑤

有学者认为，在作为犯中适用的条件公式是"去除法"，而在不作为犯中适用的条件公式是"加入法"，这是常用的条件说的变体公式，

---

① 参见德国《联邦最高法院刑事判决汇编》（BGHSt）第 6 卷，第 1 页以下。
② 参见德国《帝国法院刑事判决汇编》（RGSt）第 75 卷，第 374 页。
③ 参见德国联邦最高法院《新刑法杂志》（NStZ），1985，第 27 页。
④ 参见〔日〕大谷实《刑法讲义总论》，黎宏译，中国人民大学出版社，2008，第 210 页。
⑤ 参见〔日〕大谷实《刑法总论》，成文堂，2006，第 126 页。

与合乎法则的条件理论的思考方法有些类似。申言之，加入作为之后具体结果就不会发生，即不可想象加入作为之后结果仍旧发生，这时因果关系存在。[①] 黄荣坚教授认为，条件关系在性质上就是一种假设的因果关系。条件关系的判断公式是：没有 A 就没有 B，则 A 与 B 之间存在条件因果关系。在作为的犯罪形态里，判断者考察，倘若行为人不实施某一行为，则危害结果是不是便不发生；在不作为的犯罪形态里，判断者考察，倘若行为人实施某一行为，则危害结果是不是就不发生。在这两种基本犯罪形态里，判断者关心的基本问题是一致的，即行为人的态度对于具体结果发生是否有实质影响。因此，从条件关系的适用原理来看，假设的因果关系并不只是不作为犯的因果性质，并非不作为犯的特有概念或者构成要件要素，它不过是不作为犯中条件关系的具体表现方式。[②] 实际上，不论是作为犯中"想象其不存在"的判断方式，还是不作为犯中"想象其存在"的变体公式，从本质上讲都属于假设性的判断，都是立足于概率视角的推测，因此不能说假设因果关系只是不作为因果关系的表现形态，作为犯的因果关系同样如此。

刑法上研究因果关系的目的在于观察行为人的行为与损害结果的引起与被引起的关系，从而为结果的归责奠定基础，也是在确立对于结果发生的避免（或者控制）可能性，从而使得刑罚的适用具备正当性。也可以说，因果关系更明显、直观的认定方式是，假定行为人做出了其他的行为选择，则结果是否就不会发生。就认定标准而言，不作为与作为是相同的。[③] 在作为犯的情形中，倘若行为人换一个行为选择，不从事已经实际发生的行为（作为），那么就不会发生结果，如此可以说该行为（作为）与结果之间存在因果关系；在不作为犯的情形中，倘若行为人也换一个行为选择，停止不作为的状态，实施一定的作为，那么就不会发生结果，如此也可以说该行为（不作为）与结果之间存在因果关系。从因果关系目的上的基本内容来看，因果关系在作为与不作为中的适用原理、判断标准是完全一致的，即用尚未发生的（假设的）行为选择来替代已然发生的行为选择，之后比较在两个行为选择的情形下结果

---

① 参见林钰雄《新刑法总则》，中国人民大学出版社，2009，第 408 页。
② 参见黄荣坚《刑法问题与利益思考》，中国人民大学出版社，2009，第 88 页。
③ 参见黄荣坚《基础刑法学》（下），中国人民大学出版社，2009，第 461 页。

是否发生。因此，不仅是不作为犯，即便是作为犯的因果关系，也是根据假设的事实来判断。可见，虽然不作为与作为相比，在行为结构上有明显差异，但在行为与结果之间因果关系的判断上，都要适用条件关系公式，而且本质上都是基于假设而进行确认。

四　不作为犯的所谓相当因果关系

我们从一个案例入手。某晚，暴力团伙的成员将一名13岁的女性带到宾馆，并给该女注射了兴奋剂，使其陷入错乱状态，被告人害怕此事被发觉，将该女留在客房里独自离开了。被害人由于兴奋剂引起的急性心力衰竭在凌晨死亡。针对该案，法院认为：在被害人由于被注射了兴奋剂而陷入错乱状态的时候，如果被告人马上呼叫急救医疗，该女十有八九可以得救，因为该女很年轻，生命力很强，也没有特别的疾病。① 有超过合理怀疑程度的确定性认为该女可以被救活，所以认为被告人将该女留置在宾馆而未采取救助措施的行为与该女因兴奋剂引起的急性心力衰竭死亡之间存在因果关系。② 判决被告人成立保护责任者遗弃致死罪。③ 有学者认为，该案实质上考虑了相当因果关系，并阐述道，如果被告人及时呼叫急救医疗、履行作为义务的话，十有八九可以救该女的生命，不发生死亡结果具有超过合理怀疑程度的确定性，这种判断标准与相当因果关系的折中说所主张的一般人能够认识具有共同之处。该学者认为，只要以存在一般的条件关系为前提，按照折中说的判断标准能够成立相当因果关系，就可以对不作为犯适用与作为犯同样的理论，从而肯定不作为的因果关系。④ 因果关系的相当性主要适用于作为犯，在不作为的场合，相当性的内涵及判断标准不太明确。但是从消极的反

---

① 参见日本平成元年（1989年）12月15日刑集43卷13号879页。
② 参见〔日〕芝原邦尔、西田典之、山口厚编《刑法判例百选Ⅰ总论》，有斐阁，2003，第10页。
③ 日本《刑法》第218条规定："对于老年人、幼年人、身体障碍者或者病人负有保护责任而将其遗弃，或者对其生存不进行必要保护的，处三个月以上七年以下惩役。"第219条规定："犯前两条之罪，因而致人死伤的，与伤害罪比较，依照较重的刑罚处断。"
④ 参见〔日〕大塚仁《刑法概说（总论）》，冯军译，中国人民大学出版社，2003，第176页。

面角度，可以考虑否定不作为的相当性。例如，医院发生火灾时护士忘记打开消防应急门，导致一些人员死伤，只有事前能够考虑到实施这一不当行为的可能性较高时，才会对护士提出要进行特别训练的义务要求。①

在上述"兴奋剂"案件中，因果关系的认定与不作为犯的实行行为性有关。如果不实施作为就会产生导致损害结果发生的现实危险，在这个意义上，不作为的因果关系与实行行为有关。有学者认为，即使有作为也会发生结果的话，排除不作为犯因果关系的成立，也能否定该不作为的实行行为性，因此犯罪的未遂也不能成立。② 原因在于，既然不能具体地确定可能避免结果发生的作为，也就不存在作为实行行为的不作为本身。在此意义上，不作为的因果关系不仅是对结果客观归责（既遂）的条件，而且是不作为犯成立（未遂）的前提。对此，也有学者提出了批判，认为上述所谓的因果关系可能仅仅意味着条件关系，虽然对确定不作为的实行行为条件关系具有限定具体作为义务范围的意义，但是若直接根据条件关系就认定既遂犯的成立，是有疑问的，还应该进行相当因果关系的判断。③

虽然判断因果关系与确定实行行为有关，但是应当先考察实行行为。为了确定不作为犯的实行行为，要有如果履行作为义务就能肯定或极有可能避免结果发生的事实。虽然能够阻止结果发生，但是不去从事该要求的作为，这时违反作为义务的实行行为就确定了，而且实行行为与结果之间存在条件关系。如果按照相当因果关系的折中说，不作为和结果发生之间具有相当性的话，该损害结果就成了该当构成要件的结果。但是，在检验不作为与结果的相当性之前，实行行为的判断是非常重要的，④ 这是因为，不作为犯中，不具有保证人义务的人的不作为与结果之间也有相当因果关系，但是与结果存在相当因果关系的不作为不一定具有实行行为性。

---

① 参见〔日〕松宫孝明《刑法总论讲义》，钱叶六译，中国人民大学出版社，2013，第59页。
② 参见〔日〕芝原邦尔、堀内捷三、町野朔、西田典之编《刑法理论的现代展开总论》Ⅰ，日本评论社，1988，第74页。
③ 参见〔日〕大塚仁《刑法概说（总论）》，有斐阁，2005，第192页注解（二）。
④ 参见〔日〕大谷实《刑法讲义总论》，黎宏译，中国人民大学出版社，2008，第211页。

本书认为，上述关于不作为实行行为与相当因果关系的分析，实际上是在确定不作为与结果之间条件关系的基础上，针对结果的可归责性所提出的解决方案。条件关系可以适用于判断不作为与结果之间的因果关联，但是相当因果关系的判断，已经不是纯粹的因果判断，已经在进行规范评价。相当因果关系的相当性并没有厘清因果关联与归责评价的关系，而且判断的标准不统一、具体规则抽象模糊，难以胜任归责的任务。[①] 因此，在适用条件理论判断不作为的因果关系之后，应当依据客观归责理论检验不作为的可归责性。

五 不作为犯中条件关系的具体适用

（一）不作为犯中假定条件关系的证明

在司法实践中，假定条件关系的证明是不作为因果关系的更为棘手的问题。判断如果实施被期待的作为结果是否发生，不可能百分之百地确信，而难免有某种程度的不确定性。例如，医护人员应当将早产儿放到保温箱中养育，这样婴儿会有 50% 的存活可能性。但是医护人员由于疏忽大意没有履行这个作为义务，早产儿死亡。实际上，即便将早产儿放在保温箱中养育，也有 50% 的死亡可能性。这时不能简单地说不作为与婴儿死亡之间存在条件关系。[②] 根据"有疑问时有利于被告人"原则，必须证明实施作为的话在"确实地排除合理怀疑的程度"上能够阻止结果的发生，[③] 才能肯定不作为与结果之间存在条件关系。例如，住宅楼发生火灾，居民无法从楼梯逃生，消防队员也不能立刻赶到，住在顶楼的父亲要么将孩子留在房间独自逃生，要么将孩子抛到楼下，窗户口有六七米高，楼下有三个强壮男子在伸手准备接孩子，父亲最终下不了抛扔孩子的决心而独自跳楼获救，孩子被大火烧死。如果能证明当时的救助行为肯定或极有可能成功，才能肯定父亲的不作为与孩子死亡之间的

---

① 参见孙运梁《客观归责理论的引入与因果关系的功能回归》，《现代法学》2013 年第 1 期。
② 参见〔日〕松宫孝明《刑法总论讲义》，钱叶六译，中国人民大学出版社，2013，第53 页。
③ 参见〔日〕松宫孝明《刑法总论讲义》，钱叶六译，中国人民大学出版社，2013，第54 页。

条件关系。①

　　符合主流观点的是，许多案件中由于证明困难而使假定条件关系的判断出现不确定性，不积极降低风险的原则不能据此做出对具备作为义务的人不利的解释。有关放弃降低风险的证据，只有在不受完全制约，纠缠于可能性规则的诉讼过程中，才是足够的。例如，癌症手术之后对病人的放射治疗，有90%的可能性会避免癌细胞转移，没有采取放射治疗的医护人员不能说该病人可能属于另外10%的情况，主张自己没有责任。这种理由通常是无法反驳的，但是不能成立。当然有一种情形另当别论，例如，发生事故后，负有保证人义务的人没有为受害者请求医疗救助，但是根据当时的实际情况，即使实施医疗救助也已经太迟。如果行为人存在某种故意，至多成立未遂犯罪。②

（二）不作为犯条件关系的修正

　　在不作为场合，如果考虑到期待的行为则结果就不发生，对实际作为的传统检验形式的条件理论发生了承认因果关系的变化。③ 该检验形式针对不作为的条件关系仍可保留适用。同时，为了避免扩大不作为的责任范围，与作为犯的情况不同，司法实践中不把通常的不可或缺条件公式（condicio sine qua non formel）适用于具体形态的结果上，而是适用于已经类型化的抽象的构成要件该当结果上。

　　针对上述的"火灾逃生"一案，为了认定行为与结果之间的原因关联，法院强调的不是父亲及时将孩子抛扔到楼下救助人员手臂中孩子能否脱离火海，而是孩子是否能够保全生命。法院的做法是正确的，因为如果注重具体结果（在该案中是孩子丧身火海这个结果形态），那么行为与结果的原因性要肯定，结果的归责性也永远不能否定。比照另外的案情，问题就很明确了，如果火灾发生在30层的高楼上，将孩子抛向地面的唯一可能就是死亡，显然父亲没有抛扔孩子的行为是不具归责性的。

---

① 参见〔德〕汉斯·海因里希·耶赛克、托马斯·魏根特《德国刑法教科书（总论）》，徐久生译，中国法制出版社，2001，第743页。

② 参见〔德〕冈特·施特拉腾维特、洛塔尔·库伦《刑法总论Ⅰ——犯罪论》，杨萌译，法律出版社，2006，第377页。

③ 参见〔德〕汉斯·海因里希·耶赛克、托马斯·魏根特《德国刑法教科书（总论）》，徐久生译，中国法制出版社，2001，第742页。

《德国刑法典》第 13 条第 1 款意义上的避免结果发生义务的主旨，绝对不在于将一种死亡方式（被火烧死）交换成另外一种死亡方式（坠楼死亡）。当然从其他方面来看，法院提出的解决方案只强调考虑纯粹的因果性，这是不能令人满意的。为了获得满足实践要求和符合方法论的解决方案，必须区分原因性和客观可归责性。①

（三）不作为犯中合法则的条件关系

合法则的条件公式是指，为了能够证明某一行为与一定的构成要件结果具有因果性，结果应当在时间上伴随在行为之后，并且根据自然法则与行为相关联。② 合法则的条件说试图依据以日常经验知识为基础的、作为自然法则之关联性的合法则的条件公式来克服条件说的不足之处。该学说的核心在于某种自然法则（Naturgesetz）的存在，而且根据该法则外界的变化及具体的构成要件结果是否随后发生于先行的情况或者具体的构成要件行为之后。③

根据合法则的条件说检验因果关系，分为两个阶段来进行。④ 第一，确定一般的因果关系。作为可以适用于各种具体案件的上位命题，这里考察是否存在自然科学上的因果法则，这可以依据法官的主观确信来判断。当因果法则也能被专家的专业判断一般性地承认时，法官才可以采用。第二，确定具体的因果关系。考察自然科学上的因果法则是否包摄具体的案件，具体案件中的因果关系能否包摄于一般的因果法则，只能根据法官的主观确信。上述两个阶段的判断，也有利于确定不作为的因果关系，更能发挥条件说在不作为案件中的功能。

不作为与构成要件性结果具有合法则的联系。与作为犯不同，传统的条件公式在不作为不具有实际的力的作用这个意义上无法适用，但是

---

① 参见〔德〕约翰内斯·韦塞尔斯《德国刑法总论》，李昌珂译，法律出版社，2008，第 341 页。
② 参见〔韩〕金日秀、徐辅鹤《韩国刑法总论》，郑军男译，武汉大学出版社，2008，第 153 页。
③ Vgl. Rudolphi, Systematischer Kommentar（SK），Band. 1，25. Lieferung，1995，Vor § 1 Rn. 41.
④ 参见〔韩〕金日秀、徐辅鹤《韩国刑法总论》，郑军男译，武汉大学出版社，2008，第 154 页。

可以承认不作为与结果发生之间的合法则性联系。不作为犯由于结果的发生而成立既遂，不阻止构成要件该当结果的发生是不作为犯有别于作为犯的独特之处，这也是有人怀疑不作为犯存在因果关系的原因。合法则的条件说认为不作为犯中存在因果关系，既然如果实施作为就可以避免结果的发生，那么不作为就与结果的发生之间存在合法则的关联。[①] 在结果的实际实现的意义上不能否定不作为的因果关系。在刑法中探讨因果关系不能聚焦在自然科学的角度上，即使不在不作为以外寻找原因，在不作为与结果之间也存在直接的联系，那就是与不作为相对应的作为能够阻止结果的发生。从这个意义上说，不作为不是无，而是没有为被期待的行为，以致发生结果，从而在不作为与结果之间产生合法则性的联系。

（四）不作为犯条件关系的择一（选择）认定

如果实施作为能够避免发生的结果数量有限，那么产生的问题是能否允许条件关系的择一的或者选择的认定。例如，正在海上行驶的船上有五人落入海中，船上负责救援的人员没有把救生圈扔下去，这种救生圈只适用于三人，五人全部死亡。该案中即使扔下救生圈，也不会确定谁能被救。如果个别地观察不作为与每一个死亡结果的关系，那么不作为与每个结果之间都不存在条件关系。这时需要对结果予以修正，即考虑不作为与五人中至少三人死亡之间存在选择的条件关系，从而以三罪的观念竞合来处理。

也有观点对这种选择的判断方法予以了批判，认为在针对个人法益的故意杀人罪、过失致人死亡罪的情形下，犯罪的成立首先要求行为与各个结果之间存在因果关系，然后才考虑以观念的竞合来处理。[②] 除此之外，做出至少三人死亡的选择的认定也是有风险的，这必须经过认真的事实调查慎重地得出结论。存在这种可能性，即使扔下救生圈但由于五人的争抢，谁也没有得到救助。

（五）不作为犯条件关系的竞合

有这样一种类型的案件，即只有多数人共同作为才能避免结果的发

① 参见〔韩〕李在祥《韩国刑法总论》，韩相敦译，中国人民大学出版社，2005，第 130 页。
② 参见陈兴良主编《刑事法判解》第 11 卷，人民法院出版社，2012，第 56 页。

生，但是每个行为人都没有履行各自的义务从而发生了损害结果。例如，制造公司发现本公司生产的有缺陷的商品已经入市但没有召回，导致损害消费者的权益。公司的董事会会议应当做出回收决议，但是各个董事谁也没有提议回收。董事们对于发生的损害结果为自己开脱责任，理由在于自己没有独立的回收决定权，即使自己提议回收，也可能由于其他董事的反对而使提案遭到否决。最终结果只能是，不能追究各个董事由回收的不作为引起损害结果的刑事责任。在这里，其与在实行性犯罪中的假定因果过程很相似，引起这个结果的那个人也不能通过这样的借口来推脱他的原因性，即否则其他人也会引起这个结果的。在"皮革喷雾剂"案件中，公司领导都投票反对召回危险的产品，这时，他们的投票就进入了这个不作为的决定中，而正是这个不作为的决定引起了这个结果。但是，一个人对这个不作为的决定是共同原因的，就也对由此产生的损害是原因。法院在该案的判决中，与其说是说明了一个因果性的根据，不如说是规定了这个因果性："如果这种为阻止损害所要求的措施，在这里是指由公司管理层做出召回（一种危险产品）的决定，仅仅能够通过多名参与者的共同作用才能得出的，那么，每一个人，尽管具有共同作用的能力但对做出自己的贡献不作为的，就都成为所要求措施的不作为的一个原因；在这个框架之内，他对由此产生的符合行为构成的结果就负有责任……在这里，他也不能这样来解除自己的责任，即他为争取做出所要求的集体决定而付出的努力本来就会是没有结果的，因为其他参与者在争论中本来就会压倒他的意见。只有在他为了争取做出那份所要求的决议，已经干了对他来说是可能的与可以过分要求的一切时，才会免除他在刑法上的共同责任。"①

　　人们能够通过一个共同实行人的构造来使这个因果性问题变得不太重要。因为对于共同实行人来说，足够的是，在一个判断中，这个共同实行人的贡献，事前对这个事件的经过本来是很重要的，并且因为整个事件另外也归责于所有共同实行人，所以在认定共同实行人中，关键的就不是单张票的真正影响了。然而，这个因果问题还是需要决定的。在这个领域十分突出的过失犯罪中，根据主流观点，是不可能存在共同实

---

　　① 参见德国《联邦最高法院刑事判决汇编》（BGHSt）第 37 卷，第 131 页。

行人的。同时，即使人们承认这种共同实行人的可能性，其条件也常常会不存在。① 对于这种类型案件的处理，也有学者认为，不能根据单独犯的因果关系的竞合认定责任，而应该以过失犯的共同正犯处理。这里涉及不作为的因果力问题，应当从因果关系以外的根据中说明共同的作为义务，也就是从像社会行为论一样的社会的视角考察。② 从社会的要求来看，存在缺陷产品的时候，公司的决策机构成员负有共同的提议回收的义务。当然，如果因为其他成员的反对而使提议回收的议案遭到否决，那么提议回收者被排除在共同的违反之外，不会因未能实现缺陷产品的回收而实际承担责任。

六　从因果关系走向支配关系

不作为与所发生的结果之间具有因果关系并不意味着就能成立不纯正不作为犯，只有在刑法评价上具有重要性的不作为才能满足作为犯的构成要件，按照作为犯的条款来处罚。亦即不作为所带来的侵害法益的危险，必须相当于作为犯的构成要件所预定的法益侵害性危险，这时二者才是等价值的，不纯正不作为犯才能成立。③ 在评价不作为与作为等价性的时候，作为义务并不是判断的基准，而行为人所利用或放任的起因及其危险性质、程度能担当此任。在社会生活中，法益侵害结果产生的起因并非单一的，而是多元的，但纳入等价值判断资料范围的起因是特定的。学说上所说的不作为与作为的等价，从因果关系的视角来看，指的是因果流程中行为引起结果的原因力相当或曰等价。④ 不纯正不作为犯的成立，要求只有当行为人本身的故意过失行为使法益面临危险的时候，行为人放弃作为的不作为才有可能成为与作为等价值的行为方式。

即使在理论上合理解释了不作为的因果关系，也要看到不作为与作为原因力的不同，二者侧重的作用方式不同，即作为的原因力着眼于造

---

① 参见〔德〕克劳斯·罗克辛《德国刑法学总论》第 2 卷，王世洲等译，法律出版社，2013，第 489 页。

② 参见〔日〕松宫孝明《刑法总论讲义》，成文堂，2009，第 270 页。

③ 参见赵秉志主编《刑法论丛》第 12 卷，法律出版社，2007，第 64 页。

④ 参见何荣功《不真正不作为犯的构造与等价值的判断》，《法学评论》2010 年第 1 期。

成、导致结果发生，不作为的原因力着眼于未避免、不阻止、容忍结果发生。这种因果结构的差异也是建构不纯正不作为犯理论时不能忽视的，有关不纯正不作为的理论困惑也与此相关。在不纯正不作为犯里，在行为人有意或者无意不作为以前，面向侵害法益结果的因果流程已经开始启动，因此不作为人不介入或者利用因果关系就能发生侵害结果。

（一）德国学者的观点

许迺曼以对结果原因的支配来构建一元的正犯体系，在整个体系中对造成结果的原因有支配是核心概念，是各种正犯形式的上位概念。这种支配分为两种情形，其一是作为犯中的犯罪支配，其二是保证人身份犯中对某一社会领域的控制支配。他发展了罗克辛的犯罪支配理论，倡导以现实的支配来确定正犯概念。犯罪事件实际上是行为人控制、决定他的支配领域内发生或者不发生某种事实的一种表达，这就要求行为人在此过程中一直掌控着结果发生的原因。作为犯的正犯本质在于行为人对本人身体的支配，这明显体现了对结果原因的支配；在不作为犯的正犯认定上也无二致，只有当侵害法益的事件的不作为行为人与作为行为人通过他的犯罪支配所占据的地位相同时，才能对充足作为构成要件的不作为进行处罚，否则刑罚就是不适当的。① 只是规范性地判断违反义务在刑法上并没有说服力，应当在事物的本质中确立作为与不作为等价的存在论基础，唯有如此，保证人责任的认定才有根据。保证人概念需要借助于对结果原因拥有支配来界定，在此概念之下，对法益无助性的支配（Herrschaftüber die Hilflosigkeit des Rechtsgutes）与对重要结果原因的支配（Herrschaftüber einewesentliche Erfolgsursache）标示着物本逻辑上的平等基础（sachlogische Gleichstellungsgründe），可以从这个基础本身开始建立保证人责任的界限。②

许迺曼强调结果原因支配的重要性，试图突破作为义务论证上的形式化瓶颈，而改为从实质角度论证，主张作为与不作为的归责基础在于

---

① Vgl. Schünemann, Grund und Grenzen der unechten Unterlassungsdelikte, 1971, S. 232ff. 转引自何庆仁《义务犯研究》，中国人民大学出版社，2010，第 52 页。

② 参见许玉秀、陈志辉合编《不移不惑献身法与正义——许迺曼教授刑事法论文选辑》，新学林出版股份有限公司，2006，第 342 页。

行为人和结果发生之间有着某种特定关系，体现于行为人对于结果发生的根据或者原因拥有现实的支配力。不纯正不作为犯的成立需要不作为与作为的等价，这种等价性的物本逻辑基础正是现实地支配着结果发生的原因进程。需要注意的是，这种支配是事先的常态的支配，即这种控制支配在启动法益侵害的因果流程之前便实际产生了。例如，主人对于饲养的猛犬、车主对于拥有的车辆有着控制支配权，在猛犬攻击路人时不阻止、对有问题的汽车上路前未检修以确保安全驾驶，这些主体有可能被追究不作为的责任。①

许逎曼在保证人身份犯的概念下，通过富有内涵的结果原因支配，将不纯正不作为犯与身份犯二者统一起来。保证人身份犯的正犯性和归属原理根基于行为人事实上与相关法益的接近而具有的保护性支配，而不再与刑法之外的义务联系在一起。刑法之外的义务不是认定保证人身份犯的前提，不过是一种伴随现象而已。事实上与相关法益的接近是从行为人在一个通过信任行为所建立的社会秩序内确定的地位中产生的，然而保证人地位并不能由社会秩序本身确立。例如，即使具有父母子女、配偶关系这些社会生活中最亲近的亲属关系，也不能就直接确立保证人地位，这些亲属关系在婚姻家庭法上具有重要意义，但刑法所关注的重点在于，行为人是否通过客观存在的事实状态，支配了体制上的或者部分的被害人的无助性。②

罗克辛在其影响巨大的刑法教科书中表达了对许逎曼观点的认同，认为许逎曼提倡的对于结果原因拥有支配权是不纯正不作为犯与作为犯等置的共同上位规则。以往罗克辛认为义务犯（其中包括不作为犯）中并不存在支配，但现在主张义务犯的行为人存在对犯罪行为的控制支配（Kontrollherrschaft）。③

雅科布斯认为，不管是作为犯还是不作为犯，大体上基于以下两种情形而成立：一是所谓的组织管辖，即因为特定的组织领域而存在的一

---

① 参见姚诗《先前行为保证人地位的理论根据》，《清华法学》2014 年第 5 期。
② Vgl. Schünemann, Grund und Grenzen der unechten Unterlassungsdelikte, 1971, S. 341 ff. 转引自何庆仁《义务犯研究》，中国人民大学出版社，2010，第 53 ~ 54 页。
③ 参见〔德〕克劳斯·罗克辛《德国刑法学总论》第 2 卷，王世洲等译，法律出版社，2013，第 540 页。

种管辖；二是所谓的制度管辖，即因为制度上的身份而拥有的管辖。按照这种区分管辖的观点来看不作为犯，如果因组织管辖而保证该组织领域内的法益不受损害，则表现为支配犯，如监督危险来源的保证人、前行为的保证人、因承担而产生的保证人、因有组织管辖而应防止他人自残的保证人；因制度上管辖，如基于监护关系、收养关系、亲子关系、夫妻间特别信赖关系等，也会产生保证人地位，这时不作为犯表现为义务犯。① 可以看出，雅科布斯的组织管辖理论是以支配思想为基础的。

（二）日本学者的观点

在日本，排他性支配说是近年来有力的见解。所谓排他性支配意味着行为人把面向结果的因果流程掌控在自己手中，以及法益的维持、存续具体而且排他地依赖于行为人。② 在法益侵害的参加者存在对于法益的上述排他性支配的情形下，在侵害结果发生的时候，就可以确定这些主体的正犯者责任，甚至可以说排他性支配成为作为犯与不作为犯相同的正犯基准。

西田典之教授认为，作为与不作为的构造存在差异，作为犯的基本特征在于，行为人按照自己的意思设定了面向法益侵害结果的因果流程，而不作为犯的基本特征是行为人不干预已然发生的面向侵害结果的因果流程，采取了不阻止结果发生的消极态度。为了实现不作为与作为的等价值性，就要求不作为人掌握指向结果的因果流程，亦即具体而且现实地支配了因果流程。③ 在不纯正不作为犯中，没有作为犯那样明显地设定因果流程的排他性支配要素，为了消除价值评价上的差异，需要结合不同的具体情形来确定排他性支配。

西田典之教授在以下三种情形中判断不作为犯的排他性支配。④ （1）基于自己的意思而排他性地支配了整个因果流程，如签订合同照料他人的婴儿却中止保护行为，医生接收了病人却放弃治疗，这些案件中的行为

① 参见许玉秀《实质的正犯概念》，《刑事法杂志》1997 年第 6 期。
② 参见〔日〕岛田聪一郎《不作为犯》，《法学教室》2002 年第 263 号。
③ 参见芝原邦尔等编《刑法理论的现代的展开总论》Ⅰ，日本评论社，1988，第 89 页。
④ 参见〔日〕西田典之《日本刑法总论》，王昭武、刘明祥译，中国人民大学出版社，2013，第 105~106 页；〔日〕西田典之《不作为的共犯》，王昭武译，《江海学刊》2006 年第 3 期。

人基于本人意愿主动地、排他地支配了法益侵害的因果流程。（2）并非基于自己的意思而拥有了排他性支配权，如清晨起来发现自家院子门口放着一个弃婴，因为是自家的大门口，可以说拥有了排他性支配权，当然这不是自己积极主动认领的，而是被动地非基于自己意思而获得的支配权。这种非基于本人意思而客观获得的排他性支配权的场合，可以被称为支配领域性。由于欠缺基于意思这一要素，要认定为具有支配权，就要求有建筑物的管理人员、亲子关系、安保人员等社会持续性保护关系来弥补。只有在这种限度之内，规范性要素才可以被考虑。如果仅仅具有法律、职务要求、先行行为（actiopraecedens）之类的，只是处于应当作为地位的规范要素存在的情形，还不能说处于对结果具有支配性的地位。例如，孩子落水挣扎，父亲与旁边很多人都能够救助，倘若只认定父亲具有救助孩子的义务，判定其构成不纯正不作为形态的故意杀人罪，则显失妥当。总而言之，仅仅依据规范要素是不能认定为对结果产生支配权的。（3）在支配领域性的场合，作为义务的根据不应当包括先行行为，例如，行为人夜晚驾车在车辆、行人稀少的道路上将他人撞成重伤，然后又驾车逃逸的情形，虽然可肯定支配领域性的存在，但该行为人不属于所要求的具备规范要素的主体，所以不能仅仅根据存在先行行为就肯定构成不纯正不作为犯。

日高义博教授认为，行为人事先引起了侵害法益的因果关系，在他不去阻止这种发展趋势的时候，其不作为能够被看作作为。不纯正不作为犯成立的情形限定于，行为人在不作为之前，本人已经设定了向侵害法益方向发展的因果关系。这也是不作为与作为在构成要件等价值性判断上的标准。为了填补不纯正不作为犯与作为犯在存在结构上的空隙，将二者等置起来，即以不作为实施的犯罪与以作为实施的犯罪在构成要件上做等价值的评价，就需要行为人基于自己的故意或过失在不作为之前设定面向侵害法益结果发生的因果关系。①

佐伯仁志教授认为排他性支配是不作为的作为义务的发生根据，并具体检视了存在排他性的场合。在他看来，在不作为的时点，行为人将

---

① 参见〔日〕日高义博《不作为犯的理论》，王树平译，中国人民公安大学出版社，1992，第111页。

因果流程掌握在自己手中，就拥有排他性支配权。以下三点在认定时是应当注意的。（1）行为人有意识地进行保护的开始和继续对于排他性支配来说是不必要的。（2）空间场所的封闭性在认定排他性支配时并不是不可缺少的，即使在空间开放的场所，如果被害人生命面临很大的危险、他人没有救助的可能性或者可能性显著减少，也能够判定存在排他性支配。（3）虽然排他性支配也是私法上的所有权、占有权的属性与基础，但是像这样的权限的存在并不是必要条件。例如，严寒的深夜行为人将被害人放置在难以被人发现的田地里，这个空间虽然不封闭，但可以承认排他性支配。因为法益面临紧迫危险的信息只有行为人掌握，其他人救助的可能性基本被排除。而且，排他性支配以将因果流程掌握在自己手中为必要条件，在多个行为人事先没有共同谋划但同时具有救助可能性时，排他性支配是被否定的。在很容易便能施以救助的主体是复数的时候，不能承认排他性支配，不纯正不作为犯不能成立。如孩子在海中溺水，如果能够施救的人不止一人，那么父亲的不作为不能构成故意杀人罪。① 即便其他主体也像父亲那样具有作为义务，结论也不会有什么不同。

（三）我国学者的观点

黎宏教授认为，不纯正不作为犯是按照作为犯的条款进行处罚的，它在本质上属于作为犯。所以，当认定不纯正不作为犯的时候，应当重视其实质上具有的作为犯特征，不再强调其形式上的不作为犯特征，应看到其因果关系的价值，不再仅仅着眼于作为义务的规范视角，而必须立足于行为人主动设定了针对法益的排他性支配的事实要素，从而厘定不纯正不作为犯的构成条件和成立范围。从存在结构上讲，作为与不作为分属于两种不同的行为方式，在作为的场合，行为人主动地设定、引起某一侵害法益的因果关系，在不作为的场合，行为人不干预、不阻止已经存在的某一侵害法益的因果流向，就结果发生的原因而言，二者有着明显的不同。②

---

① 参见〔日〕佐伯仁志《保障人地位的发生根据》，《香川达夫博士古稀祝贺·刑事法学的课题与展望》，成文堂，1996，第110页以下。

② 参见赵秉志主编《刑法论丛》第12卷，法律出版社，2007，第56页。

　　他认为，不作为人具体、现实地支配着能够引起结果的因果关系时，作为义务就是可以认定的。应从以下两种情形出发，考察支配对于作为义务的重要意义。① 一是行为人处于实际、排他地支配着侵害法益结果发生的地位时，作为义务便产生。这种地位是现实支配因果关系的基础，行为人在有意地、反复地实施支配结果的行为时就具备了这种地位。而且，行为人对侵害结果发生的现实支配是排他的，申言之，行为人着手控制结果之后，就处于对结果的唯一的、他人无法干涉的实际控制状态。例如，虽然与老人没有亲属关系，但出于对其境遇的同情而予以赡养，那么在这种赡养关系持续存在的情况下就产生了对老人安危的事实上的排他性支配；肇事司机在交通肇事以后，把被害人搬进车内，然后开车离开现场，如此其他人救助被害人的可能性被排除，伤者的生死系于行为人的态度。我国刑法理论，对将遗弃小孩、老人的行为评价为遗弃罪还是故意杀人罪，有不同意见，通说认为应当具体问题具体分析。如果将上述人员放置在车站、别人家门口等容易被人发现的场所，被害人获得及时救助的可能性大，行为人构成遗弃罪；如果将上述人员放置在人迹罕至的冰天雪地或者野兽出没的深山老林，被害人没有被救助的可能性，行为人构成故意杀人罪。黎宏教授认为这种处理方式体现了排他性支配的观点。将老人、小孩放置在车站、别人家门口等地点，其他人很容易救助，行为人显然没有排他性支配权；将老人、小孩丢弃在人迹罕至的冰天雪地或者野兽出没的深山老林，其他人根本无救援的可能性，被害人的生命安危完全由行为人来掌握，即行为人排他性地支配最终危害结果的发生。② 二是针对结果的发生，行为人实际上处于控制危险源的地位，这时也能产生作为义务。行为人并非有意控制支配危险源，行为人的身份或者社会地位等规范要素促成了行为人处于对危险源的控制地位。当然，仅仅具有这些抽象的规范要素是不够的，还要求被害法益正面临着危险源所现实引起的紧迫危险。

　　当行为人基于自己的意思设定了针对被害法益的排他性支配时，不作为与作为之间的结构性差别便消失了，此时不去履行作为义务的行为

---

① 参见黎宏《"见死不救"行为定性分析——兼论不真正不作为犯的作为义务的判断》，《国家检察官学院学报》2011 年第 4 期。
② 参见黎宏《刑法总论问题思考》，中国人民大学出版社，2007，第 150 页。

可以被看作作为，不纯正不作为犯就可用作为犯的条款来处罚。行为人是通过两种方式设定排他性支配的：一是在面向结果发生的因果流程中，行为人介入干预；二是行为人不但制造了而且支配了指向侵害结果的潜在危险。在行为人采取介入干涉的方式时，他基于自己的意思介入已然发生的指向最终结果的因果流程，并排除了他人参与干涉的可能性，这种场合不需要行为人在主观上具有阻止结果发生的目的；在行为人采取先行行为的方式时，不仅要求行为人实施的先行行为引起法益受损害的危险，还要求行为人掌控这种危险的现实化，直至最终法益侵害结果的发生。①

张明楷教授明确主张对结果原因的支配说。他认为，故意杀人罪在作为犯的情形中，作为方式实施的杀人是被害人死亡的原因，而且行为人现实支配了这个原因。相应地，不作为要构成故意杀人罪，不作为人也要支配死亡的原因。这时不作为与作为都可以按照刑法故意杀人罪的条款处罚。质言之，以对结果原因的支配来限定实质的法义务，这种做法是可行的，也是妥当的。当然，支配在不作为犯中的表现与在作为犯中的表现并不相同，二者不必相当，不作为犯中的支配既可以是事实的支配，也可以是规范的支配。前者是一种事先的常态的支配，如父母对子女的保护义务、主人对饲养的猛犬的监督义务等；后者如发生先前行为的场合。据此，在确定判断支配的标准时，事先的常态支配只是对危险源或者脆弱法益支配的一种形式，详言之，行为人事先是否支配了危险源或者脆弱法益不能局限于根据客观事实来检视，还应当基于社会分工的原理，规范地检视行为人是否支配了危险源或者脆弱法益。形式的法义务概念亦有其价值，根据形式化标准判断行为人是否负有作为义务，有利于明确义务主体，也有助于法的安定性的实现。②

（四）评价

上述国外学者与我国学者均以支配观念为基础展开论述，即以行为人是否站在因果流程的起点、是否掌握面向结果发生的因果流程或者是

---

① 参见黎宏《排他支配设定：不真正不作为犯论的困境与出路》，《中外法学》2014年第6期。

② 参见张明楷《不作为犯中的先前行为》，《法学研究》2011年第6期。

否对结果发生的原因有支配权，决定行为人有无保证人地位。许逎曼的支配说强调对结果原因的支配，其支配理论的核心是，对结果来源的支配成为不作为犯与作为犯共同的实质的归责基础，通过论证不作为与作为均是对结果原因的支配行为，从而肯定了不作为与作为的等价性；即使是强调规范的雅科布斯，其组织管辖理论也是以支配思想为基础的，管辖概念与支配概念一样，都内含行为人对危险进行事实上的控制这一特点，行为人对其组织领域内的危险源（如自己有故障的汽车、猛犬）有完全的独立的控制权，他人不可能进入行为人本人的领域来控制危险源；西田典之的因果流程支配说、日高义博的因果设定说、佐伯仁志的排他性支配说、黎宏教授的排他支配设定说、张明楷教授的结果原因支配说，都是以支配思想为基础的。

　　根据纯粹的判断规范进行判断时，保证人的地位即作为义务的界限是难以确定的，仍然是模糊、不易把握的，这需要立足于事实基础，实质地、客观地确定这一界限。例如，黎宏教授认为排他性支配是判断作为义务有无的事实性条件之一，在确定不纯正不作为犯的作为义务时，有必要检视两方面的要素，即事实要素与规范要素，前者是指行为人现实地、具体地支配着危害法益结果发生的因果关系，后者是指法律规定、法律行为、职务或业务上的要求等一般意义上的作为义务的产生来源。应该从两个角度来理解行为人对侵害法益结果发生的因果进程的现实的、具体的支配，其一为该种支配行为的存在和开始，其二为该种支配行为具有排他性。在事实要素与规范要素的关系上，认为事实要素是主要的，规范要素只不过是事实要素的补充，仅仅根据规范要素并不能确定行为人应当承担作为义务，进而也不能说明行为人的行为是否属于不纯正不作为犯的范畴。可以说事实要素是作为义务存否的决定性前提，在行为人的行为中欠缺以支配性为内涵的事实要素的话，是不可能成立不纯正不作为犯的。[①] 后来，他进一步指出，在事实要素与规范要素不一致的时候，在不纯正不作为犯的作为义务的判断上，如果同时考虑事实要素与规范要素，则会使简单问题复杂化，导致判断的困难。为了避免这种局面，应当只根据事实要素来判断不纯正不作为犯的作为义务，以不作

---

①　参见黎宏《不作为犯研究》，武汉大学出版社，1997，第 166～167、171 页。

为人与结果的关系为视角来研究作为义务，即从结果发生原因的角度来把握不纯正不作为犯的作为义务。①

在排他性支配说看来，在不作为人与结果之间存在紧密的阻止发生结果的关系，不作为人已经具体地控制了趋向发生结果的因果进程，或者说不作为人具体地、现实地支配着导致结果发生的因果关系。排他性支配说认为掌握指向结果的因果趋势是判断不纯正不作为犯成立的关键，这种出发点是正确的。但是，排他的因果经过支配说是支配理论的极端表现形式，它认为只有排他性地支配着整个风险创设、升高、实现的因果流程，不作为才能等置于作为，这种见解是值得商榷的。正如山口厚所言，从平衡的视角出发，即便在作为犯中，也仅仅要求行为人发挥设定因果流程的作用，相应地，在不作为犯中也不能额外地特别要求义务人对整个因果流程拥有支配权。所以说，与其将"因果经过的支配"作为判断的核心要素，倒不如以有无"结果原因的支配"作为判断的侧重点。另外，因果经过支配说要求支配的排他性也不尽合理，在认定保证人地位即作为义务时，不应该要求排他性。② 能够确立不作为人对结果原因具备支配权，也就是不作为人对于不发生结果是有责任的，结果发生与否依赖于不作为人的态度，这就满足了判断保证人地位的实质要求。例如，父亲带儿子到公园里散步，儿子遭遇到危险，由于公园里还有其他人，父亲并没有排他地支配着儿子的安危，按照排他性支配说就会排除父亲的救助义务。对此，黎宏教授反驳道，排他性的判断必须依据社会一般观念来进行，在上述案件中，根据社会一般观念，父亲之外的其他人并不存在对孩子安全的支配权。但是这种观点也受到质疑，③ 比如老师、父母共同带领小孩到游泳馆学游泳，游泳馆里有救生员，行为人过失将小孩推入水中，即使根据社会一般观念来判断，父母、老师、行为人、救生员都不排他性地支配因果流程，但不容否认的是，上述任何一个主体都具有结果回避义务，即防止小孩溺死的作为义务。

---

① 参见黎宏《刑法总论问题思考》，中国人民大学出版社，2007，第145页。

② 这一见解的具体含义是，即便是存在其他的可能救助者，也不能否定行为人的保证人的地位（即作为义务），例如，养育婴儿的双亲中的一方不履行作为义务时，当然，能够要求另一方履行作为义务。参见〔日〕山口厚《从新判例看刑法》，付立庆、刘隽译，中国人民大学出版社，2009，第38页。

③ 参见姚诗《先前行为保证人地位的理论根据》，《清华法学》2014年第5期。

　　对结果原因的支配意味着，行为人支配了有可能导致结果发生的危险的原因。在通常的犯罪形态中，法益侵害的发生过程是：制造危险—危险增大—惹起结果。在不作为犯的场合，法益侵害的发生过程表现为两种类型：第一种类型是，行为人不适当的措施—潜在的危险源产生或者增大了危险—惹起结果；第二种类型为，行为人使容易受侵害的法益的脆弱性表面化—增大了侵害的危险—惹起结果。应该根据法益侵害的危险程度以及相对的受保护者的防御程度来判断法益侵害的有无，据此对结果发生原因的支配可以分为两种情形，即对危险源的支配、对法益脆弱性的支配。① 前者如操作车辆等危险装备的场合、管理危险物品的场合、从事危险作业的场合；后者如父母照料婴儿、医生治疗病人等承担保护责任的场合。在上述这些情形中，行为对结果发生原因的支配对判断保证人地位即作为义务起着决定性作用。

　　由于不作为犯与作为犯适用同样的刑法条文来处罚，因此二者必须具有等价性、等置性。如果行为人实际支配了侵害法益结果的发生或者事实上处于控制危险发生源头的地位，有防止结果发生的可能性却不去防止，最终侵害结果实际发生了，那么就能说行为人承担了作为义务，其不履行义务的不作为与作为犯中的作为便等置，具备了等价值性，从而成立不纯正不作为犯。② 在不纯正不作为犯中，对于一般法义务类型的判断，其实质化根据是结果原因支配理论。从等置性要求的视角来看，作为犯中行为人开启了因果流程，实际支配了结果发生的原因，同样地，不作为犯也要符合这种实质性要件，并且达到这种程度即为已足。申言之，不纯正不作为犯中认定行为人负有保护义务或监督义务，需要检视其是否事先已经实际上支配了脆弱法益或者危险源。③ 综合各种学说的观点，控制支配的存在来源于两方面：一方面是行为人基于自己的意思实施了支配脆弱法益或者危险源的行为，如交通肇事后，肇事者将伤者搬进自己车中；另一方面是行为人由于在社会生活中扮演某种角色，负责某一社会领域的正常运行，因此产生对该领域的控制支配，如管理人

---

① 参见〔日〕山口厚《从新判例看刑法》，付立庆、刘隽译，中国人民大学出版社，2009，第39页。
② 参见赵秉志主编《刑法论丛》第12卷，法律出版社，2007，第89页。
③ 参见姚诗《先前行为保证人地位的理论根据》，《清华法学》2014年第5期。

对公司财物的保管、父母对未成年子女的照料。

七　小结

在不纯正不作为犯的场合，作为客观方面的构成要件要素，因果关系的任务在于确定实行行为的不作为本身与结果发生之间的因果关系，发挥从客观方面限定追究不作为责任范围的功能。刑法上的因果关系是犯罪论体系框架内的判断，刑法上肯定不作为的因果关系，在于为不作为的结果归责奠定基础。

作为犯中行为人以其作为设定了向侵害法益方向发展的因果关系，并且操纵、支配这一因果关系；不纯正不作为犯的成立仅限于行为人在不作为时支配了结果发生原因的情形，此时对不纯正不作为犯的处罚就没有突破罪刑法定主义的制约，这种处罚的合理化根据也得益于对不作为构成要件的恰当解释。为了实现不纯正不作为犯与作为犯在构成要件上的等置，要求不作为人支配控制了危险源或者法益的脆弱性，这体现了结果原因支配的思想。作为犯与不作为犯的正犯形态都依存于对结果的原因有支配权这个准则，作为犯中行为人通过对本人身体的控制实现了对结果的原因的支配；不作为犯（以及身份犯）中，正犯的认定取决于保证人存在对于法益的保护支配权，或者拥有一种社会领域意义上的事件支配权，[①] 如对无助的法益有支配权、对造成重要结果的原因有支配权等。而且，这些支配与作为犯中的支配具有同等性质，即都可以归结为对于结果的原因有支配权。

考察不纯正不作为犯的学说史，就其成立条件而言，可以发现有从形式标准向实质标准演进、从规范回归事实的趋势。在不纯正不作为犯的成立上，理论上长期以来侧重依赖于规范价值判断的"违反作为义务"，但随着结果原因支配说、因果流程支配说、排他性支配说、先行行为说等学说讨论的深入，不纯正不作为犯的实行行为性也能基于行为人能够支配的客观事实来把握，这有利于不纯正不作为犯成立条件与处罚

---

① 参见许玉秀《"最高法院"七十八年台上字第三六九三号判决的再检讨——前行为的保证人地位与客观归责理论初探》，《刑事法杂志》1991 年第 4 期。

范围的明确化，有利于罪刑法定主义的贯彻，有助于实现法的安定性。①
从我国目前的有关研究来看，尽管学者们关注的侧重点不同，分析方法
各异，但大体上呈现一个走向，即从不履行作为义务的"不作为"向支
配、控制、引起侵害法益结果的客观事实转化，逐渐改变了传统的学说
印象，即作为是引起因果流程，不作为是放任因果流程。存在于不作为
与作为之间的所谓的结构性差异正在消解，二者之间的等价不再有疑问。

---

① 参见黎宏《排他支配设定：不真正不作为犯论的困境与出路》，《中外法学》2014 年第
6 期。

第十三章　不作为犯的客观归责

一　引言

在不作为犯中，行为人负有防止侵害法益结果发生的法律义务，其有能力履行而不履行，从而导致该结果发生。德国学者认为，如果可以阻止构成要件的实现，但行为人可归属地采取了不作为的做法，那么根据《德国刑法典》第 13 条第 1 款[①]，这种行为形式就构成不作为犯。[②]构成要件该当结果的发生是不作为犯客观构成要件的一部分，同时行为人的不作为与结果之间需要具备因果关联，且结果的发生在客观上能够归责于行为人的不作为。作为犯是典型的犯罪形式，刑法理论中的许多概念、规则首先是从作为犯中发展出来的，它们需要进行一定的修正才能适用于不作为犯。比如一般认为因果关系是犯罪的客观构成要件要素，但它在作为犯与不作为犯中的表现形态有异，行为人用匕首将他人捅死，与行为人对伤者不予救援致其死亡，其中死亡结果的原因力及因果流程显然属于不同类型。前者行为人有意识地投入原因力把握因果流程实现犯罪构成，后者行为人没有惹起但是利用了已然存在的因果流程去实现犯罪构成。罗克辛认为，关于不作为的原因性存在肯定和否定两种对立的立场，反对者实际上是基于狭义的因果概念来否定不作为的原因性，

---

① 《德国刑法典》第 13 条第 1 款规定："不防止属于刑法构成要件的结果发生的人，只有当其有依法必须保证该结果不发生的义务，且当其不作为与因作为而使法定构成要件的实现相当时，才依法受处罚。"

② 不作为犯还可以进一步区分为纯正不作为犯和不纯正不作为犯：纯正不作为犯是指，在这种犯罪中，犯罪的构成要件所表述的举止就（已经是）一种特定的不作为；不纯正不作为犯是指，在这种犯罪中，行为人虽然身负相应的特别义务（保证人义务），却没有阻止构成要件的实现。由于这种犯罪中被实现的构成要件所表述的是一种作为，因此，也就将这种不作为称为不纯正不作为犯，基本上每一个作为犯都可以以不纯正不作为犯的方式来实现。参见〔德〕乌尔斯·金德霍伊泽尔《刑法总论教科书》，蔡桂生译，北京大学出版社，2015，第 66 页。

二者之间的分歧并没有想象中那么大，即使反对者也不否认不作为具有刑事可罚性，行为人没有阻止结果的发生，结果就应当归责于他。[①] 人们提出的问题是，结果与不作为之间具备什么性质的因果关联，具备哪些条件结果对于不作为才具有客观可归责性。

尽管不作为与结果之间的因果关联结构不同于作为与结果间的因果关联结构，确认作为场合的因果关系与不作为场合的因果关系有很大不同，但是这种差异不能抹杀不作为与结果之间的可归责性。应当承认的是，事实上的因果力在不作为与法益损害后果之间并不存在，例如，母亲不给刚出生不久的婴儿喂奶致使该婴儿饿死，婴儿饿死的事实上的、直接的原因在于缺乏能量供应所引发的器官功能衰竭，即婴儿不能独立寻找食物与人体的生理机制共同作用导致死亡结果的发生，母亲的不作为与结果之间缺乏事实上的原因力。但是从刑罚适用目的角度来看，不能通过处罚婴儿或者饥饿等自然现象来实现犯罪预防，来防止类似事件的发生，而应当根据婚姻家庭成员之间的权利义务关系确定母亲所具有的作为义务，其由于不履行义务故而应受到刑事惩罚。在母亲具有喂养能力也具有喂养可能性的时候，如果其喂养婴儿，则不会发生婴儿饿死的结果，这时母亲的不作为与结果之间就产生了一种因果关联，即一种假设的因果关系。[②] 死亡结果可以归责于母亲，这是一种规范意义上的归责关系，已经超越经验事实的范畴进入规范评价的视野，易言之，不作为场合的结果可以归责于不作为。

二　从因果支配走向客观归责

在不纯正不作为犯中，能够将因不作为而导致结果发生与因作为而导致结果发生同视（同视可能性）时，这种与导致结果发生有关的行为就具

---

① Vgl. Roxin, Strafrecht, Allgemeiner Teil, Bd. Ⅱ, Besondere Erscheinungsformen der Straftat, 2003, §31, Rn. 41.

② Vgl. Gropp, Strafrecht, Allgemeiner Teil, 3. Aufl., 2005, §11, Rn. 71 ff. 我国有学者对假设因果关系持否定态度，认为客观归责理论要摆脱被否定的危机，就必须彻底剥离假设因果关系的思维。参见庄劲《客观归责理论的危机与突围——风险变形、合法替代行为与假设的因果关系》，《清华法学》2015 年第 3 期。

备构成要件符合性，这个结论只不过是依据常理得出的，[1] 还需要经过刑法教义学的检验。就不纯正不作为犯而言，仅仅存在不作为与构成要件结果之间的因果关系、支配关系，尚不能肯定构成要件符合性，还要求该结果能够客观归责于该不作为，否则就不能按照作为犯的条款加以处罚。

在不作为犯中，不作为人仅仅有对结果发生的支配权是无法准确归责的，例如，父亲带幼儿到公园游玩，幼儿跌入湖水，父亲不予施救，如果他以作为介入，就能够阻断导致结果发生的原因进程，原因无法现实化为结果，可以说父亲对幼儿死亡存在一种支配关系。同时，围观的那些游人也没有介入施救来阻断危险的现实化，游人也对幼儿死亡结果存在支配关系，但死亡结果显然不能归责于游人。这时就需要运用到客观归责理论的规则体系。

在判断不作为与结果之间的归责关联时，必须先注意到，客观归责理论原本是针对作为犯提出来的，因此它的部分内容在针对不纯正不作为犯适用时应做适当调整。其中最明显的便是，就客观归责理论的第一个判断规则，即制造法所不允许的风险而言，针对不作为犯适用的并不是积极地制造不受允许的风险，而是消极地未排除或控制既存的风险。[2] 就客观归责理论的第二个判断规则，即实现法所不允许的风险而言，不作为的客观归责是以不作为所未避免的法所不允许的风险是否在结果中实现来判断。[3] 例如，甲女夜晚与其醉酒的丈夫乙男同行，乙男醉倒在马路中央，甲女不予扶助，却放任乙男被来不及刹车的丙撞死。甲女的不作为所未避免的风险已经在乙男的死亡中实现，死亡结果可以归责于甲女。当然，如果甲女不扶助离去后，乙男是被其仇人丁发现然后开车辗死的，那么甲女的不作为与乙男的死亡结果之间欠缺归责关联。

除了那些需要配合不作为特性而修正的具体规则之外，剩余的客观归责标准仍然可以直接援用到不作为与结果间的归责判断上。例如，在风险实现阶段的判断上，如果房东在出租房屋的楼梯间没有安装电灯，

---

① 参见〔日〕山口厚《不真正不作为犯论要》，《小林充先生·佐藤文哉先生古稀祝贺·刑事裁判论集》（上），判例时报社，2006，第22页以下。

② Vgl. Kölbel, JuS 2006, S. 309ff., 311. 该文整理了诸多德国实务上关于不作为与结果间可归责性的案例。

③ 参见许泽天《刑总要论》，元照出版有限公司，2009，第304页。

房客夜晚摔倒跌伤，在送医途中心脏病发作不幸身亡，那么能够归责于房东的不作为的，只有房客摔伤的结果，其心脏病发作而死亡的结果是不能归责于房东的。因为不纯正不作为犯与过失犯一样，都是违反了某种义务，所以在结果归责层面，违反义务行为与结果发生之间的义务违反关联性以及相关的结果可避免性，扮演着重要角色，需要认真检视。[①]特殊的义务违反关联（der spezielle Pflichtwidrigkeitszusammenhang）又称为风险关联，是指结果的发生必须是基于不作为的义务违反性，换言之，结果必须正是从保证人应该排除/避免的危险中产生。如果法益侵害结果并不是由违反义务的不作为引起的，而是由其他原因所引起的，那么因为欠缺风险实现关联，结果并不能归责于该不作为。据此，违反义务的行为人，并不对其行为所产生的所有危险，而只对义务规范所欲避免的危险，即只对义务规范所欲保护的法益，承担防止结果发生的保证人义务。如果行为人实施合乎义务行为，但结果仍旧如此发生，或以其他方式发生，那么由于欠缺义务违反关联性（结果的可避免性），应否定结果归责于行为人。例如，一个病人带着一份过期的处方到药房取药，服用后却因为一种过敏症发作而死亡，该过敏症以前也没有被医生发觉。药剂师这里存在不作为，即没有先去询问原来开处方的医师该处方是否仍然有效，但问题是，即使询问了，该医师也会因为并不知道这个病人有这种过敏症，而仍旧同意药剂师按照原来的处方给药，所以欠缺了不作为与结果之间的风险关联，病人的死亡并不能归责于药剂师。[②] 又例如，司机超速驾驶撞伤路人，其违反义务的超速行为对他人的身体造成了损害，对于伤者司机负有保证人义务，应及时送医抢救，但如果有第三人趁机窃取伤者的皮包，由于肇事司机对伤者随身携带的财物没有保证人义务（不在超速规范保护目的范围内），若他不去阻止第三人的窃取行为，也并不成立不作为的盗窃罪。

在不纯正不作为犯的客观归责检验中，布哈姆森（Brammsen）提出的控制可能性原则（Steuerbarkeitsprinzip）具有针对性和适用性。布哈姆森发展了客观归责的基本规则，他认为除了学说上熟知的风险制造与风

---

① 参见林钰雄《新刑法总则》，中国人民大学出版社，2009，第 409 页。
② 参见蔡圣伟《刑法问题研究》（一），元照出版有限公司，2008，第 198 页。

险升高原则之外，控制可能性是另外一个重要的归责规则。① 具体来说，风险制造与风险升高原则是结果回避义务的产生基础，当某一行为人导致风险产生或者升高时，刑法就期待他在由其开启的事件流程中防止法益侵害结果的实现。同时，要求行为人履行结果回避义务，也必须承认一个前提，即行为人具有影响事件发展、控制结果原因的可能性。这里的控制可能性，是指行为人具有影响事态向此或者向彼方向发展的可能性，行为人能够通过向指向结果发生的因果进程投入能量来支配结果的发生或者不发生。

客观归责是一种限制犯罪成立范围的审查步骤，即从客观构成要件上进行责任限定。它在规范上检验并确定，行为人所支配的、法所不允许的、具有风险性的某一因果流程是否导致某一构成要件结果。可以说，客观归责承担了一种消极的任务，即将没有刑法规范意义的因果流程从结果答责的范围里排除出去。② 该理论的出发点是比例原则，它所要实现的目的在于限制、过滤客观构成要件中所包含的不法，它具体通过风险概念及其规则体系限定人们由于其行为而招致的外部责任负担。③ 其秉承教义学的精致分析风格，制定了一系列的下位细部规则，如未制造风险、风险降低、风险升高、法所允许的风险、义务违反关联、规范保护目的、参与自我危险行为、经同意的他人危险行为、第三人负责范围等，通过这些规则的检验，在绝大多数案件中所得出的结论是明确的。④ 一般情况下，行为人引起结果，对行为的客观归责是必要的，也是足够的。但是，对不作为的归责与作为的场合相比有特殊之处，如不作为应当与作为具有等置性，不作为人负有保证人义务，不作为与结果间的因果关系表现为履行作为义务就能避免结果发生。⑤ 客观归责理论认为，

① Vgl, Joerg Brammsen, Die Entstehungsvoraussetzungen der Garantenpflichten, 1986, S. 399, 400.
② 参见〔德〕乌尔斯·金德霍伊泽尔《刑法总论教科书》，蔡桂生译，北京大学出版社，2015，第 92 页。
③ 参见〔德〕乌尔斯·金德霍伊泽尔《风险升高与风险降低》，陈璇译，《法律科学（西北政法大学学报）》2013 年第 4 期。
④ 参见林钰雄《第三人行为介入之因果关系及客观归责：从北城医院找错针及芦洲大火事件出发（上）》，《台湾本土法学杂志》2006 年第 79 期。
⑤ Vgl. Roxin, Strafrecht, Allgemeiner Teil, Bd. II, Besondere Erscheinungsformen der Straftat, 2003, §31, Rn. 69.

其具体规则与判断标准既可以适用在作为犯也可以适用在不作为犯上。以故意杀人罪为例，如果能够认定行为与结果的因果关系，并且符合客观归责的具体规则，那么不管是积极的作为方式还是消极的不作为方式，结果都可以归责于行为人。

只有在不纯正不作为犯中，才会考虑作为性犯罪意义上的对结果的归责。因为在纯正不作为犯中，刑法已对行为人应当实施的作为做出明确规定，只要行为人没有实施该作为，客观构成要件就具备了，没有必要再进行结果归责的考察。① 除了因果性之外，作为性犯罪中为归责提供根据的不被允许风险的实现，虽然在既遂的不作为构成要件中也存在，但是，这个不作为人是在该当构成要件的情况中放任了这个不被允许的风险，而不是自己创设了这种风险。德国刑法学主流理论认为，作为与不作为都需要进行结果归责，② 当然二者适用的具体归责标准存在差异，针对作为适用的是风险制造或者风险升高理论，即如果行为人制造或者升高了结果发生的风险，结果便可归责于行为人；而针对不作为适用的是风险降低理论，即如果不作为人实施被期待的作为，结果发生的风险就会显著降低，然而由于没有实施而发生了了结果，结果便归责于不作为人。

在作为犯情况下，行为与结果的实际（事实）因果关系是结果的客观归责的基础，而与之不同，不作为人的行为与结果之间缺少实际的惹起关系，所以风险升高（风险制造）理论不能适用于不作为。③ 作为犯是行为人制造了一个原本不存在的风险或者升高了一个风险，而不作为犯是已存在一个风险，但行为人不去消灭、降低这个风险。因此与作为的行为人不同，不作为的行为人要负责的是降低已存的风险以避免结果的发生，而非因为制造一个风险而避免构成要件该当结果的发生。罗克

① 对于纯正不作为犯，刑法做了单独、具体的规定，只要符合刑法所规定的构成要件，即成立犯罪。因此，在纯正不作为犯中，并不会出现构成要件不明确的问题。参见陈兴良主编《刑事法评论》第 35 卷，北京大学出版社，2015，第 124 页。

② Vgl. Roxin, Strafrecht, Allgemeiner Teil, Bd. Ⅱ, Besondere Erscheinungsformen der Straftat, 2003, §31, Rn. 182; Kindhäuser, Strafrecht, Allgemeiner Teil, 4. Aufl., 2009, §36, Rn. 27.

③ 参见〔德〕汉斯·海因里希·耶赛克、托马斯·魏根特《德国刑法教科书（总论）》，徐久生译，中国法制出版社，2001，第 744 页。

辛认为，不作为结果归责的前提是，从事前观察来看有可能降低风险，或者从事后评判会存在某种风险降低的可能性。^① 以事前的视角，能够归责的前提是，从事作为能够十拿九稳地降低风险；以事后的视角，如果不能确定实施法所期待的作为就能降低风险从而阻止结果的发生，则应排除结果的归责。^②

　　总之，能够根据客观归责理论检验不作为的结果归责。一方面，由于法律规定、合同契约等处于保护保证人地位的不作为人，如果从事作为便能有效降低已然存在的风险，那么结果可归责于该不作为；另一方面，由于先行行为而使法益处于危险境地的不作为人，如果从事相应的作为便能降低已存在的风险，那么结果亦可归责于该不作为。^③ 客观归责理论依次进行的三阶层判断模式在不作为犯的认定上提供了教义学的理论分析工具，从而使得不作为犯刑事可罚性的明确化获得了可行的路径。通过下位规则的铺展，单一的概括判断替之以降低法所不允许的风险、实现法所不允许的风险、构成要件的效力范围三个层次的判断，这种判断过程是递进式的，不作为犯的成立范围也得以更加清晰。

三　保证人地位与客观归责

　　在不作为犯中，负有特定作为义务的人具备保证人地位，即不作为犯的成立取决于行为人是否担负有依法保证结果不发生的义务，这种保证（或者管辖）也被称为保证人地位。^④ 根据阻止义务功能说（la concezione funzionale），为了建立不作为的不阻止结果与作为的引起结果之间的等值性，要求不作为的行为人具有法益保证人地位。根据其内容的不同，保证人地位有两种类型，一种是监督者保证人地位（Überwachergarantenstellung），

---

①　Vgl. Roxin, Strafrecht, Allgemeiner Teil, Bd. Ⅱ, Besondere Erscheinungsformen der Straftat, 2003, § 31, Rn. 54.

②　参见〔德〕沃尔夫冈·弗里希《客观之结果归责——结果归责理论的发展、基本路线与未决之问题》，蔡圣伟译，陈兴良主编《刑事法评论》第 30 卷，北京大学出版社，2012，第 248 页。

③　参见王莹《先行行为作为义务之理论谱系归整及其界定》，《中外法学》2013 年第 2 期。

④　Vgl. Kühl , Die strafrechtliche Garantenstellung-Eine Einführung mit Hinweisen zur Vertiefung, JuS (Juristische Schulung), 2007, S. 497ff.

一种是保护者保证人地位（Beschützergarantenstellung）。[①] 前者是监督某一特定危险，保证其不引发损害结果，避免某一危险现实化为结果；后者是保护某一特定利益，保证其不受到损害，避免任意危险侵害到该利益。例如，父亲 A 带孩子到游泳馆游泳，在小孩溺水的时候，A 和救生员 B 都袖手旁观，没有采取任何措施，在该案中，A 具有保护者保证人地位，B 具有监督者保证人地位，二者均没有履行各自的保证人义务，因而构成不作为犯罪。

　　虽然客观归责理论与保证人地位理论是相互独立的规则标准，但二者并非圆凿方枘的关系，而是有着内在关联。探讨不作为犯中客观归责的适用，并不意味着排斥保证人地位的适用，而是减轻保证人地位在认定不作为犯时承载的过重负担，优化理论的功能定位，发挥其核心机能。保证人地位在客观归责理论的分析框架中仍有一席之地，它仍然是判断不作为犯构成要件的规范要素，在确定控制风险发展流程的主体、规范保护目的时，有必要考察保证人地位，但是此时保证人地位并不表现为纯粹的形式化作为义务，而是转变为强调风险的判断。不作为客观归责第一层次降低风险的判断中将保证人地位纳入进来，何人控制因果流程离不开保证人地位的判断，保证人应阻止、降低可能现实化为结果的风险，否则就等同于以作为方式制造、升高将要现实化为结果的风险。在第二层次实现风险的判断中，欠缺保证人地位的情形也就是超越了规范保护目的。通过将保证人地位的合理因素纳入客观归责的判断资料，其理论功能得以优化整合，认定不作为的规则体系更加精密清晰。[②] 例如，商店门外悬挂的招牌被大风吹过有明显松动的时候，商店负责人应该及时修理，他具有监督者保证人地位，如果其漠视不管，就是没有去降低、消除这个风险，若招牌跌落砸伤路人就要归责于该负责人。又如某人驾车遇情况紧急刹车，刺耳的声音致使行人心脏病发作而死，按照客观归责理论，杀害或者伤害的构成要件规范保护范围不能涵摄这种情形，另外也可以说驾车者不具有保证人地位。[③] 雅科布斯甚至认为保证人义务

---

① 参见〔德〕乌尔斯·金德霍伊泽尔《刑法总论教科书》，蔡桂生译，北京大学出版社，2015，第 368 页。

② 参见陈兴良主编《刑事法评论》第 35 卷，北京大学出版社，2015，第 153 页。

③ 参见黄荣坚《论保证人地位》，《法令月刊》1995 年第 2 期。

是作为犯与不作为犯共通的客观归责要素。① 在不作为犯场合，行为人违反了保证人义务也就是没有降低、避免法所不允许的风险，二者在本质属性上有共同之处。

根据保证人地位的来源，可以将其分为两种类型：一是原始的（originaria），这是行为人某种固有的功能决定的，如父母照料未成年子女；二是派生的（derivata），这产生于行为人的某种特定个人行为，如保姆受雇照料婴儿。如果有对被保护利益的实际委托并且受托者实际接管，就可以发生保证人地位的转移，否则，仍由原始的保证人担负法益保护义务。根据形式义务说（la teoria formale dell'obbligo），不作为人被期待实施的行为的内容，取决于作为义务的范围。② 但是应当避免出现刑法中结果归责的认定取决于规定作为义务的法律规范（或者合同行为），从而防止义务范围的无限扩张。例如，保姆受雇照料婴儿，某日其未按时上班，婴儿父母急于外出，没有等到保姆赶到就离开了，保姆并未即刻前来，婴儿独自玩耍时受伤。按照形式义务说，即使该保姆没有实际照管婴儿，也会因为违反了合同义务而承担婴儿受伤的责任。但是实质意义上，婴儿受伤的原因是其父母的不作为，这里原始的保证人仍然担负保护责任。在保证人地位的成立上，早期的理论与实务坚持形式化的法律义务的概念，构成保证人地位的法律义务来源于法令、合同以及危险的先行行为。后来随着法律义务的扩张，以形式化视角认定保证人地位弊端凸显，于是尝试以实质化标准确立保证人地位。以合同关系为例，存在法律上有效的合同并不足以成立保证人地位，要求事实上承担保证责任。例如，保姆把小孩从母亲那里接过来照料，即使先前的合同已经失效，保姆还是具有针对小孩安全的保证人地位。相反地，即使存在有效合同，但小孩仍然在母亲身边，保姆并未依约前来接管，那么保姆也不成立针对小孩安全的保证人地位。学说逐渐从实质的角度来思考保证人地位的确立，不再依赖于狭隘的形式上的法律义务，而是注重于社会伦理等实质性因素。③ 可以说，形式化的保证人义务不能为认定

---

① Vgl. Jakobs, Strafrecht, Allgemeiner Teil, 2. Aufl., 1991, §7, Rn. 72 ff.

② 参见〔意〕杜里奥·帕多瓦尼《意大利刑法学原理》（注评版），陈忠林译评，中国人民大学出版社，2004，第125页。

③ Vgl. Otto, Grundkurs Strafrecht, Allgemeine Strafrechtslehre, 4. Aufl., 1992, S. 145.

不作为提供有力的理论工具，应该寻求实质意义上的途径，客观归责理论就是选择之一。

由保证人地位产生的是一种形式上的作为义务，有学者认为要使不作为与作为一样承担责任，应该寻找一个实质的基础，即必须要有制造风险的另外一个作为来弥补，于是提出了危险的前行为概念，甚至认为危险的前行为成为作为义务的唯一来源。① 按照这种观点，不作为犯要充足作为犯的构成要件，必须具备一个作为来弥补不作为中所欠缺的制造风险（作为），这个作为就是先前的制造风险的作为，除此之外，使得不作为和作为等价的其他事由都是没有说服力的。这个作为必须是在不作为之前就已经存在的，而不是与不作为同时存在的。按照该理论，由于行为人已经实施了一个危险的前行为，也就是制造了一个本来不存在的风险，因此才赋予行为人义务去控制风险流程；从刑法规范意义上讲，制造风险的人应当控制风险，这种对风险的控制，使其处于保证人地位。因为行为人危险的前行为创造了法所不允许的危险，行为人基于保证人地位负有避免此危险现实化的义务，但其放任危险存在及现实化，最终在构成要件的效力范围内危险实现了，所以损害结果要归责于不作为的行为人。在此，危险的前行为使得不作为的结果归责被评价为与作为的情形等价。② 该说的优点在于使得不作为的成立范围相当明确，其不足之处在于使更多的故意犯、过失犯得以转化为不纯正不作为犯。换言之，凡因故意、过失而伤害他人者，只要未予救助而最终死亡，根据该先前行为便可很容易地认定成立不作为的杀人。例如，单纯的肇事逃逸也可直接构成不作为的杀人，这一结论并不妥当。③ 质言之，基于作为的故意犯、过失犯全部转化为故意的不作为犯，在这一点上危险的前行为说受到根本性的质疑。

保证人地位在不作为犯的客观归责中发挥着重要作用，但是要掌握不作为犯的不法构成要件，这种形式化的保证人地位理论其功能是有限

---

① 参见〔日〕日高义博《不作为犯的理论》，王树平译，中国人民公安大学出版社，1992，第111页；黄荣坚《刑罚的极限》，元照出版有限公司，2000，第35页；黄荣坚《基础刑法学》（下），中国人民大学出版社，2008，第477~478页。
② 参见陈胤方《刑法上客观归责理论之目的与适用疑义》，《刑事科学》1997年第43期。
③ 参见〔日〕西田典之《日本刑法总论》，刘明祥、王昭武译，中国人民大学出版社，2007，第93页。

的，最终还是要根据具体个案来定。如果结合适用客观归责理论的一般
归责标准与保证人地位理论，则既不会抹杀各自的理论效能，又能规制
构成要件的适用范围。以客观归责理论的视角来看，不作为是着重法益
的侵害，而以保证人地位理论的视角来看，不作为是以不履行义务的方
式造成该当构成要件的结果，这里虽然也强调违反了命令规范，但在实
质上仍涉及法益侵害，所以二者有异曲同工之处。客观归责与保证人地
位在理论目标上有着内在的契合性，都试图建立规范评价的标准，来限
缩不作为犯的成立范围，界定结果归责于不作为行为人的范围。在大多
数不作为案件中，二者所得出的结论是一致的，这也佐证了二者基于规
范判断的理论实效。

四　先行行为与客观归责

如果行为人自己实施行为创设了一个风险，那么针对该风险的责任
就使行为人居于由于该危险的先行行为而产生的保证人地位。[1] 学者认
为，先行行为的保证人义务所带来的风险，需要根据客观归责理论中制
造风险的规则标准来确定。[2] 学术史上，先是从自然主义因果论的视角
界定先行行为的范围，后来又以规范因果论或曰结果归责的视角界定。
学界有观点认为，客观归责理论可以为合理界定先行行为提供方法论上
的理论视角。例如，罗克辛将客观归责理论适用于不作为犯，通过客观
归责的规则体系来判断行为人较早实施的行为是否成立先行行为，从而
决定能否将结果归责于不作为人。[3] 从这个意义上说，对先行行为的检
验存在教义学上的理论基础。

目前我国许多学者从实质的作为义务论出发，认为应当限制先行行
为的范围。但是对于如何限制，观点不一。随着客观归责理论的引介，
该理论对我国刑法学研究尤其是在方法论上产生了深刻的影响，不作为

---

[1] 参见德国《联邦法院刑事判例集》（BGHSt）第 38 卷，第 356 页，尤其是第 358 页；德国联邦最高法院（BGH），《刑法新杂志》（NStZ），1998，第 83～84 页。

[2] Vgl. Laufhütte/Rissing-van Saan/Tiedemann（Hrsg.）-Weigend, Leipziger Kommentar zum Strafgesetzbuch, 12. Aufl., 2007, §13, Rn. 42f, 47.

[3] 参见王莹《先行行为作为义务之理论谱系归整及其界定》，《中外法学》2013 年第 2 期。

的先行行为研究也不例外。我国台湾学者在分析不作为犯的客观归责时，主要讨论不作为的因果关系问题，① 而我国大陆学者运用客观归责理论从实质上判断作为义务。例如，有学者以客观归责理论的规则论证先行行为成立的作为义务，指出从表面上看，先行行为成立作为义务的场合，自然的因果力直接产生损害法益的结果，但是归责的基础正是在于不作为人对自然因果流程的态度，即不作为人利用已存的自然力放任结果的发生，不作为升高了法益侵害的风险，从而具备了可归责性。先行行为创造了法所不允许的风险，而不作为促进了风险实现，产生了构成要件该当结果，据此，不作为包括先行行为具有了归责性，申言之，先行行为也是作为义务的来源。② 本书认为，该学者以客观归责理论阐述先行行为类型的不作为犯的成立，在我国刑法学界具有开拓性，但既然认为"不作为人利用已存的自然力放任结果的发生"，又为何是"升高了法益侵害的风险"，并且"不作为促进了风险实现"呢？这可能与不作为犯中风险实现方式相悖，上文已经分析，不作为犯中是因为没有阻止、降低风险而导致了风险的现实化，并非不作为升高了风险、促进了风险的现实化。

引起行为人居于保证人地位的先行行为创设的风险是否必须是法所不允许的，也值得讨论。对此，学界存在观点分歧，争议的焦点体现在正当防卫能否属于创设风险的先行行为。学界的主流观点是，先行行为创设的风险必须是法所不允许的，才能引发行为人居于保证人地位。③ 也就是说，只有行为人的先行行为是违法的，才会招致其因该风险承担不纯正不作为犯的责任。例如，A 持刀抢劫 B，意图劫取 B 的贵重物品，B 奋起反抗，捡起一块石头将 A 砸倒在地，A 流血不止，但 B 仍然离开，A 死亡。如果当时 B 请求急救的话，可以挽救 A 的生命。德国学界主流观点认为，B 的行为属于正当防卫，该先行行为不能导致其处于保证人

---

① 参见黄荣坚《刑法问题与利益思考》，月旦出版社股份有限公司，1995，第 156 页以下。

② 参见栾莉《刑法作为义务论》，中国人民公安大学出版社，2007，第 132 页以下。

③ Vgl. Roxin, Strafrecht, Allgemeiner Teil, Bd. II, Besondere Erscheinungsformen der Straftat, 2003，§32，Rn. 160ff；Schönke/Schröder-Stree/Bosch, Strafgesetzbuch, Kommentar, 28. Aufl.，2010，Vor §13，Rn. 34ff.

地位，可以根据《德国刑法典》第323条c（见危不救）① 这一适用于一般人的条款处罚，但不能根据《德国刑法典》第212条（故意杀人）、第13条（不作为）定性处罚。也有少数观点认为，引起保证人地位的先行行为的风险也可以是允许的风险。并认为，只有这样才能符合一般的责任原则，不管行为是否有违法性，行为人需要对其行为的有害后果承担责任。② 按照此观点，上述案例中的B就构成不作为的故意杀人罪。本书认为，违法的先行行为引起保证人地位并无争议，但允许的风险行为不能引起保证人地位，行为人针对具体的对象行使某种干预权，典型情形是正当防卫，则他不负保证人责任。否则就会出现不合理局面，行使正当防卫权的人反而比第323条c中的任意第三人受到更严重的处罚。因此，上例中的B不因其正当防卫居于保证人地位，只能根据第323条c评价他的不作为，他没有触犯不作为故意杀人罪。③ 但是，我国《刑法》中并无像《德国刑法典》第323条c见危不救罪那样的规定，如果行为人基于正当防卫将不法侵害人打伤，在侵害人失去侵害能力的情况下不予救助，任其死亡的，对此有两种处理可能：（1）在防卫限度内的，或者属于《刑法》第20条第3款特殊防卫情形的，不负刑事责任；（2）认定为"明显超过必要限度造成重大损害"，构成防卫过当，适用《刑法》第20条第2款，即死亡结果可以归责于行为人，但是减轻其刑事责任。

下面我们以客观归责理论来考察具体案件中先行行为的成立，进而考察不作为的结果归责性。"被告人丁某驾车致人死亡案"中，丁某驾驶出租车经过一座桥下坡时，碾轧到醉卧此处的李某，丁某将李某从车下拉出，放置在路边就离开了。李某被人发现送医，但抢救无效死亡。鉴定结论表明，李某因内脏受损后失血性休克死亡。丁某供述拉出李某时其还有反应。医院证明，李某被撞昏迷在送医后约1分钟之内死亡。现场勘查表明，事发处桥梁14米，李某卧倒在下坡5米偏右位置。侦查实

① 《德国刑法典》第323条c规定："意外事故、公共危险或困境发生时，根据行为人当时的情况救助有可能，尤其对自己无重大危险且又不违背其他重要义务而不进行救助的，处1年以下自由刑或罚金刑。"
② Vgl. Maurach, Gössel, Zipf, Strafrecht, Allgemeiner Teil, Teilbd. Ⅱ, Erscheinungsformen und Rechtsfolgen der Straftat, 7. Aufl. , 1989, § 46, Rn. 98 ff.
③ 参见〔德〕乌尔斯·金德霍伊泽尔《刑法总论教科书》，蔡桂生译，北京大学出版社，2015，第380页。

验表明，驾车上坡时不能发现该位置，而下坡时在夜间难以看见，即使看见，也因距离过近而来不及刹车。法院认为丁某有救助义务，以故意杀人罪（间接故意）判处有期徒刑 3 年。丁某没有上诉。① 按照客观归责教义学的观点，虽然先前的某一行为引起了结果发生的风险，但是该风险是在可允许的限度之内的，那么该先前行为不能作为先行行为导出作为义务。② 笔者注意到，上述案件中的法院在作为义务根据上采用形式说，简单以为交通肇事的先行行为引起了损害结果，就产生了作为义务。笔者认为对此案需要具体分析。（1）驾驶人丁某遵守交通规则正常行驶，不可避免地碾压到醉卧道路上的李某，他不居于保证人地位，因为他没有违反交通规则，机动车本身因高速运动而具有的致人损害的风险本身是可允许的风险，丁某的驾驶行为不是刑法规范意义上的先行行为，不会带来作为义务。如果丁某仅仅把被害人放置在路边易于被人发现的地方就离开了，其行为并没有升高已经存在的风险，又由于丁某没有救助义务，所以死亡结果不能归责于他。德国的判例也印证了这一观点，德国联邦最高法院认为："在各个方面都合义务性的、符合交通规则的机动车驾驶人，在受害人因自己责任导致交通事故时，不负保证人义务。""一个以这种方式实施合法行为的机动车司机不能被置于一个对造成车祸及给自己带来危险负全责的交通参与者的保证人的位置上。"③ 这种案件，在德国可以按照《德国刑法典》第 323 条 c 见危不救罪处理，但是我国没有这种罪名。我国司法实务中，对于行为人没有违反交通规则而撞轧人后逃逸，不予救助而被害人死亡的案件，司法机关倾向于按照不作为故意杀人罪处理，这实际上是迫于无奈，不予定罪的话会面临受害人亲属以及社会舆论的强大压力。如果严格按照教义学检验，行为人是没有保证人地位（救助义务）的。④ （2）如果行为人把被害人放置在路边难以被

---

① 参见江苏省常州市天宁区人民法院（2002）天刑初字 279 号判决书。

② Vgl. Roxin, Strafrecht, Allgemeiner Teil, Bd. II, Besondere Erscheinungsformen der Straftat, 2003, § 32, Rn. 160f.

③ 参见德国《联邦法院刑事判例集》（BGHSt）第 25 卷，第 201、218 页。

④ 我国有学者指出，对于这种情形，应增设见危不救罪或者在否定先行行为保证人地位的同时扩大第 261 条遗弃罪的适用范围，以避免要么适用故意杀人这一重罪，要么不科以任何处罚的两极化的解决方式。参见王莹《论犯罪行为人的先行行为保证人地位》，《法学家》2013 年第 2 期。

人发现的地方，如草丛中，那就可能成立作为的故意杀人罪，这不是因为其先前的交通肇事行为，不是因为其不救助，而是因为即使没有救助义务，将体弱病危的人从道路上转移到不易被人发现的路边的行为，是制造他人死亡风险的作为，死亡发生了风险也就实现了，所以具有了归责性。

以客观归责理论检验、限定先行行为涉及该理论的两个规则，即制造不被允许的风险与实现不被允许的风险。陈兴良教授认为，制造风险规则是对构成要件行为的实质判断，构成要件行为在作为犯场合指的是实行行为，在不作为犯场合指的是不作为本身，而不是先行行为，先行行为不是不作为本身，而是产生作为义务的根据。所以将客观归责理论的制造风险规则用于先行行为的界定是存在疑义的。[①] 德国也有学者提出了质疑，认为倘若行为人存在危险的先行行为，那么损害结果的发生就可以直接归责于该先行行为，而不必考察之后的不作为的结果归责性。[②] 笔者认为，先行行为与构成要件行为（实行行为）不是等同的，应当进一步厘清先行行为的危险、不作为的危险与客观归责理论危险规则之间的关系。正如我国学者所指出的，在认定不作为犯成立的时候，行为人没有履行降低风险的义务是法律规范的评价重点，违反义务的风险升高不是不作为的规范重点。在存在先行行为是否成立不作为犯上，刑法规范判断的重心在于行为人未降低、消除风险的不作为，而非制造法所不允许风险的先行行为。认定不作为的时候过度倚重先行行为，实际上是将先行行为误作为不作为犯的实行行为，这就混淆了不作为犯的行为性。我国学界倚赖作为义务来研究不纯正不作为犯，是上述误区存在的重要原因，必须重视不作为与结果之间的归因与归责。生搬硬套客观归责理论来分析先行行为的规范性质，导致存在不作为犯中适用客观归责理论的误区，好像除了先行行为之外其他类型的不作为犯无法适用客观归责理论。[③] 在笔者看来，单独看先行行为，它本身并不是该当构成要件的行为，以先行行为为义务来源的不作为犯罪中刑法关注的重点是创设风险之后维持却不去降低该法所不允许的风险，而非创设风险的

---

① 参见陈兴良《不作为犯论的生成》，《中外法学》2012 年第 4 期。
② Vgl. Lampe, Ingerenz oder dolus Subsequens? ZStW 72, 1960, S. 93.
③ 参见陈兴良主编《刑事法评论》第 35 卷，北京大学出版社，2015，第 141~142 页。

先行行为本身。

五　结果避免可能性（义务违反关联）与不作为的客观归责

　　在一些案件中，在即使履行作为义务，实施了结果避免措施，也没有结果避免可能性的时候，该不作为与结果之间没有规范上的风险关联，排除结果归责于被告人的不作为。对于没有避免可能性的结果，要求行为人去回避是没有意义的，因此行为人也没有回避的义务。在法律规范评价的意义上，没有避免可能性的结果，不属于人的责任范畴，而是一种宿命。① 法律要求一个人从事一定行为的时候，总是需要基于一个正当的理由，也就是这种行为模式不会损坏法益，而是有利于保护法益。这种法律所要求的行为模式有正面价值的前提是，不去实施该行为会产生不同的结果。易言之，行为人对于结果的发生是能够进行支配的，否则行为人不按法律要求行为，也会产生一样的结果，那么基于保障国民自由的原则，法律对行为人的行为模式要求并无理由，亦无意义。

　　判断结果避免可能性需要检验，如果实施了合义务替代行为，损害结果是否仍然发生。日本许多判例认为缺乏结果避免可能性就不存在因果关系，德国判例则认为结果避免可能性影响到结果的客观归责。例如，在经常被讨论的"山羊毛案"② 中，老板在没有将山羊毛消毒的情况下就将其交给女工加工，由于该羊毛携带炭疽杆菌，四名女工感染身亡。但事后查明，即使老板消毒也无法将当时欧洲尚不知情的炭疽杆菌灭杀，女工仍然会感染而不幸死亡。罗克辛认为，根据事前判断，老板未消毒的行为制造了重大风险，但事后来判断该风险没有在结果中实现，所以应排除归责。③ 学界对此观点基本认可，因为虽然行为人未按照规定履行义务，但限于当时的科学技术水平不可能防止损害后果发生，从事后

---

① 参见黄荣坚《刑罚的极限》，元照出版有限公司，2000，第 152 页。

② 参见德国《帝国法院刑事判例集》（RGSt）第 63 卷，第 211 页；Joecks/Miebach（Hrsg.）-Freund, Münchener Kommentar zum Strafgesetzbuch, 2. Aufl., ab 2011, §13, Rn. 11, 278f.

③ 参见〔德〕克劳斯·罗克辛《德国刑法学总论》第 1 卷，王世洲译，法律出版社，2005，第 254 页。

角度来说即使依规消毒也不会降低危险，法益没有因未依规消毒而遭遇更大威胁。[1] 据此，结果不能归责于不作为的行为人。

从上述案例中已经看出，结果避免可能性的判断属于一种概率性、假定的判断，尤其在不作为犯的情形中，这种特征体现得更加明显。在一些案件中，这种概率关系的判断存在相当困难。例如，司机甲某日上午驾车途经一路口，该处限速 40 公里/时，但甲未注意该限速标志，以时速 80 公里的高速行驶，当他发现在前方同向行走的路人乙左转时，已刹车不及，撞击乙致其受伤倒地，流血不止。甲不但没有尽速将乙送医抢救，反而将乙抱入汽车后座，载至偏僻处弃置。之后甲告知雇主丙此事，丙差遣一工人陪同甲到弃置处带被害人到医院急救，但送达医院之前乙因失血过多死亡。甲在侦查阶段供述，事故发生时乙并未死亡，其抱乙上车时发现乙挣扎了一下，且全身发抖。但甲同时辩称，由于乙伤势很重，即使送医也无法救活，乙是送医途中死亡，其没有故意不抢救。[2] 本案中，甲肇事将乙撞伤，并未及时送乙急救，乙死亡。该当杀人罪构成要件结果已经发生了，该当杀人罪构成要件的行为应是甲的不作为，即未能将乙及时送医。需要进一步认定的是，甲的不作为与乙死亡结果之间是否存在客观可归责性。倘若乙的伤势严重到即使送医也会死亡，或者乙是在送医途中死亡，则可以肯定的是，无法避免乙被撞之后的死亡结果。尽管从案情来看，甲撞伤乙的时候乙尚未死亡，但是也难以确定，甲及时将乙送医的话，会有不同的结局。这种结果避免可能性的概率关系无法判断，这时应坚持罪疑有利被告的原则。[3] 如此，乙的死亡是欠缺结果避免可能性的，甲的不作为欠缺客观可归责性，客观构成要件不具备，甲不成立不作为的杀人罪。

---

[1]　也有学者持不同意见：根据风险升高理论，在处理某些一直争论不休的、即使行为符合义务要求也可能会产生刑法上重要结果的案件时，并不取决于保证人是积极作为还是不作为。"山羊毛案"总是被作为教学案例来讨论。按照风险升高理论，这里最关键的是，如果实施了符合义务要求的行为，受害人幸存的可能性是否更大。若能证明这一点，行为人就应对结果承担责任，而不管是因为提供未经消毒的山羊毛而造成了不允许的危险，还是没有进行消毒而未能减少危险。只要对不知名的病原体进行消毒并非完全无效，就应将死亡结果归责于企业主。参见〔德〕冈特·施特拉腾维特、洛塔尔·库伦《刑法总论I——犯罪论》，杨萌译，法律出版社，2006，第 377 页。

[2]　参见我国台湾地区"最高法院"七十八年度台上字第三六九三号刑事判决。

[3]　参见黄荣坚《刑法问题与利益思考》，元照出版有限公司，2001，第 159 页。

对不作为犯的结果归责取决于以下条件，即原因性关联、客观归责的一般标准、不作为与结果之间的义务违反关联。倘若行为人的行为违反了谨慎义务，引起了损害结果，同时，倘若他的行为符合法所期待的谨慎义务，本来能够认识到结果发生的风险并避免结果发生，那么可以得出结论说，行为人基于义务违反而造成了结果。这种违反谨慎义务与结果发生之间的关联，就被称为义务违反性的关联。审查不作为犯的义务违反关联时，要考察是否由于不作为的违反义务性才发生了结果。审查的规则与思路是，如果在危险处境中从事了被期待的救助行为，那么可以在很大程度上肯定能够保全遭受威胁的法益（Erhaltung des gefährdeten Rechtsgutes），即可以阻止产生构成要件性结果；① 如果按照义务从事行为（pflichtgemäßes Verhalten），但是仍然发生构成要件性结果，那么违反义务关联被否定，结果的客观归责也就被否定。例如，某化学工厂发生了设备爆炸事故，造成人员伤亡。事后查明，工程师 A 没有关掉某个气体开关，是发生事故的一个原因。但是按照安全生产管理规定，A 需要做的只是将该气体量降低到某一标准之下。② 倘若可以肯定，即使 A 遵守义务规定将气体量降低也会发生爆炸，那么就要否定不作为与结果之间的必要的义务违反性的关联，爆炸造成的损害结果不能归责于 A 的不作为。

六　被害人自我答责与不作为的客观归责

通常情况下，如果法所不允许的风险实现，那么法益损害结果就可以归责于行为。但是如果构成要件的作用范围、构成要件规范保护目的③和结果未包含于已经出现的风险类型之中，以及在不能防止构成要件的情形下，就应当排除结果的归责。当某人通过本人造成的风险去追求损害法益，这并不受允许性风险保护时，构成要件就应当对这种行为

---

① 参见〔德〕约翰内斯·韦塞尔斯《德国刑法总论》，李昌珂译，法律出版社，2008，第 432 页。

② 参见〔德〕乌尔斯·金德霍伊泽尔《刑法总论教科书》，蔡桂生译，北京大学出版社，2015，第 365 页。

③ 即禁止杀人、禁止伤害、禁止毁坏财产等的保护目的。

予以否定性评价。① 然而，也存在例外，在故意的犯罪构成中，有三种类型的案例应当适用不同的规则，即在故意造成自我危险时的共同作用、同意他人造成的危险、结果归责于他人的责任范围。

　　谁制造或者和他人共同制造了风险，那么该风险及其实现的损害结果就应当归责于该行为人。但是在被害人对风险自我答责（Eigenverant-wortlichkeit）的场合，这个原则就不发挥作用。申言之，当被害人以自己负责的方式自己危害自己法益的时候，自我答责原则优先适用。② 客观归责理论在责任范围的区隔上有两个意义，一是划分、厘清行为人与被害人的责任范围，二是区分、认定行为参与者的各自责任范围。③ 该理论限缩了因造成结果而产生的责任范围。通常，行为人造成的结果应归责于其行为，但是结果的客观归责与因果关系范畴是有显著差异的，必须按照特殊的规范标准来解决个人行为的结果归责问题。自然科学意义上的因果关系只能为结果归责问题的解决提供外部的框架，而不能提供准确的结论。有些案件尽管行为与结果之间存在因果关系，但行为人对结果不承担责任。典型的情形便是被害人自我损害的案件，由于被害人的因素在规范评价中的重要意义，行为人对因果关系的作用力就处于次要位置。④ 以下案例清楚地说明了这一点。被告人 A 偶尔吸食毒品，某日遇到熟人 B，B 有吸食烈性毒品的爱好，他告诉 A 自己有海洛因，可以与其享用，但表示没有注射器。A 买回三支一次性的注射器。二人来到一家旅馆，B 用勺子将其手上的三份百热（Hunderter-Hit）海洛因煮开，吸入两个注射器，递给 A 一支。两人注射毒品之后失去了知觉，后来他们被发现的时候，B 已经死亡，毒品使其心脏遭受致命刺激。青少年法庭（Jugendkammer）认为被告人 A 提供注射器和参与共同吸食毒品的行为是 B 死亡的原因，判决被告人成立过失致人死亡罪。被告人不

① 参见〔德〕克劳斯·罗克辛《德国刑法学总论》第 1 卷，王世洲译，法律出版社，2005，第 262 页。
② 参见德国《联邦法院刑事判例集》（BGHSt）第 32 卷，第 262 页及其以下几页；德国联邦最高法院（BGH）《刑法新杂志》（NStZ），1985，第 25 页。
③ 参见〔德〕乌尔斯·金德霍伊泽尔《风险升高与风险降低》，陈璇译，《法律科学（西北政法大学学报）》2013 年第 4 期。
④ 参见〔德〕汉斯·海因里希·耶赛克、托马斯·魏根特《德国刑法教科书（总论）》，徐久生译，中国法制出版社，2001，第 338 页。

服判决提出上诉，获得了成功。① 该案中，被告人为他人吸毒提供了工具，被害人在具备完全责任能力的状态下为自己注射了毒品。虽然提供工具对被害人的行为与结果产生了一定作用，但基于被害人自我答责的法理排除了对被告人的归责。②

　　虽然在很多判决中法院认为积极地共同作用于他人有责地给自己造成危险时行为人是无罪的，但是又认为，为吸毒者提供毒品的人，在吸毒者陷入无意识状态的时候应该呼叫医疗救助，否则就要承担不作为的过失致人死亡的刑事责任。本书认为，这种做法值得商榷。因为，提供者因为其毒品提供行为造成吸毒者处于危险状态是不具归责性的，根据《德国刑法典》第222条过失致人死亡的规定，造成吸毒者产生健康危险在刑法上不具有重要意义，也不能由此赋予提供者避免结果产生的作为义务。这里不成立不作为犯，否则就是在间接意义上重新否定了共同作用人在他人的有责自我危险中的无刑事责任结论。当然，在刑事政策上，根据《德国刑法典》第323条c见危不救罪以及《麻醉品交易法》第29条追究行为人的刑事责任有充分的依据。③ 法院认为，《麻醉品交易法》第29条第3款第2点规定的对健康的危险，第30条第1款第3点规定的轻率杀人，具有不同的保护目的，在被害人故意有责地造成自己死亡的案件中，应当承认参与他人有责的自我危险无罪的原理。④ 不能否定《德国刑法典》第222条意义上的杀人，却肯定《麻醉品交易法》意义上的杀人。为了更好地符合《麻醉品交易法》的保护目的，应当对承担责任的行为人范围做出限制，即限于那些利用吸毒者缺乏辨认能力和控制能力，通过损害他们的身体健康赚取金钱的人。后来的司法判决纠正了以前的做法，认为只有自己本身就是遭遇危险的人以共同作用人相同

---

① 参见〔德〕克劳斯·罗克辛《德国最高法院判例·刑法总论》，何庆仁、蔡桂生译，中国人民大学出版社，2012，第5页。

② 我国有学者认为，被害人自我答责在义务型因果的归责类型中一般没有适用的余地。被害人是否自愿处置自身的法益，对于对相关法益具有保护义务的行为人的结果归责而言并无重要的意义。参见劳东燕《事实因果与刑法中的结果归责》，《中国法学》2015年第2期。

③ 参见〔德〕克劳斯·罗克辛《德国刑法学总论》第1卷，王世洲译，法律出版社，2005，第265页。

④ 参见德国《联邦法院刑事判例集》（BGHSt）第37卷，第179页。

的程度忽略这个危险时，才排除共同作用于有责地自我造成危险的归责。当共同作用人（发起者或者支持者）认识到被害人并不能自我负责地做出自我决定时，其制造了法所不容许的风险，而且被害人意志已不能排除这种风险，最终风险的实现结果应当归责于共同作用人。①

按照德国判例的观点，如果行为人主动地参与被害人自我答责的自我危险行为，那么他不对损害结果负责。但是，如果行为人对被害人受损状态放任不管，不采取救助措施，那么就有可能成立不作为的过失致人死亡。② 学界主流观点认为，法院判决没有抓住问题的关键，因为自我答责原则发挥作用之处正在于，排除行为人的风险行为与被害人损害后果的责任联系。否则的话，相关行为规范的内容表述就是自相矛盾的。例如，自杀是自我答责的行为，A 计划自杀，找到 B 要来一些药片，A 服下之后不久死去。在 A 服药之后失去意识尚未死亡的时候，B 在场，但是 B 没有呼叫救护车。本案中，B 以提供药物的方式参与了 A 自我答责的自杀行为，帮助 A 完成了他的计划。但是在药物发挥效用的时候，刑法又要求 B 采取救助措施，那么这便与自我答责原则相冲突了。于是，为了避免这种自相矛盾的处理方式，学界主流观点认为，对这种案件的处理应坚持的原则是，如果行为人参加了某种风险的制造，而不需要对被害人的自我答责的自危负责，那么，不能因为他参加制造风险就使其担保风险不实现。③ 也就是说，行为人不具有保证人地位，不能成立不纯正不作为犯罪。当然，《德国刑法典》里规定了适用于一般人的见危不救罪（纯正不作为犯），行为人可能担负这种一般的救助义务。

在考察行为人是否有责任避免风险实现为结果时，保证人地位虽然是必要条件，但不是充分条件。据此，配偶或者其他保证人，在另一方自我答责地实施自危甚至自杀行为时，他没有义务阻止风险的实现。④

---

① 参见德国《联邦法院刑事判例集》（BGHSt）第 32 卷，第 265 页；第 36 卷，第 17 页。参见德国联邦最高法院《刑法新杂志》，1984 年，第 452 页。

② 参见德国联邦最高法院（BGH）《刑法新杂志》（NStZ），1984，第 452～453 页；1985，第 319 页。

③ 参见〔德〕乌尔斯·金德霍伊泽尔《刑法总论教科书》，蔡桂生译，北京大学出版社，2015，第 106 页。

④ Vgl. Kühl, Strafrecht, Allgemeiner Teil, 7. Aufl., 2012, §18, Rn. 60；德国联邦最高法院（BGH）《刑法新杂志》（NStZ），1983，第 117 页。

例如，A 的妻子 B 要去海里游泳，当时海面上因暴风雨根本不适合游泳，B 知道这种危险但仍然前去，A 没有阻止，结果 B 溺水身亡。在这种不纯正不作为犯的场合，可以适用客观归责理论的第三个规则，即构成要件的效力范围，具体地说，如果自我答责原理发挥作用，那么不能将结果归责给不作为人。据此，上述案例中 B 的死亡结果由 B 自我答责，不能归责于 A 的不作为。

七　小结

构成要件该当结果的发生是不作为犯客观构成要件的一部分，同时不作为与结果之间需要具备因果关联，且结果的发生在客观上能够归责于不作为。作为与不作为适用的具体归责标准存在差异，针对作为适用的是风险制造或者风险升高理论，针对不作为适用的是风险降低理论。作为犯是制造一个原本不存在的风险或升高风险，不作为犯是本来就存在风险，但没有去降低、消灭该风险。要掌握不作为犯的不法构成要件，形式化的保证人地位理论其功能是有限的，如果结合客观归责的归责标准，互为补充，则既不会抹杀各自的理论效能，又能规制构成要件的适用范围。先行行为与构成要件行为（实行行为）不是等同的，应当进一步厘清先行行为的风险、不作为的风险与客观归责理论风险规则之间的关系。在即使实施结果避免措施，也无结果避免可能性的时候，不作为与结果之间欠缺规范上的风险关联，排除结果归责。

在认定不作为犯的各种理论选择中，保证人地位（作为义务）的解决方式属于一种平面分析模式，成立保证人地位（作为义务）、因果关系就确定成立不作为犯。与之不同，客观归责理论的解决方式属于一种层层递进的模式，其判断体系呈现三个层次的逻辑结构，依次推进，反复检验，从而缓和了法的安定性与个案正义的紧张关系。

客观归责的前提是行为与结果的因果关联，没有无因果关系的结果归责；在不作为与结果之间不能证明合法则关系时，也就是说，在真正降低风险通过所要求的行为并不能肯定时，对这个结果的归责就违反了罪疑有利被告的原则，并且会使得侵害性犯罪变成一种单纯的危险性犯罪，这个不作为人会由于引起一个结果而受到刑罚，即使他到底有没有可能去干预这个因果过程还是有疑问的;[①]　我们要考察的是，如果其他的一般人也处于行为人的位置，为了能够辨认出行为人的行为是危险的且该行为有可能引起结果，需要具备哪些规范性条件，由此，必须将因果关系这一经验性问题与答责性这一规范性问题合理地分开，而这在科学上是可取的,[②]　质言之，应当将因果关系与客观归责的功能区分开来，不能合二为一，所谓法因果关系已经是归责的范畴。

　　在确定不作为与结果有因果关系、支配关系的基础上，只有结果可以归责于不作为，不纯正不作为才能充足作为犯的构成要件。不纯正不作为犯与作为犯所适用的客观归责整体规则是一致的，凡是在作为犯的归责上应该考虑的因素，在不纯正不作为犯的归责上也同样要考虑。针对不作为的客观归责，在具体判断规则的适用上，检验角度的部分调整是必要的，如：风险制造上的检验是消极地未排除或控制既存的风险；风险实现上的检验是不作为所未避免的法所不允许的风险是否在结果中实现。

---

① Vgl. Roxin, Strafrecht, Allgemeiner Teil, Bd. Ⅱ, Besondere Erscheinungsformen der Straftat, 2003, § 31, Rn. 60.

② 参见〔德〕乌尔斯·金德霍伊泽尔《刑法总论教科书》，蔡桂生译，北京大学出版社，2015，第 79 页。

第十四章　以客观归责理论限定
不作为犯的先行行为

一　引言

如果行为人的某一行为引起了发生法益侵害结果的风险，那么法律就会赋予该人防止结果发生的义务。质言之，行为人制造了一个风险，该风险的后续发展就使行为人处于保证人地位上，即一种基于先行行为的保证人地位。[①] 我国已有学者对先行行为的核心特征做出适当的描述，如不作为犯的先行行为使得某一合法权益面临受到严重损害的危险状态，[②] 先行行为是一种制造侵害法益危险的行为。[③] 按照传统观点，先行行为之所以能够引起不作为犯罪的成立，关键在于这种先行行为将某种法益置于危险境地，通常来说，应当赋予行为人义务去排除该危险状态，但行为人未采取措施，导致了法益损害结果发生，这种不履行义务的不作为该当了作为犯的构成要件，从而成立犯罪，也就是行为人未履行排除危险的义务成为判断的关键。[④]

19世纪下半叶实证主义哲学在各个科学领域占有主导地位，它认为刑法领域归责的依据存在于可以证明的因果概念之中，从而发展出一种不同于以往的不作为犯理论。以往的观点认为不作为犯中只存在准因果关系，但此时学者们尝试发现不作为的真正因果联系，认为其存在于行为人从事的行为之中，同时行为人没有去避免该行为所引起的某种后果。

---

① 参见德国《联邦法院刑事判例集》（BGHSt）第38卷，第356、358页；德国联邦法院（BGH）《刑法新杂志》（NStZ），1998，第83~84页。文中使用保证人地位、保证人义务和保证人地位类型，所表达的意思通常是相同的。

② 参见陈兴良《本体刑法学》，中国人民大学出版社，2011，第209页。

③ 参见张明楷《刑法学》，法律出版社，2011，第156页。

④ 参见黎宏《排他支配设定：不真正不作为犯论的困境与出路》，《中外法学》2014年第6期。

紧随行为人的这种先前的危险行为，其后的不作为就构成了一种不纯正的不作为犯，这便产生了来源于先行行为的保证人地位。由此，立足于因果一元论的先行行为理论，以及费尔巴哈的法律义务理论在不作为教义学研究中占有了主导地位，二者的支持者展开了旷日持久的论争。德国帝国法院没有偏爱某一方，而是将法律和合同上的义务、先行行为带来的法律义务并列视为不作为等价于作为的根据。但这两种法律义务在逻辑上是相互对立的，前者属于来自刑法之外的形式上的法律义务，后者是为了处理刑法上某一类不作为案件而提出来的，超出刑法的范畴无存在的余地。① 后来德国联邦法院认为，如果行为人违反义务地创设了某种接近构成要件结果发生的危险状态，他就应具有一种作为义务，② 从而产生先行行为类型的不作为犯。

　　在我国的不纯正不作为犯理论中，关于作为义务来源的"形式四分说"占有通说地位，即认为不作为的作为义务产生于法律明文规定、法律行为（如合同）、职务或业务上的要求，还有就是先行行为。③ 在这些作为义务形式之中，先行行为类型的作为义务比较特殊，也存在很大的争议。由于传统的形式四分说只是从形式上把握先行行为，缺乏认定先行行为的实质标准，在先行行为性质、范围的认识上比较笼统，所以司法实务中对先行行为保证人类型的不纯正不作为犯在认定上有扩大化、恣意化的趋势。我国学界和司法实务界对先行行为的限定不是漠视，就是误解，为了正确把握先行行为引起的不作为犯，我们有必要首先考察先行行为的理论演变史，明确先行行为本身的性质，然后探讨限定先行行为的可行路径。

---

① 参见陈泽宪主编《刑事法前沿》第6卷，中国人民公安大学出版社，2012，第159页。
② Vgl. BGHSt 34, S. 82, 84; 37, S. 106, 115; 44, S. 196.
③ 参见高铭暄、马克昌主编《刑法学》，北京大学出版社、高等教育出版社，2011，第67~69页；陈兴良《规范刑法学》上册，中国人民大学出版社，2008，第122~123页；黎宏《刑法学》，法律出版社，2012，第83页；周光权《刑法总论》，中国人民大学出版社，2007，第128~130页；曲新久《刑法学》，中国政法大学出版社，2012，第94~95页。

二　从形式、实质到机能：先行行为的理论演变

（一）作为形式作为义务的先行行为

根据《德国刑法典》第 13 条的规定，只有当行为人负有保证构成要件结果不发生的义务，而其又没有防止该结果发生时，才成立不作为犯。什么时候和以什么方式会产生这种保证人义务，学界并没有做出全面准确的回答。长期以来，理论上以义务产生的根据为标准对保证人义务予以划分，即只是从形式上表面性地按照作为义务来源来把握保证人义务，这被称为形式作为义务论。据此，从法律规定、合同约定、自愿的接受、紧密的共同生活、法所不允许的风险制造（先行危险行为）等形式中均可以产生保证人地位。① 但上述区分没有涉及保证人地位成立的实质理由，从这些形式上的依据不能获知，为何行为人必须保证不发生某一特定结果。

由先行行为产生的保证人地位是一种传统的保证人地位类型，与法律规定、契约约定的保证人地位，并列为历史最悠久、影响最深远的三大保证人地位类型。从施蒂贝尔（Stübel）、卢登、克卢克、格拉泽开始提出并发展先行行为保证人地位类型，到目前其已有 200 年的理论演变史。② 尽管受到个别声音的质疑，先行行为的保证人地位在理论上和实务上仍具有不可撼动的位置。在 19 世纪前 30 年，首先在个别案件的判决中适用了先行行为保证人义务，而且长期以来其只是处于填补处罚漏洞的辅助地位，即在法律、契约均未规定作为义务，但某种不作为应当受到处罚时，该类型的保证人义务才有用武之地。③

不作为犯的作为义务必须是得到法律承认的义务，纯粹道德上、伦理上的义务不能成为不作为犯的作为义务，《德国刑法典》第 13 条第 1

---

① 参见德国《帝国法院刑事判例集》（RGSt）第 58 卷，第 130～131 页；第 63 卷，第 392、394 页；第 74 卷，第 309、311 页；BGHSt 2, S. 150, 153; 19, S. 167, 168。

② Vgl. Rudolphi, Die Gleichstellungsproblematik der unechten Unterlassungsdelikte und der Gedanke der Ingerenz, 1966, S. 7 ff.

③ Vgl. Pfleiderer, Die Garantenstellung aus vorangegangenem Tun, 1968, S. 48 ff; Welp, Vorangegangenes Tun als Grundlage einer Handlungsäquivalenz der Unterlassung, 1968, S. 26 ff.

款对此也做出了明确的规定。日本学者认为，带有法律义务属性的作为义务的基础，也就是保证人地位的基础，可以是成为法律义务的根据的法律，成为按照法律义务看待的规范义务之根据的契约，以及事务管理，还有就是包括先行行为在内的条理（情理）。换言之，法令、合同、事务管理、一般道理（条理）能够产生某种法律义务，从而引起某种社会生活上的依存关系，提供了不作为犯成立的机会。① 基于条理而产生的作为义务，即从事物的一般道理中衍生出来的义务，如由诚实信用原则、公序良俗等引起某种作为义务，这里就包括先行行为的情形。然而这些产生作为义务的根据也受到一些质疑。对于没有遵守法律所明文规定的义务的行为，可以施加该法律对其所规定的某种制裁，但是它为什么能够为成立刑法上的犯罪提供依据，并不是清晰明确的。如果在相应法律中规定了违反该法律某一条文的罚则，那么对该法律条文的违反只是适用该罚则的问题，缘何能够为刑事责任提供理由，需要有说服力的解释。违反契约的场合也是如此，它为损害赔偿等民事责任奠定基础，但为何能为刑事责任奠定基础，其理由并不是直截了当的。山口厚认为，到了条理（情理）也成为作为义务的来源时，可以说其理由是非常模棱两可的，甚至等于什么理由也未说。② 西田典之认为，先行行为属于条理上的义务，不能成为作为义务的来源。③ 大谷实则认为，存在先行行为的情形，能够产生社会生活上的某种依存关系，从而为作为义务提供依据。④ 日本学界的通说承认先行行为类型的作为义务。

先行行为保证人地位类型有别于基于法律规定、契约约定的保证人地位，后者的场合，行为人与被害人之间有着某种相对固定的法律、合同关系，但前者的场合，行为人只是由于其先行行为才与被害人之间发生某种特定的关系，因其偶然的先前危险行为而承担防止危险发展为对被害人利益的实际侵害的作为义务；后者是从民法等刑法以外的法律领域中生发的形式作为义务，而前者是从刑法中生发的形式作为义务，因此，应当在刑法的意义上、从先行行为本身之中去探寻先行行为类型作

---

① 参见〔日〕大谷实《刑法讲义总论》，黎宏译，中国人民大学出版社，2008，第135页。
② 参见〔日〕山口厚《刑法总论》，付立庆译，中国人民大学出版社，2011，第81页。
③ 参见〔日〕西田典之《刑法总论》，成文堂，2006，第144页。
④ 参见〔日〕大谷实《刑法讲义总论》，黎宏译，中国人民大学出版社，2008，第136页。

为义务的成因和性质。

仅从形式上限定先行行为，就会使得不作为犯的成立范围不当扩大，造成刑事责任的泛滥。例如，男子甲与女子乙谈恋爱，经过短暂相处后甲提出分手，乙执意不肯，并以自杀相要挟，但甲仍然不同意保持关系。乙在甲面前喝药自杀，甲不阻止乙的行为，也未将乙送医，乙死亡。针对这种案件，司法实务上往往从形式上认定存在先行行为的作为义务，判决甲的行为成立不作为犯。但是，不管是谈恋爱，还是提出分手，均是日常生活中常见的、一般的、不存在危险的行为。以这些行为为根据认定先行行为保证人地位，由此引发的各种后果都归责于行为人，就与刑法保障国民自由的原理相抵牾，会使得国民的一举一动都可能带来保证人义务。① 先行行为保证人义务在其创立之初只被看作一种形式的作为义务，实施了先行行为的人便处于保证人地位，后来随着学说的发展，理论上尝试从实质上限定先行行为，使先行行为类型的保证人义务同时具备实质根据，从而使相应不作为犯的处罚获得实质理由。

（二）作为实质作为义务的先行行为

20世纪二三十年代以后，理论界热烈讨论犯罪行为的实质违法性，同时在不作为犯领域努力寻找成立保证人地位的实质法理基础，相应地，也出现一些解释先行行为保证人地位的实质观点。

习惯法上的先行行为。19世纪以来德国产生了一个习惯法原则，即行为人实施的某种行为有导致结果发生的危险，他负有避免结果发生的义务，从中发展出先行行为作为义务来源，这推动了不作为犯作为义务理论的发展。为先行行为作为义务奠定基础的正是这种习惯法上直觉的正义感情，由此可以将其视为一种习惯法上的作为义务类型。在《论多人共同犯罪》这部著作中，施蒂贝尔提出了法义务的观点，他认为一个人未阻止犯罪发生就等于消极地参与犯罪，从这种不作为犯的观点出发，在有些场合，先行行为会带来法律上的作为义务，如某人的行为使他人陷入没有救助就会死亡的境地时，其即可能成立故意杀人罪，非法拘禁他人却不给予食物即为适例。施蒂贝尔认为行为人实施先行行为后必须

---

① 参见张明楷《不作为犯中的先前行为》，《法学研究》2011年第6期。

阻止后续结果的发生，如同父母子女关系，先行行为也是法律上作为义务的根据。① 当然他没有给出先行行为成为法义务的具体理由。总之，早期文献上基于习惯法上的正义感情，认为先行行为产生作为义务是理所当然的。

因果论的先行行为。卢登认为不纯正不作为犯可罚的理论依据在于因果关系理论，自此之后，先行行为类型的作为义务愈加得到认可。在 20 世纪初，违法性理论取代因果关系理论成为不纯正不作为犯的可罚性依据，但是因果关系理论仍然为先行行为作为义务提供法理依据。20 世纪初开始提出的实质违法性理论，深刻地影响了 20 世纪的违法性理论，以及构成要件理论，包括客观归责理论；它虽然认为不纯正不作为犯的可罚性立足于违法性，但坚持认为，先行行为有着引起法所不期待的侵害结果的一般趋向，或者说先行行为能够相当地导致侵害结果的发生，所以对行为人施加阻止结果发生的义务。② 可见，为先行行为保证人义务奠定基础的仍然是属于因果论范畴的相当因果性，而且先行行为之后的不作为具有实质违法性的前提条件也是这种相当因果性。正如许迺曼所说的，上述所理解的先行行为保证人义务属于因果一元论的产物。③

倚赖论的先行行为。维尔普（Welp）为了说明先行行为保证人地位类型的成立，提出了被害人倚赖性理论。按照该理论，行为人的先行行为造成了被害人处于特别易受损害的脆弱地位，从而他也特别倚赖行为人的救助，先行行为人应当保证被害人不受到损害、摆脱对他人的倚赖。④ 维尔普倡导的被害人对行为人的倚赖性是以被害人对行为人的信赖为基础的，但是存在信赖的基础才能建立这种信赖关系，法律上的命令或禁止能够为信赖奠定基础。从逻辑上讲，有了法律上的义务才能产生信赖关系，而非有了信赖关系才能产生法律上的义务。⑤

---

① Vgl. Stübel, Über die Teilnahme Mehrerer Personen an einem Verbrechen, 1828, S. 58f, 60f.

② Vgl. Sauer, Grundlage des Strafrechts, 1921, S. 460.

③ Vgl. Schünemann, Zur Kritik der Ingerenz-Garantenstellung, GA（Goltdammer's Archiv für Strafrecht）1974, S. 232.

④ Vgl. Welp, Vorangegangenes Tun als Grundlage einer Handlungsäquivalenz der Unterlassung, 1968, S. 175ff, 180ff, 190ff.

⑤ 参见许玉秀《主观与客观之间——主观理论与客观归责》，法律出版社，2008，第 314 页。

紧迫危险论的先行行为。该观点认为，先行行为之所以能够成为作为义务的根据，原因在于先行行为造成了侵害结果发生的紧迫危险，因而先行行为人负有避免侵害结果发生的保证人义务。[①] 我国学者张明楷教授也认为，先行行为使刑法所保护的某种具体法益遭遇紧迫危险，这是先行行为人承担作为义务的实质根据。具体而言，首先，刑法条文保护的某种法益由于先行行为而面临侵害危险；其次，危险明显增加，先行行为人若不积极作为，危险便会转化为现实损害，例如，甲实施了某种行为致乙重伤，乙有立即死亡的危险，这时甲处于保证人地位上，他有救助乙的义务；最后，在危险向实害发展过程中，行为人对其原因存在支配权，即在行为人实施先行行为之后，他最应当避免损害结果发生，并不存在他人对于法益的优先保护，否则的话，保护法益使其免受实害的义务就由他人来承担。[②] 但是，笔者认为，上述判断标准也完全可以适用于作为犯成立的判断，如投毒杀人的情形，而先行行为只是不作为犯的义务来源之一，并非一种构成要件实行行为，判断先行行为保证人地位的标准应当有别于作为犯。

排他性支配论的先行行为。在不作为犯的认定上，日本刑法理论与判例都强调行为人对于因果发展的排他性支配，或者某种支配领域性，亦即在当时的情况下，唯有行为人能够采取积极救助措施。两种场合存在这种排他性支配：一是行为人实施了先行行为，自己设立了排他性支配，对于构成要件结果发生的危险他居于支配地位；二是行为人与被害人之间存在某种社会继续性保护关系，如亲子关系、本人是建筑物的管理人员，在这种场合，行为人并非有意设立排他性支配，但由于偶然的机会而处于排他性支配状况。[③] 排他性支配说认为，是否成立不纯正不作为犯，行为人支配指向结果的因果经过是判断的关键因素。这种出发点并无错误，然而排他的因果经过支配说属于支配理论中的极端主义，要求支配具有排他性会造成大量处罚漏洞，在认定保证人义务包括先行

---

① Vgl. Pfleiderer, Die Garantenstellung aus Vorangegangenen Tun, 1968, S. 123ff.

② 参见张明楷《不作为犯中的先前行为》,《法学研究》2011 年第 6 期。

③ 参见〔日〕西田典之《日本刑法总论》, 刘明祥、王昭武译, 中国人民大学出版社, 2007, 第 92 ~ 93 页。

行为作为义务时，应当摒弃排他性的要求。[①]

通过上述各种学说可以看出，即使从实质角度把握先行行为，也是众说纷纭、盲人摸象，得不出理论上普遍认可的、有说服力的解释路径。

（三）机能说中的先行行为

今天关于保证人义务的公认见解是，其具有两种不同的机能，因而理论上试图寻求保证人义务的统一原理的努力往往付诸东流。保证人义务的传统划分方式没有提供内容上的依据，为此，阿明·考夫曼提出了保证人义务机能说，以类型化的角度从实质上把握保证人义务，从而消除传统学说的缺陷。机能说认为，根据实体上的标准，保证人义务存在两种基本类型：一是对某种危险源的责任（Verantwortlichkeit für bestimmte Gefahrquellen），二是对某种法益的特别保护义务（besondere Schutzpflicht für bestimmte Rechtsgüter）。[②] 第一种类型的机能在于监督特定的风险源，使其对外不输出损害；第二种类型的机能在于保护特定法益，使其不遭受外界的损害。这两种类型化的机能是从不同的原理中推导出来的，虽然能够以更加抽象的原则将这些不同的原理概括成一个理论基础，但这种理论根基的内容必定是空洞化的。因此，理论上普遍主张，以机能为导向对保证人地位做二元的理解。

先行行为保证人在考夫曼看来属于监督危险的保证人类型。[③] 纳格勒（Nagler）提出保证人说可以说是这种归类的思想源头，正是纳格勒将先行行为保证人称为 lngerenz。[④] 介入是 lngerenz 的基本意思，若先行行为介入了社会生活，对他人造成了干扰，他人面临危险，那么先行行为人就有消除干扰后果的义务。[⑤] 考夫曼对先行行为保证人类型的归类长期以来得到理论界的认可，也没有受到实质性的质疑，赫鲁施卡（Hruschka）甚至认为先行行为保证人是监督危险保证人类型中最典型的。

---

① 参见孙运梁《从因果支配走向客观归责——不纯正不作为犯的归因与归责》，《法学评论》2016 年第 2 期。

② Vgl. Armin Kaufmann, Die Dogmatik der Unterlassungsdelikte, 1959, S. 282ff.

③ Vgl. Armin Kaufmann, Die Dogmatik der Unterlassungsdelikte, 1959, S. 283.

④ Vgl. Nagler, Die Problematik der Begehung durch Unterlassung, GS 111, 1938, S. 1, 26.

⑤ Vgl. Rudolphi, Die Gleichstellungsproblematik der unechten Unterlassungsdelikte und der Gedanke der Ingerenz, 1966, S. 48.

他认为若行为人具有不造成不被期待后果的义务，则其违背不作为义务有导致后果发生的危险时，亦有防止不被期待的后果发生的义务。所有安全义务中典型的、基本的类型是先行行为保证人，安全义务来源于先行违反义务的行为，从先行行为保证人中可以类推出来其他安全义务类型。①

　　后来，文献上出现了新的观点。卢恩特（Lund）从他的风险支配的思想出发，并不认可学说上一直认为的先行行为保证人属于监督危险的保证人类型，而是属于转变为保护法益保证人类型的监督危险保证人类型。在他看来，行为人的先行行为使法益受到损害威胁，他没有去救助，也不对此存在基于故意的风险支配，此时他已处于保护法益保证人地位上。② 这种观点看似新颖，实则经不起推敲。他使用转变为保护法益保证人的监督危险保证人这样的表达方式令人费解，也在这种保证人类型的定性和判断上遇到困难。若先行行为保证人类型既不能归类于监督危险保证人类型，又与保护法益保证人类型不完全吻合，那么它或者没有存在的价值，或者成为独立的类型。卢恩特认为出于故意才能产生风险支配，并且认为只有"过失行为＋故意不作为"的情形才存在先行行为保证人类型，然后得出的结论是，先行行为保证人不能进行风险支配，从而不能归类于监督危险保证人类型，也就只能归属于保护法益保证人类型，但是这种推论的理由令人生疑，缺乏有力的根据。

　　奥托干脆将先行行为划分为监督危险与保护法益两种类型。在监督危险的先行行为场合，即使合法行为创设或升高了侵害法益的风险，惹起了面向法益侵害结果的因果流程，先行行为人也有义务阻断流程，从而防止结果的发生、恶化。同时，奥托对此做出了限制，如果危险并非先行行为创立的，或者先行行为导致了被害人自我危害的危险或第三人实施危害的危险，被害人、第三人又独立地造成结果发生，则应根据自我答责原则将危害结果归属于被害人或第三人，也就不存在先行行为类型的保证人地位。在保护法益的先行行为场合，被害人处于一种需要保护的状态，或者说一种孤立无助的状态，而这是由先行行为造成的，先

---

① Vgl. Hruschka, Strafrecht nach Logisch-Analytischer Methode, 2. Aufl. , 1988, S. 128ff.

② Vgl. Lund, Mehraktige Delikte, 1993, S. 259, 262.

行行为人就要扮演保护被害人的角色，其有义务救助被害人，且必须保证被害人不受新的侵害，即使该侵害是由第三人或其他危险因素引起的。① 我国学者指出，一方面奥托依据自我答责原则限缩了监督危险先行行为类型的范围，另一方面他又通过保护法益先行行为类型扩大了先行行为的适用范围。②

雅科布斯对考夫曼的二分法提出了批评，试图突破这种机能性分类，他重新描述了两种保证人类型的法理根据，即根据组织管辖权（organisations Zuständigkeit）（对事）而产生的义务，以及根据制度管辖权（institutionelle Zuständigkeit）（对人）而产生的义务。先行行为保证人义务即属于前者的范畴。行为人通过先行行为而对一定的组织领域拥有管辖权，从而具有阻止该领域内发生法益侵害事实的义务。③ 受雅科布斯观点的启发，金德霍伊泽尔认为，基于两种本质上不同的理由，一个人负有避免侵害结果发生的责任，即因为风险的支配（Risikoherrschaft）和因为制度性的救济（institutionelle Fürsorge）。④ 据此，可以从两个不同的角度来解释保证人地位，从而进一步推导出两种相应的义务。因为风险支配而生的保证人是监督者保证人，他应当保证他支配的危险源不对他人造成损害；因为制度救济而生的保证人是保护者保证人，他应当保护他负责的法益不遭受损害。先行行为保证人属于前者。这种监督者保证人的理论基础是，一个人支配了一定事实发生的，他就要保证该事实不侵害他人，即须为此答责，因为支配的另一面正意味着答责。任何人都须对自己的行为所及范围予以有效管理，保证不对他人输出法所反对的风险。⑤ 一旦制造或接管了这种风险，行为人就要保证风险不实现，即产生了一个保证人义务，违反该保证人义务就会成立不作为犯。先行行为制造了一个风险，行为人须阻止风险现实化为结果，其正是由于风险的支配而居于保证人地位。

通过上述机能说内部各种观点的分析可以看出，机能说关于保证

---

① Vgl. Otto, Grundkurs Strafrecht, Allgemeine Strafrechtslehre, 6. Aufl., 2000, S. 168ff.

② 参见姚诗《先前行为与实行过限下知情共犯人的刑事责任》,《法学研究》2013 年第 5 期。

③ Vgl. Jakobs, Strafrecht, Allgemeiner Teil, 2. Aufl., 1991, §29, Rn. 28, 29ff.

④ Vgl. Kindhäuser, Strafrecht, Allgemeiner Teil, 7. Aufl., 2015, §36. Rn. 53.

⑤ Vgl. Jakobs, Die strafrechtliche Zurechnung von Tun und Unterlassen, 1996, S. 19ff. 雅科布斯将之称为组织管辖。

人地位的二分法，即监督危险的保证人地位与保护法益的保证人地位，两种类型是可能相互交叉的，并且在具体的情况中本是不同的保证人地位也可能相互交错。这种不稳定性也影响了先行行为保证人地位的归类，卢恩特将两种归类杂糅的观点就是这种不稳定性的代表。由此，我们在对先行行为理论演变史梳理的基础上，必须重新审视先行行为的性质。

三　先行行为的性质及其限定

先行实施的行为带来的保证人义务，是以禁止侵害他人的法律原理为基础的，任何人都有合理控制自己的行为、不去损害他人的一般义务，先行危险行为人必须控制自己创设的风险，排除后续结果的发生。① 不管是作为形式的作为义务、作为实质的作为义务，还是作为机能说中的作为义务，先行行为都伴生着制止结果发生的保证人义务，但是此种义务类型成立的前提条件以及存在范围都有待精确界定。除了先行行为有产生义务的能力这一点理论上广泛赞同，大量的细节问题还存在较大争议，学者们一直未能找到说明先行行为保证人义务的简单且令人信服的理由。②

在先行行为的研究上，德国学界关注其是否违反义务，早期常使用违法一语，后来为了将一些违反秩序法的违反义务行为也包括进来，就开始使用违反义务一语。将先行行为限定为违反义务行为的观点在德国学界可以称为多数说，实务见解也基本将先行行为限于违反义务的行为。③ 在 20 世纪 80 年代以前，多是专著主张无须将先行行为限定为违反

① 一般拒绝了这种观点的，参见 Roxin, Strafrecht, Allgemeiner Teil, Bd. Ⅱ, Besondere Erscheinungsformen der Straftat, 2003, §32, Rn. 143ff。
② Vgl. Kühl, Strafrecht, Allgemeiner Teil, 4. Aufl., 2002, §18, Rn. 91.
③ Vgl. BGHSt 34, S. 82; 37, S. 106; 43, S. 381, 397; Roxin, Strafrecht Allgemeiner Teil, Bd. Ⅱ, Besondere Erscheinungsformen der Straftat, 2003, §32, Rn. 160ff; Schönke/Schröder-Stree/Bosch, Strafgesetzbuch. Kommentar, 28. Aufl., 2010, Vor §13, Rn. 34ff. 我国很多学者也主张先行行为必须具有违反义务性。参见陈兴良、周光权《刑法学的现代展开》，中国人民大学出版社，2006，第122页；周光权《刑法总论》，中国人民大学出版社，2007，第138页；王莹《先行行为作为义务之理论谱系归整及其界定》，《中外法学》2013年第2期；姚诗《先前行为保证人地位的理论根据》，《清华法学》2014年第5期。

义务行为，后来陆续出版的一些教科书也赞同不限制的看法。① 伴随这种不限制的学说，就会出现一种现象，即先行行为保证人类型与其他保证人类型之间的区隔越来越"松弛"。一旦放松了对先行行为的限制，其适用范围自然会扩大，从而出现与其他保证人类型交错、重叠的局面。例如，阿茨特（Arzt）认为购买恶犬的行为是危险前行为，它会使行为人处于保证人地位；② 迈瓦尔德（Maiwald）认为在建筑工地安放机器设备的行为亦为危险前行为，会产生保证人地位；③ 在雅科布斯看来，购买房屋、建桥修路、垄断市场、收养流浪动物等，都是行为人组织管辖领域内的危险前行为。④

这些不主张对先行行为予以限制的学说，被称为因果关系说。该说认为，不应将先行行为局限于违反义务行为，如果一个行为根据因果流程造成了发生结果的临近而又相当的危险，则行为人就有义务保证结果不发生。任何人实施行为包括合法行为时都有某种责任感，即对违背其愿的行为影响担当责任，据此，设立法律上的义务时不能漠视此责任感，也不能以行为违反义务为前提。法所允许的风险性行为亦可产生先行行为保证人地位，⑤ 否则就与一般的责任感相悖。该说还认为，由先行行为引发的保证人地位，也能由保护功能的自愿接管或者对危险源的实际控制而导出，然而后者往往没有违反义务，所以也不应以违反义务限定先行行为。例如，某人购买了一条恶犬，其具有了对危险源的实际控制。先前的购买行为要求行为人承担看护恶犬以免伤及他人的义务，同时其对危险源的实际控制也要求承担该义务。因为实际控制恶犬没有违反义务，所以被视为先行行为的购买行为也不会违反义务。⑥

---

① Vgl. Jescheck/Weigend, Lehrbuch des Strafrechts, Allgemeiner Teil, 5. Aufl., 1996, §59 IV, S. 625f.

② Vgl. Arzt, Zur Garantenstellung beim unechten Unterlassungsdelikt, JA（Juristische Arbeitsblätter）1980, S. 712, 715.

③ Vgl. Maiwald, Grundlagenprobleme der Unterlassungsdelikte, JuS（Juristische Schulung）1981, S. 473, 482.

④ Vgl. Jakobs, Strafrecht, Allgemeiner Teil, 2. Aufl., 1991, §29, Rn. 29ff.

⑤ Vgl. Maurach/Gössel/Zipf, Strafrecht, Allgemeiner Teil, Teilband 2: Erscheinungsformen des Verbrechens und Rechtsfolgen der Tat, 7. Aufl., 1989, §46, Rn. 98ff.

⑥ Vgl. Hillenkamp, 32 Probleme aus dem Strafrecht, Allgemeiner Teil, 8. Aufl., 1996, S. 228.

　　张明楷教授明确支持因果关系说，并从以下方面批评了义务违反说。首先，先行行为只是作为义务的来源，而不是不作为犯的处罚根据，将先行行为限定为违反义务行为并没有充分的理由。有些合法行为，比如阻却违法的紧急避险，也会带来作为义务。其次，判断义务违反的标准并不清楚，即使是德国理论界也尚未找到确定的答案。再次，正当防卫不违法，所以不引起作为义务，这是义务违反说坚守阵地的有力理由，然而在正当防卫有过当之虞时，也会引起作为义务。① 最后，我国法律规定中存在有关适例，即使先行行为未违反义务，也产生了保证人地位。如《道路交通安全法》即规定，发生了交通事故之后驾驶人应当救助受伤人员，但是并没有明确以违反交通运输管理法规为前提。②

　　虽然赞成因果关系说的基本观点，但雅科布斯也意识到因果关系说有使先行行为滥用的危险，为此他主张以特殊风险的概念限定先行行为。他认为，先行行为引起作为义务的前提条件是，创设了和侵害法益结果关联的、逼近的、足够的危险，但是具备这一条件的不限于违法行为。可见违法这一标准并非有效，先行行为的本质要素更可能是特殊风险。如果某一行为包括合法行为比必要的日常行为创设了更高的风险，那么也会生发作为义务。他具体解释说，有些行为对于社会生活来说是不可缺少的，所以法律才准许行为人实施；因为行为人受到法律的特别允许，获得了超过一般人的权利和自由，相应地，也比一般人负有更多的义务。当然，判断特殊风险的具体标准为何，雅氏没有详细说明。但他认为，在"皮革喷雾剂案"③ 这种合法生产销售产品引起伤害的案件中，还有紧急避险、正常驾驶等行为，都会产生高于日常生活普通行为的特殊风险，尽管得到法律特别准许，行为人也有义务防止对他人的侵害。④

　　义务违反说则主张，创设一定程度风险的行为只有是违反义务的或者是违法的，才会产生先行行为类型的保证人地位。该说反驳了因果关系说的观点：首先，不同的人会有不同程度的责任感，而且一般人的责

---

① 下文"五（四）将"对该处观点予以反驳。
② 参见张明楷《不作为犯中的先前行为》，《法学研究》2011 年第 6 期。
③ 下文将详细分析此案。
④ Vgl. Jakobs, Vorangegangenes Verhalten als Grund eines Unterlassungsdelikts-Das Problem der Ingerenz im Strafrecht, Akademie-Journal 2002/2, S. 8ff.

任感只存在于日常生活中，用其解释刑法领域的教义学问题并不适当；其次，按照因果关系说的界定，先行行为的范围会失之过宽，而且不存在那种同时产生于先行行为和其他情形中的保证人地位。例如，虽然购买恶犬之后存在对危险源的控制地位，但这是危险的接管产生了保证人地位，并非购买行为作为先行行为产生保证人地位。[1]

我国学者姚诗博士认为，在先行行为性质的限定上，义务违反说更有优势，并认为先行行为原则上是违法行为。第一，如果一个行为得到法律的认可，却又要求行为人履行由该行为所产生并伴随刑罚后果的作为义务，则是有违法律逻辑的，相反地，义务违反说更加合理。第二，虽然义务违反的内容有待进一步确定，但其已对先行行为做出了类型化的限缩，更接近先行行为的本质。[2] 虽然义务违反说有细化适用标准的问题，但是因果关系说也有必要提出限定先行行为的具体标准。第三，除了紧急避险这种例外情况，大多数合法行为均不引起作为义务。[3] 另外，我国法律法规规定了一些宣示性义务，并没有针对违反该义务的行为规定相应的罚则，如《消防法》规定公民遇见火警有报告的义务，但即使不报告，也不会构成不作为犯罪。类似地，我国《道路交通安全法》规定车辆驾驶人应在发生交通事故后立即抢救伤者，但并没有规定合法驾驶人不如此作为的罚则，[4] 可见这对合法驾驶人来说仅是一种宣示性义务，合法的驾驶行为不会产生先行行为保证人地位。

由上可见，对于是否要求先行行为必须违反义务，学界观点不一。长期以来没有澄清的是，先行行为违反义务是否为成立先行行为保证人义务的关键因素，还是应当从其他角度进行考察。学者们提供了很多分析的视角，比较重要的：行为人是否超越了一般的行为空间侵犯了他人

---

[1] Vgl. Hillenkamp, 32 Probleme aus dem Strafrecht, Allgemeiner Teil, 8. Aufl., 1996, S. 230.

[2] 关于类型对于揭示事物本质的意义，参见〔德〕亚图·考夫曼《类推与"事物本质"——兼论类型理论》，吴从周译，学林文化事业有限公司，1999，中文版序言。

[3] 参见姚诗《先前行为与实行过限下知情共犯人的刑事责任》，《法学研究》2013年第5期。

[4] 我国《道路交通安全法》第70条第1款规定："在道路上发生交通事故，车辆驾驶人应当立即停车，保护现场；造成人身伤亡的，车辆驾驶人应当立即抢救受伤人员，并迅速报告执勤的交通警察或者公安机关交通管理部门。因抢救受伤人员变动现场的，应当标明位置。乘车人、过往车辆驾驶人、过往行人应予以协助。"

权益;① 客观上进行了作为犯罪的行为;② 与日常行为相比具有重大风险的先行行为创设了风险。③ 通过这些看法能够得出一个基本结论,即若能成立先行行为类型的保证人义务,则先行行为必然产生了不能由更高级利益为之辩护的危险,否则危险就是被允许的,也产生不了保证人义务。

倘若先行行为制造了侵犯法益的风险,则先行行为人应当保证这种风险不发生构成要件该当的结果,但这里有必要摒除先行行为的因果论思维,单纯风险的原因并不简单地导致制止结果的义务。有效限定先行行为的性质,确保先行行为保证人地位处于合理范围内,理论上做了上述的不懈探索,但依然为有待解决的难题。德国司法判例与学界在该问题上坚持义务违反标准。该说经过众多判例的充实调整,逐渐形成了限定先行行为的三个条件。第一,要求先行行为属于违反义务行为,若为适法行为就不会产生基于先行行为的作为义务。第二,要求先行行为不但造成了构成要件结果发生的风险,而且与其之间存在紧密的关联,以避免对先在行为的无限回溯。④ 任何人以其作为或不作为对他人法益形成紧迫危险的,须承担采取积极措施以防止结果发生的义务。⑤ 第三,要求先行行为与侵害结果之间具有义务违反关联,亦即保护被侵害法益的规范目的正是先行行为所违反的规范所包含的。⑥

虽然义务违反标准在判例与理论上成为强势学说,但仍欠缺具有可操作性的具体标准,也缺乏严整的规则体系。后来罗克辛将客观归责理论适用于不作为犯领域,尤其是在先行行为的限定上发展出了一套教义学规则体系与判断标准。

---

① Vgl. Otto/Brammsen, Die Grundlagen der Strafrechtlichen Haftung des Garantenwegen Unterlassens, Jura (Juristische Ausbildung) 1985, S. 649.

② Vgl. Dencker, Die Vorschrift für Fälle der Ingerenz als Obligatorische Milderung, in: Fs (Festschrift)-Stree/ Wessels,1993, S. 170ff.

③ Vgl. Kuhlen, Strafhaftung bei unterlassenem Rückruf Gesundheitsgefährdender Produkte, NStZ (Neue Zeitschrift für Strafrecht) 1990, S. 568ff.

④ Vgl. BGH, NStZ 2000, S. 414.

⑤ Vgl. BGH, NStZ 1992, S. 31.

⑥ Vgl. BGH, NStZ 1990, S. 587, 590. ; Rudolphi, Systematischer Kommentar zum Strafgesetzbuch, Bd. I, 7. Aufl., 1998, §13, Rn. 39b.

四　以客观归责理论限定先行行为：一般规则

（一）先行行为引起的后果应当对行为人在客观上是可归责的

人们在承认先行行为可以引起保证人地位时，会有这样的疑问：具有何种规范质量，先行行为才能成为保证人义务的根据。长期以来都有学说与判决认为只要有因果关系就够了，可以说 19 世纪的因果思想深深影响着先行行为保证人地位的成立。然而纯粹的因果联系无法承担刑法上规范评价的任务，具体到不作为犯的评价来说，它无法说明为什么行为人负有避免结果的义务。例如，甲邀请乙来家里做客，乙在途中遭遇车祸，在条件理论（等值理论）的意义上，甲的邀请行为就是这场车祸的原因。如果据此将甲视为救援车祸伤者的保证人，则就是对甲的过分要求，也有违常理。倘若认为与后续结果有关的众多先在行为均能产生作为义务，那么就只是自然意义上条件关系层面的认识。按照罗克辛的观点，在且只有在先行行为引起的后果可以归责于行为人时，才会形成先行行为保证人地位。例如，某人出于过失撞伤了他人，他就处于保证人地位。被害人陷于需救助的状况，正是其"作品"，他应承担制止后果进一步恶化的责任。若行为人只是对后果有因果性关联，这个后果并不是他制造的在法上有重大意义的风险所实现的，则该事件对他来说仅为意外事件，并不能发生刑法上的保证人义务。

由此罗克辛主张用客观归责理论考察先行行为，[①] 申言之，先行行为人要对与先在行为有关的后续结果承担责任，真正的根据并非先行行为与后续结果之间的事实上的因果关系，而是规范论的归责关系。客观归责理论虽然发端于限缩客观构成要件的实体标准，但其也有教义学分析工具的方法论意义，它可以转用到先行行为上。首先，先行行为有导致侵害结果发生的潜在风险；其次，在侵害结果中实现了潜在风险，但是如果有因果流程的异常发展、被害人或者第三人行为介入等异常情形，则会有新的风险替换原先行行为制造的风险，这时由创设新风险的人而

---

① Vgl. Roxin, Strafrecht, Allgemeiner Teil, Bd. Ⅱ, Besondere Erscheinungsformen der Straftat, 2003, § 32, Rn. 155ff.

不是原先行行为人对侵害结果负责。只有在未发生新风险的情况下，未防止的结果才能归责于先行行为人。

罗克辛适用客观归责理论通过以下标准来限定先行行为。第一，先行行为是否创设或升高了不被允许的风险。正是由于行为人已有一个危险的先行行为，制造了一个本不存在的风险，因此才确定行为人有控制风险的义务，简言之，创设风险之人须控制风险，其对于风险的控制具有保证人地位。先行行为也是一种危险源，在其启动了面向法益损害的因果流程时，随之而来的安全义务要求行为人为避免损害发生必须切断该因果流程。例如，在道路交通中，甲违规驾驶撞伤行人乙，就是对乙的生命法益创设了法所不允许的风险，甲必须切断其行为开启的此危及生命的因果流程，制止死亡的发生。罗克辛指出，先行行为属于违法行为，但是违法这一表述有待明确，主张以创造了不被允许的风险来指代先行行为的违法性。他认为，刑法赋予先行行为人结果避免义务，是立足于对先行行为的谴责，正是先行行为创设或升高了损害风险才具备了这种谴责的基础。如果先行行为与损害结果间只有条件关系而欠缺归责关系，那么刑法进行谴责所要求的无价值就不存在。① 第二，先行行为与最终的法益损害结果之间须具有规范保护目的关联性，即先行行为产生的风险正好在构成要件该当结果中实现，否则应排除保证人地位的成立。第三，先行行为创设的风险处于被害人或第三人答责范围内时，排除保证人地位的成立。

我们将上述理论应用于"杨某某故意伤害案"② 的分析中。被告人杨某某与被害人张某某就读于同一中学，二人因恋爱发生纠纷，杨某某从校外购买硫酸盛入水杯，并带至学校。2004 年 10 月 23 日 21 时 40 分许，二人在操场见面后再次争吵，杨某某手执内装硫酸的水杯对被害人说"真想泼到你脸上"，同时试图打开杯盖，但没有拧开。被害人以为杯子中装的是清水，为了稳定本人的情绪，他想将水倒在自己头上，结果拿过水杯打开之后，将硫酸泼在身上，造成头面颈、躯干、四肢被严

---

① Vgl. Roxin, Strafrecht, Allgemeiner Teil, Bd. II, Besondere Erscheinungsformen der Straftat, 2003, S. 764ff.

② 参见最高人民法院刑事审判第一、二、三、四、五庭主编《刑事审判参考》（总第 55 集），法律出版社，2007，第 6~12 页。

重灼伤，经鉴定其伤情是重伤，且为一级伤残。法院以杨某某犯故意伤害罪判处有期徒刑 10 年。本案中，被告人携带硫酸到学校，在与被害人争执时手拿装有高度危险品的水杯，并有"真想泼到你脸上"的说辞，杨某某的上述行为使被害人的人身安全处于一种极度危险的状态。之后被害人将盛有硫酸的杯子拿过来，误将硫酸当作清水淋浇在自己身上，导致重伤，被告人先行行为制造的风险也就实现了。尽管是被害人本人将杯中硫酸倒在身上的，但由于被害人并不知道自己面临的危险，这并不属于被害人自我答责的范畴。此时，杨某某负有因其先行行为而产生的告知被害人真相、防止危险实现的义务。但被告人仅因恋爱生发矛盾，就既不告诉被害人实情，亦未采取措施加以阻止，反而放任被害人将水杯接走并朝自己身上倾倒硫酸，致人重伤造成严重残疾。被告人没有积极主动地去实施伤害他人身体的行为，不属于作为犯罪；其处于先行行为保证人地位却未能阻止危害结果的发生，构成不作为的故意伤害罪。

（二）创设了可允许风险时不构成先行行为保证人地位

虽然一个先在行为产生了发生结果的风险，但若该风险是法所允许的，则该先在行为不是不作为犯的先行行为。[①] 例如，正常地将一把便携式小折刀借给别人，但该人竟然用这把刀伤害他人，成为问题的是，出借人是否对被害人承担救助义务，回答是这里并不存在刑法上的归责。德国联邦法院查明的案件基本事实是，甲把小刀借于乙使用，没想到乙却用此刀将丙捅成重伤，致丙有生命危险，甲没有救助丙而离开。联邦法院认为甲处于保证人地位，"先不考虑被告人有责地还是无责地对被害人制造了现有的危险，他都负有义务制止结果的发生"。[②] 罗克辛认为，这种分析思路出现了偏差。本案的关键不是先在行为是有责的还是无责的，而是这个先在作为是完全合法的，连过失行为都不是。按照信赖原则，任何人都被允许信任他人不去故意犯罪，除非能观测到他人有实施犯罪构成行为的倾向。由于在上述案件中一般人看不出乙有故意犯罪的倾向，因此后来出现的死亡结果不能归责给甲，这不是因为甲的行为不

---

① Vgl. Roxin, Strafrecht, Allgemeiner Teil, Bd. Ⅱ, Besondere Erscheinungsformen der Straftat, 2003, §32, Rn. 160f.

② Vgl. BGHSt 11, S. 353, 355.

具备罪责，而是因为他没有制造不被允许的风险。① 又如，丁原计划去剧院看戏，但戊劝说丁一起去看电影，在去电影院路上丁遭遇车祸，此时戊并非居于保证人地位。劝说他人看电影的行为没有制造法不允许的风险，前往电影院与前往剧院时发生交通事故的风险没有区别。

　　我国刑法理论在讲述先行行为引起的不作为犯时，经常举出的一个例子是：甲带领邻居家的小孩乙去游泳，乙发生危险时甲不予救助，乙被水淹死，此时甲成立不纯正不作为犯，作为义务来源于甲带孩子去游泳的先行行为。② 按照客观归责理论来检验，甲带乙去游泳的行为并没有制造法所不允许的风险，因此不会产生先行行为保证人义务。实际上，这种情形属于自愿承担行为引起的保证人义务，甲带孩子外出游泳，就接管了对孩子安全的保护义务，其不履行该保护义务，就构成了不作为犯罪。

　　先在行为人创设允许风险也毕竟是创设了风险，正是基于利益的衡量，法律允许它而不认定其违法，并不是法律对一定法益置之不管。若风险被允许，须存在一个假设的前提，即事前与事后行为人皆能将风险控制在合理范围内。倘若行为人不会去管制风险，则该风险将是不可控的，也不会得到法律的允许。比如行政机关若早就知道经营者悬挂招牌后不再管护，不会顾及路人的安全，那么是不会准许经营者悬挂的。事后的风险控制是在风险被允许的同时设定的一个基本义务，不然就会出现不公平的局面：一方面准许一些人获得较多权利，享受更多生活利益；另一方面其他人会面临更多的风险，随时可能受到法益侵害。鲁道菲举例说明，行政机关工作人员给企业发放废水排放许可证之后，还必须注意观察其后的情况，若因为事后状况的变化，废水排放在实质上不具备许可条件，则主管人员应撤销该许可，否则就有可能成立不作为犯罪。③

（三）欠缺对后续结果的预见可能性排除先行行为保证人地位

　　学界基本上承认一个规则，若要先行行为产生保证人地位，则要求

① Vgl. Roxin, Strafrecht, Allgemeiner Teil, Bd. Ⅱ, Besondere Erscheinungsformen der Straftat, 2003, §32, Rn. 161.
② 参见陈兴良《判例刑法学》上卷，中国人民大学出版社，2009，第102页。
③ Vgl. Rudolphi, Systematischer Kommentar zum Strafgesetzbuch, Bd. Ⅰ, 7. Aufl., 1998, §13, Rn. 40b.

行为时能够预见到法益侵害的风险，只有可以预见的风险才能归责于先行行为人。① 例如，驾驶人行车时有骑摩托车者违规而突然冲进道路，其撞伤骑者的行为并不是不作为犯中的先行行为，若驾驶人没有救助骑者而任其死亡，也不构成不作为故意杀人罪。又如，虽然点火之人必须考虑并控制其行为产生的危险，但对于不可预见的可能事件并不承担保证人义务，如马可能受惊而摔伤骑者，小孩骑车因观看火势未注意前方道路发生事故而受伤。如果行为人对救援伤者不作为，不会构成不纯正不作为犯。

根据刑事政策的要求，德国法院倾向于不要求先行行为人对造成的法益侵害具有预见可能性，其在一些案件的判决中适用因果关系说认定了先行行为保证人义务。例如，上文所述案例，甲借刀给乙，根本没有预见到乙会用其刺杀丙，导致丙生命垂危，甲没有予以救助。法院认为，甲能否预见到危险不是重点，认定出甲借刀的行为与丙的死亡之间有因果关系，就能判定甲有防止丙死亡的义务。② 罗克辛提出了不同看法：虽然存在因果关系，但甲对乙的刺杀行为无预见可能性，未违反主观上的注意义务，甲的行为不是违法行为，因此甲不承担避免结果义务。③ 多数学者肯定了罗克辛的意见，现在德国学界基本赞同先行行为只应对它所引起的可以预见的风险承担责任这一规则。④ 倘若在特定情况下甲已经知道乙会用这把刀去伤人，则此时甲还把刀借于乙就超越了可允许风险的范围，甲就有阻止结果发生的保证人义务。施特雷说，违反武器法的规定向成年人出售枪支的，卖者对买者的行为并不承担责任，也不会承担不作为的责任，他对阻止被买者枪击的人遭受进一步损害并不承担保证人义务。⑤ 违反武器法出售枪支行为可能会受到刑事处罚，然而出售行为本身并没有对他人生命法益制造不被允许的风险。当然，在卖者向买者交付枪支并已经察觉了买者购枪的犯罪意图时，卖者就处于保

---

① Vgl. Seelmann, Nomos-Kommentar zum Strafgesetzbuch, Bd. Ⅰ, 1. Aufl., 1995, §13, Rn. 112.

② Vgl. BGHSt 11, S. 353.

③ Vgl. Roxin, Strafrecht, Allgemeiner Teil, Bd. Ⅱ, Besondere Erscheinungsformen der Straftat, 2003, S. 767.

④ 参见〔德〕冈特·施特拉腾韦特、洛塔尔·库伦《刑法总论Ⅰ——犯罪论》，杨萌译，法律出版社，2004，第366页。

⑤ Vgl. Schönke/Schröder-Stree, Strafgesetzbuch. Kommentar, 26. Aufl., 2001, §13, Rn. 39.

证人地位。

我们可以根据上述理论考察我国的"莫兆军玩忽职守案"。① 2001 年 9 月 27 日，原告李兆兴向四会市人民法院状告张坤石夫妇等四人借款一万元未还，原告持有被告写的借条，但被告辩称是在被持刀威逼之下写的借条。独任法官莫兆军经过审理，认为没有证据证明被告在遭受威逼之下书写借条，因此认定该借条有效，判决被告偿还欠款。11 月 14 日，败诉的张坤石夫妇在法院外喝下农药自杀而死。次日，公安机关传唤李兆兴等人，他们承认其持刀逼迫张坤石夫妇等人书写该借条，后来李兆兴等人被判处抢劫罪。2002 年 10 月 22 日，检察机关将法官莫兆军刑事拘留，后又逮捕，以玩忽职守罪向法院提起公诉。一审法院审理认为，张坤石夫妇自杀身亡超出莫兆军的主观意志之外，莫审理案件行为与死亡结果无直接关系，莫不应当对死亡结果承担责任，其不构成犯罪。之后检察机关提出抗诉。二审法院经审理认为，莫兆军作为民事诉讼中的独任法官，依照法定程序行使司法工作人员的职权，在根据民事诉讼证据规则认定案件事实后依法做出判决，其没有不履行或者不正确履行工作职责，不存在致使公共财产、国家和人民利益遭受重大损失的玩忽职守行为，其从事的职务行为与客观上发生的当事人自杀身亡之间缺乏刑法上的必然因果关系。而且莫兆军不可能预见到张坤石夫妇非正常的自杀后果，主观上也不存在过失。因此，莫兆军的行为不符合玩忽职守罪的构成要件，检察机关指控其玩忽职守罪不成立。笔者认为，被告人在审理民事案件过程中，对败诉一方自杀身亡是没有预见可能性的，不能将自杀结果归责于被告人先前的案件审理行为，被告人并不承担避免当事人自杀身亡的保证人义务。二审法院也认为，当事人"虽经法官指引仍没有循合法途径寻求保护，毫无先兆突然自杀的情况已超出法官的正常预见"。因此，法院判决被告人无罪是值得肯定的。

还有一些共同犯罪案件，也应当依据上述原则来判断是否成立不作为犯的保证人地位。在此类案件中，一个共同正犯制造了通常是侵害被害人身体或生命法益的风险，而其他的共同正犯未去阻止这种风险发生，

---

① 参见最高人民法院刑事审判第一、二庭编《刑事审判参考》（总第 44 集），法律出版社，2006，第 127 页。

即存在对救助被害人的不作为。倘若有证据支持，能够察觉共同正犯有实施犯罪构成行为的倾向，则其他共同正犯就处于制止同案犯制造的危险发展的保证人地位，即使这已经逾越了共同犯罪计划。相反地，在不能预见到共同正犯会实施犯罪构成过限行为的场合，例如，二人共同抢劫，其中一人出乎预料地对被害人又实施了强奸，[①] 另一人没有阻止，他并没有避免过限结果发生的保证人义务。易言之，最先计划并实施的共犯行为所制造的风险，并不能使一个共同正犯对同案犯的不可预见的过限行为及结果承担保证人义务。

我国学者姚诗博士赞同义务违反说，同时认为虽然一般情况下先行行为人要对损害结果有预见可能性，但基于我国的理论传统和现实需要，应修正义务违反说，不要求具有预见可能性。其认为在违法性理论上，我国与德国有区别，德国理论上主张违法性二元论，当然要求存在预见可能性。自从韦尔策尔开始倡导目的行为论，不法不再只是立足于法益损害结果，而是同时取决于行为无价值与结果无价值；故意与过失不再只属于责任阶层，也成为违法性要素。因为义务违反说认为先行行为是违法行为，所以既要求此行为产生了法益损害的危险，也要求行为人的反规范态度，即具有主观上的规范违反性；如果先行行为人不可能预见到结果发生，那就缺乏主观违法性，从而不成立违法行为，不会形成先行行为作为义务。与此不同，目的行为论在我国刑法理论上尚未产生根本性影响，我国关于违法性理论的通说也不是二元论。我国刑法理论上所讲的违法性一般指客观违法性，并不包含主观违法性。多数学者的违法性主张是根基于结果无价值，认为行为在客观上造成了法益侵害结果时便具备了不法，应将故意与过失作为责任要素来对待。基于我国目前的理论研究状况，形成先行行为作为义务无须要求具备预见可能性。[②] 笔者认为，第一，在我国刑法理论日益深入地继受德国教义学理论的背景下，很难说我国的违法性理论不受到德国主观违法性理论的影响；第二，先行行为人对侵害结果没有预见可能性的场合，就不能说先行行为创设了发生该侵害结果的不允许的风险，根据这种先在行为使行为人处

---

① Vgl. BGH, NStZ-RR 1997, S. 292.

② 参见姚诗《先前行为与实行过限下知情共犯人的刑事责任》，《法学研究》2013年第5期。

于保证人地位是没有说服力的；第三，即使对后续结果没有预见可能性也能产生先行行为保证人地位，是因果关系说的主张，与论者的义务违反说立场是相悖的。

（四）欠缺结果避免可能性（义务违反关联）不构成先行行为保证人地位

虽然先行行为超越了被允许的风险范围，但损害结果的发生并没有受到该风险影响，此时先行行为人是否处于保证人地位就成为问题。例如，在某段道路上最高限速是 100 公里/时，甲违反了该规定以时速 120 公里驾车行驶，与乙驾驶的摩托车相撞，乙对事故负全部责任。已经查明，即使甲按照限速行驶，事故的发生仍然是难以避免的。① 德国联邦法院认为，本案中甲处于对于乙的保证人地位，② 理由在于，甲的行为违反了交通管理法，而且该行为和肇事结果之间存在直接的联系。但是本案的审判委员会没有注意到，如果甲的违反交通规则的行为与事故发生没有关系，肇事人是否还具有保证人地位。本案中，即使甲遵守限速规则，已经采取了制动或者及时向左转的措施，也不能防止事故发生，应当得出结论：超过限速与事故之间并不存在直接的关系。法院所认为的直接关系只是一种条件关系而已，强行认定存在这种"直接关系"是一种臆断。因此，必须否定甲的保证人地位。

对于上述案例，可以先这样分析：即使甲实施履行义务的替代行为也会发生事故，则行为与结果间欠缺结果避免可能性（无义务违反性的关联），甲的作为（超速行驶）不能成立过失致人死亡罪（在我国不成立交通肇事罪）。由于甲对伤者乙置之不理，在德国可以按照《德国刑法典》第 323 条 c 见危不救罪（或者可能是第 142 条第 1 款第 1 项擅自逃离肇事现场罪）处罚甲。被告人甲驾车超过限速，但在其他各个方面符合规定驾驶，发生了事故致伤者死亡，甲应当由于超速行驶而受到处罚，而不是由于过失成立致人死亡罪。倘若违反义务的行为（超速行驶）对肇事结果未发生作用，那么对于客观构成要件归责所必需的义务

---

① Vgl. BGHSt 34, S. 82.

② 对此批评的，参见 Ranft, Rechtsprechungsbericht zu den Unterlassungsdelikten-Teil 1, JZ (Juristenzeitung) 1987, S. 864 – 867。

违反关联就不存在，以过失致人死亡罪处罚就是对一个单纯违法肇因者（versari in re illicita）的处罚。按照一个法律上的古老观点，一个人要对来自其不被允许行为（如本案的超速行驶）的一切后果负责，不管该行为是否对结果起了作用，但是现代归责理论已经抛弃了这种观点。

然后，我们再考察德国联邦法院的观点：即使危险不是源于违反交通规则的行为，也成立基于先行行为的不作为犯。因为行为人的行为逾越了容许的速度限制，所以成立有一般危险的先行行为，正是由于这种先行行为形成了保证人地位，这样就可以构成不作为犯罪。① 我们应当反对德国联邦法院的上述见解，正确的结论是，危险并非源自超越允许风险的行为，应排除保证人地位的成立。法院认为，只要符合交通规则，则不成立基于先行行为的保证人义务；相反地，倘若违反交通规则，即使违反义务行为与结果之间没有关联，也要承担保证人义务。法院根本不考虑结果到底是不是由这个危险导致的，就根据该危险认定不纯正不作为犯的成立，是违背归责原理的。

我们完全可以依照上述思路分析"赵达文交通肇事案"：② 被告人赵达文驾车在某路口行驶时超过限速，该处限速 60 公里/时，被告人的车速事后检测超出 77 公里/时，在其看见道路上散放的雨水井盖后采取措施不及，该车轧上井盖后失控，冲撞路上隔离带后闯入辅路，撞击一辆正常行驶的汽车以及骑自行车正常通行的刘某等人，造成三人死亡、二人受伤的重大交通事故。交通管理部门事后认定，被告人对此次事故负全部责任。一审法院经审理认为，被告人驾驶车辆时违章超速，而且没有履行必要的注意义务，当其发现散落于路面上的雨水井盖时，已无法采取有效措施，这是引起事故的原因，判处赵达文构成交通肇事罪。二审法院认为，赵达文对此次事故负全部责任的认定并无不当，因为在此次交通事故中，全部被害人都没有违章行为，也不存在其他人的违章行为。赵达文驾驶的汽车轧上散落于道路上的雨水井盖是客观事实，但是没有证据证明轧上井盖是否必然导致事故的发生。现有在案证据能够证明赵达文超过该路段限速标志标示的最高速度驾车行驶，这是造成事故

① 　Vgl. BGHSt 34，S. 82，84.
② 　参见北京市第一中级人民法院（2005）一中刑终字第 3679 号刑事附带民事裁定书。

的一个原因，正是违章超速导致其遇井盖后不能控制车速，不能及时采取措施。上诉人提出散放于路面的井盖是造成事故的原因，理由并不充分；车辆驾驶是一种危险作业，驾驶人必须时刻注意道路上的各种情况，从而采取适当的措施保证安全。上诉人超速行车，导致其在紧急状态时不能实施有效措施，不可避免地发生本案事故，上诉人对造成他人死亡、受伤的重大交通事故应承担刑事责任。二审法院驳回上诉，维持原判。

笔者认为，本案中法院的审理思路没有将归因与归责区分开来，认为被告人违章超速驾驶是造成事故的原因，据此便将事故结果归责于他。法院认为"赵达文所驾驶的车辆确实轧在散放在道路上的雨水井盖（上），但轧上井盖是否必然导致该案的发生，缺乏证据证明"，也就是说，法院也没有查明事故结果的发生是否有可避免性，仅仅因为现有证据能证明赵达文在肇事时车速已超过该路段限速标志标示的最高速度，就将事故结果归责于被告人，这违背了结果归责原理，也违背了存疑时有利于被告人原则。因为即使被告人没有超速行驶，也极有可能轧上井盖并导致结果发生，从而欠缺结果避免可能性，事故结果不能归责于被告人。

（五）超越规范保护目的范围不构成先行行为保证人地位

规范保护目的理论是客观归责理论的核心规则之一，在限定不作为犯中的先行行为时必须予以适用，这就是界定先行行为的风险关联标准。即先行行为制造了一个侵害法益的风险，而这个风险正是先行行为违反的规范所反对的，换言之，先行行为之后的不作为所未制止的风险实现必须落在先行行为违反的规范保护目的范围之内。倘若先行行为制造了不被允许的风险，然而该风险没有在侵害结果中实现，此时先行行为人没有义务避免该侵害结果发生。只有先在行为制造的风险与法益损害之间有关联，才能将该先在行为作为不作为犯中的先行行为，即要求先行行为的违反义务性在于对某规范的违反，该规范保护目的正是要保护受到威胁的法益。①

例如，"钱竹平交通肇事案"。② 2002 年 7 月 24 日凌晨 6 时许，被告

---

① Vgl. BGHSt 37，S. 106，115.

② 参见最高人民法院刑事审判庭编《中国刑事审判指导案例》1，法律出版社，2012，第278 页。

人钱竹平持证驾驶中型自卸货车，因遇情况采取措施不当而撞倒前方公路上的一名行人，导致其受伤。被告人下车察看之后扶被害人到路边，与被害人交谈后被告人自认为被害人并无大碍，遂驾车离开现场。后被告人又路过此处，发现被害人仍然在路边坐着。当天下午，被害人死亡，死因是腹膜后出血引起失血性休克。经调查，如果及时送被害人到医院检查抢救是不会发生死亡后果的。交通管理部门认定，被告人对此次事故负全部责任。一审法院认为，被告人作为交通运输从业人员，在发生交通肇事后，应当保护现场，积极救助伤者，然而被告人没有履行该义务，却驾车逃离事故现场，伤者因未得到及时救治而死亡，这种情形符合刑法规定的因逃逸致人死亡。被告人违反交通运输管理法规，导致发生交通事故，且负该事故的全部责任，其因逃逸致伤者死亡，判决被告人犯交通肇事罪，处有期徒刑 8 年。二审法院认为，交通事故发生后钱竹平察看被害人伤情时，只看到其背部有皮肤擦伤，不能看到其他伤情，被害人被他人搀扶能够行走，也能够讲话，上诉人认为不需要保护现场，也不需要对被害人抢救治疗，遂驾车离开现场。虽然上诉人在事故发生后未履行法定义务而是驾车离去，但其主观上并非为逃避法律追究而逃跑，不构成交通肇事后逃逸的情节，改判其犯交通肇事罪，处有期徒刑 2 年 6 个月。笔者认为，本案中被告人违反交通运输管理法规将被害人撞伤，制造了被害人生命健康的危险状态，而该交通肇事的先行行为所违反的规范保护目的正涵括保护被害人的生命健康。行为人事后没有送被害人去医院检查，而是驾车离开现场，尤其是行为人当天再次路过现场时看到被害人仍然坐在路边，应当知道被害人因被撞伤而处于危险状态，却仍然不予救助，且被害人若及时被抢救是可避免死亡的。综上，最终发生的被害人死亡结果正是先行行为制造的风险之实现，处于先行行为的规范保护目的的范围之内，行为人的不救助导致被害人死亡的行为，符合刑法规定的"因逃逸致人死亡"的情形。[①] 一审法院的裁判理由及

[①] 我国有学者认为，刑法加重处罚交通肇事中的逃逸的规范目的在于，要求肇事行为人及时救助被害人。若行为人能够救助却不救助，即成立逃逸。逃逸的本质不是作为（如逃跑），而是不作为（即不救助）。该不作为的作为义务来源于交通肇事的先行行为。从刑法的规范结构来看，可以将交通肇事后逃逸理解为"作为的交通肇事罪＋不作为的遗弃罪的结合犯"，将因逃逸致人死亡理解为该结合犯的结果加重犯。参见陈兴良主编《判例刑法教程》（分则篇），北京大学出版社，2015，第 286 页。

定罪量刑是正确的，二审法院的改判值得商榷。

　　上述案例是未超越规范保护目的范围的情形，下述案例则是超越规范保护目的范围的情形。某盗窃犯甲入户盗窃，声响惊动了房主乙，乙下楼查看时失足从楼梯跌落受伤。根据规范保护目的理论，甲触犯的盗窃罪的规范保护目的是保护财产法益，而乙受伤的损害结果超越了这一规范保护目的范围，不能归责于甲。这一理论同样可以适用于先行行为引起的不作为刑事责任：倘若甲目睹了乙的受伤过程且乙流血不止，但不予救助，乙重伤或者死亡，那么甲不会因先前的盗窃行为而成立保证人义务，因为人身权利的侵害超过了盗窃行为所违反的规范保护目的范围。① 保证财产所有人乙免受人身损害，根本不是甲违反的禁止盗窃的规范保护目的。

（六）被害人自我答责排除先行行为保证人地位

　　被害人自我答责②这一规则属于客观归责理论核心规则之一，同样适用于对先行行为的论证。倘若从先行行为中产生的风险由被害人独立负责，法益侵害结果就不能归责给先行行为人。这种情形的比较典型的案件是帮助他人实现故意的自我危害。虽然行为人制造了风险，但他人在认识到风险的情况下由其行为引起了风险的实现，此时他人的风险行为就阻断了先在行为所内含的风险，此先在行为并不能构成不作为的先行行为。通常的状况是，实行先在行为之后介入被害人自我危险行为，由被害人制造的自我危险阻断了先在行为的风险实现，此时被害人对结果自我答责，先在行为人不对结果负有保证人义务。常见的案例是向吸毒者出售或者提供毒品，吸毒者吸食后陷入昏迷状态，出售者或提供者没有采取救助措施，吸毒者死亡，此时前者并不成立不作为故意杀人罪或不作为过失致人死亡罪。③

　　例如，著名的"海洛因注射器案"。被告人甲偶尔吸食毒品，他碰到熟人乙，乙有吸食烈性毒品的爱好，乙告知甲其有海洛因可以共同吸

---

① Vgl. Stree, Ingerenzprobleme, in: Festschrift für Ulrich Klug, 1983, S. 399.
② 参见冯军《刑法中的自我答责》，《中国法学》2006 年第 3 期。
③ Vgl. Roxin, Strafrecht, Allgemeiner Teil, Bd. Ⅱ, Besondere Erscheinungsformen der Straftat, 2003, §32, Rn. 175.

食,但没有注射器,甲去购买了注射器。然后两人来到旅馆,在卫生间里乙把海洛因煮开,吸入两支注射器并拿给甲一支,两人注射毒品之后陷入昏迷,乙因受毒品致命刺激而死亡。法院认为甲参与共同吸毒以及提供注射器的行为是造成乙死亡的原因,判决其成立过失致人死亡罪。甲不服提起上诉,并获得了支持。① 德国联邦法院认为提供毒品行为作为先行行为产生了保证人地位,从而成立不作为的过失致人死亡罪。② 我们不能赞成这种观点,因为只有先行行为创设了可归责的致人死亡风险,才能产生保证人地位;致人死亡结果不能归责给毒品交付行为,所以也不会产生不纯正不作为犯的保证人地位。正确的做法是,对提供毒品的行为根据《麻醉品交易法》相关条文进行处罚,对共同吸毒者救助的不作为根据《德国刑法典》见危不救罪予以处罚。

在这类案件中,如果被害人如同毒品提供者那样,对吸食毒品的风险予以漠视,那么就不能对提供毒品者以身体伤害类犯罪处罚。③ 更确切地说,行为人只是帮助了不具刑事可罚性的自我危害,这种帮助缺乏符合犯罪构成的正犯行为,所以也没有刑事可罚性。按照不作为教义学来分析,当毒品接受者因吸食毒品而陷于无助状况时,毒品提供者也不在保证人地位上,这种无助状态及其后果不应归责于提供者,而应由吸食者本人答责。通过比较这个结论会更加清晰:对于故意自杀的帮助都不具有刑事可罚性,对于故意自我伤害的帮助就更不具有刑事可罚性,帮助者没有阻止从故意自我伤害中发生的后果也就不可能符合杀人罪(及过失致人死亡罪)的犯罪构成。一个人完全认识到自我危害的风险还去实行,那么对于由此带来的后果应归该人自我负责。

上面所阐述的这些原理,在完全认识到风险情况下实行自我危害的案件中,应当得到运用。在我国著名的"宋福祥不作为故意杀妻案"④中,被害人自我答责理论可以得到适用。被告人宋福祥在家中因琐事与其妻李某发生争吵进而厮打,李某说:"三天两头吵,活着还不如死

---

① Vgl. BGHSt 32, S. 262 - 267; NStZ 1984, S. 410.

② Vgl. BGH, NStZ 1984, S. 452; 1985, S. 319.

③ Vgl. BGHSt 32, S. 262.

④ 参见中国高级法官培训中心、中国人民大学法学院编《中国审判案例要览》(1996年刑事审判卷),中国人民大学出版社,1997,第34页。

了。"宋福祥说:"那你就死去。"李某欲自缢故寻找脚踩的凳子,这时被告人叫来邻居叶某某对李某予以劝阻。邻居走后,二人又进行了吵骂厮打。后李某寻找自缢用的绳索,被告人放任不管、未加劝阻,没有呼喊近邻或者采取其他措施,而是离家去一里之外的父母家中,告知父母此事,在其家人赶到现场时李某已经死亡。法院认为,被告人与其妻李某在家中争执,并用语言刺激李某,导致李某产生轻生自杀的决心,被告人看见李某搜寻工具欲自缢,应当预见到会产生自缢身亡的后果却放任该结果的发生,在家这种特定环境中仅有夫妻二人在场,被告人应履行特定义务阻止死亡后果的发生,但其却予以放任,其触犯了不作为的故意杀人罪。笔者认为,夫妻之间的争吵厮打不足以引起一方自杀身亡的危险,被害人在处理夫妻关系时选择自杀是极端异常的,这是其基于自身意志自由选择的,具有自由意志支配之下的自愿性,作为完全责任能力人,其应对自杀行为及结果自我答责,这也排除了被告人的行为成立先行行为保证人地位。

五　以客观归责理论限定先行行为:具体运用

(一)合法驾驶行为不构成先行行为保证人地位

涉及肇事司机应否承担救助义务,对先行行为设定要求在实践中有很重要的意义。如果行为人的行为从各个角度看均符合义务且属于合理的交往范围,特别是在道路交通的场合,那么不会形成先行行为带来的不作为犯。尽管驾驶行为符合交通安全规则,但仍旧对参与交通的他人造成了伤害,在应对事故负全责的被害人陷入无助状态时,该驾驶行为不会产生保证人地位。如果让驾驶人承担会带来刑罚后果的保证人义务,保护一个自己违反交通规则、对事故负全部责任的参加交通的其他人,则对驾驶人来说是不公正的。① 一个合法的驾驶行为属于社会上一般的和被同意的行为举止,没有超越被允许的危险范围,先行行为保证人地位所要求的不被允许的危险并不存在。

---

① Vgl. BGHSt 25, S. 218, 221f. 之前的 BGHSt 7, S. 287, 288 没有对这个问题发表意见。

　　实行正当防卫性行为的人对侵犯人有着侵犯权，但只是在允许风险范围内合法驾驶的人不具有这种权利。根据这种观点有人认为汽车驾驶人处于保证人地位，但是我们应当对此予以否定。倘若驾驶人遵守各种规定行驶仍然发生了事故，那么其行为就欠缺行为无价值，事故结果就不能成为该当构成要件的结果而归责于他。在这样的案件中，事故的发生只能说是不幸的，而仅仅不幸的事件是不能产生保证人地位的。另外，还要考虑的是，这种案件中事故的责任通常归属于被害人，要求驾驶人承担保证人义务是一种附加的负担。如果认为承担保证人义务是被准许驾驶汽车的代价，那么也是错误的，必须承认的事实是：汽车驾驶是现今社会运行不可或缺的，而不是额外负担换来的"奢侈"。

　　雅科布斯试图做出区分，并且认为允许的风险性行为也可以产生保证人地位，这需要具有以下两个前提：首先，这是一种特殊的风险，即比日常不可避免的行为有着更高的风险；其次，受危险威胁的一方已经采取了理应实施的必要防护措施。[①] 由上述观点出发，汽车驾驶人是否存在保证人地位应做出区分：一方面，一般情况下，驾驶人符合谨慎义务驾驶却发生事故，且被害人一方也无责任，此时驾驶人成为救助被害人的保证人；另一方面，如果被害人一方没有采取防护措施，且对事故发生承担责任，如一个醉汉扑向正在行驶的汽车，那么驾驶人不具有保证人地位。笔者认为，在第一种情形中，如果驾驶人与被害人均谨慎行为，没有过错，就难以发生事故，可能的例外情况是由于第三人的责任发生了事故，这时由第三人处于保证人地位来救助被害人。在第二种情形中，合乎规定驾驶的行为人往往很难判断其他事故参与人是否有责任以及承担责任的程度，从而认识到自己是否处于保证人地位，决定是否救助被害人。因此，雅科布斯的区分性解决方案会带来法的不稳定性，难以有效判断汽车驾驶人的保证人地位。

　　否认合法驾驶人的保证人地位是一种主流意见，但是也有一些不同的看法。弗洛恩德（Freund）认为，虽然驾驶汽车是一种允许的风险，但在不可避免发生车祸之后，不能放任被害人死去，行为人有义务防止

---

① Vgl. Jakobs, Strafrecht, Allgemeiner Teil, 2. Aufl., 1991, § 29, Rn. 42.

死亡结果发生。① 毛拉赫、格赛尔（Gössel）赞成下述立场，行为人危险的行为侵害了他人法益，虽然该行为本身没有刑事可罚性，但行为人有义务避免进一步的损害。② 屈尔也指出，司机遵守交通规则驾驶是获得风险性许可的行为，但这并不意味着可以让被撞伤的行人死去。③ 笔者认为，上述观点均担心交通肇事中的被害人得不到有效保护，但这种担心是多余的。因为虽然驾驶人不承担先行行为保证人义务，但其要承担德国刑法中的一般救助义务，驾驶人可能成立作为纯正不作为犯的见危不救罪。

在我国司法实践中，司机合法驾驶造成事故，对被害人不救助致其死亡的，司法机关倾向于认定行为人存在先行行为保证人地位，成立不作为的故意杀人，如"被告人丁某驾车致人死亡案"。④ 丁某是出租车司机，其驾车通过一座桥，在下坡处碾轧到被害人李某，李某因醉酒卧于此处，丁某从车下把李某拉出，将其放在路边便离开了。路人发现李某后将其送往医院，抢救无效后死亡。根据鉴定结论，李某系内脏受损后失血性休克死亡。丁某称事发时将李某拉出时其还有反应；医院抢救记录表明，李某被送医院时昏迷，之后约一分钟不治身亡；根据现场勘查记录，案发地桥梁长 14 米，李某醉卧处位于下坡 5 米偏右位置；侦查实验证明，驾驶车辆上坡时看不到该处，夜间驾车下坡时也难以发现，即使发现，也由于距离太近不能有效制动。法院认为丁某驾车肇事，其对李某有救助义务，判决其成立故意杀人罪（间接故意）。通过阅读该案判决书，笔者注意到，法院根据形式说认为丁某具有作为义务，因为交通肇事行为在先、死亡结果在后，所以被告人因其先行行为而负担作为义务。我国也有学者认为，虽然被告人丁某的先行行为是一个交通事故（交通意外），但这一行为对被害人的生命造成了现实、紧迫的危险，因此被告人有义务对被害人进行救助。⑤ 笔者认为，根据此案判决书的描

① Vgl. Freund, Erfolgsdelikt und Unterlassen: Eine Untersuchung zu den Legitimationsbedingungen von Schuldspruch und Strafe, 1992, S. 182.

② Vgl. Maurach/Gössel/ Zipf, Strafrecht, Allgemeiner Teil, Teilband 2: Erscheinungsformen des Verbrechens und Rechtsfolgen der Tat, 7. Aufl., 1989, §46, Rn. 102.

③ Vgl. Kühl, Strafrecht, Allgemeiner Teil, 4. Aufl., 2002, §18, Rn. 101.

④ 参见江苏省常州市天宁区人民法院（2002）天刑初字 279 号判决书。

⑤ 参见陈兴良主编《判例刑法教程》（总则篇），北京大学出版社，2015，第 156 页。

述，对丁某行为性质需做具体分析：丁某作为出租车驾驶员，驾车时没有违反交通规则而是正常行驶，虽然其碾轧到醉卧于桥梁上的李某，但这是不可避免的；丁某的行为符合交通规则，驾驶机动车本身所具有的风险是法律和社会所允许的，丁某不会因为该先行行为而居于保证人地位。丁某只是把被害人拉出来放置在路边便离开了，事后从李某被人送医来看该放置处易于被人发现，丁某又没有保证人义务，因此丁某的行为不构成不纯正不作为犯罪。上述德国法院的判例也印证了这一结论。[①]在《德国刑法典》中有见危不救罪这种纯正不作为犯，可以用来评价丁某的这种行为，但是我国刑法中并不存在这种罪名。在我国司法实践中，对于这种没有违反交通规则却撞伤人后逃逸，没有救治被害人而发生死亡的案件，司法机关一般以故意杀人罪（不作为）来处理。这种做法有现实上的无奈，不追究行为人刑事责任的话办案机关会承受被害人亲属及社会舆论的巨大压力。倘若依照教义学原理来检验，不能说合法驾驶人具有保证人地位（救助义务），[②]也就不成立故意杀人罪这种不纯正不作为犯。

（二）餐馆正常售酒行为不构成先行行为保证人地位

通常情况下是社会允许的或人们习以为常的行为，行为人无意地帮助或者引起了他人实施犯罪行为，就会提出这样一个问题，即行为人是否因此而承担阻止他人行为或者排除他人行为后果的保证人义务，例如出售酒精饮料或者只是共同饮酒，是否形成避免醉酒后果的义务。餐馆老板是否基于售酒的先行行为处于保证人地位，对此德国联邦法院最初予以肯定。客人在餐馆中饮了不少酒，虽然其还具有归责能力，但其状态已不适合驾驶，后来在其驾车返家途中发生交通事故。德国联邦法院认为，除了这个客人之外，餐馆老板也应以不作为的过失行为对肇事后果承担责任。[③] 法院认为，餐馆老板为客人提供了酒精饮料，酒使客人

---

① Vgl. BGHSt 25，S. 218，221f.

② 我国有学者指出，对于这种情形，应增设见危不救罪或者在否定先行行为保证人地位的同时扩大第 261 条遗弃罪的适用范围，以避免要么适用故意杀人这一重罪，要么不科以任何处罚的两极化的解决方式。参见王莹《论犯罪行为人的先行行为保证人地位》，《法学家》2013 年第 2 期。

③ Vgl. Renzikowski, Restriktiver Täterbegriff und Fahrlässige Beteiligung, 1997, S. 264ff.

处于不清醒状态，餐馆老板居于保证人地位，他应当制止客人驾车，若有必要应叫警察来处理。行为人为他人实施犯罪行为制造了危险，就有义务阻止从该犯罪行为中发生损害结果。① 这个判决如果持续有效就很有可能给餐饮业带来毁灭性打击，所幸德国联邦法院后来撤销了该判决。②

餐馆里售酒是社会上一般的和公众同意的行为，对于客人过量饮酒可能引起的结果通常不要求餐馆老板负责，他没有保证人地位。向前来消费的未醉酒的人卖酒是一种被允许的风险，"向顾客或者驾车来的司机出售酒精饮料所产生的危险，被规定了经营者法律义务的，社会在一定范围内予以容忍"。③ 只要客人在法律上还具有答责能力，客人的自由和公众的利益都不会要求餐馆老板履行干预的义务，餐馆老板作为经营者可以从事法律允许的所有经营活动。例如，"餐馆老板案"。被告人经营一家餐馆，三位客人来店消费，他们之前已饮过酒，来这里他们又喝了不少威士忌，后来他们打算驾车离开，被告人看到他们都不能安全驾驶，就提议他们叫出租车，但他们仍然驾车离去。驾车过程中，司机酒力发作，车开到路边的田地里，翻了车，有两人受伤。判决关注了一个问题，即餐馆老板是否承担不作为过失伤害的责任，德国联邦法院予以否定。④ 餐馆老板的经营活动包括售酒，倘若他要对消费者过量饮酒所可能引起的结果一般性地负责，则经营者就会在很多场合成了消费者的监护人和照料人，这是苛加在经营者身上的保证人义务。

餐饮业法正确的只是禁止经营者向醉酒者出售酒精饮料；此处的醉酒者已经失去了归责能力，不仅指丧失知觉的醉酒状态，而且包括从外部的身体与精神上的比较明显的失态能够予以判断的醉酒状态。亦即，在客人的醉酒状态达到了清晰可辨的程度，能够理智地看出客人失去自

---

① Vgl. BGHSt 4, S. 20.
② Vgl. BGHSt 19, S. 152.
③ Vgl. BGHSt 19, S. 155. 值得注意的是，2007 年生效的日本新《道路交通法》增设了"酒水提供罪"，适用于明知客人驾车仍提供酒水的餐饮业者。参见朱娅珍《日本不仅重罚酒后驾车连坐这样的车也要罚》，《都市快报》2008 年 1 月 5 日。笔者认为，日本酒文化盛行，饮酒引发的交通事故比重较大，故新法对酒水提供者、车辆提供者甚至同乘者予以处罚。但这里只处罚提供酒水的"先行行为"本身，并未规定提供者因此处于保证人地位而有可能构成不作为犯。
④ Vgl. BGHSt 19, S. 153 – 156；JuS, 1964, S. 208, Fall 7.

我答责的行为能力,这时餐馆老板还卖给其酒精饮料的,就制造了法所不允许的风险,他具有保证人地位,他必须以合适的、可能的方式制止客人驾驶汽车。① 售酒从此时就失去了社会上一般的和为公众所同意的行为属性,醉酒者很可能会危及他人以及本人,必须要求售酒者尽力避免这种危害。何时存在这样的状态是一个事实问题,倘若有某种特别的情节,如客人对酒精特别敏感,或健康情况很糟糕,以致餐馆老板担心客人会在酒精的作用下违反刑法,则会要求餐馆老板进行干预。

考察我国的醉酒驾车肇事案件,如影响很大的孙伟铭案、黎景全案,② 法院审理查明的事实是行为人醉酒后驾车,但对造成其醉酒驾车这一不被允许的风险的先行行为没有任何表述,看不出提供酒水的店主对造成其醉酒驾车有何作用,几乎所有的醉驾案件都没有关注造成醉酒驾车的先行行为。③ 我们可以借鉴德国学界的上述学说以及判例的做法,分析餐饮业主及劝酒者在这些醉驾案件中的刑事责任,从而引导他们履行注意义务,防止客人及同饮者醉酒驾车,减少交通事故的发生。

(三)瑕疵产品与先行行为保证人地位

有观点认为,制造者或销售者使其产品进入流通环节,消费者按照规定使用会违反合理期待地产生损害危险,那么制造者、销售者就有义务防止损害发生,即形成基于先行行为的保证人地位;如果其不履行产品回收义务,就要对损害承担刑事责任,有可能成立不作为的伤害罪。④ 但是生产销售瑕疵产品产生的是先行行为保证人地位这种观点受到质疑。

司法实务中有关产品刑事责任的判决有不少,著名的"皮革喷雾剂案"判决中对产品刑事责任的问题阐述了基本观点。⑤ 该案的基本案情如下。X公司生产皮革喷雾剂,子公司S和E负责产品的销售。公司收到了用户投诉,称他们使用该产品后受到了严重的健康损害,如咳嗽、

---

① Vgl. BGHSt 19, S. 152ff.
② 该两案请参见最高人民法院刑事审判庭编《中国刑事审判指导案例》1,法律出版社,2012,第419~435页。
③ 参见谢绍华《先行行为论》,中国人民公安大学出版社,2011,第275页。
④ Vgl. Roxin, Strafrecht, Allgemeiner Teil, Bd. Ⅱ, Besondere Erscheinungsformen der Straftat, 2003, §32, Rn. 198.
⑤ Vgl. BGHSt 37, S. 106 – 135.

寒战、发热、呼吸困难，甚至出现生命危险。1981 年 5 月，X 公司主管人员召开特别会议商讨此事，与会人员有 S、Sch 博士、R、O、首席化学师 B 博士。B 提出，现有的调查没有足够的证据证明皮革喷雾剂中含有有毒物质。由此，公司董事会决定，不召回产品亦不停止销售，只是完善产品包装上的警示说明。S 与 E 公司的负责人分别在会后知晓了特别会议的内容，二人在各自主管范围内执行了决定。之后，大量该产品的消费者仍然不断受到身体伤害，政府部门介入并召回产品。后来查明，该产品中个别原料可能的毒理作用机制，或者其与其他原料的结合，是出现伤害的可能原因，同时，滥用、过敏、散发均不会引起健康伤害。

　　一审判决被告人成立伤害罪，德国联邦法院基本支持了一审判决，并在学理上讨论了保证人地位的产生。[①] 法院认为，由于先行行为对他人创设了危险的人，对将要发生的损害有义务予以避免。本案中被告人具有保证人地位，因为全部被告人实施了创设风险的先在行为，作为涉案公司的负责人，他们将皮革喷雾剂带进市场，消费者合规使用时会出现健康受损。法院谨慎区分了被告人的负责范围及引出的义务，S 与 E 公司的负责人分别负有召回各自品牌喷雾剂的义务。法院认为，在危机和例外情况下公司负责人具有一般责任，S 和 Sch 博士作为公司负责人要对企业的整体行为负责。[②] 德国联邦法院认为，被告人创设了风险的先行行为在客观上也是违反义务的。[③] 从上述事实中可以得出这种结论，即使法秩序不是毫无例外地，也是原则上禁止创设风险的，倘若没有人干预这种风险，风险便会进而发展而造成他人的身体损害。另外，在本案中，从法律的规定中也可以看出先行行为的客观义务违反性，被告人违反了食品与消费品法律的规定，这些法律规定禁止生产与销售者将损害健康的产品纳入流通领域，可以看出，法律规定与先行行为在此处相互结合在一起了。本案中也不能以允许的风险为理由排除先行行为的客观义务违反性，因为虽然偏差在一般的批量生产过程中难以避免，不会带来刑事责任，但本案中伤害事件发生的数量已远远超出了正常阈值，

---

① Vgl. Samson, Probleme Strafrechtlicher Produkthaftung, StV 1991, S. 184.
② 参见〔德〕希尔根多夫《德国刑法学：从传统到现代》，江溯等译，北京大学出版社，2015，第 253 页。
③ Vgl. BGHSt 37, S. 106ff.

产生伤害的皮革喷雾剂并不仅仅是一种偏差。

在此种案件中，判决表面上赞成义务违反论，但不要求行为人具有预见可能性。本案中法院查明，X 公司在生产皮革喷雾剂过程中按照当时的技术标准进行了各种检验，未检测出违禁成分以及对人体有害的物质，所以生产时未违反注意义务。尽管如此仍然认为，X 公司及 S、E 公司生产销售皮革喷雾剂的行为客观上创设了风险，有关人员由于先行行为而居于保证人地位。法院进一步说明，对先行行为要求的客观义务违反与对过失犯要求的违反注意义务存在区别，① 前者不包括主观违法而后者包含；尽管只是客观上违反义务不一定符合过失的犯罪构成，但已为刑法对法益损害危险进行谴责奠定了基础；先行行为是否违反注意义务、是否具有罪责，在这里无关紧要。

我国也有学者认为，基于我国社会治理的现状，不应该要求先行行为人具有预见可能性：目前，我国公共安全责任事件大量发生，对此予以刑事治理的有效途径是，要求有关人员承担作为义务，如果其漠视将会被追究不作为的责任。倘若要求成立先行行为须有预见可能性，则很难实现上述目的。例如，我国产品安全问题比较突出，许多产品生产领域欠缺安全细则，没有明确可行的安全标准；如果企业生产的某一产品对消费者的人身安全等法益造成了损害，由于不能判断企业的生产行为违反了义务标准而成立过失，那么即使企业不回收瑕疵产品也不会为此承担不作为刑事责任，这将形成不合理的处罚漏洞；为此，应当肯定对损害结果没有预见可能性的场合也会存在先行行为的作为义务。②

罗克辛认为，行为的主观不法与客观不法是不能分开的，对于先行行为来说，客观义务违反与违反注意义务二者是一致的，只有客观义务违反而没有违反注意义务是不可能的；义务违反应当在事先而不是事后从损害结果中判断，在创设不被允许风险的同时又没有违反注意义务是不可能的；法院将注意义务和责任等同起来，这实际上是混淆了不法与责任；至于行为人是否有责任，他的过失能否避免，已是其他层面的问

---

① Vgl. BGHSt 37，S. 106 ff.

② 参见姚诗《先前行为与实行过限下知情共犯人的刑事责任》，《法学研究》2013 年第 5 期。

题。① 罗克辛认为，根据传统理解的先行行为保证人地位，不会在"皮革喷雾剂案"中产生召回义务这种结果避免义务。基于先行行为产生召回义务的前提是该先行行为违反了义务，本案中在生产销售皮革喷雾剂时公司负责人即使履行了客观上必要的注意义务也不可能预见到危险，也就不存在违反义务。德国联邦法院认为，先行行为的客观义务违反性不以行为人违反了注意义务为前提，不要求行为人已经过失地行为了，只要法律对损害结果予以反对就足够了。② 罗克辛认为这种观点有待商榷，因为只有当行为的危险性在事前（行为之时）可以认出的时候，才能说是违反了法律义务。③

　　许迺曼认为在皮革喷雾剂已经进入市场流通的情况下，不应承认刑法上有重要意义的召回义务。④ 但是，这种观点是不能被接受的，首先，许迺曼观点的出发点是，只有对产生危险的产品的实际支配才能引起企业负责人的保证人责任；如果企业负责人不再处于危险产品的支配领域，就丧失了保证人地位。对于学界一般承认的产品制造人的监督义务，许迺曼予以否认，其理由是产品推出市场之后，产品制造人便丧失对其支配的权利，也就没有监督义务。⑤ 卢恩特认为许迺曼的看法过于狭隘，因为对产品的支配不是空间的、实物的支配，而是一种社会性的支配。⑥ 其次，许迺曼认为，当产品离开生产者的支配领域，伤害将要发生时，他与无关的第三人并没有什么不同，此时生产者作为的可能性与对引起危险的答责就不再存在了。但是这种看法也是站不住脚的，生产者和销售者最了解产品瑕疵，他们绝对与无关的第三人不同。⑦ 德国联邦法院对此做了很好的说明，产品引起损害的报告都汇集到生产者与销售组织

---

① Vgl. Roxin, Strafrecht, Allgemeiner Teil, Bd. Ⅱ, Besondere Erscheinungsformen der Straftat, 2003, S. 779ff.

② Vgl. BGHSt 37, S. 110, 118.

③ 〔德〕克劳斯·罗克辛：《德国最高法院判例·刑法总论》，何庆仁、蔡桂生译，中国人民大学出版社，2012，第253页。

④ Vgl. Schünemann, Strafrechtsdogmatische und kriminalpolitische Grundfragen der Unternehmenskriminalität, wistra 1982, S. 41, 44f.

⑤ Vgl. Schünemann, Unternehmenskriminalität und Strafrecht, 1979, S. 110.

⑥ Vgl. Lund, Mehraktige Delikte, 1993, S. 257.

⑦ 参见〔德〕克劳斯·罗克辛《德国最高法院判例·刑法总论》，何庆仁、蔡桂生译，中国人民大学出版社，2012，第251页。

那里，他们掌握的情况是最全面的。要求他们对瑕疵产品予以召回，能够比第三人采取干预措施发挥更好的作用，零售商和消费者可以立即根据瑕疵产品召回说明，对产品的缺陷情况做出判断，对危险范围做出评估，从而正确选择排除危险的必要措施。①

从上述讨论中可以看出，实务界与理论界关于被告人是否因为生产销售瑕疵产品的先行行为具有保证人地位是有争议的。对此加以总结的话，有三种解决方案。第一，否认生产者与销售者的保证人地位，他们也就不会成立不纯正不作为犯，但是，从刑事政策上看，这种解决方案放纵了瑕疵产品生产者、销售者，不利于产品风险的控制和消费者权益的保障。第二，从民法上的产品观察义务中衍生出刑法上的保证人地位，如布拉姆森（Brammsen）将这种义务归属于企业负责人的监督保证人义务中。② 这种解决方案也存在问题，因为形成民法上损害赔偿权的情形，并不能自然就为追究刑法上不作为的责任提供依据。法院与学界都没有明确的标准，即刑法之外的规范具备什么条件可以说明刑法中保证人地位的根据。第三，大多数学者赞同的解决方案是，扩大先行行为的范围，不仅包括违反义务的先在行为，而且包括升高风险的先在行为。在当今社会，产品的生产和投入流通是一种危险的行为，不管在销售时是否可以认出与某一产品的安全标准不相称的危险，都产生了生产者和销售者的保证人地位。③ 但是这个方案也受到质疑，首先，它违背了先行行为的基本性质，即先行行为必须以一种事先违反义务的方式制造了一个危险源；其次，没有一个确定的标准可以在普通的与升高的可允许风险之间做出划分，风险的升高是在一个连续的标尺上移动的，没有一个点可以用来确定具有重要法律意义的升高，④ 因此，难以判断何为"升高风险的先行行为"。

实际上，应该用接管保护功能来说明生产者的保证人地位。在现代

① Vgl. BGHSt 37, S. 121.

② Vgl. Brammsen, Strafrechtliche Rückrufpflichten bei Fehlerhaften Produkten? GA 1993, S. 97ff.

③ Vgl. Kuhlen, Strafhaftung bei unterlassenem Rückruf Gesundheitsgefährdender Produkte, NStZ 1990, S. 569.

④ Vgl. Hoyer, Die Traditionelle Strafrechtsdogmatik vor neuen Herausforderungen – Probleme der Strafrechtlichen Produkthaftung, GA 1996, S. 160, 175.

社会中，消费者不可能自己去检验所购买产品的安全性，他必须信任生产者不仅按照安全标准生产，而且会告知他事后出现的风险。这是一种社会现实，这也表现在民法上的产品观察义务与召回义务之中。尽管从刑法之外的义务中不能直接衍生出刑法上的保证人地位，但是它们确实表现出应当归责于生产者的保护功能所必需的各种要素。① 生产者最先得知产品事后出现缺陷的完整信息，其能够重新检测生产方法来找出存在缺陷的根源，而且基于对销售渠道的掌握立即停止这些产品的流通，能最有效地找到作为潜在受害人的消费者。由此，消费者必须信赖生产者居于优势的产品知识和信息，相应地，生产者必须接管属于自己的保护任务。这种保证人义务不是由于先行行为产生的，而是因为生产者对那些依赖自己的消费者具有优势的保护功能。

倘若生产者从一开始就过失地将产品送进流通领域，则也会由先行行为推导出保证人地位。在产品责任领域，两种保证人地位共存是完全可能的，在其他类型的案件中也是常见的。例如，父亲对其控制的危险源疏于监护，导致其孩子受伤，这里既存在监督危险源的保证人地位，也存在保护法益的保证人地位。许多案件中，产品出厂时是否违反义务难以判断，而由生产者接管保护功能来说明保证人地位，是一个可行的选择。

（四）正当防卫不会产生先行行为保证人地位

具备何种条件先在行为可以产生保证人地位，许多法院判决和理论学说没有做出限制，认为这种先在行为不仅包括没有责任的行为，甚至也包括合法行为。这便是因果的先行行为理论，其主张先行行为与义务违反性无关，合法的先行行为也足以产生保证人地位。② 但有力观点是对先行行为做出限制，要求其是违反义务的，即使不是绝对有责也可以，

---

① Vgl. Roxin, Strafrecht, Allgemeiner Teil, Bd. Ⅱ, Besondere Erscheinungsformen der Straftat, 2003, S. 782.

② Vgl. BGHSt 3, S. 203, 205; 11, S. 353, 355ff; Maurach/Gössel/Zipf, Strafrecht, Allgemeiner Teil, Teilband 2: Erscheinungsformen des Verbrechens und Rechtsfolgen der Tat, 7. Aufl., 1989, §46, Rn. 100; Baumann/Weber, Strafrecht, Allgemeiner Teil, 9. Aufl., 1985, S. 248; 张明楷：《刑法学》，法律出版社，2016，第 155 页；许成磊：《不纯正不作为犯理论》，人民出版社，2009，第 281 页。

这就是违反义务的先行行为理论。它认为，只有违反义务的先行行为才能引导出保证人地位，合法行为则不能。[1] 这两种学说的区别，突出体现在正当防卫上。例如，乙持刀抢劫甲，企图非法占有甲的贵重财物，甲奋起防卫，用石头将乙砸倒，乙流血不止，甲离开后乙死亡。如果甲当时呼叫医生的话，可以挽救乙的生命。

按照违反义务的先行行为理论，甲的行为是正当防卫并未违反义务，所以甲没有保证人义务，不成立不作为的故意杀人。如果被害人实施合法的防卫行为还要履行保证人义务，去救助侵害者，这在情理上让公众难以接受。与通常的造成损害者不同，正当防卫人处于一种特别状态中：被侵害者的攻击行为，即针对侵害者的防卫行为，是由侵害者的违法行为惹起的，并不是基于自由的决定，这种情节必然影响到侵害者的法律地位。[2] 按照客观归责理论，先行行为只有创设了不被容许的风险才产生保证人地位，正当防卫行为创设的是法所容许的风险，所以正当防卫人没有保证人地位。德国联邦法院没有对这个视角进一步阐述，只是认为，这里不必一般性地回答先行行为是否必须违法的问题。同时它认为，紧急防卫中被袭击者伤害了袭击者，他通常不是袭击者生命的保证人。[3]

当然也存在一些不同的看法。正当防卫之所以正当化是因为其在必要性限度内行使，这种必要性是否在稍后采取救助的不作为中就消失了？不承认正当防卫人的保证人地位，是否会导致防卫行为不必再限于必要性的范围？这是肯定正当防卫人保证人地位的学说所能提出的最有力论据。支持这种观点的学说认为，如果侵害者被一个必要的用刀捅的行为所防卫，然后面临流血不止而死亡的危险，那么不予救助任其死亡就超出了必要性的限度。对此有力的反对意见是，必要性限度只是由立法者

---

[1] Vgl. BGHSt 23, S. 327ff.; 25, S. 218, 220ff; 37, S. 106, 115ff; Baumann/Weber/Mitsch, Strafrecht, Allgemeiner Teil, 11. Aufl., 2003, §15, Rn. 67; Schönke /Schröder-Stree, Strafgesetzbuch. Kommentar, 26. Aufl., 2001, §13, Rn. 34f; Wessels, Strafrecht, Allgemeiner Teil, 22. Aufl., 1992, S. 232；陈兴良主编《刑法各论精释》（上），人民法院出版社，2015，第 35 页。

[2] 当然，侵犯者并非不受法律保护，根据《德国刑法典》第 323 条 c 包括被侵犯者在内的人对现在是需救助的侵犯者也要承担一般性的救助义务，即便侵犯者本人引发了紧急状态，也存在该条文所规定的不幸事故。

[3] Vgl. BGHSt 23, S. 327, 328; JuS 1971, S. 74, Fall 6.

在刑法典正当防卫条文中与防卫行为规定在一起，如果不救助侵害者不再处于必要性的范围内，则是触犯纯正不作为犯还是成立不纯正不作为犯的问题，这已属于不作为教义学范畴，不再是正当防卫的问题。①

对构成要件适用的归责规则可以扩展适用于不法领域。在作为阻却违法事由的正当防卫的场合，正当防卫成立的先行行为所产生的危险处于违法侵害者的责任范围之内，一个人不法侵害他人的法益，应当预估到被防卫反击的后果，并承担这种后果，而不能归责于正当防卫人。德国联邦法院表达了相同的看法，一个人实施了一个违法袭击引起了对自己的损害，他根本没有根据强求被袭击者成为保证人再来保护他的利益。② 这里明确提出自我危害的问题，这正符合客观归责理论的自我答责规则。

因果的先行行为理论认为，只要行为人实施了对结果有原因性的危险先行行为，他就有义务控制危险；如果不要求正当防卫的必要性限度，则等于对侵害者判了死刑，据此应当赋予防卫人保证人义务。虽然甲的正当防卫行为没有违背义务，但毕竟甲的行为创造了乙死亡的风险，甲应承担保证人义务，可能成立不作为故意杀人罪。然而正如前文所分析的，因果的先行行为论弊端明显，它所认定的保证人地位范围过于宽泛。正当防卫人在受到不法侵害的情况下实施防卫行为，要求他为此作为侵害者的保证人，还要因此承担故意杀人或故意伤害的刑事责任，这显然是责任归属的错误。③ 只有超过必要性限度的防卫过当情形才可能形成保证人地位，如果认为正当防卫人具有保证人地位，就将正当防卫等同于防卫过当，甚至将正当防卫人与不法侵害者一视同仁，这就使得正当防卫人受到不公正的对待。④ 正当防卫人不仅保护个人利益，往往也保

① 〔德〕克劳斯·罗克辛：《德国最高法院判例·刑法总论》，何庆仁、蔡桂生译，中国人民大学出版社，2012，第 255 页。

② Vgl. BGHSt 23，S. 328.

③ 德国实务也采取这种看法，Vgl. BGHSt 19，S. 154；23，S. 327；25，S. 218；34，S. 82。在德国的立法语境下，这样会导致一种结局，即与《德国刑法典》第 323 条 c 中的一般第三人相比，实施正当防卫保护自己的人会受到更重的处罚；相应地，与无罪责地遭遇不幸事故的人相比，实施不法侵害的人会得到更好的保护。这就使得不法侵害人享有一种不公正的特权，而且背离了刑法规定正当防卫的意义。

④ 参见林东茂《刑法综览》，中国人民大学出版社，2009，第 122 页以下。

护了公共利益，还要附加给他额外的保证人义务，就完全与正当防卫制度的意义相悖。见义勇为者的例子特别典型地说明了上述问题，他基于公民勇气和责任对不法侵害进行干预和制止，而且通常是面对暴力侵害。对于这种干预的后果，如果还要求其承担保证人义务，那么在与袖手旁观的国民的对比中，会显得特别荒谬和不公道。

（五）紧急避险可以产生先行行为保证人地位

合法的先行行为不产生保证人地位，对此是要一律认可，还是也承认例外情形，需要认真考虑。违反义务的先行行为理论认为，先行行为人不违反义务就没有保证人地位。但这个标准对于确立保证人地位来说可能过于严格，有时会造成对于法益保护而言不容忽视的漏洞。有学者对此批评道：倘若创设风险者不必去阻止结果发生，则应当确定谁来阻止结果发生呢?[①] 实际上，持违反义务说的学者一般也承认有例外情形，常说的例外情形是紧急避险。攻击性的紧急避险表现的是正对正，行为人为了自己能够摆脱紧急状态，给第三人带来了不利后果。对于法益受到危险的第三人，紧急避险人应当负有保证人义务。[②] 行为人在阻却违法的紧急避险中牺牲他人利益而保全本人利益，他有义务尽可能地把其避险行为造成的后果控制在最小范围内。[③]《德国民法典》第 904 条第 2 句规定，紧急避险人承担损失赔偿义务，这表现了同样的法理。持因果说的学者当然更主张紧急避险人成立先行行为保证人地位，如张明楷教授就认为，先行行为不一定要有违法性，阻却违法的紧急避险行为没有违法性，但避险人对第三人形成法益侵害的危险时，他具有救助义务。[④]

我们通过一个案例可以很清楚地了解这种合法行为亦产生先行行为保证人地位的情况——"王仁兴破坏交通设施案"。[⑤] 被告人王仁兴驾驶机动渔船行驶至"红花碛 2 号"航标船附近水域，看见本村渔民撒网时

[①] Vgl. Baumann/Weber, Strafrecht, Allgemeiner Teil, 9. Aufl., 1985, S. 248.

[②] Vgl. Wessels, Strafrecht, Allgemeiner Teil, 22. Aufl., 1992, S. 233; Rudolphi, Systematischer Kommentar zum Strafgesetzbuch, Bd. I, 7. Aufl., 1998, §13, Rn. 40a.

[③] Vgl. Kühl, Strafrecht, Allgemeiner Teil, 4. Aufl., 2002, §18, Rn. 96.

[④] 参见张明楷《不作为犯中的先前行为》，《法学研究》2011 年第 6 期。

[⑤] 参见最高人民法院刑事审判第一、二庭编《刑事审判参考》（总第 38 集），法律出版社，2004，第 82~387 页。

挂住了固定该航标船的钢缆绳，便驾船前去帮忙摘脱。当被告人驾驶渔船接近航标船时，航标船的钢缆绳缠住了渔船的螺旋桨。被告人持刀砍钢缆绳，以便使其渔船及船上所载人员脱离危险，但未能成功，遂登上航标船解开钢缆绳，后驾船离开现场，航标船脱离钢缆绳后顺江漂流。一审法院认为，被告人为了自身利益，故意破坏交通设施航标船，使该船从原定位置脱离，危及公共航行安全，其行为成立破坏交通设施罪。二审法院审理认为，上诉人王仁兴的渔船被钢缆绳缠住后有倾覆的危险，为了保全其本人、他人人身及财产安全，不得已解开航标船的钢缆绳，构成紧急避险，但其在脱险之后，明知航标船漂离后会使过往船只面临倾覆、毁坏的危险，应为排除危险状况而采取积极措施，而且其能够履行这种义务，但上诉人置之不理而未履行该义务，构成不作为犯罪，成立破坏交通设施罪。笔者认为，就本案而言，被告人解开航标船钢缆绳的行为属于先行行为，该先行行为在消除其自身危险的同时又造成了对交通安全设施的破坏，从而使其他船舶航行时处于危险状态，此时该先行行为就引起了被告人在其正当权益得以保全的情况下，采取积极措施消除危险状态的保证人地位。倘若认定被告人成立阻却违法性的紧急避险，而不是阻却责任的紧急避险，那么就要求被告人对航道安全承担保证人义务，因为被告人为了本人的利益而造成航道安全受威胁的状态，事件的发生不在他人的责任范围内，他人未参与危险的产生过程。被告人的紧急避险已干涉了其他船只的航行安全，只是基于利益衡量，为了保护被告人更大的生命法益，不得已才暂时牺牲了航标船。虽然被告人由于正当化事由（紧急避险）有权制造一定风险，但当紧急状态消失之后，被告人又具有一个义务，即将尚存在的危险消除，这也是符合刑事政策的。被告人应当采取报告主管部门等措施防止航道安全继续受到威胁，在被告人不采取措施时，其就会构成不作为犯罪。

（六）故意犯罪行为可以引起先行行为保证人地位

一个过失的先行行为会引起一种防止结果出现的义务，一个人过失造成事故然后对受伤的被害人故意不予理睬的，可能成立不作为的故意伤害罪或者不作为的故意杀人罪，这是先行行为司法判决的一种典型类型。

有观点认为，故意犯罪人对故意造成的结果没有阻止时，没有保证人地位。[①] 例如，甲以杀人的故意枪击乙，乙受伤流血不止，甲任其死亡而不送医，若送医能够救活乙。在这种类型的案件中，按照上述观点，只成立作为的故意杀人罪的犯罪构成，因为没有保证人地位，所以不成立不作为的故意杀人罪。德国联邦法院认为，故意地追求一个结果或者同意性地容忍一个结果，行为人并没有制止这个结果发生的义务。[②] 德国有学者认为，在大多数情况下，行为人不可能再消除其主动制造的危险，所以事实上也不可能成立不作为。例如，丙枪击丁，由于丙不可能将已射出的子弹抓住，因此不会成立不作为。但即使存在可能施加干预的时间差，也不会构成不作为犯。这是因为不作为只是辅助性（subsidiär）的，其只是意味着，行为人对其作为开启的因果流程没有制止。据此，在上述甲以杀人故意枪击乙的案件中，如果在作为的故意杀人之外还考虑不作为的故意杀人，则是多此一举。[③]

还有反对故意犯罪产生先行行为保证人地位的观点认为，倘若肯定故意犯罪能够引起作为义务，则会出现以下问题：当成为先行行为的故意犯罪与其后成立的不作为犯罪触犯同一罪名时，如上述甲以杀意枪击乙的案件，甲的枪击行为本身便仅仅成为产生救助义务的根据，对实行行为判断的重心就转移到如何产生作为义务的判断上，如此一来也就没有必要区分作为与不作为。如同赫茨贝格（Herzberg）所倡导的消极行为概念，通过保证人这一概念把作为和不作为共同纳入"可避免的不予避免"这个上位概念中，这样，行为的客观事实要素就在该消极的行为概念中无存身之处。这种纯粹规范性地判断犯罪行为的做法，属于以规范证明规范的循环论证，对于限定刑法上的行为概念并无助益。[④]

我们的观点是，故意犯罪可以成为不作为犯的先行行为。德国有学者认为，过失行为可以作为先行行为说明不作为犯的责任根据，故意行

---

① 参见徐跃飞《论不作为犯罪中的先行行为》，《时代法学》2006 年第 1 期；于改之《不作为犯罪中"先行行为"的本质及其产生作为义务的条件——兼论刑法第 133 条"因逃逸致人死亡"的立法意蕴》，《中国刑事法杂志》2000 年第 5 期。

② Vgl. BGH, NStZ-RR 1996, S. 131.

③ Vgl. Kindhäuser, Strafrecht, Allgemeiner Teil, 7. Aufl. , 2015, § 35. Rn. 8.

④ 参见许玉秀、陈志辉合编《不移不惑献身法与正义——许逎曼教授刑事法论文选辑》，新学林出版股份有限公司，2006，第 631 页。

为更可以作为先行行为来发挥这种作用。① 我国也有学者首先承认过失犯罪能够引起作为义务，在此基础上认为故意犯罪更能引起作为义务。② 例如，行为人实施故意伤害之后就有义务避免更严重的后果如死亡的发生。行为人在无杀人故意的情况下将他人打伤，然后在现场故意地任其失血死亡，这里就有着两个行为，侵害了两个法益，行为人对两个侵害事实均有责任，当然先发生的作为所侵害的法益被后发生的不作为所侵害的法益所包容，这时只认定重罪即可，③ 由于生命法益包含了身体法益，所以对行为人认定为故意杀人罪。

承认故意犯罪能够产生先行行为保证人地位的另外一个重要理由是，这能够很好地在教义学上解释第三人在行为人作为之后参与的刑事可罚性。根据前文甲枪击乙的案件，我们设想一种情况：甲在杀人过程中决意中止犯罪，打算把受重伤的乙送医抢救，这时第三人丙劝说甲不要去救，甲就在那里让乙死去。根据共犯从属性原理，教唆人丙没有该当构成要件的实行行为，认定甲成立不作为的故意杀人，丙就因为不作为杀人的教唆而具有刑事可罚性，否则对丙的行为就无刑事处罚的根据，从而一个故意杀人的教唆行为就逸脱了刑法评价的范围。同时，对于甲来说，其前面的作为杀人与后面的不作为杀人侵犯的乃是同一人的生命法益，仅认定为一个故意杀人罪即可。

① Vgl. Otto, Die Strafrechtliche Haftung für die Auslieferung Gefährlicher Produkte, in: Fs-Hirsch, 1999, S. 305.
② 参见张明楷《刑法学》，法律出版社，2016，第 156 页。
③ 参见张明楷《不作为犯中的先前行为》，《法学研究》2011 年第 6 期。

第十五章 客观归责理论在我国的司法运用

一 引言

北京市海淀区人民法院刑事判决书（2018）京0108刑初1789号被称为"一份依照客观归责理论作出的刑事判决书",① 这是因为本案判决书运用了客观归责理论的思维和术语去分析结果的归责和客观构成要件的符合性，使用了诸如事实因果关系、结果归责、制造法所不允许的风险②、降低风险、增加风险、行为与结果的常态关联、第三方因素、被害人自我答责等用语，这些用语正是发源于德国的客观归责理论中的一些关键术语，可以说该判决书是深受客观归责理论影响所写作的一份法律文书。从判决书中可以看出，客观归责理论为法官分析案件提供了理论工具，客观归责理论的判断规则具有内在的逻辑性、层次性，能够满足法官梳理案件事实、适用法律的需要。与之形成对比的是，我国司法实践中大量的判决书在因果关系的判断上，没有运用事实判断与规范评价二元界分的方法，而是将事实因果关系与结果归责的价值判断糅合在一起，例如出现被害人死亡结果的案件，判决书一般指出被告人的行为与被害人死亡结果之间存在条件性因果关系，由此直接推论出死亡结果要归责于被告人。这便缺少了规范评价的环节，由事实判断直接导出结论，没有体现刑法理论的价值，刑法理论正是要为规范评价的环节供给规则、提供工具，以最大限度保证案件定性准

---

① 参见 https://mp.weixin.qq.com/s/qaU5EpLta1ZlOG28XkDNyw，2018年12月27日访问。

② 风险（危险）概念是客观归责理论中的重要概念。在德国文献中，"风险"（Risiko）与"危险"（Gefahr）是两个不同的词。但金德霍伊泽尔教授明确指出："风险（Risiko）这个概念与危险（Gefahr）概念其实是同一个意思。"参见 Kindhäuser，Strafrecht Allgemeiner Teil，5. Aufl.，2011，S. 90。除非特别指出，本书中所使用的危险与风险是同一个意思。

确，确保罪刑法定原则的实现。

我国虽然是成文法国家，但是判例也具有重要的参考、指导意义。理论与实务理应形成良性互动。客观归责理论虽然发源于德国，但是它是既具有逻辑性又存在实用性的教义学理论，不但我国刑法学者应当努力学习、引入，在司法实务上也完全可以大胆采用。本案正是认真有效运用客观归责理论的判例，值得类似案件的裁判者研究和借鉴。本书在对该案尤其是裁判理由进行理论分析的基础上，试图建立可以复制的理论模型，遇到类似案件事实的时候，可以运用该理论模型予以涵摄，从而有利于刑法规范上的分析和定性。

在改革开放的大背景下，了解、学习、借鉴国外的法学理论是必要的。就刑法理论来说，毋庸讳言，德国、日本的理论对我国的影响是巨大的，从概念、体系到理念，德日的学说开拓了我国学者的视野，促进了我国的刑法知识生产，同时，也为司法者处理案件提供了可以选择的工具。正如在医疗领域，德日已经制造了设计缜密、操作稳定、检测准确的医疗设备，我们完全可以采购来使用，没有必要再去研发。当然，我们完全可以在此基础上进行改进、改造、改善，以使其适合我国的具体情况。就本书关注的客观归责理论而言，其在德国诞生，德国学者的研究文献已经汗牛充栋，琳琅满目，比较而言，在德国司法实务上，客观归责理论的影响远没有在学界那般强烈，并没有广泛得到应用。然而，理论学说上"墙内开花墙外香"的现象不少，长期以来积极学习德国的日本，其判例上的思考方法非常亲近于客观归责理论。① 这样说来，兼顾客观归责理论在德日的状况，可能更为全面、稳妥。可以说，作为同样大量、深入继受德国刑法理论的东亚国家，日本学界和判例对客观归责理论的吸纳和发展，也值得我国学者观察、借鉴。日本刑法学者们对客观归责理论的态度已经从单纯介绍到积极借鉴，一些有影响力的日本

---

① 参见〔日〕前田雅英《刑法总论讲义》，曾文科译，北京大学出版社，2017，第116页。也有其他学者有类似观点，参见〔日〕安达光治《日本刑法中客观归属论的意义》，孙文译，《国家检察官学院学报》2017年第1期。当然，并不是说日本判例已经接受了（也没有否定）客观归责理论所主张的各种规范性考虑。

学者的著作中，① 已经结合客观归责理论对原有的因果关系学说进行了改造乃至替代，与客观归责理论判断框架特别类似的"危险的现实化②理论"正在变得强有力。以此为分析工具，许多因果关系、结果归责疑难案件得以迎刃而解。需要特别指出的是，日本刑法学界非常注重对法院判例的研究，一方面从大量的判例中提炼出一些理论学说，另一方面力图在判例学说的基础上发展出自己的理论学说，继而反哺司法实务。由此一来，理论与实务形成良性互动，共同推动刑事法治的进步。这种趋向值得我国刑法学者的关注，他山之石可以攻玉，本书尝试考察日本学界融合客观归责理论的最新动态，聚焦海淀法院的判决书，以图实现客观归责理论在我国的进一步本土化。

二 分析的文本：基本案情、判决结论及裁判理由③

下面是本书分析的文本——北京市海淀区人民法院刑事判决书（2018）京 0108 刑初 1789 号所判决案件的基本案情，以及法院的判决结论和裁判理由。限于篇幅，本书做了精简。

（一）基本案情

2015 年 5 月 6 日，被害人（女，殁年 24 岁）在被告人所经营的北京某美容医院有限公司实施吸脂手术，过程中被害人因注射利多卡因等麻醉药物感到不适。被告人与其朋友王某等人将被害人送往 RH 医院治疗，后因被害人病情严重，被转入重症监护室治疗。5 月 8 日 16 时许，被告人不顾医务人员的病危劝告，冒充被害人的姐姐，在医院的《病危

---

① 如〔日〕山口厚《刑法总论》，付立庆译，中国人民大学出版社，2018；〔日〕桥爪隆《当前的日本因果关系理论》，高翔译，陈兴良主编《刑事法评论》第40卷，北京大学出版社，2017；〔日〕桥爪隆《作为危险之现实化的因果关系（2）》，王昭武译，《苏州大学学报》（法学版）2015年第1期；〔日〕佐伯仁志《刑法总论的思之道·乐之道》，于佳佳译，中国政法大学出版社，2017；〔日〕前田雅英《刑法总论讲义》，曾文科译，北京大学出版社，2017；〔日〕安达光治《日本刑法中客观归属论的意义》，孙文译，《国家检察官学院学报》2017年第1期；等等。

② "危险的现实化"这个概念最初出现在卡尔·恩吉施的有关因果关系的论文中。参见 K. Engisch, Kausalität als Merkmal Strafrechtlicher Tatbestände, 1931。

③ 参见北京市海淀区人民法院刑事判决书（2018）京 0108 刑初 1789 号。

病重通知书》《自动出院或转院告知书》上签字，强行将被害人接出医院，并用私家车将其送回被害人的暂住地，导致被害人未得到及时医治。同日 22 时许，由于病情严重，被害人联系王某，王某与被告人取得联系后，将被害人先后送往 SJQ 医院、SLS 医院进行救治，后被害人于次日 16 时许在 SLS 医院死亡。经鉴定，被害人系急性药物中毒导致多器官功能衰竭死亡。

（二）判决结论及裁判理由

法院认为，被害人的死亡后果应当归责于被告人，被告人的行为已构成过失致人死亡罪。具体来说，事实因果关系的存在是依法追究被告人相关刑责的必要而非充分条件。本案情况较为复杂，不仅要查清死亡结果是否该归责于被告人，还得查清在多大程度上要归责于被告人。为厘清被告人的行为对死亡结果的成因力有无及大小，必须从刑法规范角度，对其行为的归责问题进行分析。

1. 被告人的违法行为制造了法不允许的风险

进入刑法规制视野的行为都必须具有违法性，同时具有社会危害性，即要制造不被法律所允许的风险。被告人的涉案行为中，有充分证据得以证实，且应当被予以刑法评价的有以下两处。（1）制造主要风险的行为。被告人在实施吸脂手术的过程中，对被害人注射了利多卡因等药物。根据卫生部印发的《处方常用药品通用名目录》，利多卡因属于处方类药物；根据卫生部印发的《医疗美容项目分级管理目录》，脂肪抽吸术属于美容外科项目；根据《医疗美容服务管理办法》及《医疗美容项目分级管理目录》，医疗美容项目须由具有专门资质的机构和医务人员实施。被告人所经营的美容公司仅是普通美容院，并非医疗美容机构，无医疗机构执业许可证，其本人也不具备执业医师资格，然而，被告人仍旧在自己经营的美容机构内对被害人注射了利多卡因等药物，对被害人的身体健康造成了直接危害，危及其生命，制造了法不允许的风险。该风险一直存续至被害人死亡时止。（2）阻止他人降低风险的行为。如果被害人在 RH 医院重症监护室继续接受治疗，或者被转院至其他医院治疗，则其因注射了利多卡因等药物所招致的风险严重程度会降低。但被告人在因其先行行为产生了救助义务的情形下，且在明知医院下达病危通知书，被害人出院有生命危险的关键时刻，仍不顾医生劝阻，将被害人带出医院，送回暂住地。被告人的行为客观上中断了被害人获取救治的机会，阻止了他人降低风险的行为。

2. 被害人的死亡结果与被告人的上述风险制造行为存在常态关联

（1）被害人的死亡结果系由被告人的涉案行为所直接导致。鉴定报告认为被鉴定人因急性药物中毒导致多器官功能衰竭死亡。现已查明该吸脂手术系在被告人所经营的美容公司内实施，故可以肯定被告人的吸脂手术行为与被害人的死亡结果之间存在事实因果关系。（2）上述因果关系并未被第三方因素中断。被害人虽被送往多个医院接受治疗，但现有证据均不能证明这些医院存在任何医疗事故行为，接诊医生均依照行业标准，尽到了谨慎的注意义务。即是说，医生的治疗行为只是尽可能地降低急性药物中毒对被害人生命健康形成的危险，而不是增加该危险，在客观上是延缓了被害人的死亡，而非加速其死亡。因此被害人的死亡结果不能归责于医务人员。（3）被害人自身存在一定过错，但并不能对死亡结果自我答责。①被害人同意做吸脂手术，并不代表其愿意接受药物中毒的风险，更不代表其应当对自己的死亡后果负责。如果被害人是在正规的美容医疗机构内，由具有合法资格的医生实施吸脂手术，医院会充分告知其手术可能存在的风险，且医院有能力也有义务将手术风险控制在合理的范围内。但被告人及其经营的美容机构无资质，事实上也无能力将手术风险控制在合理范围内。被害人让被告人给其做过面部的美容项目，这让被害人对被告人产生错误的信任而同意做吸脂手术。正如某些非法行医的案件那样，被害人可能出于省钱、省事或者专业知识缺乏等原因，对非法行医者的资质及治疗风险没有给予足够的注意，但并不能因此认为被害人应该独自承担非法行医所造成的死伤后果。此时被害人并无过错，而是体现出一定的被害倾向性。②被害人虽未反对从RH医院出院，在SJQ医院及SLS医院对医生也隐瞒了在RH医院接受治疗的情况，但并未增加药物中毒所导致的风险，仅是在一定程度上不利于减少该风险。被害人在受到身体伤害之后，是否自主治疗，以及如何治疗并非法定义务，除非被害人后续有自我损害行为，否则均未增加先行侵害行为所导致的风险。③被害人之所以实施上述明显违反常理的行为，系基于对被告人的错误信任。被害人极度信任被告人，相信被告人能给其治疗，愿意配合被告人的某些言行。故可以做出以下论断：被害人在同意做吸脂手术时虽对被告人过于信任，但事出有因，被害人在被接出 RH 医院时虽未反对，但系基于对被告人的错误信任，整个出院行为系由被告人主导，且被害人也未有放弃治疗、企图自杀的意思表示，不足以认定被害人需对手术风险及出院行为自我答责；被害人仅在 SJQ 医院、SLS 医院中的不配合医生询问的反常行为中存在一定过错，但仍系对被告人的错误信任以及自己无钱医疗，迫切需要被告人的救治这一客观现状所致，也未将风险扩大，不足以将被告人所制造的法不允许的风险正当化。

综上，被告人实施了导致被害人死亡的行为。被告人给被害人实施吸脂手术，导致其药物中毒，且在被下达病危通知书的情形下，不顾医生劝阻，强行将被害人接出医院，送回暂住地，后虽又将被害人送至医院，但并未挽救被害人的生命。被告人的行为具有实质上的违法性，被害人的死亡结果应该归责于被告人。

三　根据客观归责理论的分析——以德国为借鉴

本部分首先运用客观归责理论对本案进行"标准化"分析，尝试建立客观归责理论在我国的司法运用模型；然后，以此为参照，评析海淀法院判例的得失。

（一）　运用客观归责理论对本案的分析

现代的客观归责理论诞生于德国，尤其以德国当代刑法学家罗克辛的理论学说为代表。按照罗克辛的理论建构，[①] 客观归责理论包括制造法所不允许的风险、实现法所不允许的风险、构成要件的效力范围三大主规则。在各个主规则之下，又包括若干下位规则。（1）制造法所不允许的风险之下包括：没有制造风险时排除归责；降低风险时排除归责；创设可允许风险时排除归责（如信赖原则）；假设的因果流程不能排除

---

① Vgl. Roxin, Strafrecht Allgemeiner Teil, Bd. I, Grundlagen. Der Aufbau der Verbrechens-lehre, 4. Aufl., 2006, §11, Rn. 47ff.；克劳斯·罗克辛：《客观归责理论》，许玉秀译，《政大法学评论》1994 年第 50 期。

归责。（2）实现法所不允许的风险之下包括：行为与结果的常态关联（因果流程重大偏异时排除归责）；不允许风险没有实现时排除归责（结果的可避免性）；注意规范保护目的范围外的结果排除归责；合法替代行为和风险升高。（3）构成要件的效力范围之下包括：自我（被害人）负责领域（同意他人造成的危险、故意自危时的共同作用）；他人（第三人）负责领域。被害人如果同意行为人对自己造成危险，或者行为人参与被害人故意自伤行为，那么按照被害人自我答责原则，在被害人负责范围内的结果，不能归责给行为人。这样做的理论根据在于，每个人原则上只能对自己的行为及其结果负责，这样便在客观归责层次上针对不同主体明确划分出各自的负责领域，从而有效限定归责的范围。构成要件的效力范围止于第三人专属的负责领域，在他人专属领域内发生的结果由该人独立负责。第三人负责的典型情形有消防人员救火、医生治疗病人、警察处置危险事件等，这些都属于应对危险的专门性职业活动。特定职业的从业者，负有特殊的权限，他们以专业方式掌管、监控危险源，其行为不受局外人干涉，由此造成的结果也不能归责于最初的行为人。

随着客观归责学说的发展，客观归责逐步发展成为独立的客观构成要件要素，如今客观归责已经在德国刑法学的通说中成为评价结果犯的客观构成要件的必要要素，这也引起了学界对因果关系判断与客观归责架构的反思。[1] 客观归责理论坚持二元区分的立场，即在归因的基础上进行归责，[2] 首先进行事实判断，确定构成要件行为与构成要件结果之间存在条件性的因果关系，然后进行规范性的价值判断，评定结果能否归责于行为，能否作为行为人的"作品"让行为人领受。具体说来，通过条件理论所确定的条件，只是结果归责的必要条件而不是充分条件；行为如果不是结果发生的条件当然不成立结果归责于该行为，但是行为属于结果发生的条件还应当另外进行客观归责判断，才可能成立结果归责。换言之，在因果层次解决结果原因问题，通过条件理论来完成；在归责层次解决结果归责问题，通过客观归责理论来完成。客观归责理论

---

① 参见李圣杰《因果关系的判断在刑法中的思考》，《中原财经法学》2002 年第 8 期。
② 参见孙运梁《客观归责理论的引入与因果关系的功能回归》，《现代法学》2013 年第 1 期。

将因果关系限定于事实因果关系，其他的法律判断在客观归责理论的框架下另外进行。在判断能否将结果归责于行为时，客观归责理论区分法所不允许风险的创设和此风险的实现，然后进一步对案例群进行详细的类型化，表明判断标准。①

下面我们根据上述思路和方法来分析本案。

第一步，进行因果关系的事实判断，鉴定报告表明被鉴定人因急性药物中毒导致多器官功能衰竭死亡。在案证据已经证明，被告人对被害人进行了吸脂手术的前期准备行为，为被害人注射了利多卡因等药物，之后，被害人发生了急性药物中毒，虽送医治疗，仍然发生死亡结果。按照条件关系公式，没有被告人为被害人注射利多卡因等药物，被害人就不会发生急性药物中毒，也不会死亡，所以被告人的行为与被害人的死亡之间存在因果关系。

第二步，在此基础上，按照上述客观归责理论来检验死亡结果的归责。

（1）被告人制造了法所不允许的风险。被告人在不具有医师执业资格的情况下，为被害人注射了利多卡因等处方类药物，严重威胁到被害人的身体健康和生命安全。被害人产生了急性药物中毒反应，被告人虽然将被害人送往医院治疗，但又强行中断了被害人在重症监护室的治疗，不顾医生的劝阻，将被害人带离医院，以私家车（未使用救护车）将其送至被害人租住处，贻误了宝贵的抢救时间。被告人虽派人照看被害人，但在医院已下达病危通知书的情况下，被告人仍然离京去外地，这体现了被告人对被害人生命安全的漠视，在被害人再度要求下，又转入他院治疗。被害人最终死亡。按照第一个判断规则的下位规则，本案没有排除归责的情形。被告人对被害人创设了严重的生命危险，这不被法律所允许，被告人不但没有降低该危险，反而升高了死亡的风险。

（2）被告人实现了法所不允许的风险。被害人死时24岁，属生命力旺盛的自然人。被告人为被害人注射药物，被害人药物中毒，多器官功能衰竭，最终死亡，这个因果流程是正常进行的，行为与结果之间存在常态的关联，不存在因果流程重大偏异的问题；如果被告人履行必要的

---

① 参见〔日〕佐伯仁志《刑法总论的思之道·乐之道》，于佳佳译，中国政法大学出版社，2017，第61页。

注意义务，不去为被害人注射处方类药物，被害人不可能药物中毒，该案是存在结果避免可能性的；相关法律法规对药品分级管理、对美容项目分级管理，要求处方类药物必须经医师处方才能获得，要求医疗美容必须由具备医疗资格的美容机构、具有医师执业资格的人执行，正是为了将药物、美容手术对人体的风险控制在合理的范围内，即使发生危险也能立即排除或者降低，但本案被告人无视法律法规的规定，其不具备医师执业资格、其经营的美容院不具备医疗机构资质，其对被害人注射了处方类药物，造成了被害人生命的丧失，这正是相关法律法规的规定所要防止的风险，被害人的身体健康和生命安全正处于这些规范的保护目的范围内；可以说，如果被告人实施了合法的替代行为，也就是不对被害人实施医疗性美容项目，那么根本不会发生生命危险。因此，不论是基于事实的角度，还是从规范上考虑，被告人创设的法律不允许的风险在被害人的死亡中都实现了。

（3）从构成要件的效力范围来看，本案的死亡结果不能由第三人负责，也不能由被害人自我负责。首先，本案被害人的死亡结果不能由专业医生负责。举个例子来说，行为人过失伤害被害人之后，被害人被送医治疗，医生未能成功地阻止死亡结果的发生，则被害人的死亡后果要归责于行为人，行为人可能成立过失致人死亡罪，这是由于医生并未制造被害人死亡的危险，面对既存的危险他无法消除。只有在医生存在过失的情况下，医生才可能对结果负责。病人在被送到医院之后，治疗病人就成为专属于医生的事务。作为比较考察，我们看一个德国高等法院的判决。① A 开车载 B 同行，A 驾驶时不小心撞上一棵树，B 的左腿被撞断，B 被送医，由于医生的疏忽，B 得了败血症而死亡。在这个案件中，行为人过失导致被害人骨折，但不存在致死的危险，相反，是医生的医疗行为创设了危及被害人生命的危险并且该危险实现了。行为人只是造成了伤害的结果，而且他无权干涉、监督医生的治疗行为，因此他不能对医生的行为及其结果负责。如果让行为人对死亡后果负责就超出了构成要件的效力范围。在医疗过失行为中以上原则是可以一般性地、普遍性地得到适用的。即使医疗过程中的失误并不是不可预见的，死亡结果

---

① Vgl. NJW（Neue Juristische Wochenschrift）1958，S. 271.

也超出了引起最初结果的行为人的负责范围，构成要件不能包含这种他人负责的结果。

然而，本案与上述案例不同。本案对被害人接诊的三家医院及其医生，都尽到了合理的注意义务，均按照行业标准进行了正常的医疗，尤其是第一家接诊的医院，向被告人下达了关于被害人的病危通知书，在被告人要将被害人带离医院时进行了劝阻，劝阻无效时，还要求被告人使用救护车将被害人带离医院，这体现了对被害人生命安全的担忧和对被害人生命危险恶化的防范。所以，本案虽然涉及多家医院、多名医生，但他们都尽力挽救被害人的生命，努力降低被害人的生命危险，被害人的死亡结果不可能归责于医院及其医生。

其次，本案被害人虽然同意被告人对其进行吸脂手术，但需要明确的是，被害人同意的是合理风险范围内的吸脂手术，绝对不是严重危及生命健康安全的吸脂手术，被害人并不同意被告人对其造成身体健康安全的危险，更遑论生命危险。事发后，被害人配合医生的治疗，也要求被告人对其送医治疗，说明被害人珍视自己的生命安全。被害人虽然没有反对被告人带其离开第一家医院，而且在后续两家医院也隐瞒了在第一家医院就诊的事实，也有一些不配合医生询问的反常行为，但这是被告人主导了出院行为，被害人对被告人具有高度信任，自己又无钱治疗，其愿意配合被告人的一些错误言行，只能依赖被告人对其进行治疗。因此，死亡结果不可能由被害人自我答责。

综上，被告人的注射药物行为与被害人死亡之间存在因果关系，而且该死亡结果应当归责于被告人。被告人的行为该当过失致人死亡罪的客观构成要件。

（二）对本案判决书裁判理由的评析

首先，本案判决书体现了归因与归责区分的法律逻辑。判决书认为："现已查明该吸脂手术系在被告人所经营的北京某美容医院有限公司内实施，故可以肯定被告人的吸脂手术行为与被害人的死亡结果之间存在事实因果关系。"判决书指出："事实因果关系的存在是依法追究被告人相关刑责的必要而非充分条件。本案情况较为复杂，不仅要查清死亡结果是否该归责于被告人，还得查清在多大程度上要归责于被告人。为厘清被告人的行为对死亡结果的成因力有无及大小，必须从刑法规范角度，对其行为的归责问题进行分析。"在法官看来，事实因果关系是"必要而非充分条件"，在此基础上，还要考察"结果是否归责于被告人"，"从刑法规范角度，对其行为的归责问题进行分析"，这就体现了法官归因与归责分开判断的思维，这符合阶层式犯罪论体系所要求的事实判断优先于价值判断的位阶关系，① 有利于构成要件该当性的判断，有利于对被告人行为的准确定性。

其次，本案判决书借鉴了客观归责理论的判断规则和思维，如"制造不被法律所容许的危险"，"阻止他人降低危险的行为"，"被害人的死亡结果与被告人的上述风险制造行为存在常态关联"，"被害人的死亡结果系由被告人的涉案行为所直接导致"，"因果关系并未被第三方因素中断"，"被害人自身存在一定过错，但并不能对死亡结果自我答责"，"不足以认定被害人需对手术风险及出院行为自我答责"等。

判决书认为，"被告人对被害人注射了利多卡因等药物，对被害人的身体健康造成了直接危害，危及其生命，制造了法不容许的危险。该危险一直存续至被害人死亡时止"。其中，"制造不被法律所容许的危险"正是客观归责理论的第一个判断规则；"被害人的死亡结果与被告人的上述风险制造行为存在常态关联"，"被害人的死亡结果系由被告人的涉案行为所直接导致"，"因果关系并未被第三方因素中断"，这体现了客观归责理论的第二个判断规则，即法所不允许风险的实现；"被害人自身存在一定过错，但并不能对死亡结果自我答责"，"不足以认定被害人需对手术风险及出院行为自我答责"，这体现了客观归责理论的第三个判断规则，即构成要件的效力范围，具体来说就是结果是否由被害人自我负责。

判决书认为，"被告人的行为客观上中断了被害人获取救治的机会，阻止了他人降低危险的行为"。这里涉及客观归责理论的第一个判断规则"制造不被允许风险"的下位规则"降低风险"。与制造风险具有同等意义的概念是增加风险、升高风险，而降低风险具有相反的意义，由此说来，倘若一个行为是降低风险的行为，那么它就不能被评价为制造风险

① 参见陈兴良《刑法阶层理论：三阶层与四要件的对比性考察》，《清华法学》2017 年第 5 期。

的行为，其也不具备客观可归责性。例如，一块石头正要落在 B 的头部，A 看到后出手阻挡石头，结果石头砸在 B 的脚上，B 的脚受伤。尽管 A 的阻挡行为导致 B 的脚部受伤，但是 A 的行为使得石头砸到受伤较轻的部位，这是降低风险的有利于法益的行为，不能被评价为制造了不被允许的风险，不能该当伤害罪的构成要件。又如，D 奄奄一息，医生 C 明知 D 将要死亡还是为 D 实施了手术，实施手术是意图延长 D 的生命，C 的行为延缓了 D 不可避免的死亡结果，这不是创设风险而是降低风险的行为，所以阻却了构成要件的该当。本案中，被告人中断了被害人获取救治的机会，将被害人带离医院，阻止了专业医生降低危险的行为，正是升高风险、加剧风险的行为，不是降低风险的行为，所以不能阻却结果的归责。

最后，按照阶层式犯罪论体系的逻辑，本案判决书也存在一些值得商榷的地方。

（1）判决书认为，"被告人的违法行为制造了法所不容许的危险"，"进入刑法规制视野的行为都必须具有违法性，同时具有社会危害性，即要制造不被法律所容许的危险"，"被告人的行为具有实质上的违法性，被害人的死亡结果应该归责于被告人"。实际上，制造法所不容许的危险只是客观归责理论的第一个判断规则，而客观归责是客观构成要件要素，结果能够客观归责于行为，才能说行为具备构成要件该当性，也才能说行为具有违法性，也就是说具备客观归责性是行为具有违法性的前提，认为"被告人的违法行为制造了法所不容许的危险"，"进入刑法规制视野的行为都必须具有违法性，同时具有社会危害性，即要制造不被法律所容许的危险"，"被告人的行为具有实质上的违法性，被害人的死亡结果应该归责于被告人"，这在逻辑上是有问题的，也就是说应当先判断结果的客观归责，再判断行为的违法性，而不是相反，或者同时判断。而且，也只有行为在形式上该当构成要件，才能在实质上说该行为具有社会危害性（实质的违法性）。

（2）结果是否归责于行为，只有肯定与否定两种回答，而判决书认为"还得查清在多大程度上要归责于被告人"。虽然最高人民法院《关于审理交通肇事刑事案件具体应用法律若干问题的解释》中规定："第一条　从事交通运输人员或者非交通运输人员，违反交通运输管理法规发生重大交通事故，在分清事故责任的基础上，对于构成犯罪的，依照刑法第一百三十三条的规定定罪处罚。第二条　交通肇事具有下列情形之一的，处三年以下有期徒刑或者拘役：（一）死亡一人或者重伤三人以上，负事故全部或者主要责任的；（二）死亡三人以上，负事故同等责任的；（三）造成公共财产或者他人财产直接损失，负事故全部或者主要责任，无能力赔偿数额在三十万元以上的。……"但这里"事故责任""全部责任""主要责任""同等责任"，应当是指交通参与人对交通肇事行为所应分配的客观责任，并不是指对事故后果所应承担的责任，或者说不是指事故后果在多大程度上归责于交通参与人。本案已经查明被告人行为与被害人死亡后果之间存在因果关系，在此基础上，需要基于规范的视角，继续判断死亡后果能否归责于被告人。所谓"查清在多大程度上要归责于被告人"其实还是在事实层面上"厘清被告人的行为对死亡结果的成因力有无及大小"，这还是局限在事实层面的考察上，应当跃出事实层面进入规范层面的价值判断。

（3）判决书没有明确区分客观归责理论的第二个判断规则"实现法所不允许的风险"与第三个判断规则"构成要件的效力范围"。判决书认为"被害人的死亡结果与被告人的上述风险制造行为存在常态关联"，"被害人的死亡结果系由被告人的涉案行为所直接导致"，这均体现了被告人对被害人制造的死亡风险在结果中实现了。但在常态关联标题之下，又讨论了医生治疗、被害人自身过错等问题，这里涉及第三人（专业人士）负责与被害人自我负责的问题，最好在另外的部分即构成要件的效力范围中论述。[①] 关于构成要件的效力范围，支持客观归责理论的学者不一定都将其作为制造不被允许的风险、实现不被允许的风险之外的另

---

① 当然，也有不同观点，如有学者认为，客观归责的三段主规则，第一段与第二段之间有逻辑上的先后顺序关系，因为如同条件因果先于客观归责而检验一般，如果没有制造不允许风险，当然无从也毋庸检验是否实现该不允许风险。反之，第三段规则与前两段之间，则无必然的逻辑顺序关系。诸如他人负责或自我负责原则，可能与风险实现的下位规则产生适用顺序上的"竞合关系"。而在竞合情形，可以优先适用较为明确的他人或自我负责原则，并进而避免重大偏异标准的模糊问题。客观归责的第三段主规则有无存在价值，只是表象问题而已。因为其下位规则（如自我或他人负责原则）实质上都被当作结果归责的判断基础。他人负责原则必须限定在如消防、警务等专门职业的"专属"领域，才能保住其排除原行为人归责的实质理由。参见林钰雄《刑法与刑诉之交错适用》，元照出版有限公司，1998，第62、65页。

一个单独规则来看待，但是我们关注的重点应该是这个判断阶段的下位规则，例如被害人自我答责、第三人负责等，它们都是客观归责判断的重要辅助规则。[①] 这样说来，要不要将构成要件的效力范围作为第三段规则只是形式之争，不如还是采用罗克辛的客观归责判断规则体系，在制造风险、实现风险之外单独考察构成要件的效力范围。[②]

虽然在风险的实现过程中，涉及第三方因素、被害人自身因素，但风险的实现阶段主要考察因果流程有无重大偏差、结果的可避免性、规范保护目的、合法替代行为等。本案中构成要件的效力范围也特别值得讨论，本案涉及多家医院、多名医生，被害人也存在一定过错。他（她）们的行为是否能够排除结果归责于被告人，也是判决书重点着墨的地方。如果判决书能够分层次、分阶段讨论，可能论证过程会更清晰，更有说服力。

（4）判决书认为："正如在某些非法行医的案件那样，被害人可能出于省钱、省事或者专业知识缺乏等原因，对非法行医者的资质及治疗风险没有给予足够的注意，但并不能因此认为被害人应该独自承担非法行医所造成的死伤后果。此时，被害人并无过错，而是体现出一定的被害倾向性。"但是，判决书又指出被告人没有实施非法行医行为，"非法行医罪属于营业犯，……现有证据不足以认定被告人实施了非法行医的营业行为。基于存疑有利于被告人原则，只能将被害人的吸脂手术行为作为一个独立的行为予以刑法评价"。因此，笔者认为，在论证被害人是否自我答责的部分，就不能认为被害人是非法行医的被害人。由于被害人对被告人的信任，其又无力自我救治，只能依靠被告人出钱救治，这样看来，被害人在医院对吸脂手术地点、第一家就诊医院的隐瞒，属于对治疗过程中非关键信息的隐瞒，这种过错是显著轻微的，是可以理解的，由此决定了结果归责不能分配给被害人。

四　根据危险的现实化理论的分析——以日本为借鉴

日本学者在吸纳客观归责理论判断规则、思维方法的基础上，提出

---

① Vgl. Jescheck/Weigend, Lehrbuch des Strafrechts Allgemeiner Teil, 5. Aufl., 1996, S. 288.

② 参见林钰雄《刑法与刑诉之交错适用》，元照出版有限公司，1998，第60页。

了危险的现实化理论，二者具有"亲缘关系"。日本刑法学中的因果关系理论对我国的影响是深刻的，比如条件说、相当因果关系说等，我国刑法学上已经有采纳日本学说的深厚基础。如果觉得发轫于德国的客观归责理论尚属陌生，不好接受，我们也可以运用经过改良的客观归责理论，即危险的现实化理论。这个理论虽然没有使用"客观归责"这个名字，但有其实质内容，即要考察是否存在行为侵害法益的危险，以及危险是否实现。这样说来，即使不使用"客观归责"的标签，只要运用了客观归责理论的下位判断规则，如制造法不允许的风险、实现法不允许的风险、被害人自我答责、第三人答责等，就是坚持了事实因果关系判断与结果归责判断的界分，就是体现了阶层式犯罪论体系的思维方法，从而展现了教义学规则的精密性、实用性。

（一）危险的现实化理论与客观归责理论

在日本，学说上意图在事实因果关系（根据条件关系来判断）的基础上再对刑法上的因果关系做出限定。在因果关系的限定上，日本主流观点主张的理论框架有两方面内容，一是实行行为的概念，二是相当因果关系说。在判断因果关系的理论学说中，相当因果关系说受到多数学者的支持、赞同，以至于长期以来，该说占据着通说地位。在学说内部，学者们争论最多的问题是相当性的判断根据问题，也就是说以什么样的资料作为基础来判断相当性。然而，以"大阪南港案"（最决平成2年11月20日刑集44卷8号837页）为转机，学界开始注意到，在相当因果关系说中，相当性的判断方法并非明确清楚，甚至存在不妥当之处，由此生发出相当因果关系说的危机。其后出现的有力主张是，在因果关系理论中进行事实因果关系的判断，在另外的理论框架中进行结果归责的判断。[①]

在日本的因果关系学说史上，"大阪南港案"值得关注。该案表明，在判断因果关系时，以因果流程的通常性作为重要的判断标准有时是存在问题的。该案案情如下。被告人对被害人实施了暴力行为，造成被害人内因性高血压颅内出血，其后被告人把被害人转移到大阪南港的一处

---

① 参见〔日〕佐伯仁志《刑法总论的思之道·乐之道》，于佳佳译，中国政法大学出版社，2017，第51页。

材料堆放点,然后离去。第二日凌晨,被害人被发现死亡,死因是内因性高血压颅内出血。在被害人死亡前,有第三人用木棒殴打了被害人的头部,导致颅内出血加速,可能稍微提前了被害人的死亡时间。对于该案,日本最高裁判所认为,"被告人的暴力形成了属于被害人死因的伤害,在这种情况下,即使之后有第三人介入施行了暴力从而可能提前了死亡时间,仍然能够认定被告人的暴力与被害人死亡之间有着因果关系"。这样一来,即使是在因果流程中介入了第三人的故意犯罪行为,判例仍然认为存在因果关系。该判例通过这种说理明确指出,即使因果关系中有异常性,也不能否定实行行为与法益侵害结果之间存在因果关系。由本案判决理由可以看出,相当因果关系说面临着危机。① 以该案为源头,学者们对相当因果关系说产生了一种新的理解:在考察因果关系存在与否的时候,判断的标准应当是实行行为对结果的影响力。这其实正是危险的现实化说的重要思想。也就是说,如果要肯定因果关系的存在,那么就要求,实行行为的危险性已经通过结果而现实化了,即结果实际实现了实行行为的危险性。近些年来日本最高裁判所的一些判例体现了危险的现实化说的思想,例如"日航飞机危险接近案"(最决平成 22 年 10 月 26 日刑集 64 卷 7 号 1019 页),针对本案飞机危险接近致乘客受伤,日本最高裁判所认为,"这是行为人错误的下降指令的危险性现实化的情形,因而,该错误指令与危险接近之间存在因果关系"。该判例便明确使用了危险的现实化这种措辞。②

　　判例的这种立场获得不少学者的支持,③ 在最近的理论发展中,危险的现实化说作为因果关系④的判断标准,逐渐变得有力。受客观归责理论的影响,从正面探讨实行行为所内含的危险是否在结果中得以实现受到重视。前田雅英教授认为,客观归责理论虽然是与相当因果关系说

---

① 参见〔日〕桥爪隆《作为危险之现实化的因果关系(2)》,王昭武译,《苏州大学学报》(法学版)2015 年第 1 期。

② 其后,就"三菱汽车轮轴脱落事件",日本最高裁判所也是以"可以谓之为,是将基于两名被告人之上述义务违反行为的危险予以了现实化"为由,判定存在因果关系。参见日本最决平成 24 年 2 月 8 日刑集 66 卷 4 号 200 页。

③ 支持"危险的现实化说"的学者,有山口厚、井田良、伊东研祐、高桥则夫、桥爪隆等。

④ 实际上,这里的因果关系是广义的因果关系,包括狭义的因果关系(事实的因果关系)与结果归责。

在相当大的程度上有所重合的思考方法，但日本判例中关于因果关系的思考方法是从裁判时的视角出发，把行为后的情况也考虑进去，从而确定行为与结果的联结。相当因果关系说是以行为时的相当性判断为核心，与之相比，日本判例的思考方法对客观归责理论更加具有亲和性。山口厚教授直截了当地说，将因果经过理解为实行行为的客观危险的现实化的过程这样的立场，可以说与基于规范的考虑来判断能否把结果归责给行为的客观归责理论已经没有什么差别了。①

基于危险的现实化说的立场，着重强调实行行为制造出来的危险在具体的结果中实现这样的判断。可以说这种思想与德国的客观归责理论有着共通的旨趣。当然，有必要指出的是，日本的判例、学说并非全面支持、采纳客观归责理论。客观归责理论是从规范的而非事实的视角探讨是否制造不被允许的风险以及这种风险是否实现，由此确定结果能否归责于行为，可以说其内容已经超出了因果关系理论。比较来看，日本的危险的现实化理论并不是与德国的客观归责理论完全重合的，它采用、借鉴了客观归责理论的一部分内容，主要涉及第二段规则"实现法所不允许的风险"和第三段规则"构成要件的效力范围"。客观归责理论的第一段规则"制造法所不允许的风险"基本可以对应于日本刑法理论中的实行行为论。如果可以断定实行行为的危险性向结果现实化了，那么自然可以说行为与结果之间存在事实上的关联；过去的学说将因果关系分成两个阶段来检验，即事实的关联（根据条件说判断）与规范的限定（根据相当因果关系说完成），与之不同，危险的现实化说认为只要聚焦于危险的现实化就足够了。

在日本，学界对于刑法上因果关系理论的理解本来是，其不仅止于事实因果关系的判断，还需要进行法律判断，具体说来，还要判断结果能否归责于行为。而且，相当因果关系说最近的发展趋势是，尝试吸纳客观归责理论的内容。不管怎么说，日本学者没有普遍采纳客观归责理论，原因在于，与德国的因果关系通说是条件说所不同，日本的通说是将实行行为性与相当因果关系结合起来。在日本，倘若认可以宽松的标准来判断相当性，实际上能够吸纳客观归责理论主张的制造风险和实现

---

① 参见〔日〕山口厚《刑法总论》，付立庆译，中国人民大学出版社，2011，第59页。

风险的理论框架，所以日本有学者认为并无必要特别地建立另外的判断框架。另外，日本学界对采用客观归责理论犹豫不决的原因还在于，客观归责理论覆盖的内容非常广泛，已大大超出了传统因果关系理论的判断框架，还涉及过失论、正犯论和共犯论、刑法分则的解释论等。^① 尽管如此，在客观归责理论的影响下，危险的现实化理论还是产生并变得有力。

实行行为性的概念意味着其存在导致结果发生的具体危险性，同时，实行行为与结果发生之间的因果经过，可以等同评价为这样一个过程，即实行行为中内含的危险性经由结果发生这种形式得以实现。^② 在实行行为中能够识别出的造成构成要件结果的危险性现实转化为构成要件结果的流程，恰恰可以说是实行行为造成构成要件结果的因果流程的实质、核心内容。并且，这种观点也与下述立场是相吻合的，即通过要求实行行为必须具备造成构成要件结果的现实危险性，限定实行行为的范围。根据危险的现实化说的观点，如果可以评价为实行行为中内含的危险性已经作为侵害结果实现时，则肯定存在刑法上的因果关系以及行为的可归责性。而且，实务中在一些疑难案件中，虽然结果已然现实发生，却存在结果归责认定上的困难，这时，按照危险的现实化说的主张，起决定性作用的是要判断导致现实中具体结果的危险性能否被评价为内含于实行行为之中。

倘若将危险的现实化的判断概括总结成公式，那么可以分为两个阶段来操作，首先，识别出实行行为之中内在的危险性有何内容，明确实行行为有导致何种具体结果发生的危险；其次，考察经由实际的因果流程以及结果的发生，危险性的内容是否得以实现，即能否将直至结果发生的因果流程评价为危险性的实现过程。例如，行为人对被害人实施了暴力行为，该行为存在因暴力作用而引起被害人受伤的危险，如此，从可以预见到实行行为能造成何种结果的角度，就可以显现出实行行为危险性的具体内容。进而，如果可以将实际发生的因果流程以及结果发生的样态评价为所预见到的危险的实现过程，那么就可以得出结论说，实行行为的危险性现实化了。

---

① 参见〔日〕佐伯仁志《刑法总论的思之道·乐之道》，于佳佳译，中国政法大学出版社，2017，第62页。

② 参见〔日〕桥爪隆《当前的日本因果关系理论》，高翔译，陈兴良主编《刑事法评论》第40卷，北京大学出版社，2017。

（二）危险的现实化的类型

若对实行行为危险的现实化进行类型化，其基本上可以被划分为两种类型。（1）直接实现型：实行行为直接产生了引起结果的原因，也就是说，实行行为的危险性直接现实化为构成要件的结果。在该情形中，实行行为对发生结果产生了决定性的影响，例如实行行为造成了成为死因的伤害，这时，因果进程的通常性或者说介入因素的异常性并不具有特别重要的意义。（2）间接实现型：虽然实行行为之后介入的其他行为是构成要件结果发生的直接原因，但是能够肯定实行行为以及行为人实施的相关行为诱发了这个直接原因，实行行为的危险性通过介入行为间接地转化为构成要件的结果。在这种情形中，实行行为本身具有引起介入因素的危险性，所以能评价为实行行为的危险间接地实现了。

在将危险的现实化划分为直接实现与间接实现两种类型的基础上，还可以进一步细分。（1）直接实现型包括两种情形：一是实行行为的危险不受其他因素的影响直接实现为结果；二是实行行为的危险虽受其他因素的干扰（影响）但仍直接实现为结果。（2）间接实现型是指实行行为的危险以其他介入因素为中介而实现为结果，这些介入因素包括：第三人的行为、被害人的行为、加害人的行为。虽然直接实现型与间接实现型都属于实行行为的危险性实现的具体变化形式，但是，在判断结果归责的时候，这两种类型所关注的重点并不相同：① 对于直接实现型来说，检讨的重点是能否认定实行行为对结果发生产生了决定性影响；对于间接实现型来说，检讨的重点是，在实行行为危险性的内容中，是否涵盖了引发介入因素的危险，易言之，能否评价介入因素的介入属于通常事态。②

---

① 参见〔日〕桥爪隆《作为危险之现实化的因果关系 （2）》，王昭武译，《苏州大学学报》（法学版）2015 年第 1 期。

② 对于介入行为，如果能认定（1）与实行行为之间存在关联性，并且（2）该介入不具有异常性，就认定实行行为与结果之间存在因果关系。作为实行行为之危险性的内容，要求能认定存在引起介入因素的危险性，要求作为一般性、类型性的评价，即诱发那种介入行为属于完全有可能的事态。有鉴于此，第（1）点就属于本质性内容，这一点难以否认。不过，尽管说第（1）点的视角很重要，但如果认为，只要实行行为与介入行为之间存在某种关联性即可，那么，这种要求就不属于那么严格的要求，对于以因果关系存在与否作为主要问题的很多案件，也便会肯定因果关系。因此，第（2）点的视角实际上也属于划定处罚范围的重要标准。

倘若最初的实行行为直接产生了结果发生的原因，则即使一些其他因素出现在之后的因果流程中，也仍然能够确定，实行行为的危险性已经现实地转化为结果。对于直接的实现类型来说，在判断结果归责于行为时，只要求实行行为能够直接引起结果即可，即便有异常的、不可能预见的介入因素介入，也不具有重要意义。这种立场，正是日本最高裁判所在"大阪南港案"判决中所表明的。另外，在日本最高裁判所判决"被害人不配合治疗案"（最决平成16年2月17日刑集58卷2号169页）中，针对被害人因素的介入，也体现了上述立场。该案的案情是：行为人对被害人施加了暴力，刺伤了被害人的左后颈部，造成该处血管损伤等伤害，被害人马上赶到医院接受了手术治疗，病情暂时稳定下来，但其后，被害人擅自主张出院，而且拔去身上治疗用的导管，结果被害人的身体状况发生急剧恶化，由于左后颈部刺伤引起的头部循环障碍及脑功能障碍而死亡。在本案中，虽然存在医生的治疗、被害人不配合治疗这些介入因素，但是可以断定，起初的伤害行为所产生的危险直接现实化引起了死亡结果。对于这一案件，日本最高裁判所认为："被告人的行为对被害人造成了身体伤害，其本身是能够造成被害人死亡结果的，即使在被害人死亡结果发生之前的时间段里，发生了被害人因为未能遵从医生的指示、没有保持安静而使治疗的效果不能稳定发挥这种事情，也可以认定被告人的暴行所引起的伤害与被害人的死亡结果之间具有因果关系。"可以看出，最高裁判所强调实行行为本身形成了成为死因的伤害这一点，由此承认了因果关系及死亡结果的归责。最高裁判所没有探讨实行行为与介入因素之间的关联性等问题，而着重评价的是，实行行为本身是否能引起被害人的死亡结果。虽然本案被害人接受紧急治疗获得了成功，其病情暂时稳定，但是死亡的危险并没有完全去除。质言之，实行行为中内含的危险性虽然暂时得到控制，但一直在持续，其随时可以实现为具体的死亡结果，所以能认定危险的直接现实化。实行行为形成了死因并引起了结果是决定性的，至于被害人擅自要求出院等不配合治疗的情况是否正常、是否可预见，并未影响到危险的实现。事实上，最高裁判所根本没有提及被害人的介入行为是正常还是异常。在这种案件中，实行行为的危险性很高，即使出现了被害人不合理的行为，也仍然能够肯定，实行行为的危险照样现实化了。

在日本最近的下级裁判例（高知地判平成 25 年 2 月 27 日）中，也出现虽然因果流程中介入了被害人、第三人不适当的行为，但仍然肯定了起初实行行为的危险的现实化的情况。在该案中，行为人对被害人施加了暴力，被害人因摔倒而头部挫伤出现了硬膜下出血，几日后，被害人因硬膜下出血而死亡。在行为人实施伤害行为后，在现场处置的警察没有要求紧急送医、被害人在医院不接受检查。如果认为这些介入因素不属于异常情形，当然可以认定因果关系的存在，但是按照判例的观点，不必过问这些介入因素是否属于异常情况，既然实行行为形成成为死因的伤害，就能肯定因果关系和死亡结果的归责。上述判例也属于危险的直接实现型，而且即使受到其他因素的影响，也还是认定了危险的直接现实化。

（三）运用危险的现实化理论对本案的分析

本书所要分析的案件，属于实行行为危险的直接实现型，而且是直接实现型中受到其他因素影响的类型。具体来说，虽然在危险的现实化过程中，受到被告人其他行为、被害人因素的影响，但仍能够评价为行为的危险直接在死亡结果中实现了。因此，法院认为被害人的死亡后果应当归责于被告人是正确的。

1. 被告人的实行行为对被害人死亡结果产生了决定性作用

本案被告人不具备医师执业资格，却为被害人实施医疗美容项目，对被害人注射了利多卡因等处方类药物，引起被害人急性药物中毒，最终因多器官功能衰竭而死。可以说实行行为直接形成了引起结果的原因，实行行为之中内含了引起死亡结果的危险性，其形成了死因，这在导致被害人死亡上是决定性的，实行行为的危险性最终在被害人死亡结果中实现，因此，死亡结果必须归责于被告人，本案正是直接的危险实现的类型。

2. 被告人一系列的行为概括性地导致死亡结果的发生

被告人在将被害人送医后又强行带其出院，在被害人病情危急的情况下，这种不顾劝阻强行出院的行为是极其危险的。可以说，在行为人的实行行为之后又发生了行为人新的行为。当时，第一家医院的医生认为被害人的病情非常严重，已将被害人转入重症监护室治疗，且下达了病危通知书，但是被告人出于治疗费用贵等的考虑，还是要求将被害人带离医院。判决书也指出："被告人在因其先行行为产生了救助义务的情形下，且在明知 RH 医院下达病危通知书，被害人出院有生命危险的关键时刻，仍不顾医生劝阻，将被害人带出医院，送回暂住地。被告人的行为客观上中断了被害人获取救治的机会，阻止了他人降低危险的行为。"

在一些案件中，同一行为人的复数（数个）行为造成了结果的发生，此时，值得讨论的是，能否将复数行为概括地评价为一个实行行为。倘若数个行为在发生时间上紧密相接，而且具有同一主观内容，那么就可以将它们概括性地评价为一个整体行为。例如，行为人驾驶过程中未能集中注意力，过失撞上被害人，在从事故现场逃逸时，又因慌乱而操作失误，再次碾压了被害人。对于本案的处理，有两种思路：一是认定第一个过失行为为实行行为，而将第二个过失行为评价为介入行为；二是将两个过失行为在整体上概括性地评价为一个过失实行行为。① 所以，在行为人连续实施过失行为的场合，完全可以将复数行为进行整体性评价，概括地认定为一个实行行为。本案中，被告人第一个行为即对被害人注射药物致其中毒是过失行为，第二个行为即带被害人出院的行为是轻信可以避免死亡结果的过失行为，两个行为可以概括性地评价为一个过失实行行为。这个行为对于被害人的生命安全具有极其严重的危险，危险持续升高、恶化，直至被害人死亡。

3. 被告人中断治疗的行为（不作为）没有改变危险的直接实现

如果不认同被告人将被害人强行带出院的行为是过失行为，不认为其与第一个实行行为可以一并概括性评价，那么，还存在另一个解释路径。本案被告人在给被害人注射药物之后，虽将被害人送往医院救治，但又将被害人强行带离第一家接诊医院，将其送至被害人暂住处，虽其后又将被害人送往其他医院救治，但无疑贻误了中毒后最重要的抢救时间，可以说被告人存在不履行救助义务的不作为，判决书也认为"被告

---

① 参见〔日〕桥爪隆《作为危险之现实化的因果关系（2）》，王昭武译，《苏州大学学报》（法学版）2015 年第 1 期。

人因其先行行为产生了救助义务"。这种在实行行为之后介入了行为人不作为的案件，是危险的直接实现型的特殊情形。例如，行为人对被害人施暴使其受重伤，如果对被害人及时施救，其完全有可能恢复健康，但行为人没有送被害人去医院治疗，这样，起初的伤害形成被害人的死因，引起了死亡结果。对于这种案件，是否能够得出结论说，暴力行为的危险性最终实现为死亡结果呢？对于如何回答这个问题，山口厚教授认为可以这样来考虑，即使介入了物理性贡献程度很低的作为，也能承认实行行为危险的现实化，那么，在介入了无物理性贡献的不作为的场合，更应当承认实行行为危险的现实化。因此，在这种介入不作为的案件中，还是能够承认实行行为的危险直接现实化了。① 确实如此，即使有不作为的介入，死因也不会因此而发生改变，在这个意义上，倘若强调死因的同一性，就应当承认，实行行为的危险性还是在结果中实现了。本案被告人的吸脂手术行为，引起了被害人的中毒反应，药物中毒致多器官功能能衰竭形成了死因，中途存在中断治疗的不作为，死因并没有发生改变，原先实行行为的危险性仍然按照可以预见的因果流程逐步现实化。

4. 被害人的反常言行不能改变危险的直接实现

倘若实行行为的危险直接实现为结果，就不必过多考虑介入因素的性质，而是直接肯定结果归责的成立。在这种场合，从规范评价上考虑，是实行行为形成了引起结果的决定性原因，是在实行行为的作用下主导了结果的发生，所以介入因素的介入可以被忽略。同时，如果意图检验实行行为的作用力程度，则可以运用比较的方法，即假定不存在介入因素时可能会发生的结果，与实际发生的结果相比对，看这两个结果之间是否有实质性的差别。

首先，本案中，被告人为被害人注射了利多卡因、肾上腺素、碳酸氢钠等药物，引起了被害人急性药物中毒，虽事后送医，但在医院重症监护室治疗期间，被告人中断了治疗，将被害人带离医院，丧失了宝贵的抢救时机。被告人的上述行为正是导致被害人死亡发生的关键性、决定性原因。

其次，本案中，被害人存在一些反常行为，例如，针对医生的询问，

---

① 参见〔日〕山口厚《从新判例看刑法》，有斐阁，2008，第14页。

被害人没有告知吸脂手术的具体地点，其在后两家医院陈述的治疗经过不实，隐瞒了在之前医院治疗的事实等。但是，在因果流程中被害人的这些言行，不会影响实行行为的作用力。即使被害人在医院告知医生其吸脂手术的具体地点、在后续两家医院告知医生其在之前的医院就诊过，死亡结果仍然会发生。因为，被害人隐瞒的只是一些非关键信息，对于自己致病的具体原因、吸脂手术时间等关键性信息，从第一家医院开始就告知了医生，被害人对此并没有隐瞒。从本案全案事实来看，被告人为被害人注射了处方类药物，后又发生耽搁治疗时间的强行出院行为，即便假定性地不存在被害人的任何过错，被害人仍会因急性药物中毒而死亡，并不会实质性地改变所引起结果的样态、内容，可以认定直接实现了实行行为的危险性，死亡结果要归责于被告人。

五　小结

从判决书可以看出，本案判决书事实归纳比较清晰，法律适用上能够比较充分地论证说理，尤其是运用了客观归责理论的思维和术语去分析结果的归责和客观构成要件的符合性，在当前法治语境下，这是一份"心中充满正义，目光往返于事实与规范之间"的值得赞赏的判决书。

本书以海淀法院的这个判例为契机，希冀客观归责理论在中国能够"开花结果"。虽然我国是成文法国家，但是判例也具有重要的参考、指导意义。理论与实务理应形成良性互动。客观归责理论虽然发源于德国，但是它是具有逻辑性和实用性的教义学理论，不但我国刑法学者应当努力学习、引入，在司法实务上也完全可以大胆采用。本案可以称为我国显性运用客观归责理论的判例，值得类似案件的裁判者研究和借鉴。本书尝试在对该案尤其是裁判理由进行理论评析的基础上，建立可以复制的理论模型，以便遇到类似案件事实的时候，可以运用该理论模型予以涵摄，从而有利于刑法规范上的分析和定性。

如果觉得客观归责理论属于西方式思维，不容易接受，那么我们还可以借鉴日本的理论学说。日本的刑法理论虽然大量来自德国，但是经过东方思维的改造，更加符合东方的社会现实。日本正在流行的危险的现实化理论正是刑法学者立足于日本的传统理论学说，在认真研习法院判例的基础上，融合客观归责理论的思维和方法而提出的。虽然没有使用"客观归责"这一名称，但是具备了客观归责理论的核心规则和逻辑方法。我们不必纠结于使用什么样的名称，只要有效运用客观归责理论的下位判断规则，如制造法所不允许的风险、实现法所不允许的风险、被害人自我答责、第三人答责等，就是结果归责价值判断方法的适用，就能贯彻阶层式犯罪论体系的理论优势，从而确保罪刑法定原则最大限度地实现。

参考文献

一 中文文献

〔德〕克劳斯·罗克辛：《客观归责理论》，许玉秀译，《政大法学评论》1994 年第 50 期。

〔德〕K. H. 舒曼：《论刑法中所谓的"客观归属"》，蔡桂生译，《清华法律评论》2012 年第 1 期。

〔德〕沃尔夫冈·弗里希：《客观之结果归责——结果归责理论的发展、基本路线与未决之问题》，蔡圣伟译，陈兴良主编《刑事法评论》第 30 卷，北京大学出版社，2012。

〔德〕乌尔斯·金德霍伊泽尔：《犯罪构造中的主观构成要件——及对客观归属学说的批判》，蔡桂生译，陈兴良主编《刑事法评论》第 30 卷，北京大学出版社，2012。

〔德〕沃斯·金德霍伊泽尔：《故意犯的客观和主观归责》，樊文译，《清华法律评论》第 3 卷第 1 辑，清华大学出版社，2008。

〔德〕许迺曼：《关于客观归责》，陈志辉译，许玉秀、陈志辉合编《不移不惑献身法与正义——许迺曼教授刑事法论文选辑》，新学林出版股份有限公司，2006。

〔德〕克劳斯·罗克辛：《德国法院关于因果关系与客观归责的判例之评析》，何庆仁译，陈兴良主编《刑事法判解》第 11 卷，人民法院出版社，2012。

〔德〕英格伯格·普珀：《客观归责的体系》，徐凌波、曹斐译，陈兴良主编《刑事法评论》第 39 卷，北京大学出版社，2016。

〔德〕斯蒂芬·斯图宾格：《从旧的归责理论到古典的犯罪概念——对刑法归责概念历史的论述》，潘文博译，赵秉志、宋英辉主编《当代德国刑事法研究》第 1 卷，法律出版社，2017。

〔德〕理查德·霍尼格：《因果关系与客观归责理论》，隗佳译，赵秉志、宋英辉主编《当代德国刑事法研究》第 1 卷，法律出版社，2017。

〔德〕弗里德里希·克里斯蒂安·施罗德：《客观归责理论的发展历程》，王华伟译，赵秉志、宋英辉主编《当代德国刑事法研究》第 1 卷，法律出版社，2017。

〔德〕沃尔夫冈·弗里希：《客观结果归责理论的发展、基本路线与悬而未决的问题》，恽纯良译，赵秉志、宋英辉主编《当代德国刑事法研究》第 1 卷，法律出版社，2017。

〔德〕京特·雅克布斯：《评客观归责》，赵书鸿译，赵秉志、宋英辉主编《当代德国刑事法研究》第 1 卷，法律出版社，2017。

〔德〕布乔恩·伯克哈特：《构成要件该当的举止与事前考察——兼批判"主观与客观之混淆"》，周子实译，赵秉志、宋英辉主编《当代德国刑事法研究》第 1 卷，法律出版社，2017。

〔德〕马特厄斯·沃特：《联邦最高法院判决中的客观归责》，江溯译，《当代德国刑事法研究》第 1 卷，法律出版社，2017。

〔德〕希尔根多夫：《现代因果论意义上的"合法则性关系"》，希尔根多夫：《德国刑法学：从传统到现代》，江溯等译，北京大学出版社，2015。

〔日〕松宫孝明：《因果关系与客观归责论》，钱叶六译，陈兴良主编《刑事法判解》第 11 卷，人民法院出版社，2012。

〔日〕山中敬一：《日本刑法学之相当因果关系危机与客观归责理论的抬头》，《罪与刑——林山田教授六十岁生日祝贺论文集》，五南图书出版股份有限公司，1998。

〔日〕安达光治：《日本刑法中客观归属论的意义》，孙文译，《国家检察官学院学报》2017 年第 1 期。

陈兴良：《从归因到归责：客观归责理论研究》，《法学研究》2006 年第 2 期。

陈兴良：《客观归责的体系性地位》，《法学研究》2009 年第 6 期。

张明楷：《也谈客观归责理论——兼与周光权、刘艳红教授商榷》，《中外法学》2013 年第 2 期。

刘艳红：《客观归责理论：质疑与反思》，《中外法学》2011 年第 6 期。

周光权：《客观归责理论的方法论意义——兼与刘艳红教授商榷》，《中外法学》2012 年第 2 期。

周光权：《客观归责方法论的中国实践》，《法学家》2013 年第 6 期。

于改之、吴玉萍：《刑法中的客观归责理论》，《法律科学（西北政法学院学报)》2007 年第 3 期。

吕英杰：《论客观归责与过失不法》，《中国法学》2012 年第 5 期。

陈璇：《论客观归责中危险的判断方法——"以行为时全体客观事实为基础的一般人预测"之提倡》，《中国法学》2011 年第 3 期。

车浩：《假定因果关系、结果避免可能性与客观归责》，《法学研究》2009 年第 5 期。

何庆仁：《特别认知者的刑法归责》，《中外法学》2015 年第 4 期。

庄劲：《客观归责理论的危机与突围——风险变形、合法替代行为与假设的因果关系》，《清华法学》2015 年第 3 期。

李冠煜：《客观归责论再批判与我国刑法过失论的完善》，《法学家》2016 年第 2 期。

陈璇：《论过失犯的注意义务违反与结果之间的规范关联》，《中外法学》2012 年第 4 期。

陈璇：《论过失犯中注意义务的规范保护目的》，《清华法学》2014 年第 1 期。

周光权：《客观归责与过失犯论》，《政治与法律》2014 年第 5 期。

周光权：《行为无价值论与客观归责理论》，《清华法学》2015 年第 1 期。

梁云宝：《客观归属论之要义：因果关系的限缩》，《法学》2014 年第 1 期。

冯军：《刑法中的客观归属理论》，冯军：《刑法问题的规范理解》，北京大学出版社，2009。

劳东燕：《事实因果与刑法中的结果归责》，《中国法学》2015 年第 2 期。

孙运梁：《客观归责理论的引入与因果关系的功能回归》，《现代法学》2013 年第 1 期。

熊琦：《论客观归责理论的规范维度——兼析本体论、价值论因果关联与客观归责的本质区别》，赵秉志主编《刑法论丛》第 31 卷，法律出版社，2012。

熊琦：《从"戏言逼死人命"案看客观归责的"规范之维"》，陈兴良主编《刑事法判解》第 11 卷，人民法院出版社，2012。

孙运梁：《从因果支配走向客观归责——不纯正不作为犯的归因与归责》，《法学评论》2016 年第 2 期。

李川：《不作为因果关系的理论流变与研究进路》，《法律科学（西北政法大学学报）》2016 年第 1 期。

王丹：《过失犯归责判断的标准及其路径》，《中国刑事法杂志》2015 年第 4 期。

黄荣坚：《不作为犯与客观归责》，黄荣坚：《刑法问题与利益思考》，元照出版有限公司，1999。

张小宁：《相当因果关系说的兴盛与危机——兼谈客观归属论的提倡》，《东岳论丛》2014 年第 8 期。

周维明：《雅各布斯的客观归责理论研究》，《环球法律评论》2015 年第 1 期。

陈逸群：《对不纯正不作为犯的客观归责》，陈兴良主编《刑事法评论》第 35 卷，北京大学出版社，2014。

李川：《从注意义务违反到客观归责——医疗过失犯之理论嬗变与归责限缩》，《法学论坛》2014 年第 5 期。

李冠煜：《单位犯罪处罚原理新论——以主观推定与客观归责之关联性构建为中心》，《政治与法律》2015 年第 5 期。

庄劲：《客观归责还是主观归责？——一条"过时"的结果归责思路之重拾》，《法学家》2015 年第 3 期。

邹兵建：《条件说的厘清与辩驳》，《法学家》2017 年第 1 期。

杨绪峰：《条件说的困境与结果归责的类型化》，《中国刑事法杂志》2015 年第 4 期。

黑静洁：《反思客观归责》，《北大法律评论》第 11 卷第 2 辑，北京大学出版社，2010。

姜敏：《"客观归责"在中国犯罪论体系中的地位研究——以因果关系为切入点》，《法学杂志》2010 年第 6 期。

姜敏：《客观归责的理论实质论析——以因果关系为切入点》，《重庆大学学报》（社会科学版）2010 年第 4 期。

童德华：《刑法理论中的客观归属论》，《现代法学》2002 年第 6 期。

吕英杰：《监督过失的客观归责》，《清华法学》2008 年第 4 期。

冯亚东、李侠：《从客观归因到主观归责》，《法学研究》2010 年第 4 期。

王志远：《实质违法观的续造：客观归责理论的真正贡献》，《吉林大学社会科学学报》2011 年第 3 期。

张喆：《刑法中的因果关系判断——从特殊体质致死类案件切入》，陈兴良主编《刑事法评论》第 39 卷，北京大学出版社，2016。

苏俊雄：《从刑法因果关系学说到新客观归责理论之巡历》，《法学家》1997 年第 3 期。

许玉秀：《检验客观归责的理论基础——客观归责理论是什么？》，许玉秀：《主观与客观之间——主观理论与客观归责》，法律出版社，2008。

许玉秀：《"最高法院"1989 年台上字第 3693 号判决的再检讨——前行为的保证人地位与客观归责理论初探》，许玉秀：《主观与客观之间——主观理论与客观归责》，法律出版社，2008。

许玉秀：《客观归责理论的回顾与前瞻——记一段我国刑法理论的继受里程》，《刑事思潮之奔腾——韩忠谟教授纪念论文集》，财团法人韩忠谟教授法学基金会，2000。

许玉秀、陈志龙：《客观归责与因果关系》，《罪与刑——林山田教授六十岁生日祝贺论文集》，五南图书出版股份有限公司，1998。

许玉秀：《走出主观与客观的迷思》，许玉秀：《主观与客观之间——主观理论与客观归责》，法律出版社，2008。

许玉秀：《客观归责概念的射程范围》，《台湾本土法学》2000 年第 12 期。

许恒达：《合法替代行为与过失犯的结果归责：假设容许风险实现理论的提出与应用》，《台大法学论丛》2011 年第 2 期。

陈膺方：《刑法上客观归责理论之目的与适用疑义》，《刑事科学》1997 年第 43 期。

蔡圣伟：《客观归责性与故意——不能未遂之再研究》，《刑事法杂志》1995 年第 3 期。

李圣杰：《风险变更之结果客观归责》，《中原财经法学》2001 年第 7 期。

林东茂：《从客观归责理论判断交通事故的刑法责任》，《刑事法杂志》1995 年第 3 期。

林东茂：《客观归责理论》，《警察法学》2009 年第 8 期。

柯耀程：《客观归责》，《月旦法学教室》2004 年第 24 期。

林钰雄：《第三人行为介入之因果关系及客观归责——从北城医院打错针及芦洲大火事件出发》，林钰雄：《刑法与刑诉之交错适用》，元照出版有限公司，2008。

林钰雄：《结果可避免性、风险升高与罪疑唯轻——从台湾北滨车祸案之判决谈起》，林钰雄：《刑法与刑诉之交错适用》，元照出版有限公司，2008。

张丽卿：《废弛职务致酿灾害的客观归责》，张丽卿：《新刑法探索》，元照出版有限公司，2008。

张丽卿：《客观归责理论对实务判断因果关系的影响——兼评台湾地区"最高法院"2007 年度台上字第 5992 号判决》，《法学新论》2009 年第 13 期。

梁根林、〔德〕埃里克·希尔根多夫主编《刑法体系与客观归责》，北京大学出版社，2015。

赵秉志、宋英辉主编《当代德国刑事法研究》第 2 卷，法律出版社，2017。

赵秉志、宋英辉主编《当代德国刑事法研究》第 3 卷，法律出版社，2019。

吴玉梅：《德国刑法中的客观归责研究》，中国人民公安大学出版社，2007。

许永安：《客观归责理论研究》，中国人民公安大学出版社，2008。

张亚军：《刑法中的客观归属论》，中国人民公安大学出版社，2008。

王扬、丁芝华：《客观归责理论研究》，中国人民公安大学出版社，2006。

童德华：《刑法中客观归属论的合理性研究》，法律出版社，2012。

吕英杰:《客观归责下的监督、管理过失》,法律出版社,2013。

张绍谦:《刑法因果关系研究》,中国检察出版社,2004。

二　外文文献

Roxin, Finalität und Objektive Zurechnung, Gedächtnisschrift für Armin Kaufmann, 1989.

Roxin, Gedanken zur Problematik der Zurechnung im Strafrecht, in: Festschrift für Richard M. Honig, 1970.

Hilgendorf, Wozubrauchenwir die Objektive Zurechnung? in: Festschrift für Ulrich Weber, 2004.

Puppe, Der Erfolg und Seine Kausale Erklärung im Strafrecht, ZStW 92, 1980.

Frisch, Tatbestandsmä β iges Verhalten und Zurechnung des Erfolgs, 1988.

Armin Kaufmann, "Objektive Zurechnung" beim Vorsatzdelikt? Festschrift für Jescheck, 1985.

Roxin, Strafrecht Allgemeiner Teil, Bd. I, Grundlagen. Der Aufbau der Verbrechenslehre, 4. Aufl., 2006.

Roxin, Strafrecht Allgemeiner Teil, Bd. II, Besondere Erscheinungsformen der Straftat, 2003.

Kindhäuser, Strafrecht, Allgemeiner Teil, 4. Aufl., 2009.

Hillenkamp, 32 Probleme aus dem Strafrecht Allgemeiner Teil, 12. Aufl., 2006.

Jescheck/Weigend, Lehrbuch des Strafrecht, 5. Aufl., 1996.

Jakobs, Strafrecht Allgemeiner Teil, 2. Aufl., 1993.

Wessels/Beulke, Strafrecht Allgemeiner Teil, 42. Aufl., 2012.

Schönke/Schröder, Strafgesetzbuch, Kommentar, 28. Aufl., 2010.

Rudolphi, Systematischer Kommentarzum Strafgesetzbuch, 8. Aufl., Stand Februar 2013.

Laufhütte/Rissing-van Saan/Tiedemann (Hrsg.), Leipziger Kommentarzum Strafgesetzbuch, 12. Aufl., 2007.

Kindhäuser, Neumann, Paeffgen (Hrsg.), Nomos-Kommentarzum Strafgesetzbuch, 4. Aufl., 2013.

Joecks/Miebach (Hrsg.), Münchener Kommentarzum Strafgesetzbuch, 2. Aufl., ab 2011.

Engisch, Die Kausalität als Merkmal der Strafrechtlichen Tatbestände, 1931.

〔日〕山中敬一:《刑法中的客观归属理论》,成文堂,1997。

〔日〕小林宪太郎:《因果关系与客观的归属》,弘文堂,2003。

〔日〕山中敬一:《我国的客观归属论的展望》,《现代刑事法》1999年第4期。

后 记

在国家社科基金后期资助项目的支持下，这本书稿马上要出版了。这里有必要回顾一下自己这些年研究客观归责理论的历程和收获。

客观归责理论在我国刑法学界已然是"显学"，著作已有五六本，学术论文更是不计其数。我对客观归责理论的最初兴趣，来自导师陈兴良教授发表的两篇文章：《从归因到归责：客观归责理论研究》（《法学研究》2006 年第 2 期）、《客观归责的体系性地位》（《法学研究》2009 年第 6 期）。推动我开始研究的是 2009 年 6 月在哈尔滨召开的第六届全国中青年刑法学者专题研讨会，这次会议的主题便是"客观归责理论"，在这次会议上，我国台湾地区学者陈子平、张丽卿、林东茂、余振华等诸位教授提交了论文并发表了高见，给我留下深刻的印象。2010 年底，我到台湾做了 3 个月的访问学者，发现我国台湾地区的学者已经结合司法判例对客观归责理论进行了本土化研究。2015 年到 2016 年，我到德国马普外国与国际刑法研究所做访问学者，发现德国有关客观归责的文献可谓汗牛充栋，而且越是到后来，对客观归责理论持批评态度的资料越多。

在这些年里，我坚持阅读客观归责的相关理论文献，不断写作、发表论文，迄今共发表了 18 篇有关客观归责（包括因果关系）的学术论文。我刚开始研究的时候，和一些学者交流，发现大家对这个理论还很陌生，也比较排斥，认为它是一个完全德国式的教义学问题，理论借鉴意义很有限，更不用提司法运用了。我国不少学者，包括我在内，保持着研究兴趣，坚持不懈地写作、推介，这四五年来，在法学核心期刊上，"客观归责"主题的文章占了刑法论文的较大比例，研究的角度也逐渐细化，已经从客观归责"总论"进阶到"分论"。可以说，这个理论在刑法教义学研究中的分量越来越重。周光权教授认为："刑法最近 20 年来的发展，有四个方面的争论是非常要紧的：（1）犯罪论体系；（2）客观归责论；（3）形式刑法观和实质刑法观；（4）行为无价值论和结果无价值论。""法益理论、客观归责论是现代刑法学的核心内容，是整个刑法教义学的支柱。由这些基本概念和理论所支撑起来的教义学是刑法学发展的唯一方向。"（《刑法学习定律》第44、70页）考虑到我国刑法学研究中，规范化判断的程度与精度还很低，而客观归责理论正好提供了一个很好的抓手，它在我国理论和实务中可谓前途不可限量。2018年11月北京市海淀区人民法院做出了一份判决书〔（2018）京0108刑初1789号〕，明确使用了客观归责理论的结构框架和下位规则，分析了被害人死亡结果的归责问题。可以说，客观归责理论不仅在我国刑法学界是"显学"，在实务界也已经开花结果，为法官释法说理提供了可靠的理论工具。

客观归责理论属于阶层犯罪论的组成部分，体现了阶层理论先事实判断后价值判断、先客观判断后主观判断的位阶关系。客观归责理论之所以成为我国当前刑法学研究的热点之一，与我国目前阶层理论的快速成长有重大关系。客观归责理论对构成要件论的最大影响，在于将判断重心由主观构成要件转移到客观构成要件，赋予客观构成要件前所未有的重要性。相对于主观倾向浓厚的目的行为论或目的构成要件论而言，客观归责理论削弱了主观构成要件在构成要件该当性判断中的重要性。客观归责理论在犯罪判断体系中的功能，除了提供刑法规范的价值判断之外，也是阻却不法或阻却构成要件该当性的要素。客观归责理论是在刑法因果理论之外提供一个评价标准，来认定行为与所造成的构成要件结果间的结果归责。如果行为人所造成的构成要件结果，欠缺客观归责的要素，则虽然行为与结果间具有刑法上的因果关联，该行为却因阻却构成要件事由的存在，而不具有构成要件该当性。

客观归责理论的意义大致体现在两个方面。首先，它在实体规则方面具有明显的优势，它为结果归责于行为人的行为创建了精细的规则体系，其判断体系是递进的，而且三大判断规则之下均有若干下位规则，以保证对客观构成要件符合性的有效检验；在行为与结果具备条件关联的前提下，它为结果能否归属于该行为提供了一套判断的实体规则，具有很强的可操作性、实用性。其次，在逻辑方法方面，客观归责理论明确地将结果归因与结果归责相区分，将事实判断与价值判断相隔断，按照客观归责的思维方法，应该先对行为与结果之间的事实性关联进行条件因果关系的判断，然后再以各种规则进行规范评价，它建立在事实审查基础上，但是一旦完成这种事实关联的审查，就跨入规范性审查的阶段，解决了传统因果关系理论将事实与规范混淆、归因与归责不分所带来的一系列混乱问题。客观归责理论适应现代社会进入风险时代的要求，体现了思维方式逐渐系统化、类型化的趋势，对于刑法理论特别是犯罪论的逐步规范化、体系化、实质化将产生重要影响。这种区分阶段、先外围后内核、先事实后评断的逻辑方法，有利于结果归责这一要素在构成要件中得到正确应用，而且对于司法实践也有积极的指导意义，对于审判者正确发挥自由裁量权具有规范引导意义。

因果关系是客观归责的"前置"问题，所以因果关系理论与客观归责理论是姊妹关系，需要一并研究。我在梳理我国因果关系理论研究现状的基础上，指出我国因果关系理论停滞不前的主要症结在于：一方面哲学上的必然偶然因果关系直接运用于刑法中因果关系的判断；另一方面刑法学界对因果关系理论的功能定位有所偏颇，现有的因果关系理论既承载了结果原因的判断任务，也承担了结果归责的判断功能，导致事实判断与规范评价合二为一，杂糅一处。解决的办法在于，在归因与归责二分的基础上，因果关系与客观归责具有不同的角色定位，引入客观归责的概念和判断规则体系，以更准确地判断客观构成要件的该当性。

我试图按照"一般理论＋具体运用"的结构谋篇布局，在阐述因果关系与客观归责理论学说的基础上，对故意犯、过失犯、特殊体质被害人死亡案件、特殊认知案件、不作为犯等情形分别展开研究，以兼顾总论与分论的体系性、整体性。

有观点认为，我国目前的犯罪论体系决定了我们无法引进客观归责理论。事实上，这种担忧是立足于一元化的犯罪论体系的思维方式来思考客观归责理论的移植问题，而没有看到多元化犯罪论体系在许多国家是普遍存在的。在一个国家里多个犯罪论体系并存是正常的，不同体系拥有不同的研究学者，各个理论派别相互争论，不断修正观点，最终推动了理论研究的深入。不管人们有没有认识到，我国多元犯罪论体系已经到来，我们引入、运用客观归责理论是可行的。

以上是我这些年研究客观归责理论的主要心得和收获。研究的时间越长，越是觉得自己浅薄，越觉得自己功力不足。所以，我以老子的名言勉励自己："合抱之木，生于毫末；九层之台，起于累土；千里之行，始于足下。"老子的智慧足以规训我们的心性，尤其是在这个五光十色的社会里，无论自己想法多少、能力大小，都要遵循这个成长规律。

　　是为后记。

孙运梁

2020 年 9 月 6 日于北航

图书在版编目（CIP）数据

因果关系与客观归责论 / 孙运梁著. -- 北京：社
会科学文献出版社，2021.4（2024.7 重印）
国家社科基金后期资助项目
ISBN 978 - 7 - 5201 - 8103 - 7

Ⅰ.①因…　Ⅱ.①孙…　Ⅲ.①犯罪 - 因果性 - 研究②
刑事责任 - 研究　Ⅳ.①D914.04

中国版本图书馆 CIP 数据核字（2021）第 046431 号

国家社科基金后期资助项目
因果关系与客观归责论

著　　者 / 孙运梁

出 版 人 / 冀祥德
组稿编辑 / 刘骁军
责任编辑 / 易　卉
文稿编辑 / 王　娇
责任印制 / 王京美

出　　版 / 社会科学文献出版社·法治分社（010）59367161
　　　　　　地址：北京市北三环中路甲 29 号院华龙大厦　邮编：100029
　　　　　　网址：www.ssap.com.cn
发　　行 / 社会科学文献出版社（010）59367028
印　　装 / 唐山玺诚印务有限公司

规　　格 / 开　本：787mm × 1092mm　1/16
　　　　　　印　张：23　字　数：365 千字
版　　次 / 2021 年 4 月第 1 版　2024 年 7 月第 2 次印刷
书　　号 / ISBN 978 - 7 - 5201 - 8103 - 7
定　　价 / 128.00 元

读者服务电话：4008918866